汽车构造（下）

主　编　徐立友　程广伟

副主编　曹艳玲　郭占正　马心坦　张朝杰

中南大学出版社
www.csupress.com.cn

应用型本科院校汽车服务工程专业"十三五"规划教材

编委会

主 任

张国方

副主任

（按姓氏笔画排序）

于春鹏　　王志洪　　邓宝清　　付东华

汤　沛　　邬志军　　李军政　　李晓雪

胡　林　　赵　伟　　高银桥　　尉庆国

龚建春　　蔡　云

前　言

当前，我国汽车产业正在高速发展，已成为我国国民经济支柱产业之一。培养造就一大批振兴我国汽车产业所需要的各级各类科技人才，将是车辆工程教育界责无旁贷的历史使命。

随着国内外市场对汽车产品需求的多元化、现代化以及汽车市场细分的加深，在各国政府不断强化的有关汽车安全、环保、节能和健康等法规、标准的推动下，现代汽车新结构、新技术、新工艺、新材料层出不穷，从而使传统的汽车专业教材显得有些陈旧，跟不上飞速发展的汽车新技术，急需改革、更新。

按照高等技术应用型人才的培养目标，本书的编写突出系统性、针对性、实用性和前瞻性，注意内容的选取、主次的选择及难易程度的把握。本书以叙述基本结构和基本原理为主，通过典型车型和结构的分析，以期使读者在掌握基本原理和基本结构的基础上，对汽车各类车型结构具有举一反三、触类旁通的能力，为其从事汽车技术与管理、市场销售或售后服务工作打下坚实的基础。

本书重点加强对汽车传动系、汽车行驶系、汽车转向系和制动系等主要总成的结构与原理的讲解，适当介绍相应系统的电控系统组成与控制原理，并加入一些新型结构与形式，如无级自动变速器技术、汽车防滑控制技术、主动悬架技术、电控转向技术等，并对汽车车身及附属装置做简要介绍和讲解，力图使读者对汽车有一个整体的认识和了解。

本书为汽车运用与维修系列教材之一，共14章。内容包括汽车传动系、汽车行驶系、汽车转向系和制动系以及车身与附属装置等。本书从实用并兼顾基础的观点出发，介绍汽车底盘、行驶系、车身等主要总成的作用、组成与工作原理。主要包括传动系概述、离合器、手动变速器与分动器、自动变速器、万向传动装置、驱动桥、车架与车桥、车轮与轮胎、悬架、转向系、制动系、车身与附属装置等内容。

本书由河南科技大学徐立友、洛阳理工学院程广伟任主编，河南科技大学曹艳玲、郭占正、马心坦及河南职业技术学院张朝杰任副主编，编写分工为：徐立友、程广伟(第13章、第14章)、曹艳玲、张朝杰(第9章、第10章、第11章、第12章)、郭占正(第1章、第2章、第

3 章、第 4 章)、马心坦(第 5 章、第 6 章、第 7 章、第 8 章)。

本书在编写的过程中,得到了河南科技大学学院领导、相关机构及许多相关企业单位、专家和工程技术人员的大力支持与帮助,援引了有关技术资料,在此表示由衷的感谢。此外,研究生崔梦凯、张亚桥、刘恩泽、李强、杜嘉伟、卢礼洋、校金龙、赵思夏等进行了一些文字及图片处理工作,在此表示感谢。

由于编者水平有限,加之时间仓促,书中难免有疏漏和不当之处,恳请同行专家和广大读者批评指正。

编 者

2016 年 8 月

目　录

第一篇　汽车传动系

第二篇　汽车行驶系

第一篇　汽车传动系

第 1 章　汽车传动系概述

【学习目标】
1. 掌握：传动系的功用。
2. 熟悉：传动系的类型和组成。
3. 掌握：机械式传动系的布置形式。

【主要内容】

传动系：要使汽车能够在道路上行驶，必须有动力驱动车轮转动。一般情况下，驱动轮转动的动力来源于发动机。而将发动机输出的动力传送到驱动轮的装置就是传动系。本章主要讨论传动系的功用、类型、组成及布置方案。

1.1　传动系的功用和组成

1.1.1　传动系的功用

传动系的基本功用是将发动机的动力传递给驱动车轮；同时根据行驶条件的需要，改变驱动转矩的大小和方向。

汽车传动系的组成及其在汽车上的布置形式，取决于发动机的形式和性能、汽车的总体结构形式、汽车行驶系及传动系本身的结构形式等诸多因素。目前广泛应用于普通双轴货车上，并与往复活塞式发动机配用的机械式传动系的组成及布置形式如图 1 - 1 所示。发动机纵向布置在汽车前部，并以后轮为驱动轮。图中有标号的部分为传动系。其主要组成部件有离合器 1、变速器 2、万向传动装置(万向节 3 和传动轴 8 组成)、驱动桥壳 4、主减速器 7、差速器 5 和半轴 6。现代轿车越来越多地采用自动变速器，其传动系包括自动变速器、万向传动装置、驱动桥等，用自动变速器取代了离合器和手动变速器。

传动系各总成的功用如下：

①离合器：按照需要，适时地切断或接合发动机与传动系之间的动力传递。

②变速器：改变发动机输出转速的高低、转矩的大小及旋转方向，也可以切断发动机与驱动轮之间的动力传递。

③万向传动装置：将变速器输出的动力传递给主减速器，并适应两者之间距离和轴线夹角的变化。

④主减速器：降低转速，增大转矩，改变动力的传递方向。

⑤差速器：将主减速器传来的动力分配给左右两半轴，并允许左、右两半轴以不同角速

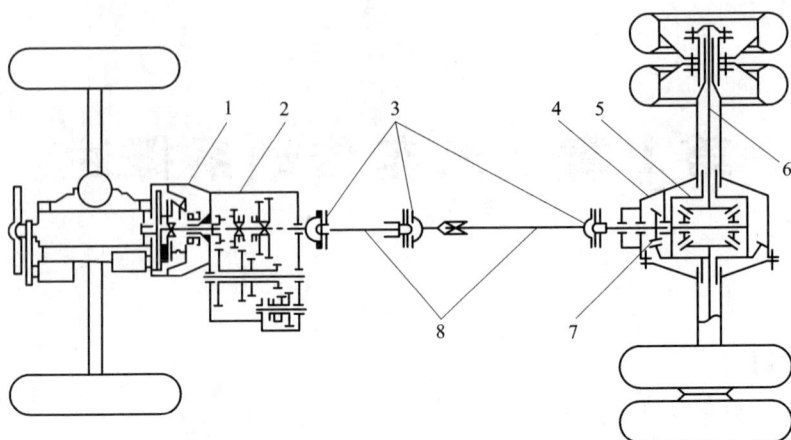

图 1-1 机械式传动系的组成及布置形式

1—离合器；2—变速器；3—万向节；4—驱动桥壳；5—差速器；6—半轴；7—主减速器；8—传动轴

度旋转，以满足左、右两驱动轮在行驶过程中差速的需要。

⑥半轴：将差速器传来的动力传给驱动轮，使驱动轮获得旋转的动力。

对于四轮驱动（或四轮驱动以上）的汽车，在变速器与万向传动装置之间还装有分动器，其作用是将发动机的动力分配给各个驱动桥。

1.1.2 传动系组成和类型

汽车传动系按结构和传动介质的不同可分为机械式、液力机械式、静液式（容积液压式）和电力式等。

（1）机械式传动系

图 1-1 所示为常见的机械式传动系的组成及布置形式。发动机纵向布置在汽车前部，并且以后轮为驱动轮。发动机发出的动力依次经过离合器 1、变速器 2、万向传动装置（由万向节 3 和传动轴 8 组成）及安装在驱动桥 4 中的主减速器 7、差速器 5 和半轴 6，最后传到驱动轮。具有结构简单、技术成熟、成本低和工作可靠的优点。

（2）液力机械式传动系

液力机械式传动系是指由液力传动部件和机械部件组成的传动系。液力传动部件是靠液体介质在主动元件和从动元件之间循环流动过程中动能的变化来传递动力，它有液力耦合器和液力变矩器两种。液力耦合器能传递转矩，但不能改变转矩大小；液力变矩器除了具有液力耦合器的全部功能以外，还能实现无级变速。一般液力变矩器不能满足汽车各种行驶工况的要求，往往需要串联一个有级式的机械变速器，以扩大转矩变化范围。液力机械式传动具有自动适应性，可根据外载荷变化自动改变输出转速和驱动转矩；液力传动利用液体作为工作介质，传动非常柔和平稳，能吸收振动和冲击，使传动系统和发动机寿命提高，提高了车辆的使用寿命；起步平稳，振动和冲击小，提高了车辆的舒适性；液力变矩器本身相当于一个无级自动变速器，在变矩器的扭矩变化范围内，不需换挡；超出变矩器的扭矩变化范围时，可用动力换挡变速器换挡。而动力换挡变速器可不切断动力直接换挡，使操纵简化且省力，大大减轻了驾驶人员的劳动强度。但是液力机械式传动系相对机械式传动系统而言，结构复杂得多、成本高、维修困难。此外，牵引效率也较差，如无特殊装置，无法拖动发动机。

（3）静液式传动系

静液式传动系又称为容积液压式传动系，主要部件均为液压部件，靠传动介质静压力能的变化来传递能量。图1-2所示为具有液压驱动桥的静液式传动系结构，主要由液压马达2、液压自动控制装置6及液压泵7等组成。液压泵7由发动机带动运转，将机械能转换成压力能，由液压管路输送到液压马达2，液压马达再将压力能转换成机械能传给驱动桥。

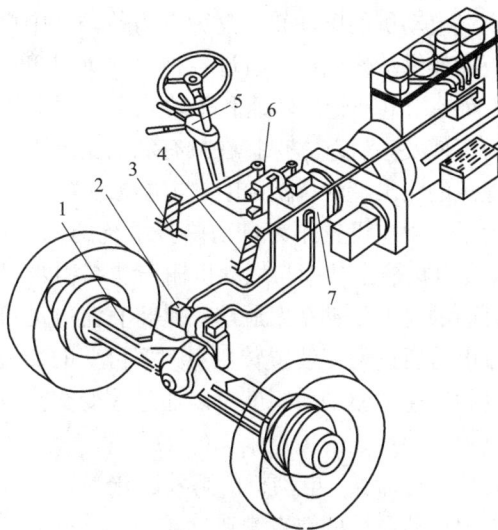

图1-2　静液式传动系的结构

1—驱动桥；2—液压马达；3—制动踏板；4—加速踏板；
5—变速器操纵杆；6—液压自动控制装置；7—液压泵

静液式传动系的工作过程可分为4个工况，分别为怠速工况、起步工况、加速工况及倒车工况，具体过程如下：

①怠速时，液压泵空转，系统内无压力，相当于汽车的空挡。

②起步时，液压泵流量较小，建立较高的系统压力，使液压马达输出较大的转矩。

③加速时，液压泵流量逐步加大，系统压力降低，液压马达的转速得以提高。

④倒车时，通过改变压力油的流向，实现液压马达的反转。

静液式传动系的传动效率较低，造价高，寿命短且工作不可靠，目前只用于少数特种车辆。

（4）电力式传动系

电力式传动系如图1-3所示，在组成和布置上与静液传动系有些类似。其主动部件是发电机，从动部件则是牵引电动机。发电机由发动机驱动，将机械能转换成电能，由导线传给电动机，电动机再将电能转换成机械能带动驱动轮转动。电动机可以只用一个，与传动轴或驱动桥相连接；也可以在每个驱动轮上单装一个电动机。在后一种情况下电动机输出的动力必须通过减速机构传输到驱动轮上，因为装在车轮内部的牵引电动机的转矩还不够大，转速则显得过高。这种直接与车轮相连的减速机构

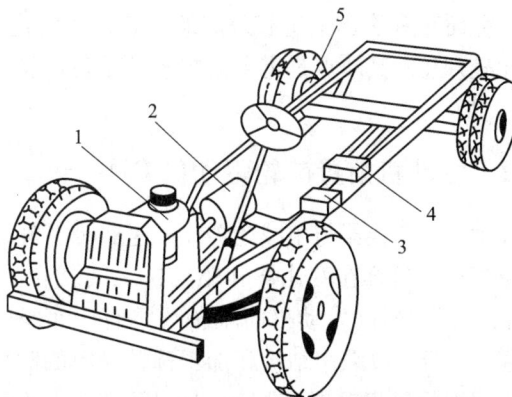

图1-3　电力式传动系统示意图

1—发动机；2—发电机；3—可控硅整流器；
4—逆变装置；5—电动轮

称为轮边减速器。内部装有牵引电动机和轮边减速器的驱动车轮通称为电动轮。

　　早期采用的发电机和电动机都是直流的,因为直流电机的特性可以直接满足汽车的无级变速要求。但由于直流发电机太重,体积也过于庞大,故现在多用专设的直流励磁发电机和励磁的三相交流同步发电机。发电机发出的交流电通过可控硅全波整流器整流后,输入装有直流串激电动机的电动轮。这种电力传动系中设有操纵控制电路,其作用是根据驾驶员对加速踏板的操纵动作信号,通过各种电气元件和气动元件来控制发动机和发电机的转速和转矩,从而控制电动轮的转速和驱动力矩的大小和方向,以实现汽车的起步、加速和倒车。

　　为了使发动机基本保持在最有利的工况下工作,同时保证交流发电机安全工作,并具有接近理想的输出特性(输出电压与电流的关系曲线接近于双曲线,即输出功率接近恒定),电力传动系统中应设置作为自动调节系统的励磁控制电路,通过对励磁发电机输出电压的调节,使发电机输出功率与发动机输出功率相匹配。

　　目前的电力传动系发展趋势是将直流电动机也改成交流电动机。为此,应将经整流所得的直流电再通过逆变装置转变为频率可变的交流电,以驱动装有交流电动机的电动轮,因而电动轮的转速和驱动力矩就可以通过改变交流电频率而得到调节。

　　电力传动系统的优点是无(小)污染、效率高、能实现无级调速、驱动平稳、冲击小、噪声低且使用寿命长、电动机的高效区宽等。

　　电力传动系统的缺点是造价较高、质量大、效率低、消耗有色金属——铜较多等。目前电池技术、充电技术及电池管理技术还不成熟,对于燃料电池来说,还有氢设施、氢安全、氢加注及催化剂等技术尚待研究。

1.2　传动系的布置方案

　　汽车传动系的布置方案与汽车总体布置方案是相适应的,可归纳为以下几种。

1.2.1　发动机前置后轮驱动(FR)

　　FR方案是 4×2 型汽车的传统布置方案(图1-1),主要应用于轻、中型载货汽车上,但是在部分轿车和客车上也有采用的。该方案的优点是,结构简单、工作可靠、前后轮的质量分配比较理想;其缺点是需要一根较长的传动轴,这不仅增加了车重,而且也影响了传动系的效率。

1.2.2　发动机前置前轮驱动(FF)

　　发动机、离合器与主减速器、差速器等装配成十分紧凑的整体,布置在汽车的前面,前轮为驱动轮。这样在变速器和驱动桥之间就省去了万向节和传动轴。发动机可以纵置或横置,在发动机横置(发动机曲轴轴线垂直于车身轴线)时,由于变速器轴线与驱动桥轴线平行,主减速器可以采用结构和加工都较简单的圆柱齿轮副(图1-4)。发动机纵置时,则大多数需采用螺旋锥齿轮副(图1-5)。FF方案由于前轮是驱动轮,有助于提高汽车高速行驶时的操纵稳定性,而且因整个传动系集中在汽车前部,使其操纵机构简化。这种布置方案目前已广泛地应用于微型和中级轿车上,在中高级和高级轿车上的应用也日渐增多。

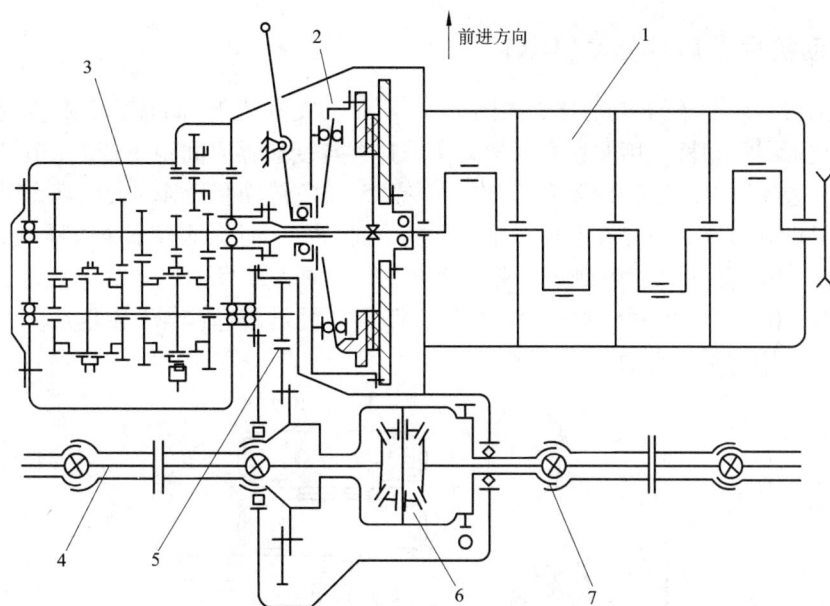

图 1 - 4　发动机前置(横置)前轮驱动的轿车传动系布置示意图

1—发动机；2—离合器；3—变速器；4—传动轴(半轴)；5—主减速器；6—差速器；7—等速万向节

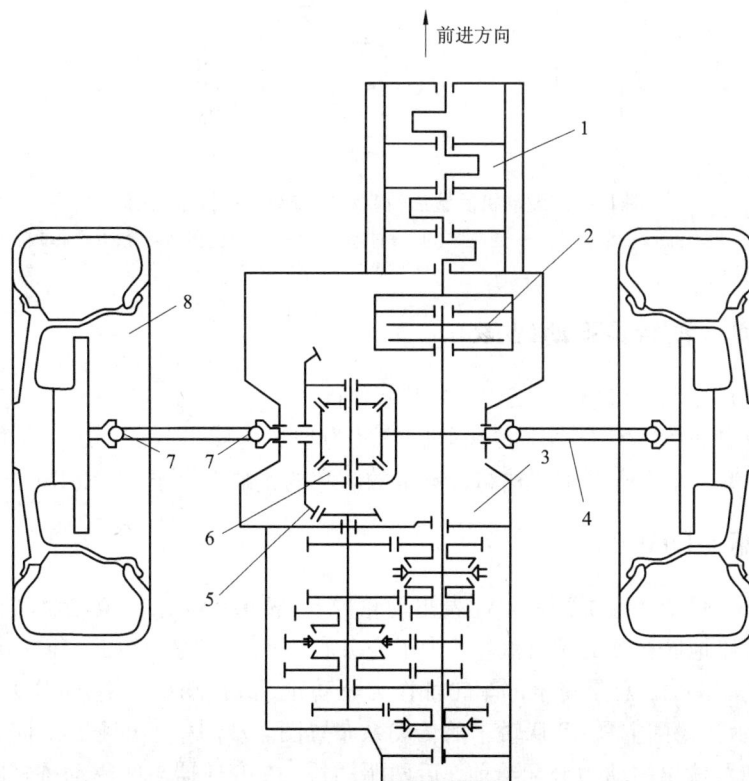

图 1 - 5　发动机前置(纵置)前轮驱动的轿车传动系布置示意图

1—发动机；2—离合器；3—变速器；4—传动轴(半轴)；5—主减速器；6—差速器；7—等速万向节；8—驱动轮

1.2.3　发动机后置后轮驱动（RR）

发动机后置后轮驱动（RR）方案，如图1-6所示。发动机1、离合器2和变速器3都横置于驱动桥之后，驱动桥采用非独立悬架。主减速器与变速器之间距离较大，其相对位置经常变化，由于这些原因，有必要设置万向传动装置5和角传动装置4。大型客车采用这种布置方案更容易做到汽车总质量在前后车轴之间的合理分配，而且具有车厢内噪声低、空间利用率高等优点，因此它是大、中型客车常用的方案。但是由于发动机在汽车后部，发动机冷却条件差，发动机、离合器和变速器的操纵机构距离驾驶员较远，结构较复杂。少数轿车和微型汽车也有采用这种方案的。

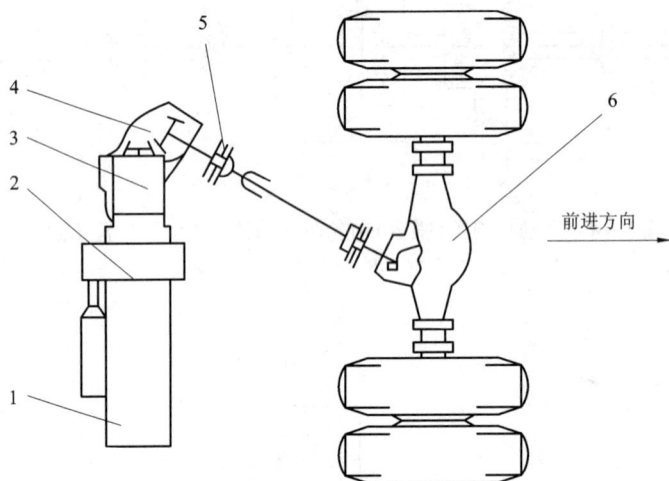

图1-6　发动机后置后轮驱动的传动系布置示意图
1—发动机；2—离合器；3—变速器；4—角传动装置；5—万向传动装置；6—驱动桥

1.2.4　发动机中置后轮驱动（MR）

发动机中置后轮驱动（MR）方案，如图1-7所示。

传动系的这种布置方案有利于实现前后轮较为理想的质量分配，是赛车普遍采用的方案。部分大、中型客车也有采用此种布置方案的。它的优缺点介于FF和RR方案之间。

1.2.5　全轮驱动（nWD）

nWD是n Wheel Drive的缩写（n代表驱动轮数），表示传动系为全轮驱动方案。对于要求能在坏路或无路地区行驶的越野汽车，为了充分利用所有车轮与地面之间的附着条件，以获得尽可能大的驱动力，总是将全部车轮都作为驱动轮，故传动系采用nWD方案。

图1-8所示为德国宝马4WD轿车的传动系布置图。从图中不难看出，前后桥都是驱动桥。为了将变速器输出的动力分配给前、后两驱动桥，在变速器与两驱动桥之间设置有分动器5。前驱动桥可根据需要，用换挡拨叉接通或断开。

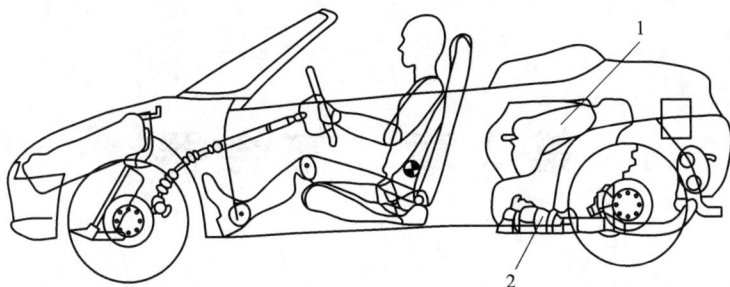

图 1-7   发动机中置后轮驱动的传动系布置示意图

1—发动机；2—传动系

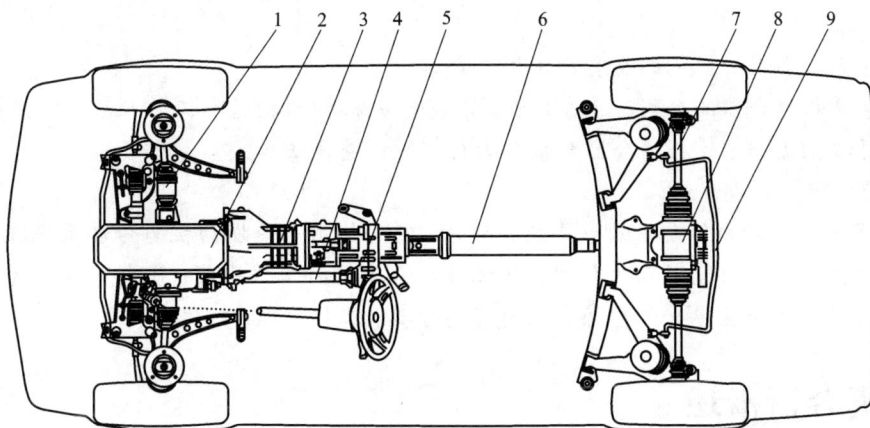

图 1-8   4WD 传动系的布置图

1—前驱动桥；2—发动机；3—变速器；4—前传动轴；5—分动器；
6—后传动轴；7—后驱动桥的半轴；8—后驱动桥；9—横向稳定器

复习题

1. 汽车传动系的基本功用是什么？传动系由哪些部件组成？
2. 汽车传动系按结构和传动介质的不同可分为哪几种类型？比较常用的有哪几种？
3. 汽车传动系的布置方案有哪些，各有何特点？各适合于哪类汽车？
4. 越野汽车传动系 4×4 与普通汽车传动系 4×2 相比，有哪些不同？

第2章 离合器

【学习目标】

了解：对离合器的要求；几种摩擦离合器的结构及特点；离合器操纵机构的类型、机构和工作过程。

熟悉：离合器助力机构的类型和使用场合。

掌握：掌握离合器的功用、摩擦离合器及其操纵机构的构造和工作原理；掌握扭转减振器的结构和工作原理；掌握离合器踏板自由行程的调整方法。

【主要内容】

离合器是汽车动力传动系的重要组成部分，它的作用是使发动机与传动系平顺接合，保证汽车平稳起步；暂时切断动力传递，保证传动系换挡时工作平顺；限制所传递的转矩，防止传动系过载。本章主要介绍摩擦式离合器的分类、工作原理、总体结构等。

2.1 离合器概述

离合器位于发动机与变速器之间，是汽车传动系统中直接与发动机相连接的部件。通常离合器与发动机曲轴的飞轮组安装在一起，用于传递或切断发动机与传动系之间的动力。汽车从起步到正常行驶的过程中，驾驶员踩下离合器踏板，通过离合器操纵机构、分离机构使离合器分离，断开发动机与传动系的联系；抬起离合器踏板，离合器接合，发动机的动力通过传动系传给驱动车轮，给汽车提供驱动力。

汽车机械式传动系广泛应用靠弹簧压紧的摩擦式离合器，因此，本章内容只涉及此类摩擦式离合器（简称摩擦离合器）。

2.1.1 离合器的功用和要求

1. 离合器的功用

（1）保证汽车平稳起步

汽车起步之前，先启动发动机，发动机平稳工作后，驾驶员踩下离合器踏板，将离合器分离，使发动机与传动系统断开；再将变速器挂上挡，然后缓慢松开离合器踏板，使离合器逐渐接合，渐渐加大对传动系统的作用力矩，避免对曲轴造成大的反向冲击力矩；同时逐渐踩下加速踏板，增加对发动机的燃油供给量，增大驱动力矩，使发动机的转速始终保持在最低稳定转速以上而不熄火。随着离合器的接合紧密程度逐渐增大，发动机经传动系统传给驱动车轮的转矩便逐渐地增加，直至驱动力足以克服起步阻力时，汽车即开始运动并逐步加速。

（2）保证变速器换挡工作平顺

在汽车行驶过程中，为适应不断变化的行驶条件，变速器需要经常换用不同挡位工作。普通齿轮式变速器的换挡一般是通过拨动齿轮或换挡装置来实现的，使原用挡位的某一齿轮副退出啮合，另一挡位的某一齿轮副进入啮合。如果没有离合器将发动机与变速器之间的动力暂时切断，原用挡位齿轮副之间将因传动压力大而难以脱开，而另一挡位待啮合的齿轮副将因两者圆周速度不相等而难以进入啮合，即使能进入啮合也会产生很大的冲击和噪声，损坏机件。安装了离合器后，在换挡前先踩下离合器踏板，中断动力传递，然后再进行换挡操作，以保证换挡过程的顺利进行，便于使原用挡位的啮合副脱开，同时有可能使新挡位啮合副的啮合部位的速度逐渐趋于相等（同步），这样，进入啮合时的冲击可以大为减轻。

（3）防止传动系统过载

当车速急剧变化时，与传动系统前后相连的发动机曲轴和车轮从协调转动到相互扭转，因而其各运动件将产生很大的惯性转矩，这一转矩可能会造成传动系统过载而使其机件损坏。由于离合器所能传递的转矩有限，当超过其所能传递的最大转矩时，离合器主动部分和从动部分之间将产生相对运动（打滑），从而起到过载保护作用。

2．对摩擦离合器的基本要求

通过对离合器功用的分析可知，对摩擦式离合器主要有以下基本要求：

①保证能可靠地传递发动机的最大转矩。当传动系统过载时，出现打滑，从而保护发动机和传动系统的有关机件。

②分离迅速彻底，接合柔和平顺，便于汽车平稳起步和平顺换挡。

③具有良好的散热能力和热稳定性。将离合器摩擦面间相对滑转产生的热量及时地散发出去，保证离合器工作可靠。

④离合器从动部分的转动惯量应尽可能小，减轻换挡时对齿轮的冲击。

⑤操纵轻便，减轻驾驶员的劳动强度。

2.1.2　摩擦离合器的基本组成及工作原理

图 2-1 为摩擦离合器的基本组成和工作原理的示意图。

1．摩擦离合器的组成

离合器由主动部分、从动部分、压紧机构、分离机构和操纵机构五部分组成。

如图 2-1 所示，离合器主动部分包括飞轮 4、离合器盖 6 和压盘 5。飞轮用螺栓与曲轴 1 固联在一起，离合器盖通过螺钉固定在飞轮后端面上，压盘与离合器盖通过传动片连接。这样，只要曲轴旋转，发动机发出的动力便经飞轮、离合器盖传至压盘，使它们一起旋转。

离合器从动部分由装在压盘和飞轮之间的两面带摩擦衬片 17 的从动盘 3 和从动轴 2 组成。从动盘通过内花键与从动轴滑动配合。从动轴前端用轴承 18 支承在曲轴后端中心孔中，后端支承在变速器壳体上并伸入变速器。离合器的从动轴通常又是变速器的输入轴。离合器压紧机构由若干沿圆周均匀布置的压紧弹簧 16 组成，它们装于压盘和离合器盖之间，用来对压盘产生轴向压紧力，将压盘压向飞轮，并将从动盘夹紧在压盘和飞轮之间。

离合器分离机构由分离拨叉 11、分离套筒和分离轴承 9、分离杠杆 7、回位弹簧 10 等组成，同离合器主从动部分及压紧装置一起装于离合器壳（飞轮壳）内。分离杠杆中部支承在装

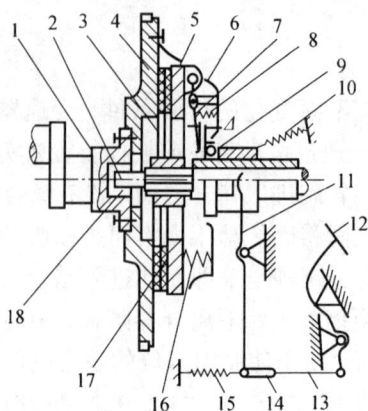

图 2-1 摩擦离合器的基本组成和工作原理示意图

1—曲轴；2—从动轴；3—从动盘；4—飞轮；5—压盘；6—离合器盖；7—分离杠杆；8—弹簧；9—分离轴承；
10、15—复位弹簧；11—分离拨叉；12—踏板；13—拉杆；14—调节叉；16—压紧弹簧；17—从动盘摩擦片；18—轴承

于离合器盖的支架上，外端与压盘铰接，内端处于自由状态。分离轴承压装在分离套筒上，分离套筒松套在从动轴的轴套上。分离拨叉是中部带支点的杠杆，内端与分离套筒接触，外端与拉杆铰接。

离合器操纵机构由离合器踏板 12、拉杆 13、拉杆调节叉 14 及复位弹簧 15 等组成，安装在离合器壳外部。离合器踏板中部铰接在车架(或车身)上，一端与拉杆铰接。

2. 摩擦离合器的工作原理

摩擦离合器靠主、从动件接触面之间的摩擦作用传递转矩，其传递转矩的能力大小与摩擦面间的压紧力、摩擦面尺寸、数目和材料有关。摩擦离合器传递转矩的能力可以用离合器的最大静摩擦转矩表示

$$M_c = ZP\mu R$$

式中：M_c 为离合器的最大静摩擦转矩，N·mm；Z 为摩擦面数目；P 为压盘对摩擦片的总压紧力，N；μ 为摩擦系数；R 为摩擦片的平均摩擦半径，mm。

如果传动系传递的转矩超过离合器的最大静摩擦转矩，离合器将打滑，从而起到过载保护的作用。摩擦离合器的工作原理可用下面三个状态表示。

(1)接合状态

离合器处于接合状态时，踏板 12 未被踩下，处于最高位置，分离套筒被回位弹簧 10 拉到后极限位置，分离杠杆 7 内端与分离轴承 9 之间存在间隙(离合器自由间隙)，压盘 5 在压紧弹簧 16 作用下将从动盘压紧在飞轮上，发动机的转矩即经飞轮及压盘通过两个摩擦面传给从动盘，再经从动轴 2 传给变速器。

(2)分离过程

需要分离离合器时，只要踏下离合器踏板，拉杆拉动分离叉，分离叉内端推动分离套筒、分离轴承首先消除离合器自由间隙；然后推动分离杠杆内端向前移动，分离杠杆外端便拉动压盘向后移动，解除对从动盘的压紧力，摩擦作用消失，中断动力传递。

(3)接合过程

当需要恢复动力传递时，缓慢抬起离合器踏板，分离轴承减小对分离杠杆内端的压力；

压盘在压紧弹簧的作用下向前移动，并逐渐压紧从动盘，接触面间的压力逐渐增大，相应的摩擦转矩也逐渐增大。当飞轮、压盘和从动盘接合还不紧密时，主、从动部分可以不同步旋转，即离合器处于打滑状态。随着飞轮、压盘和从动盘压紧程度的逐步加大，离合器主、从动部分转速也渐趋相等，直至离合器完全接合而停止打滑，结合过程结束。

3．摩擦离合器的分类

对于摩擦离合器，按照其所用从动盘的数目、压紧弹簧的形式及其安装方式、操纵机构形式的不同，其总体构造也各不相同。通常可以根据其从动盘的数目、压紧弹簧形式的不同对其进行分类。

按从动盘的数目不同分单盘离合器和双盘离合器两种。单盘离合器只有一个从动盘，其前后两面都装有摩擦衬片，因而它有两个摩擦面。由于轿车和轻型货车的发动机最大转矩数值不大，单盘就可满足其传动要求。双盘离合器具有两个从动盘，其前后两面都装有摩擦衬片，因而它有四个摩擦面。对中、重型汽车而言，要求离合器传递的最大转矩比较大，必须采取一些措施来提高传递最大转矩的能力。较为有效的措施是增加摩擦面的数目，双盘离合器得到应用。

按照所用压紧弹簧布置位置的不同，可分为周布弹簧离合器、中央弹簧离合器和周布斜置弹簧离合器 3 类。周布弹簧离合器采用若干个螺旋弹簧作为压紧弹簧，螺旋弹簧沿压盘圆周分布，螺旋弹簧的轴线与离合器压盘轴线平行。中央弹簧离合器仅具有一个或两个较强力的螺旋弹簧，螺旋弹簧与压盘同心并安置在离合器的中央。周布斜置弹簧离合器的螺旋弹簧的轴线与离合器压盘轴线有一定的夹角。

按照压紧弹簧形式的不同可分螺旋弹簧离合器、圆锥弹簧离合器、膜片弹簧离合器。

2.2 摩擦离合器

轿车和轻、中型客车与货车，其发动机输出转矩不大，汽车总体布置紧凑，离合器通常采用只有一片从动盘，采用若干个螺旋弹簧作为压紧弹簧，弹簧沿摩擦盘圆周方向布置的单盘周布弹簧离合器。对于吨位较大的中、重型汽车，要求离合器传递的转矩较大，采用摩擦系数较大的摩擦材料、适当加大压紧弹簧的压紧力、加大摩擦面尺寸等措施仍无法满足其动力传递要求时，往往采用增加一片从动盘，使其成为双盘离合器的措施满足其大转矩传递的要求。

2.2.1 周布弹簧离合器

1．单盘周布弹簧离合器

图 2－2 所示是东风 EQ1090E 型汽车的单盘周布弹簧离合器，离合器由装在发动机后方的离合器壳内的主动部分、从动部分和压紧机构位于离合器壳内、外的各组成构件及驾驶室的分离机构和操纵机构构成，图 2－3 为单盘周布弹簧离合器部分零件分解图。

发动机的飞轮 2、压盘 16 组成离合器的主动部分。离合器盖 19 通过螺钉固定在发动机飞轮上，并用定位销 17 定位，以保证二者同心和正确的周向安装位置，保证离合器的平衡。压盘前端面为光滑平整的工作面，压盘与离合器盖通过四组传动片 33 传递转矩。传动片用弹簧钢片制成，每组两片，其一端用铆钉 32 铆在离合器盖上，另一端用螺钉与压盘相连，四

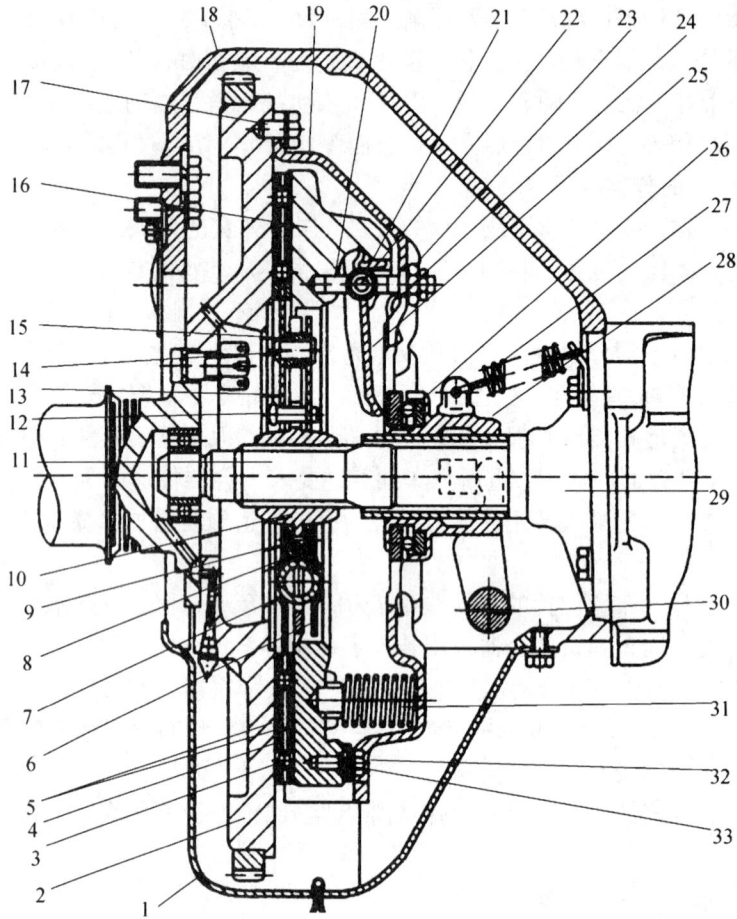

图 2 - 2　东风 EQ1090E 型汽车单片离合器

1—离合器壳底盖；2—飞轮；3—摩擦片铆钉；4—从动盘本体；5—摩擦片；6—减振器盘；7—减振器弹簧；
8—减振器阻尼片；9—阻尼片铆钉；10—从动盘毂；11—变速器第一轴；12—阻尼弹簧铆钉；13—减振器阻尼弹簧；
14—从动盘铆钉；15—从动盘铆钉隔套；16—压盘；17—离合器盖定位销；18—离合器壳；19—离合器盖；
20—分离杠杆支承；21—摆动支片；22—浮动销；23—分离杠杆调整螺母；24—分离杠杆弹簧；25—分离杠杆；
26—分离轴承；27—分离套筒回位弹簧；28—分离套筒；29—变速器第一轴轴承盖；30—分离拨叉；
31—压紧弹簧；32—传动片铆钉；33—传动片

组传动片相隔 90°沿圆周切向均匀分布。在离合器分离和接合过程中，依靠弹性传动片产生
弯曲变形，压盘便可做轴向平行移动。

从动盘和从动轴 11 组成离合器的从动部分。从动盘由从动盘本体 4、摩擦片 5、减振器
盘 6 和从动盘毂 10 等组成。从动盘本体 4 由薄钢片制成，铆装在从动盘毂上，转动惯量较
小。从动盘本体两面分别铆装有一片摩擦片。从动盘装在飞轮和压盘之间，从动盘毂的花键
孔套在从动轴前端的花键上，并可沿花键轴向移动。

16 个沿圆周分布于压盘和离合器盖之间的压紧弹簧 31 组成离合器的压紧机构。在压紧
弹簧压力作用下，压盘压向飞轮，并将从动盘夹紧，使离合器处于接合状态。发动机工作时，
发动机输出转矩一部分由飞轮通过 8 个固定螺钉传递给离合器盖，再经四组传动片传递到压
盘，最后通过摩擦片传给从动盘本体；另一部分由飞轮经摩擦片直接传给从动盘本体。转矩

14

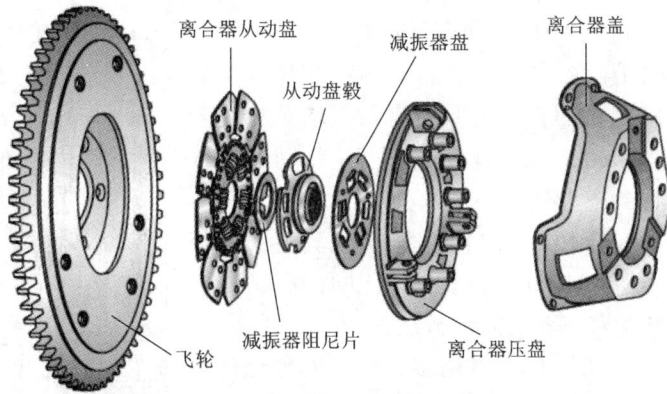

图 2-3　单盘周布弹簧离合器部分零件分解图

最终经从动盘毂的花键传递给从动轴，然后传递给变速器第一轴 11。

分离机构和操纵机构主要由装在离合器壳 18 内的分离杠杆 25、分离轴承 26、分离套筒 28 和分离拨叉 30 以及装在离合器壳的外部的离合器踏板、离合器总泵、离合器分泵及管路等组成。

在压紧弹簧作用下，离合器通常处于接合状态，仅在变速器换挡或汽车制动等需要中断动力传递时，才暂时处于分离状态。分离杠杆由薄钢板冲压而成，中部以分离杠杆支承柱 20 孔中的浮动销 22 为支点，外端通过摆动支片 21 抵靠着压盘 16 的钩状凸起部。分离套筒 28 松套在变速器第一轴轴承盖 29 的管状延伸部位外圆面上，后端装有分离轴承 26，在回位弹簧 27 作用下，分离轴承抵靠在分离拨叉 30 的圆弧表面上，分离拨叉两端的轴颈支承在离合器壳孔中的衬套内，外侧轴颈的延伸端固定着分离拨叉臂。驾驶员踩下离合器踏板，通过离合器操纵机构由分离拨叉给分离套筒、分离轴承一个向前的水平推力，进而作用在分离杠杆内端，杠杆绕支点转动，其外端摆动支片推动压盘，压盘克服压紧弹簧的力向后移动，撤除对从动盘的压紧力，压盘与从动盘间的摩擦作用消失，离合器不再传递任何转矩，进入分离状态。驾驶员放松离合器踏板，踏板和分离拨叉 30 分别在回位弹簧的作用下退回原位，压紧弹簧 31 重新使离合器恢复接合状态。

2. 双盘周布弹簧离合器

和单盘周布弹簧离合器相比，在结构上，双盘周布弹簧离合器比单盘周布弹簧离合器多了一个中间压盘和一个从动盘以及用于压盘、中间压盘、从动盘分离的分离机构，即采用两个从动盘和两个压盘，摩擦面积增加了一倍。在动力传递上，双盘周布弹簧离合器传递的转矩更大，常用于中、重型载货汽车上。图 2-4 所示为黄河 JN1181C13 型汽车双盘周布弹簧离合器。

双盘周布弹簧离合器主动部分由飞轮 18、离合器盖 8、压盘 16、中间压盘 17 组成。离合器盖 8 用螺钉装于飞轮 18 后端，压盘 16 后端的外缘制有四个凸耳并伸入离合器盖对应的切槽中，用来传递离合器盖至压盘的转矩。中间压盘的外缘上有四个缺口，飞轮上的四个定位块嵌装在这四个缺口中，用以传递飞轮至中间压盘的转矩，同时还起到导向和定心作用。这种转矩传递方法与传力片传递转矩的方法相比较，传动更为可靠。但其传力件接触部分的尺寸和位置的精确度要求较高，而且在分离、接合的过程中，传力件相对运动的摩擦及磨损均

15

较大。磨损后的传力件在离合器传动过程中会产生冲击和噪声。

两个从动盘 13、14 分别位于压盘 16 和中间压盘 17、飞轮 18 和中间压盘 17 之间，通过内花键与变速器输入轴的外花键相啮合。主要由沿圆周均布的 12 个压紧弹簧 7 组成的压紧装置，将压盘、从动盘、中间压盘紧紧地压向飞轮。

分离机构由分离杠杆 15、分离轴承 5、分离套筒 6 以及保证压盘、从动盘、中间压盘、飞轮之间彻底分离的安装在中间压盘和飞轮之间的分离弹簧 12 和限位螺钉 9 组成。由于摩擦片数目增多，双盘周布弹簧离合器的接合较为柔和，但是必须有专门装置，以保证各主动盘和从动盘之间能彻底分离。在图 2-4 中，当离合器分离时，压盘被四个分离杠杆 15 以支承销 1 为中心转动而拉向后方，中间压盘则被装在它和飞轮之间的分离弹簧 12 推向后方，与从动盘 13 脱离接触。同时，为使从动盘 13 不被中间压盘和压盘夹住，在离合器盖上装有四个限位螺钉 9，以限制中间压盘的行程。限位螺钉 9 的位置可以用限位螺母 10 进行调节。

2.2.2 中央弹簧离合器

中央弹簧离合器是指只采用一个或轴线重合的内外两个压紧弹簧，且弹簧的轴线和离合器的轴线重合的离合器。图 2-5 所示为长征 XD2150 型汽车装配的中央弹簧双盘离合器。

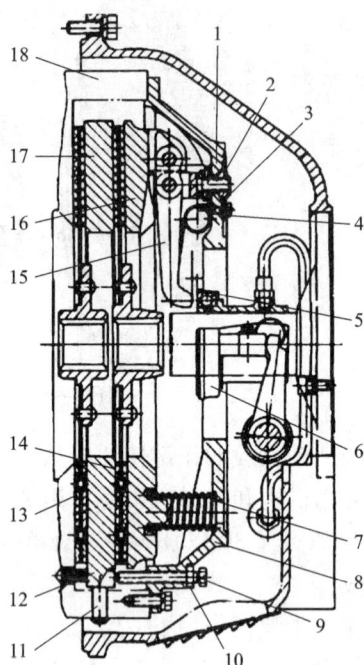

图 2-4 黄河 JN1181C13 型双盘周布弹簧离合器

1—支承销；2—调整螺母；3—压片；
4—锁紧螺钉；5—分离轴承；6—分离套筒；
7—压紧弹簧；8—离合器盖；9—限位螺钉；
10—限位螺母；11—定位块；12—分离弹簧；
13、14—从动盘；15—分离杠杆；
16—压盘；17—中间压盘；18—飞轮

中央弹簧双盘离合器主动部分由飞轮 15、离合器盖 3、压盘 1 和中间压盘 12 组成。飞轮 15 与中间压盘 12 通过传动销 11 传递转矩，传动销 11 的尾部压入飞轮 15 内圆面上的径向孔中，头部则伸入中间压盘 2 边缘的切口内。离合器盖 3 和压盘 1 通过离合器盖上的凸起传递转矩，离合器盖内表面上的凸起嵌入压盘上相应的切口中。发动机动力一部分从飞轮经传动销传给中间压盘；另一部分由飞轮经离合器盖传给压盘。

作为从动部分的从动盘被夹在压盘 1 和中间压盘 12、飞轮 15 和中间压盘 12 之间，通过内花键与变速器输入轴的外花键相啮合。

位于离合器轴线上的压紧弹簧 6 是压紧装置的主要零件，其前端通过一个用钢板冲压制成的支承盘支于离合器盖上，后端抵靠着分离套筒 7。轴向安装在分离套筒 3 上的三根拉杆分别与三根压紧杠杆 10 的内端相连。压紧杠杆以固定在离合器盖上的支承销 9 为支点，外端与压盘相接触，压紧弹簧的压紧力便通过分离套筒 7、拉杆和压紧杠杆 10，将离合器的主动和从动部分压紧。

分离机构由拉杆、压紧杠杆 10、分离套筒 7、分离弹簧 2 和分离摆杆 16 等组成。三根压紧杠杆的内端与安装在分离套筒上的三根拉杆相连，外端与压盘相连，并以固定在离合器盖

上的支承销为支点；分离摆杆的轴销
插在中间压盘边缘的径向孔内，其上
装有扭转弹簧，使分离摆杆的两臂分
别紧紧抵靠在飞轮和压盘的端面上。

　　支承销顶住平衡盘，平衡盘与调
整环以球面相配合，调整环借助螺纹
固定在离合器盖上。如果三个压紧杠
杆传递的压紧力不相等，则通过三个
支承销作用在平衡盘上的力不平衡，
而使平衡盘沿球面转动，直至三个压
紧杠杆传力相等时为止。

　　当驾驶员踩下离合器踏板时，操
纵机构中的分离叉便将分离套筒推向
前方，进一步压缩中央弹簧，同时通
过拉杆将压紧杠杆内端向前推移，使
压紧杠杆外端后移而与压盘脱离，于
是压盘便在分离弹簧的拉力作用下离
开从动盘。当压盘后移而撤除压紧力
时，分离摆杆 16 便在扭转弹簧作用下
转动，使中间压盘后移，并保证中间
压盘在飞轮和压盘工作端面之间的正
中位置，从而使两个从动盘有同样的
轴向游动间隙。

　　中央弹簧双盘离合器操纵轻便，
压紧力可调，但轴向尺寸大，多用于
重型载货汽车上。由于压紧杠杆的内

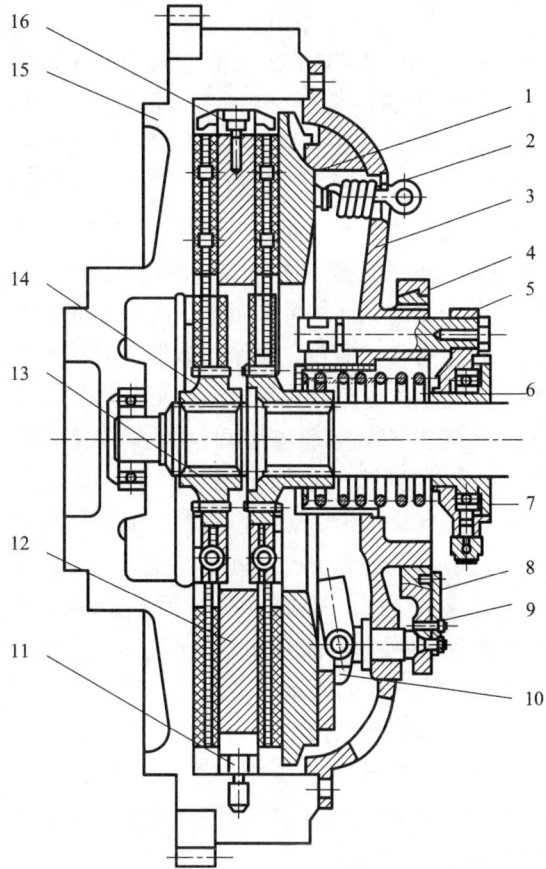

图 2－5　长征 XD2150 型汽车中央弹簧双盘离合器
1—压盘；2—分离弹簧；3—离合器盖；4—调整环；
5—传动杆；6—压紧弹簧；7—分离套筒；8—平衡盘；
9—支承销；10—压紧杠杆；11—传动销；12—中间压盘；
13、14—从动盘；15—飞轮；16—分离摆杆

臂比外臂长得多，压紧弹簧的压紧力经过压紧杠杆放大后传递到压盘上，使得离合器装备较
软的弹簧可获得较大的压紧力。相应地，为分离离合器而进一步压缩弹簧所需的力也较小。
当从动盘的摩擦衬片磨损后，在接合状态下，压盘的轴向位置比衬片磨损前略微前移，分离
套筒也相应地后移一定距离，这就使压紧弹簧的工作长度增加而压紧力减小，离合器所能传
递的最大转矩值下降。为保证离合器具有转矩传递能力，需要转动用螺纹与离合器盖连接的
调整环 4，使之向前移动，平衡盘 8 与传动销 11 也向前移动；同时，压紧杠杆会以其外端与
压盘的接触点为支点而转动，其内端通过传动杆将分离套筒向前推移，当分离套筒相对离合
器盖恢复原位，压紧弹簧的工作长度恢复原值时，离合器恢复能够传递的最大转矩。

2.2.3　周布斜置弹簧离合器

　　采用弹簧压紧的摩擦式离合器，随着摩擦衬片在使用过程中的磨损，以及油污、高温等
引起的摩擦系数下降，压紧弹簧的工作压力会有所降低，需要及时调整。同时，分析离合器
分离的工作过程可知，离合器分离开始与终了时，操纵力与总操纵功尽量小有利于离合器的

操纵。

图 2-6 所示的结构是在某重型汽车上采用的一种周布斜置弹簧离合器。周向布置的若干个压紧弹簧 6 安装在离合器盖与传力盘 2 之间，各个弹簧的轴线相对于离合器轴线倾斜一个角度 α。作用在传力盘上的压紧弹簧压紧力的轴向分力之和，通过以外端为支点的压紧杠杆 1 放大后作用于压盘上。分离离合器时，分离叉 4 通过分离轴承 3 和分离套筒 5 将传力盘向右拉，撤除压紧杠杆对压盘的压紧力，使压盘在分离弹簧 7 的作用下与从动盘脱离接触。压紧弹簧的倾斜安装可对摩擦片磨损起补偿作用。设压紧弹簧总的作用力为 F_Q，则其轴向分力 $F = F_Q\cos\alpha$。当摩擦片磨损时，压紧杠杆内端右移，压紧弹簧伸长，F_Q 减小；与此同时，α 夹角也减小，$\cos\alpha$ 增大。这样，在摩擦片磨损范围内，压紧弹簧作用力的轴向分力 $F = F_Q\cos\alpha$ 几乎保持不变，从而使压盘的压紧力也几乎保持不变。同样，当分离过程中向左拉动传力盘时，F 值也大致不变。因此，与其他弹簧压紧的摩擦式离合器相比，周布斜置弹簧离合器工作性能十分稳定，彻底分离所需的踏板力较小。

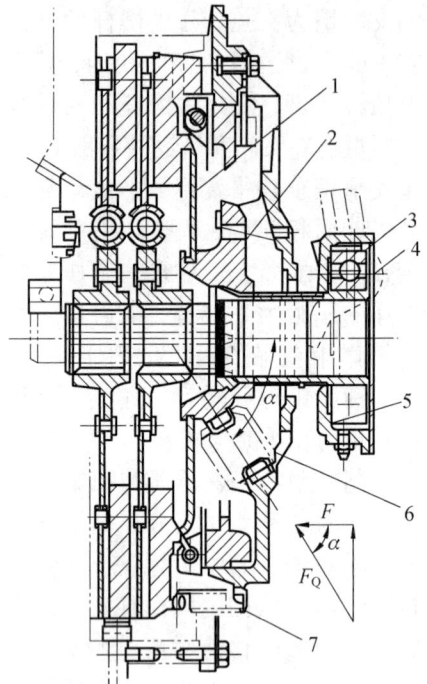

图 2-6 周布斜置弹簧离合器
1—压紧杠杆；2—传力盘；3—分离轴承；
4—分离叉；5—分离套筒；
6—斜置压紧弹簧；7—分离弹簧

2.2.4 膜片弹簧离合器

1. 离合器压紧弹簧的理想工作特性

在采用弹簧压紧的摩擦式离合器中，压紧弹簧工作特性直接影响离合器的工作可靠性、调整周期的长短、储备系数的稳定性及操纵力、操纵功大小等。理想的工作特性应满足下列条件：

①压紧力稳定可靠；

②摩擦衬片更换周期内，离合器储备系数保持不下降，无须调整压紧力；

③摩擦衬片磨损过程中，弹簧工作压力应略有增加，以补偿因油污、高温等引起的摩擦系数下降，保证储备系数稳定；

④分离开始与结束时，操纵力与总操纵功要尽量小。

图 2-7 为摩擦式离合器常用压紧弹簧与理想弹簧工作特性曲线。在工作点压力 Q_{T0}、允许磨损量 S_0 和分离行程 S_1 相同的条件下，碟形弹簧的工作特性比直置螺

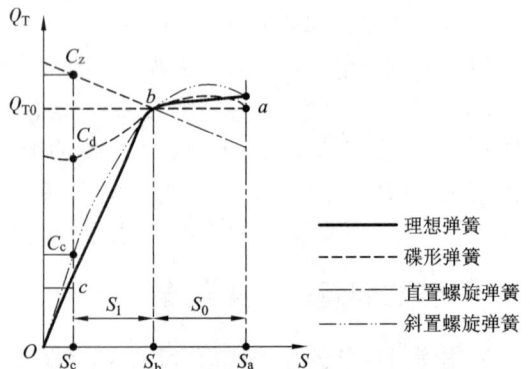

图 2-7 常用压紧弹簧与理想弹簧工作特性曲线

旋弹簧的工作特性更接近理想弹簧工作特性。

2. 膜片弹簧离合器的结构

如图 2－8 所示，膜片弹簧离合器的主动部分、从动部分与周布弹簧离合器类似。而压紧机构所用的压紧弹簧是一个用优质薄弹簧钢板制成的带有一定锥度的膜片弹簧 4，膜片弹簧靠近中心部分开有 18 条径向切槽，为防止应力集中，槽的末端接近外缘处被加工成圆孔，形成 18 根弹性杠杆。膜片弹簧既是压紧弹簧又是分离杠杆，膜片弹簧两侧有左右钢丝支承圈 14、5，借助铆钉 6 固定在离合器盖上，成为离合器的支点。膜片弹簧外缘抵靠在压盘 3 的环形凸起上，分离弹簧钩 9 和传动片 11 用铆钉固定在压盘上。

3. 膜片弹簧离合器的工作原理

膜片弹簧离合器的基本原理如图 2－9(a)所示，具体过程如图 2－9(b)和(c)及(d)所示。在离合器盖没有安装并固定到飞轮 2 上时，离合器盖 10 距离飞轮 2 的安装表面有一距离 L，此时膜片弹簧 4 不受力，处于自由状态，如图 2－9(b)所示。当离合器盖安装螺栓紧固后，如图 2－9(c)所示，离合器盖左移，消除 L，膜片弹簧 4 以右钢丝支承圈 5 为支点发生弹性变形(锥角变小)，膜片弹簧的反弹力使其外端对压盘 3 和从动盘 1 产生压紧力，离合器处于接合状态。当分离离合器时，分离轴承 7 左移，如图 2－9(d)所示，膜片弹簧内端左移，并以左钢丝支承圈 14 为支点转动(膜片弹簧呈反锥形)，于是膜片弹簧外端右移，并通过分离弹簧钩 9 拉动压盘使离合器分离。

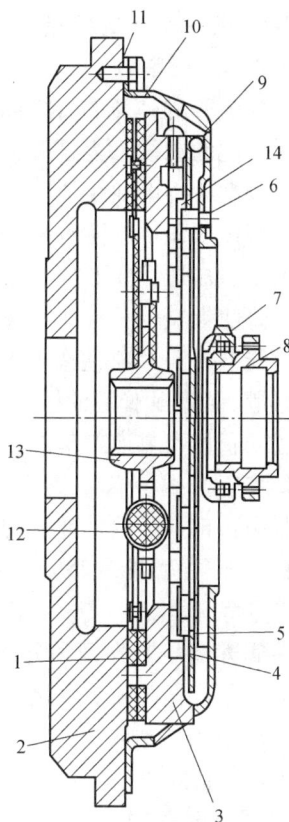

图 2－8　膜片弹簧离合器结构

1—从动盘；2—飞轮；3—压盘；
4—膜片弹簧；5—右钢丝支承圈；6—铆钉；
7—分离轴承；8—分离套筒；9—分离弹簧钩；
10—离合器盖；11—传动片；12—减振器；
13—花键毂；14—左钢丝支承圈

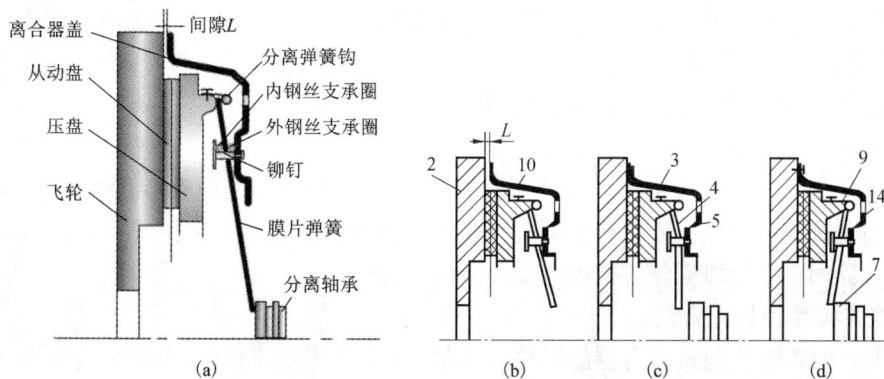

图 2－9　膜片弹簧离合器工作原理

4．膜片弹簧离合器的特点

（1）自动调节压紧力

图 2－10 为两种弹簧的特性曲线。图中，呈线性特性的曲线 1 为螺旋弹簧特性曲线。呈非线性特性的曲线 2 为膜片弹簧特性曲线。假设所设计的两种离合器的压紧力均为 P_b，轴向压缩变形量为 λ_b。当摩擦片磨损变薄使弹簧伸长 λ' 时，螺旋弹簧的压紧力直线下降到 P'_a 将使离合器因压紧力不足而打滑，而膜片弹簧的压紧力 P_a 与 P_b 相差不大，仍能可靠地工作。

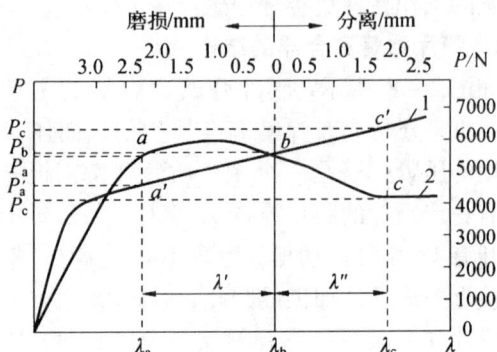

图 2－10　两种弹簧的特性曲线
1—膜片弹簧；2—螺旋弹簧

（2）操纵轻便

离合器分离时，当两种弹簧的压缩量均为 λ' 时，膜片弹簧所需要的压紧力 P_c 比螺旋弹簧所需要的压紧力 P'_c 减小 25% ~ 30%，所以具有操纵轻便的特点。

（3）结构简单紧凑

膜片弹簧兼起压紧弹簧和分离杠杆的作用，与螺旋弹簧相比，零件数目少，结构简单，质量轻，可采用冲压加工，大批量生产可降低生产成本；且轴向尺寸小而径向尺寸很大，有利于在提高离合器传递转矩能力的同时减小轴向尺寸。

（4）高速性能良好

高速时平衡性好，压紧力稳定。膜片弹簧是圆形旋转对称零件，其中心位于旋转轴线上，平衡性好，压紧力几乎不受离心力的影响。而螺旋弹簧在高速时，因受离心力作用会产生横向挠曲，从而降低对压盘的压紧力，影响动力的传递。

（5）寿命长

膜片弹簧与压盘以整个圆周接触，摩擦片上压力分布均匀，磨损均匀。由于膜片弹簧离合器零件少，轴向尺寸小，可以采用较厚的、热容量大的压盘和在离合器盖上开较大的通风口等措施来达到良好的通风散热效果。因此，摩擦片的使用寿命得到提高。

膜片弹簧离合器也存在一些缺点，主要是制造工艺和尺寸精度要求较严格。

由于膜片弹簧离合器具有以上一系列优点，因此它在轿车、轻型及中型货车上应用越来越广泛。红旗、奥迪、捷达、丰田、夏利、富康等轿车，CA1040、南京依维柯等轻型货车，CA1091 中型货车都采用了膜片弹簧离合器。

5．膜片弹簧离合器的分类及其结构形式

（1）分类

根据膜片弹簧分离时分离指内端的受力方向不同可分为推式和拉式两种。推式膜片弹簧离合器是当分离离合器时，膜片弹簧分离指内端受力方向指向压盘。拉式膜片弹簧离合器是当分离离合器时，膜片弹簧分离指内端受力方向离开压盘。

（2）推式膜片弹簧离合器

装配时，推式膜片弹簧离合器的膜片锥顶朝后（离开压盘方向），外端靠在压盘上，对压盘施加压力，如图 2－11 所示；分离时，分离轴承推动膜片弹簧内端向左运动（指向压盘），外端便拉动压盘向右运动，从而使离合器分离。图 2－12 为丰田大霸王推式膜片弹簧离合器的结构分解图。

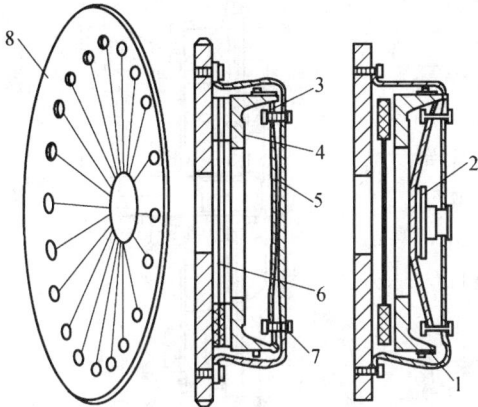

图 2 – 11　推式膜片弹簧离合器

1—分离钩；2—分离轴承；3—支承环；4—压盘；
5、8—膜片弹簧；6—从动盘；
7—支承环定位铆钉；8—膜片弹簧

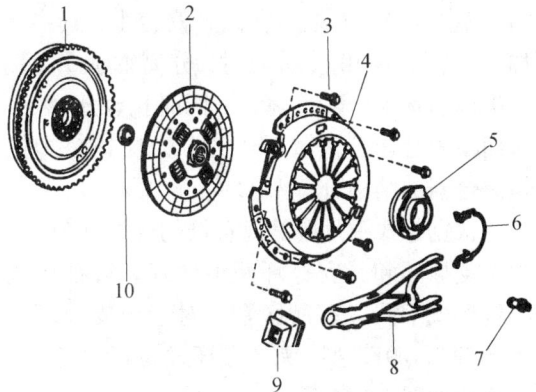

图 2 – 12　丰田大霸王推式膜片弹簧离合器

1—飞轮；2—离合器从动盘；3—螺钉；
4—离合器盖及压盘总成；5—分离轴承；6—夹扣；
7—分离叉支杆；8—分离叉；9—保护罩；10—导向轴承

　　根据推式膜片弹簧离合器的支撑环数目不同，可分为双支撑环、单支撑环和无支撑环三种形式。每种形式根据具体结构形式不同又有所区别。对于双支撑环式又可划分为 MF 型和 DS 型及 DST 型，单支撑环式可划分为 DBV 型和 GMF 型及 DB/DBP 型，无支撑环式可划分为 DBR 型和 D/DR 型及 CP 型，上述三种形式的具体结构形式细分如图 2 – 13 所示。

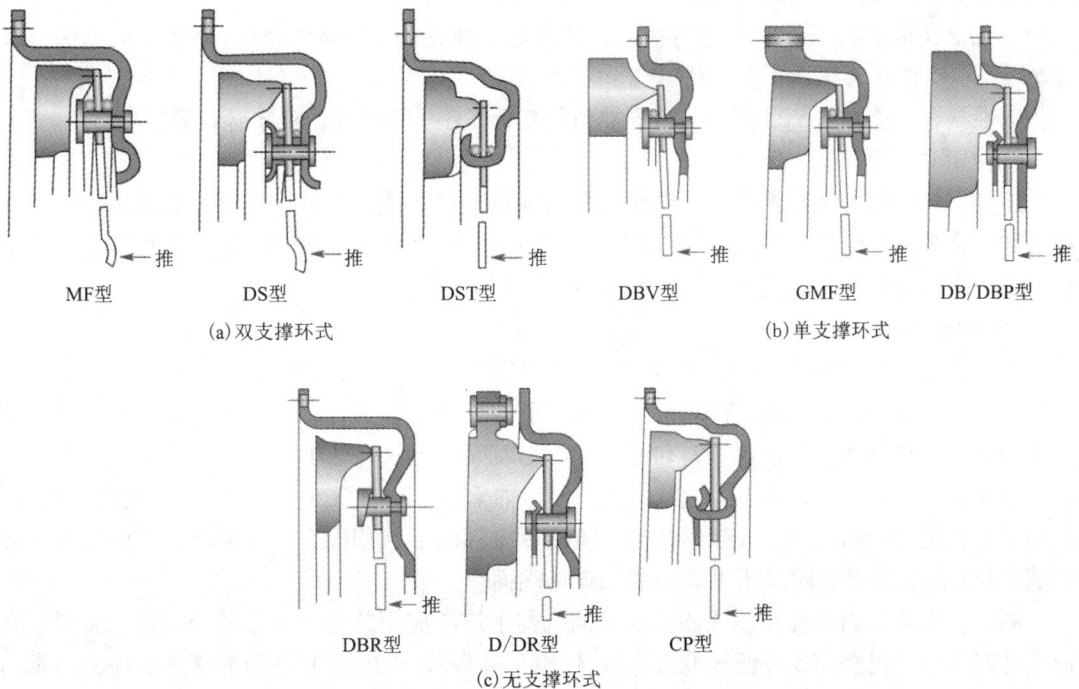

MF型　　DS型　　DST型　　DBV型　　GMF型　　DB/DBP型

(a)双支撑环式　　　　　　　　　　　(b)单支撑环式

DBR型　　D/DR型　　CP型

(c)无支撑环式

图 2 – 13　推式膜片弹簧内离合器结构形式

（3）拉式膜片弹簧离合器

装配时，拉式膜片弹簧离合器的膜片锥顶朝前（指向压盘方向），外端靠在离合器盖上，其中部对压盘施加压力（图 2－14）；分离时，分离轴承 3 拉动膜片弹簧内端向右运动（离开压盘），同时拉动压盘 1 向右运动，从而使离合器分离。图 2－15 为捷达轿车拉式膜片弹簧离合器的结构分解图。

根据拉式膜片弹簧离合器的支撑环数目不同，可分为单支撑环和无支撑环两种形式。每种形式根据具体结构形式不同又有所区别。对于单支撑环式分为 DT/DTP 型和 GMFZ 型，无支撑环式为 MFZ 型，具体结构形式细分如图 2－16 所示。

（4）拉式和推式膜片弹簧离合器的比较

与推式膜片弹簧离合器相比，拉式膜片弹簧离合器具有如下优点：

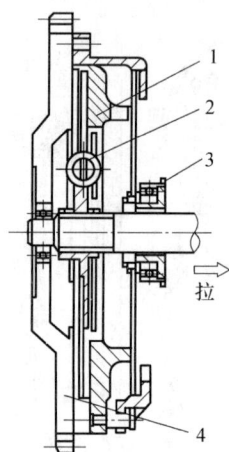

图 2－14　拉式膜片弹簧离合器

1—压盘；2—从动盘；
3—分离轴承；4—飞轮

①由于拉式膜片弹簧以其中部压紧压盘，在压盘大小相同的条件下可使用直径较大的膜片弹簧，从而实现在不增加分离操纵力的前提下，提高压盘的压紧力和传递转矩的能力；或在传递转矩相同的条件下，减小压盘的尺寸。

②由于减少或取消了中间支承，零件数目少，其结构更加简单、紧凑，质量更轻。

③拉式膜片弹簧的杠杆比大于推式膜片弹簧的杠杆比，中间支承少，减小了摩擦损失，传动效率高，使分离时的踏板力更小。

④无论在接合状态还是在分离状态，拉式膜片弹簧的大端始终与离合器盖支承保持接触，因而在支承环磨损后不会产生冲击和噪声。

⑤在接合状态或分离状态下，离合器盖的变形量小、刚度大，使分离效率更高。

⑥使用寿命更长。

但是，由于拉式膜片弹簧的分离指与分离轴承套筒总成嵌装在一起，结构较复杂，安装和拆卸较困难，分离行程略大于推式膜片弹簧离合器。由于拉式膜片离合器的综合性能优越，膜片弹簧离合器的推式结构正逐渐被拉式结构所取代。

（5）离合器分离轴承

离合器的分离轴承总成由分离轴承、分离套筒等组成，在工作中分离轴承主要承受轴向分离力，同时还承受在高速旋转时离心力作用下的径向力。图 2－17 所示为推式膜片离合器采用的各种分离轴承形式。推力球轴承[图 2－17(a)]与深沟球轴承的润滑条件差，磨损严重，噪声大，可靠性差，使用寿命低。角接触球轴承[图 2－17(b)、(c)]采用全密封结构，使用高温锂基润滑脂润滑，端部形状与分离指舌尖部的形状相配合，舌尖部为平面时采用球形端，舌尖部为弧形面时采用平端面或凹弧形端面。

图 2－18 所示为一种在拉式膜片弹簧离合器上广泛应用的自动调心式分离轴承装置。在轴承外圈 2 与分离套筒 5 外凸缘和外罩壳 3 之间，以及轴承内圈 1 与分离套筒 5 内凸缘都留有径向间隙，这些间隙保证了分离轴承相对于分离套筒可作一定的径向移动。在轴承外圈与分离套筒的端面之间装有波形弹簧 4，将轴承外圈紧紧顶在分离套筒凸缘的端面上，使轴承

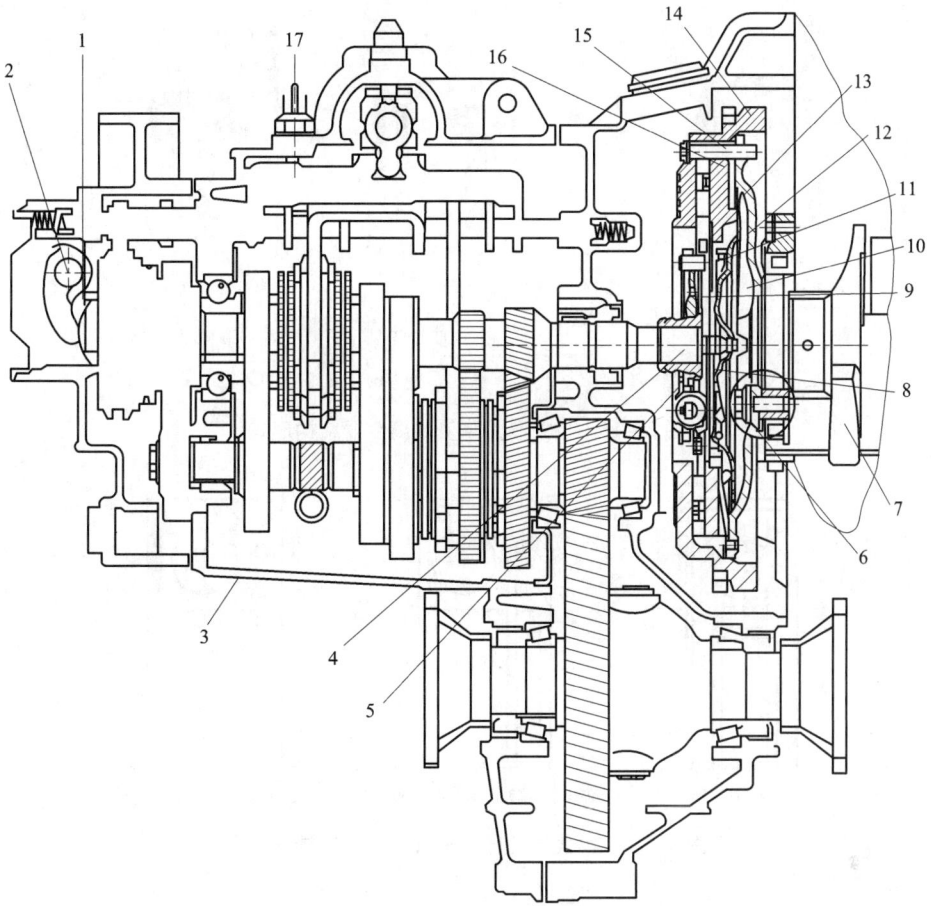

(a)传动器与离合器结构

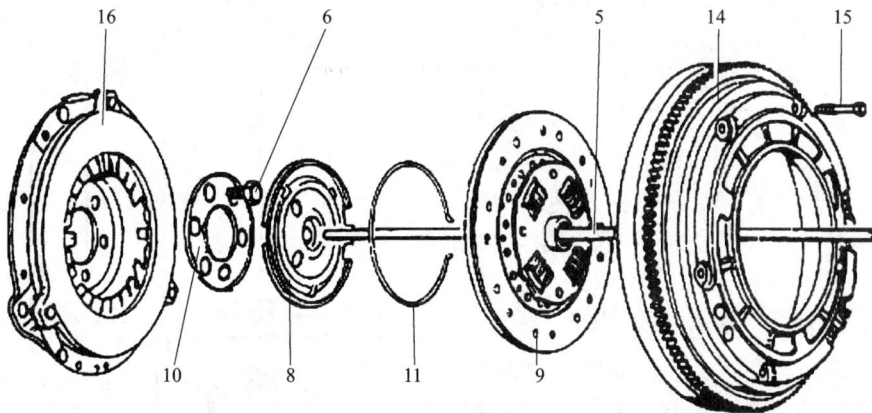

(b)离合器零部件分解图

图 2 – 15　捷达轿车拉式膜片弹簧离合器的结构分解图

1—离合器分离轴承；2—离合器分离臂；3—传动器总成；4—传动器输入轴；5—离合器分离推杆；6—螺栓；
7—发动机曲轴；8—离合器分离盘；9—离合器从动盘；10—中间板；11—卡环；12—离合器盖；
13—膜片弹簧；14—飞轮；15—螺栓；16—离合器压盘；17—倒车灯开关

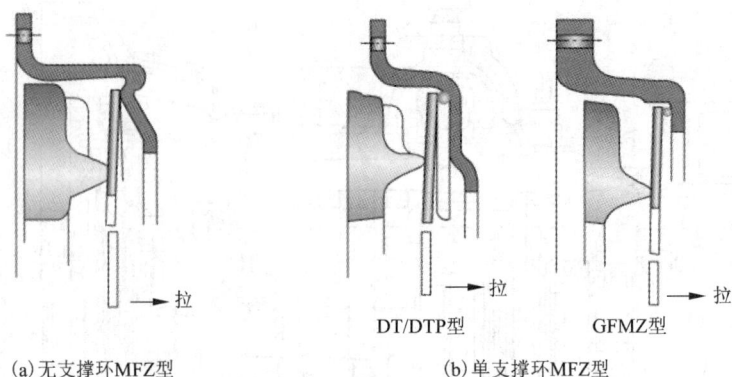

(a)无支撑环MFZ型   (b)单支撑环MFZ型

图 2－16　拉式膜片弹簧内离合器结构形式

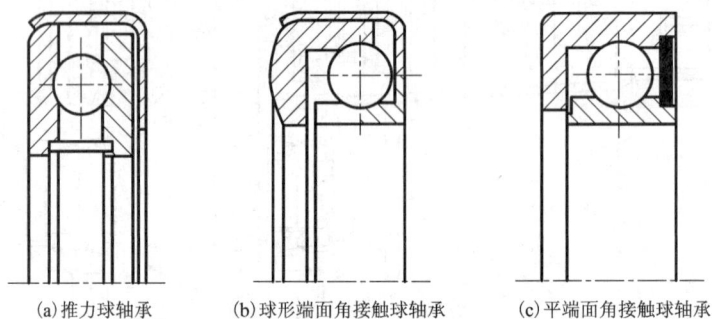

(a)推力球轴承　　(b)球形端面角接触球轴承　　(c)平端面角接触球轴承

图 2－17　推式膜片弹簧离合器的分离轴承装置

在不工作时不会发生晃动。当膜片弹簧旋转轴线与轴承不同心时，分离轴承便会自动径向浮动到与其同心的位置，以保证分离轴承能均匀压紧各分离器舌尖部。这样可减小振动和噪声，减小分离指与分离轴承端面的磨损，使轴承不会因过热而造成润滑脂的流失分解，延长轴承寿命。另外，分离轴承由传统的外圈转动改为内圈转动、外圈固定不转，由内圈来推动分离指的结构，适当地增大了膜片弹簧的杠杆比，且由于内圈转动，在离心力作用下，润滑脂在内、外圈间的循环得到改善，提高了分离轴承使用寿命。这种拉式分离轴承是将膜片弹簧分离舌尖直接压紧在碟形弹簧 6 与挡环 7 之间，再用弹簧锁环 8 卡紧，结构比较简单。

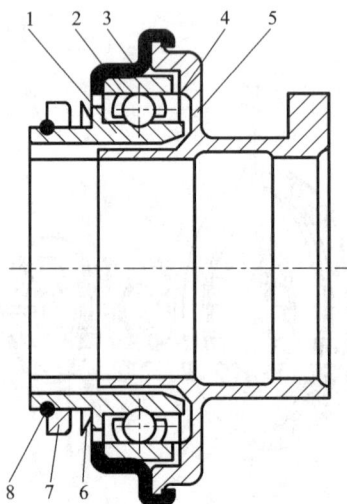

图 2－18　拉式膜片弹簧离合器的分离轴承装置
1—轴承内圈；2—轴承外圈；3—外罩壳；
4—波形弹簧；5—分离套筒；6—碟形弹簧；
7—挡环；8—弹簧锁环

24

2.2.5　离合器的调节

1. 离合器自由间隙与离合器踏板自由行程

由于离合器在接合过程中存在滑磨现象，从动盘摩擦片经过长期使用后将因磨损而变薄，压盘会向前(飞轮方向)移动，分离杠杆内端相应地向后移动。如果安装时分离杠杆内端与分离轴承间不留间隙，则磨损后分离杠杆内端将被压在分离轴承上而不能自由后移，外端牵制压盘不能前移，将导致压盘不能在压紧弹簧作用下压紧从动盘，主从动盘处于非完全接合状态，造成离合器打滑，转矩传递能力降低，加速摩擦片和分离轴承的磨损，严重时甚至烧坏轴承。因此离合器处于正常接合状态时，分离杠杆或膜片弹簧内端与分离轴承之间应预留一定的自由间隙Δ(参见图 2 - 1)。如东风 EQ1090E 型汽车 Δ = 3 ~ 4 mm。从踩下离合器踏板到消除分离杠杆或膜片弹簧内端与分离轴承之间的自由间隙所对应的踏板行程称为离合器踏板自由行程。如东风 EQ1090E 型汽车的离合器踏板自由行程为 30 ~ 40 mm。消除自由间隙后，继续踩下离合器踏板，将会产生分离间隙，此过程所对应的踏板行程就是离合器踏板的工作行程。离合器的工作过程分为分离过程和接合过程：在分离过程中，踩下离合器踏板，在自由行程内首先消除离合器的自由间隙，然后在工作行程内产生分离间隙，离合器分离；在接合过程中，逐渐松开离合器踏板，压盘在压紧弹簧的作用下向前移动，首先消除分离间隙，并在压盘、从动盘和飞轮工作表面上作用足够的压紧力，之后分离轴承在复位弹簧的作用下向后移动，产生自由间隙，离合器接合。经过长期使用后，从动盘摩擦片将因磨损而变薄，将导致离合器踏板自由行程增大，因此需要根据行驶里程来检查离合器踏板行程，如果超出标准值，就需要通过调整拉杆有效长度来调整离合器自由间隙Δ，使自由行程恢复到标准值。

2. 分离杠杆的运动干涉与防止措施

离合器分离杠杆支点采用固定铰链，当杠杆转动时，其外端与压盘铰接处的运动轨迹为一段弧线，而压盘上该点只能做轴向直线运动，分离杠杆产生运动干涉。要防止这种干涉，在结构上必须保证支点或杠杆与压盘连接点能沿径向移动(平移或摆动)，一般是利用螺纹装置对分离杠杆的外端重点或中间支点进行高度调整。图 2 - 19 所示是支点摆动式、支点移动式、重点摆动式、综合式等几种常见的防干涉结构。

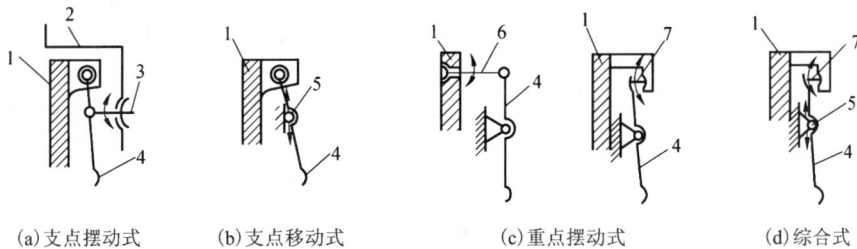

(a)支点摆动式　(b)支点移动式　(c)重点摆动式　(d)综合式

图 2 - 19　分离杠杆防干涉结构

1—压盘；2—离合器盖；3—支承螺柱；4—分离杠杆；5—滚销；6—分离螺钉；7—摆动片

3. 压盘的传力方式

压盘是离合器的主动部件，由离合器盖(或飞轮)驱动，随飞轮旋转。离合器分离、接合过程中，压盘能做一定量的轴向移动，但不允许产生径向位移，这就是压盘的传力、导向和定心问题。这个问题由压盘与离合器盖(或飞轮)的连接方式解决。离合器常用的连接方式

有凸台 – 窗孔式、传动销式、键连接式、弹性传动片式等,如图 2 – 20 所示。单盘离合器压盘的传力方式大多数采用弹性传动片式,双盘离合器一般都采用综合式的连接方法,即中间压盘通过键连接式、压盘则通过凸台 – 窗孔驱动,也有用销子传力的,通过传动销将轮与中间压盘、压盘连接在一起。

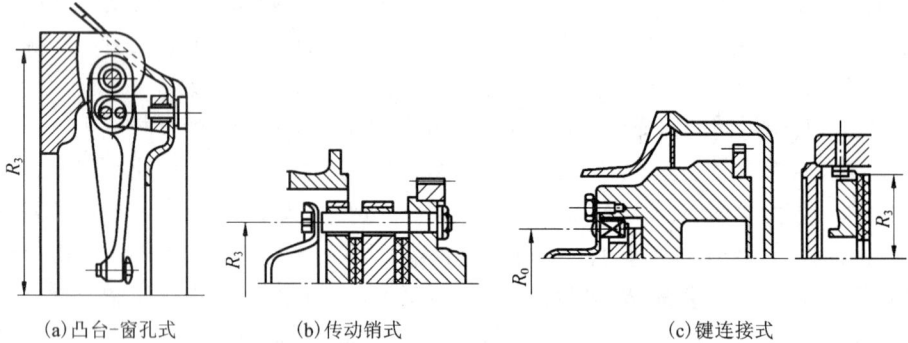

(a)凸台-窗孔式   (b)传动销式   (c)键连接式

图 2 – 20　压盘的传力方式

4. 分离杠杆高度的调节

离合器分离轴承推动分离杠杆内端左移(向前),外端拉动压盘右移(向后)而实现离合器分离。随着离合器使用时间的增长,压盘与分离杠杆的支点会有一定的磨损、分离杠杆会产生变形,再加上制造偏差,这些因素将导致分离杠杆内端沿离合器轴线方向出现高度不等现象,将使压盘分离时不能平行移动,引起离合器分离不彻底、接合不平顺。为此,常利用螺纹装置对分离杠杆外端点或中间支点进行调节,实现分离杠杆高度调整。常见结构形式如图 2 – 21 所示。

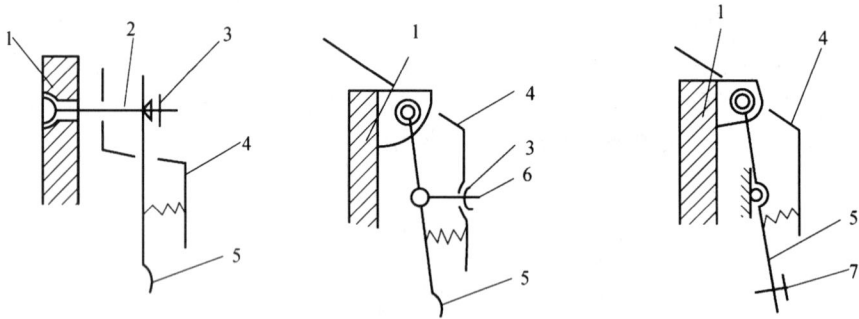

图 2 – 21　分离杠杆高度调节装置

1—压盘;2—分离螺钉;3—调整螺母;4—离合器盖;5—分离杠杆;6—支承螺柱;7—调整螺钉

2.2.6　从动盘和扭转减振器

1. 从动盘的组成和分类

从动盘主要由从动盘毂、从动盘本体及摩擦片三个基本部分组成,如图 2 – 22 所示。从动盘主要有整体式弹性从动盘、分开式弹性从动盘、组合式弹性从动盘三种。整体式弹性从动盘的本体是完整的钢片,并开有 T 形槽,摩擦片直接铆接在从动盘本体上,如图 2 – 22(a)

所示；分开式弹性从动盘的本体上铆接波形弹簧片，摩擦片铆接在波形弹簧片上，如图 2-22(b)所示；组合式弹性从动盘的本体上靠近压盘的一面铆有波形弹簧片，靠近飞轮的一面没有，如图 2-22(c)所示。

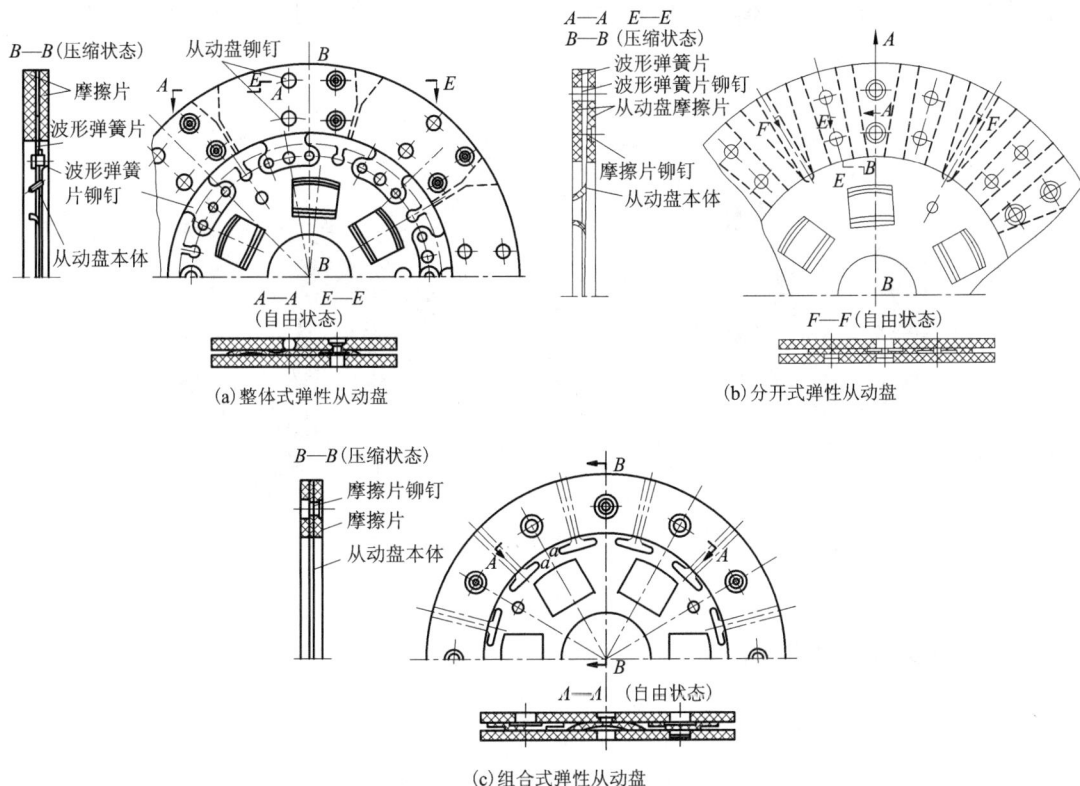

(a) 整体式弹性从动盘

(b) 分开式弹性从动盘

(c) 组合式弹性从动盘

图 2-22 离合器从动盘

为了使离合器接合缓和，起步平稳，从动盘应具有轴向弹性。一般措施是在从动盘本体与摩擦片之间加铆波浪形弹性钢片，如图 2-22(a)、(b)所示。

发动机传到汽车传动系统转矩的周期性变化，给传动系带来了扭转振动。若该振动的频率等于传动系统的自振频率或成整数倍，就将发生共振。此外，在不分离离合器的情况下进行紧急制动或离合器接合过猛时，瞬间会对传动系统中的零件造成极大的冲击载荷，从而缩短零件的使用寿命。为了避免共振，缓和传动系统所受的冲击载荷，不少汽车传动系统中装设了扭转减振器，且多数将扭转减振器附装在离合器的从动盘上。图 2-23 所示为桑塔纳轿车分开式弹性从动盘，其中 6 为扭转减振器。

部分双盘离合器采用不带扭转减振器的从动盘，如图 2-24 所示。其从动盘本体 3 直接铆接在

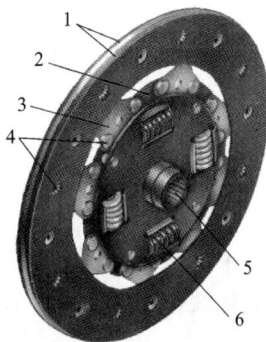

图 2-23 桑塔纳轿车分开式弹性从动盘
1—摩擦片；2—从动盘本体；3—波形弹簧片；
4—铆钉；5—从动盘毂；6—扭转减振器

从动盘毂 5 上。从动盘本体通常用薄弹簧钢板制成，其外缘部分开有径向窄切槽，以减小从动盘的转动惯量、加强从动盘散热及防止受热后的扭曲变形。从动盘本体(或波形片上)铆接摩擦片 1 和 6，摩擦片具有较大的摩擦系数、良好的耐磨性和耐热性，保证离合器能够传递较大的摩擦转矩。在从动盘本体 3 与摩擦片 6 之间加铆波浪形弹性钢片 4，以增强从动盘轴向弹性。

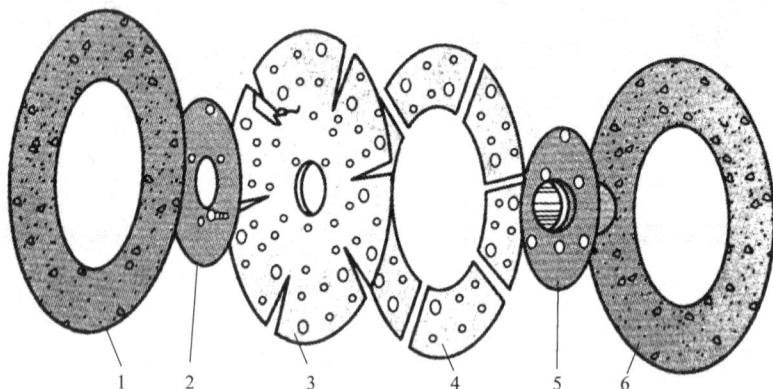

图 2-24　不带扭转减振器的从动盘
1、6—摩擦片；2—压片；3—从动盘本体；4—波浪形弹性钢片；5—从动盘毂

2. 带扭转减振器的从动盘

（1）从动盘结构

图 2-25 所示为带扭转减振器的东风 EQ1090E 汽车离合器从动盘，为整体式弹性从动盘。从动盘本体 2 的外缘铆接有两片摩擦片 1、3，从动盘本体 2 与从动盘毂 5 之间通过减振器传递转矩。从动盘本体、从动盘毂和减振器盘 6 都开有 6 个矩形窗口，每个窗口都装有一个减振器弹簧，建立从动盘本体与从动盘毂之间的弹性联系。减振器盘与从动盘本体用铆钉铆接成一个整体，并将从动盘毂及其两侧的阻尼片夹在中间，用三个从动盘铆钉铆接在一起，并将从动盘毂及其两侧的阻尼盘 7 夹在中间。从动盘本体与减振器盘上的窗孔有翻边，使弹簧不致脱出。在从动盘毂上开有与铆钉隔套相对的缺口，在缺口与隔套之间留有间隙，允许从动片与从动盘毂之间相对转动一个角度。在从动片上径向切有若干 T 形槽，外缘形成许多扇形，并将它们依次沿周向弯曲成波浪形，两边的摩擦片分别与其波峰和波谷部分明接在一起，在接合过程中，弯曲的波浪形扇形部分被逐渐压平，从动盘轴向压缩量与压紧力也逐渐增加，使从动盘在轴向上具有一定的弹性，保证了接合平顺柔和。

（2）扭转减振器工作原理

从动盘不工作时如图 2-26(a)所示。从动盘工作时，两侧摩擦片所受摩擦力矩首先传到从动盘本体和减振器盘上，再经 6 个减振器弹簧传给从动盘毂。这时弹簧被压缩[图 2-26(b)]，借此吸收传动系统所受的冲击。因此，减振器的缓冲作用使传动系统所受的冲击大大减小。

传动系统中的扭转振动会使从动盘毂相对于从动盘本体和减振器盘做往复摆动，借助夹在它们之间的阻尼片的摩擦来消耗扭转振动的能量，使扭转振动迅速衰减，减小传动系统所受的交变应力。

28

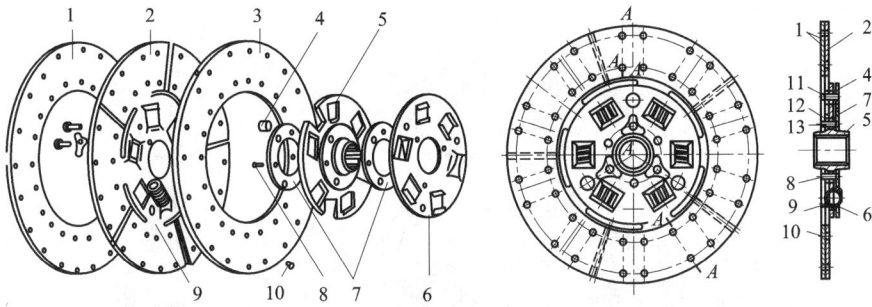

图 2 – 25　带扭转减振器的东风 EQ1090E 汽车离合器从动盘

1、3—摩擦片；2—从动盘本体；4—从动盘铆钉隔套；5—从动盘毂；6—减振器盘；7—阻尼盘；
8—阻尼器铆钉；9—减振器弹簧；10—摩擦片铆钉；11—减振器铆钉；12—减振器阻尼弹簧；13—阻尼弹簧铆钉

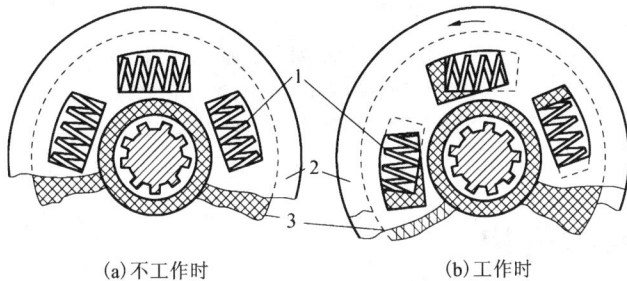

(a)不工作时　　　　　　　(b)工作时

图 2 – 26　扭转减振器工作原理

1—减振器弹簧；2—从动盘本体；3—减振器阻尼片

（3）变刚度扭转减振器及其特性

近年来，为了更有效地避免传动系统产生共振，降低传动系统噪声，有些汽车离合器从动盘中采用两组或更多组刚度不同的减振器弹簧，并将装弹簧的窗口长度做得尺寸不一，利用弹簧先后起作用的办法获得变刚度特性。

图 2 – 27 所示为捷达轿车的从动盘，它有两级减振装置。第一级为预减振装置，它的角刚度很小，主要是减小由于发动机怠速不稳而引起的变速器中常啮合齿轮间的冲击和噪声。另外，当传动系统在小转矩负荷下工作(包括减速滑行)时，也能减小变速器和主减速器内齿轮和系统内其他机件的扭转振动和噪声。

第二级减振器弹簧用与发动机气门弹簧同样的钢丝制成，刚度较大，它只有在从动盘毂与从动盘本体正向(发动机带动传动系统)转过 5°，或反向(传动系统带动发动机)转过 2.5°时才起作用。它能够降低发动机曲轴与传动系统接合部分的扭转刚度，调整传动系统扭转固有频率，使传动系统共振应力下降，并改善离合器的接合柔和性。

东风 EQ1141G、斯太尔重型汽车离合器从动盘上均装有由三组减振弹簧组成的三级减振装置。从结构上保证了三组弹簧不是同时而是按照一定的转角间隔顺序地进入工作状态，充分发挥减振器的减振作用并改善缓冲性能。

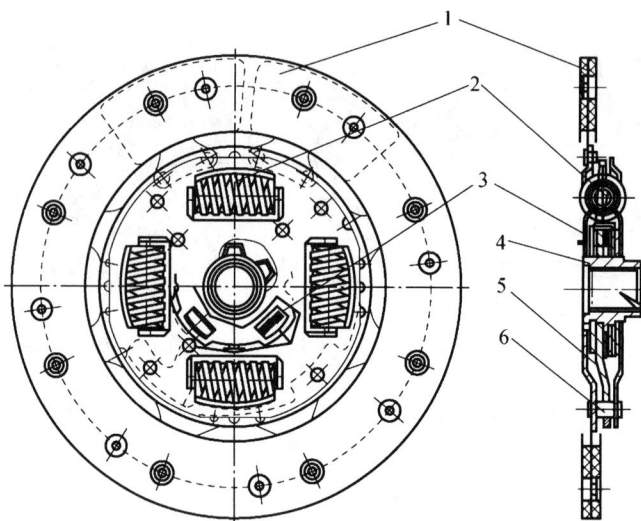

图 2-27 带两级减振装置的从动盘
1—摩擦片；2—减振器弹簧；3—预减振装置；
4—从动盘毂；5—从动盘本体；6—从动盘铆钉

2.3 离合器操纵机构

离合器操纵机构是驾驶员控制离合器分离，而后又使之柔和接合的一套专设机构。它起始于离合器踏板，终止于离合器分离轴承。

按分离离合器所需要的操纵能源不同，离合器操纵机构可分为人力式和助力式两类。人力式是以驾驶员的肌体作为唯一的操纵能源；助力式是以发动机驱动空气压缩机作为主要的操纵能源，以人体作为辅助和后备的操纵能源。

2.3.1 人力式操纵机构

人力式操纵机构按所用传动装置的形式分为机械式和液压式两种。

1.机械式操纵机构

机械式操纵机构有杆系式传动和绳索式传动两种形式。

（1）杆系式传动操纵机构

如图 2-28 所示为离合器杆系传动操纵机构，其结构特点是从离合器踏板到分离叉都由杆件组成，杆与杆之间用球销或铰链连接。

杆系式传动操纵机构结构简单，工作

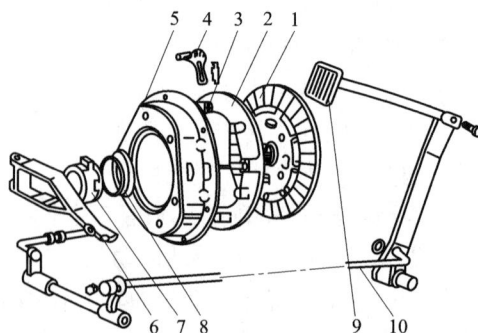

图 2-28 离合器杆系传动操纵机构
1—从动盘；2—压盘；3—压紧弹簧；4—分离杠杆；
5—离合器盖；6—分离叉；7—分离套筒；
8—分离轴承；9—踏板；10—拉杆

可靠，容易制造，因此应用较广泛，如解放、东风等中型载重车离合器。但杆系式质量大，传动铰接点多，摩擦损失大，传动效率低，车身和车架的变形会影响其正常工作，离合器远距离操纵时，布置比较困难，不能采用便于驾驶员操纵的吊挂式踏板。在平头汽车和发动机后置汽车等需要远距离操纵时，踏板自由行程较大，杆系结构复杂，布置困难，刚度和可靠性变差。

（2）绳索式传动操纵机构

如图 2-29 所示为离合器绳索式传动操纵机构，其结构特点是离合器踏板和分离叉之间用钢丝绳连接。

绳索式传动操纵机构结构简单、布置方便，不受车身和车架变形的影响、适用于吊挂式踏板，但其寿命短，传递的力小、传动效率不高、只适用于轻型及微型汽车，如夏利、桑塔纳、捷达等。

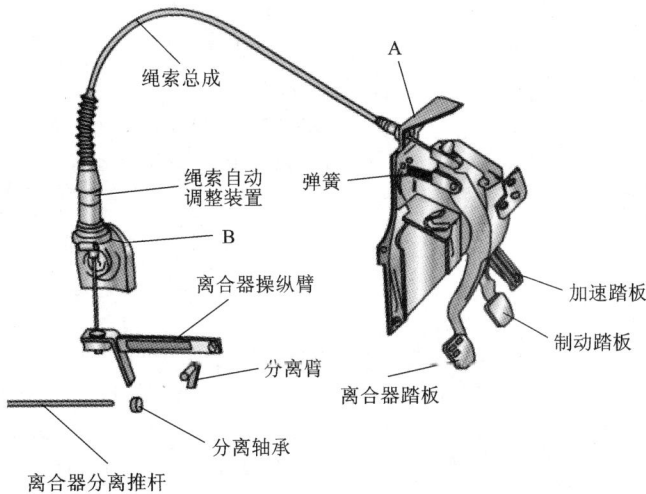

图 2-29　离合器绳索式传动操纵机构

2．液压式操纵机构

图 2-30 所示为离合器液压式操纵机构整体组成图，主要由主缸、工作缸及管路系统等组成。液压式操纵机构具有摩擦阻力小、质量轻、布置方便、接合柔和、不受车架和车身变形及发动机振动的影响、便于远距离操纵等优点，应用日益广泛，如红旗 CA7220 型轿车、丰田大霸王等。

图 2-31 所示为离合器液压式操纵机构结构图。推杆 3 与踏板 1 用偏心调整螺栓 2 相连，当不踩踏板时，通过调整使推杆与主缸活塞 5 保持一定的间隙，保证主缸活塞彻底回位。分离叉推杆 21 一端与分离叉相连，

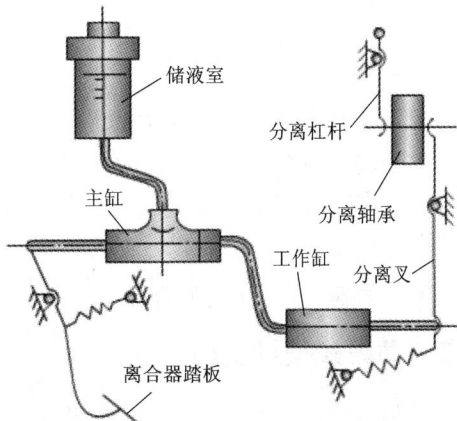

图 2-30　离合器液压操纵机构整体组成图

另一端伸入工作缸活塞 20 内。储油罐 13 有孔与主缸相通，阀杆 8 后端穿在主缸活塞 5 的中心孔内。后弹簧座 7 紧套在活塞的前端，它可单向拉动阀杆 8，阀杆的前端装有橡胶密封圈的阀门 12 和回位弹簧 10。前弹簧座 11 具有轴向中心孔和轴向径向的槽，回位弹簧安装在前、后弹簧座之间。

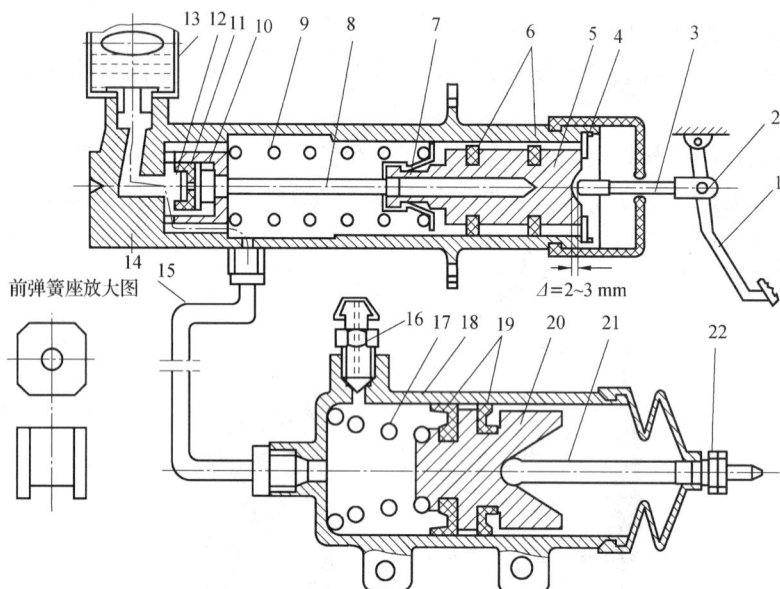

图 2–31　离合器液压式操纵机构结构图

1—踏板；2—偏心调整螺栓；3—推杆；4—挡圈；5—主缸活塞；6、19—皮碗；7—后弹簧座；8—阀杆；
9—主缸活塞回位弹簧；10—回位弹簧；11—前弹簧座；12—阀门；13—储油罐；14—主缸壳体；15—油管；
16—放气阀；17—弹簧；18—工作缸壳体；20—工作缸活塞；21—分离叉推杆；22—调整螺母

工作缸内的两皮碗 6、19 的刃口方向相反，左侧皮碗的作用是密封，右侧皮碗的作用是防止迅速抬起离合器踏板时，工作缸内吸入空气。放气阀 16 的作用是放净系统内的空气。

当踩下离合器踏板时，活塞左移，在压缩回位弹簧的同时，推动阀杆 8、锥形回位弹簧使杆端阀门压紧在主缸的前端，密封主缸与储油罐之间的孔道，继续踩下离合器踏板，缸内油液在活塞及皮碗的作用下，压力上升，并经油管 15 传至工作缸的工作腔，推动工作缸活塞 20 连同分离叉推杆 21 右移，使分离叉转动，从而带动分离套筒、分离杠杆等使离合器分离。

当放松离合器踏板时，主缸活塞回位弹簧 9 一端使主缸活塞 5 右移，另一端使前弹簧座 11 压在主缸体的前端，活塞后移到位时，通过后弹簧座 7 拉动阀杆 8 及杆端密封圈阀门，压缩锥形回位弹簧，打开储油罐与主缸通孔，并通过前弹簧座径向和轴向槽，使管路与工作缸相通，整个系统无压力，离合器在压紧弹簧作用下接合。

2.3.2　助力式操纵机构

为了尽可能减小作用于离合器踏板上的力，又不会因传动装置的传动比过大而加大踏板行程，在中、重型汽车上和某些轿车上，在机械式或液压式操纵机构的基础上加设了各种助力装置。

1. 弹簧助力式操纵机构

如图 2-32 所示，在支架板 7 和三角板 3 的两支承销上挂装助力弹簧 5，三角板可以绕其销轴 4 转动。当离合器踏板完全放松，离合器处于接合状态时，助力弹簧的轴线位于三角板销轴的下方。当踩下踏板时，通过长度可调推杆 2 推动三角板绕其轴销逆时针转动。最初助力弹簧的拉力对轴销的力矩实际是阻碍踏板和三角板运动的反力矩，该反力矩随着离合器踏板的下移而减小。当三角板转到弹簧轴线通过轴销中心时，弹簧助力矩为零。踏板继续下移到助力弹簧轴线位于三角板轴销的上方时，助力弹簧的拉力对三角板轴销的力矩方向便成为与踏板力对踏板轴的力矩方向一致，从而起到助力作用。踏板处于最低位置时，这一助力作用最大。

助力弹簧的助力作用由负变正的过程是允许的，因为在踏板的前一段行程中，要消除自由间隙，离合

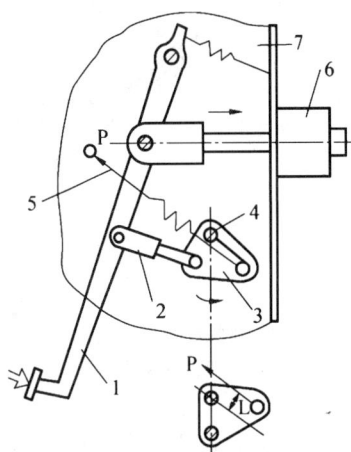

图 2-32　离合器弹簧助力式操纵机构
1—离合器踏板；2—长度可调推杆；
3—三角板；4—三角板销轴；
5—助力弹簧；6—主缸；7—支架板

器压紧弹簧的压缩量和相应的作用力不大，所造成的踏板阻力与助力弹簧造成的附加阻力总和不大，踏板并不沉重。在踏板后段行程中，压紧弹簧压缩量和相应的作用力继续增加到最大值。在离合器彻底分离以后，为了变速器换挡或制动，往往需要将踏板在最低位置保持一段时间，这将造成驾驶员的疲劳，因而需要助力。

助力弹簧的助力效果不大，一般只能降低踏板力的 20% ~ 30%，而且，助力弹簧在踏板后段行程中释放的能量，正是在踏板前段行程中由驾驶员所做的功转化而成的。由此可见，弹簧助力式操纵机构属于人力操作。

2. 气压助力式操纵机构

气压助力式操纵机构一般利用有发动机带动的空气压缩机作为主要的操纵能源，驾驶员的肌体作为辅助和后备能源。气压助力式操纵机构主要包括空气压缩机、储气筒等一套压缩空气源，结构复杂，质量较大，一般与汽车的气压制动系统及其他气动设备共用一套压缩空气源。

气压助力式操纵机构有气压助力机械操纵（如延安 SX2150、斯太尔、红岩 CQ261 等）和气压助力液压操纵（如东风 EQ1141G）两种类型。

为了使驾驶员能随时感知并控制离合器分离或接合的程度，气压助力装置的输出力必须与踏板力和踏板行程呈一定的递增函数关系。此外，当气压助力系统失效时，应保证仍能由人力操纵离合器。

图 2-33 为红岩 CQ261 重型越野汽车离合器的气压助力机械操纵机构。其中的气压助力系统主要由控制阀 4、助力汽缸 8 和气压管路等组成。

驾驶员加在踏板上的力通过踏板机构放大，并经第一拉杆 3 输入气压系统的控制阀 4 后，一部分作为分离离合器的作用力，直接由第二拉杆 5 输出，经中间轴外、内臂 6 和 7、第三拉杆 9 传给离合器分离叉臂 10；另一部分则作为对控制阀施加的控制力，使气源中的压缩空气经进气管 12 输入控制阀，并将其压力调节到一定值，然后由管道输送到助力汽缸 8。助

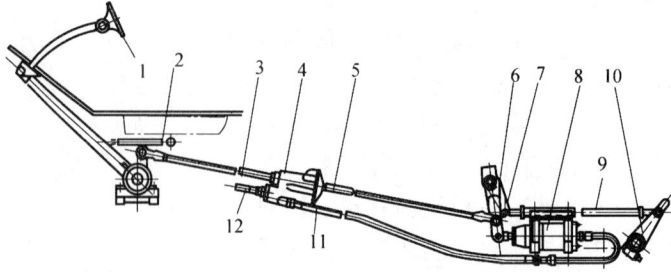

图 2 – 33　气压助力机械操纵机构
1—踏板机构；2—踏板复位弹簧；3—第一拉杆；4—控制阀；5—第二拉杆；6—中间轴外臂；
7—中间轴内臂；8—助力汽缸；9—第三拉杆；10—分离叉臂；11—控制阀至助力汽缸的软管；12—进气管

力汽缸的输出力也作用在中间轴外臂 6 上，其方向与第二拉杆 5 加于中间轴的力矩同向，因而起到助力作用。踏板力撤除后，助力汽缸中的压缩空气即通过控制阀排入大气，于是助力作用消失。

控制阀除了起空气开关的作用以外，还应控制输入助力汽缸的气压，使之与踏板力和踏板行程呈递增函数关系。

当气压助力系统失效时，仍可依靠人力操纵离合器，只是此时所需要的踏板力将大为增加。

图 2 – 34 为东风 EQ1141G 汽车离合器的气压助力液压操纵机构。其中的气压助力系统主要由助力器 12、储气筒 11 和气压管路等组成。

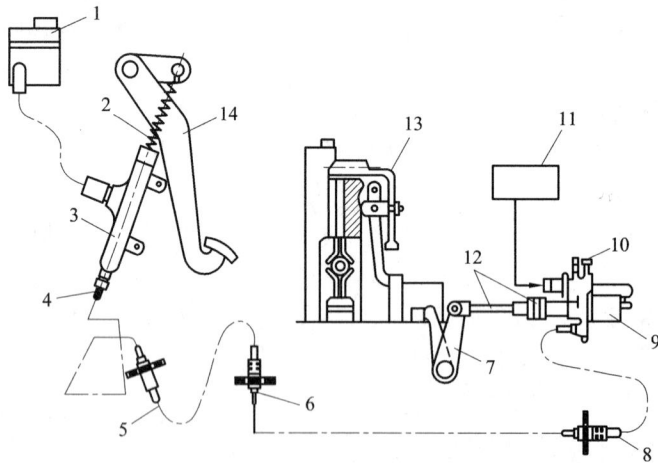

图 2 – 34　东风 EQ1141G 离合器气压助力液压操纵机构
1—储油罐；2—推杆；3—主缸；4—前软管；5—前钢管；6—后钢管；7—分离叉摇杆；
8—后软管；9—助力器；10—放气螺栓；11—储气筒；12—活塞及推杆；13—离合器；14—踏板

驾驶员踩下踏板 14，通过推杆 2 压下主缸 3 的活塞，从主缸压出的液压油通过管路进入助力器 9 内腔。油压一方面直接作用在工作缸的液压活塞及推杆 12 上，另一方面将通储气筒 11 的阀门打开，储气筒内的高压空气进入助力器汽缸活塞的后端，推动汽缸活塞、推杆，对工作缸的液压活塞及推杆助力。

抬起踏板，主缸活塞回位，助力器油压解除，气压助力停止并解除，离合器及工作缸活塞在各自回位弹簧作用下回位，离合器接合。

复习题

一、填空题

1. 摩擦离合器所能传递的最大转矩取决于摩擦面间的_____。

2. 在设计离合器时，除需保证传递发动机最大转矩外，还应满足_____、_____、_____及_____等性能。

3. 摩擦离合器基本上是由_____、_____、_____和_____等四部分构成的。

4. 摩擦离合器所能传递的最大转矩的数值取决于_____、_____、_____及_____等四个因素。

5. 弹簧压紧的摩擦离合器按压紧弹簧的形式不同可分为_____和_____；其中前者又根据弹簧的布置形式的不同分为_____和_____；根据从动盘数目的不同，离合器又分为_____和_____。

6. 为避免传动系产生共振，缓和冲击，应在离合器上装有_____。

二、选择题

1. 离合器的主动部分包括（　　）。

A. 飞轮　　　　　　B. 离合器盖　　　　　C. 压盘　　　　　　D. 摩擦片

2. 离合器的从动部分包括（　　）。

A. 离合器盖　　　　B. 压盘　　　　　　　C. 从动盘　　　　　D. 压紧弹簧

3. 东风 EQ1090E 型汽车离合器的分离杠杆支点采用浮动销的主要目的是（　　）。

A. 避免运动干涉　　B. 利于拆装　　　　　C. 提高强度　　　　D. 节省材料

4. 离合器分离轴承与分离杠杆之间的间隙是为了（　　）。

A. 实现离合器踏板的自由行程　　　　　　B. 减轻从动盘磨损

C. 防止热膨胀失效　　　　　　　　　　　D. 保证摩擦片正常磨损后离合器不失效

5. 膜片弹簧离合器的膜片弹簧起（　　）的作用。

A. 压紧弹簧　　　　B. 分离杠杆　　　　　C. 从动盘　　　　　D. 主动盘

6. 离合器的从动盘主要由（　　）构成。

A. 从动盘本体　　　B. 从动盘毂　　　　　C. 压盘　　　　　　D. 摩擦片

7. 汽车离合器的主要作用有（　　）。

A. 保证汽车怠速平稳　　　　　　　　　　B. 使换挡时工作平稳

C. 防止传动系过载　　　　　　　　　　　D. 增加变速比

8. 下列不属于汽车离合器部分的是（　　）。

A. 分离轴承　　　　B. 曲轴　　　　　　　C. 带轮　　　　　　D. 从动盘

9. 在正常情况下，发动机工作，汽车离合器踏板处于自由状态时（　　）。

A. 发动机的动力不传给变速器　　　　　　B. 发动机的动力传给变速器

C. 离合器分离杠杆受力　　　　　　　　D. 离合器的主动盘与被动盘分离

10. 下列说法正确的是（　　　）。

A. 汽车离合器操作要领要求是分离时要迅速、彻底，结合时要平顺、柔和

B. 汽车离合器有摩擦式、液力耦合式和带式等几种

C. 离合器从动盘有带扭转减振器和不带扭转减振器两种形式

D. 离合器的压盘压力越大越好

11. 下列说法正确的是（　　　）。

A. 从动盘体与摩擦片之间加铆波浪形弹性钢片的目的是为了提高接合的柔顺性

B. 摩擦片要求具有较小的摩擦因数、良好的耐热性和适当的弹性

C. 离合器从动盘与发动机曲轴相连接

D. 膜片弹簧离合器中的膜片弹簧起到压紧弹簧和分离杠杆的双重作用

12. 学生 A 说：汽车在紧急制动时，要马上踩住离合器，防止传动系过载而造成发动机的机件损坏。学生 B 说：汽车在紧急制动时不用踩住离合器，离合器有传动系过载保护功能。他们说法正确的是（　　　）。

A. 只有学生 A 正确　　　　　　　　　B. 只有学生 B 正确

C. 学生 A 和 B 都正确　　　　　　　　D. 学生 A 和 B 都不正确

13. 学生 A 说：螺旋弹簧式离合器盖与压盘之间通过四组用薄弹簧钢片制成的传动片，它不但可以传递动力，而且可以对压盘起导向和定心作用；学生 B 说，传动片还可以保证压盘沿轴向作平行移动。下列最合适的选项是（　　　）。

A. 只有学生 A 正确　　　　　　　　　B. 只有学生 B 正确

C. 学生 A 和 B 都正确　　　　　　　　D. 学生 A 和 B 都不正确

14. 离合器从动盘本体的外缘部分开有径向窄切槽，目的是（　　　）。

A. 减小从动盘本体的转动惯量　　　　　B. 增加摩擦力

C. 增加耐磨力　　　　　　　　　　　　D. 加强散热

15. 关于汽车离合器踏板自由行程叙述正确的有（　　　）。

A. 自由行程是由于操纵机构长期使用后磨损产生的

B. 自由行程可以使压盘有足够的空间压紧从动盘，防止离合器打滑

C. 自由行程是指分离杠杆内端与分离轴承间自由间隙

D. 自由行程与有效行程之和就是踏板的总行程

三、判断改错题

1. 离合器的主、从动部分常处于分离状态。（　　　）改正：

2. 为使离合器接合柔和，驾驶员应逐渐放松离合器踏板。（　　　）改正：

3. 离合器踏板的自由行程过大会造成离合器的传力性能下降。（　　　）改正：

4. 离合器从动部分的转动惯量应尽可能大。（　　　）改正：

5. 双片离合器中间压盘的前后，都需设有限位装置。（　　　）改正：

6. 离合器的摩擦衬片上黏有油污后，可得到润滑。（　　　）改正：

四、名词解释

离合器主动部分；离合器从动部分；离合器自由行程；离合器工作行程；离合器自由间隙；离合器分离间隙；离合器后备系数。

五、问答题

1. 汽车传动系中为什么要装离合器?

2. 什么叫离合器踏板的自由行程? 其过大或过小对离合器的性能有什么影响?

3. 膜片弹簧离合器的优点如何?

4. 离合器从动盘上的扭转减振器的作用是什么?

5. 离合器的操纵机构有哪几种? 各有何特点?

第 3 章　手动变速器

【学习目标】

了解：手动变速器传动比的定义与特点。

熟悉：手动变速器的类型。

掌握：手动变速器的结构及工作原理；分动器的结构及工作原理。

学会：分析手动变速器动力传递路线。

【主要内容】

变速器：变速器是汽车实现变速变矩、倒车以及在发动机不熄火时中断动力传递的传动装置。本章主要讨论手动变速器的传动机构、同步器、变速器操纵机构及分动器的结构与工作原理，要求能分析二、三轴变速器各挡位动力传递路线。

3.1　手动变速器概述

3.1.1　变速器的功用

1. 实现变速与变矩

汽车上所应用的发动机具有转矩变化范围小、转速高的特点，这与汽车实际的行驶状况是不相适应的。如果没有变速器而直接将发动机与驱动桥连接在一起，首先由于发动机的转矩小，不能克服汽车的行驶阻力，使汽车根本无法起步；其次假使汽车行驶起来，也会由于车速太高而不实用，甚至无法驾控。所以必须改造发动机的转矩、转速特性，使发动机的转矩增大、转速下降，以适应汽车实际行驶的要求。变速器中是通过不同的挡位来实现这一功用的。

2. 实现倒车

汽车发动机曲轴一般只能向一个方向旋转，且是不能改变的，而汽车有时需要倒退行驶。为了实现汽车的倒退行驶，变速器中设置了倒挡。

3. 实现中断动力传动

在发动机起动和怠速运转、变速器换挡、汽车滑行和暂时停车等情况下，都需要中断发动机的动力传动，因此变速器中设有空挡。

3.1.2　变速器的类型

汽车变速器都采用齿轮作为传力元件。根据所设计的传动比数量、前进挡位个数、换挡操作方式、内部结构特点等情况有多种分类方式。

1．按变速器输入、输出转速的变化方式不同

按变速器输入与输出转速(传动比)的变化方式不同可分为有级式、无级式和综合式三类。

①有级式变速器。它的应用最为广泛,具有几个可供选择的固定传动比。根据所采用的齿轮机构不同又可分为:普通齿轮变速器(也称为固定轴式齿轮变速器或定轴轮系变速器)和行星齿轮变速器(也称为旋转轴式齿轮变速器或周转轮系变速器)两类。通常行星齿轮变速器较多的应用于自动变速器。

②无级式变速器。传动比可在一定范围内连续变化,常见的有液力式、机械式和电力式三类。液力式的传动部件是液力变矩器;电力式常采用直流串励电动机作为传动部件;机械式有摩擦传动和钢带传动两种。

③综合式变速器。它由齿轮式有级式变速器和液力变矩器两部分构成。其传动比可以在最大值与最小值之间几个分段的范围内作无级变化,是目前车用自动变速器的主要结构类型。现代汽车上已经开始应用能适应汽车各种运行工况的真正的无级变速器(CVT)。

2．按操纵方式不同

按操纵方式不同可分为手动变速器(强制操纵式)、自动变速器和半自动速器 3 类。

①手动变速器。变速杆每一个位置对应一个挡位,并由驾驶员通过操纵变速杆来变换汽车行驶时所需挡位。

②自动变速器。汽车前进时各挡位的变换是自动进行的,驾驶员只需操纵加速踏板(油门踏板)和制动踏板,变速器就会根据发动机的负荷信号和车速信号来控制执行元件,实现各前进挡位的自动变换。根据自动控制方式的不同又可分为全液压控制自动变速器和电子控制自动变速器两类。

③半自动变速器。可分为两类,一类是部分挡位自动换挡,部分挡位手动(强制)换挡;另一类是预先用按钮选定挡位,在踩下离合器踏板或松开加速踏板时,由执行机构自行换挡,这种类型目前已经基本淘汰。

3．按变速器前进时齿轮机构所用轴的数目不同

按变速器前进时齿轮机构所用轴的数目不同可分为两轴式和三轴式两类。两轴式变速器通常与前置发动机前轮驱动的布置类型相配;三轴式变速器一般与前置发动机后轮驱动的布置类型相配。

4．按前进时变速器的挡位数不同

按前进时变速器的挡位数不同可分为三挡手动变速器、四挡手动变速器、五挡手动变速器、六挡手动变速器等。

3.1.3　基本工作原理

汽车用手动变速器都采用齿轮传动,以实现变速、变矩和倒车及切断动力传递等作用。

1．变速、变矩原理

图 3-1 所示为一对外啮合齿轮传动原理示意图。设齿轮 1 为主动齿轮,其转速为 n_1,齿数为 Z_1,其输入的转矩为 M_1;齿轮 2 为从动齿轮,其转速为 n_2,齿数为 Z_2,其输出的转矩为 M_2。由图 3-1 可知,齿轮传动在相同的时间里,不论是主动齿轮还是从动齿轮,它们转

过的齿数总是相等的。因此，$n_1 Z_1 = n_2 Z_2$，即 $n_1/n_2 = Z_2/Z_1$。根据能量守恒定律，忽略齿轮传动过程中的摩擦损耗，则由齿轮1输入的功率与齿轮2输出的功率是相等的。

因此，$P_1 = P_2$ 或 $M_1 n_1 = M_2 n_2$，即

$$n_1/n_2 = M_2/M_1$$

通常我们把某一个传动装置的输入轴（主动齿轮）转速与输出轴（从动齿轮）转速之比称为传动比，用字母 i 表示。对于上述的一对齿轮来说，其传动比（$i_{1,2}$）为：

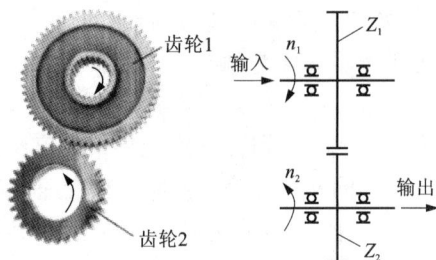

图 3-1　一对外啮合齿轮传动原理示意图

$$i_{1,2} = n_1/n_2 = Z_2/Z_1$$

由上述分析可得到下式：

$$i_{1,2} = n_1/n_2 = Z_2/Z_1 = M_2/M_1$$

由 $i_{1,2} = n_1/n_2 = Z_2/Z_1 = M_2/M_1$ 可知：只要改变齿轮的齿数，就可改变输入、输出的转速和转矩。

当传动比变化范围较大时，用一对齿轮传动，主、从动齿轮的尺寸就会相差很大，这就使得变速器尺寸过大，而且小齿轮的轮齿比大齿轮的工作频繁，寿命缩短。因此，实际使用时常采用多对齿轮传动。

图 3-2 所示为由 4 对齿轮组成的齿轮传动机构示意图。

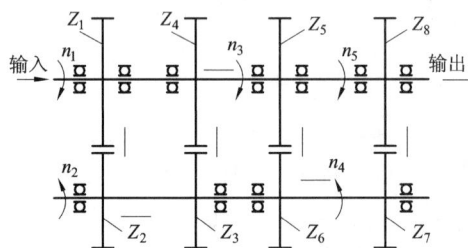

图 3-2　多对齿轮传动（4 对）

其总传动比为：

$$i_{1,8} = n_1/n_8$$

根据一对齿轮传动原理可得到下式：

$$i_{1,8} = n_1/n_8 = i_{1,2} \cdot i_{3,4} \cdot i_{5,6} \cdot i_{7,8} = (Z_2 Z_4 Z_6 Z_8)/(Z_1 Z_3 Z_5 Z_7)$$
$$= \text{各从动齿轮齿数积/各主动齿轮齿数积} = M_8/M_1$$

由上式可知：只要改变齿轮的齿数和对数，就可改变输入、输出的转速和转矩，这就是齿轮传动的变速、变矩原理。

因此，只要把传递转矩齿轮的齿数以及对数制成不同，就可改变输入、输出的转速和转矩。

2. 变向原理

齿轮传动的旋转方向与齿轮的啮合方式和啮合对数有关。内啮合的齿轮转向相同，如图 3-3 所示。当外啮合的齿轮对数为奇数对时，转向相反，图 3-4 所示为一对外啮合齿轮传动，其转向相反；当外啮合的齿轮对数为偶数对时，转向相同，图 3-2 所示为 4 对齿轮传动，故转向相同。

在手动变速器中通常采用外啮合齿轮传动。因此，只要改变外啮合齿轮的对数，就可在不改变发动机转向的条件下实现汽车的前进或后退。

图 3 - 3　内啮合齿轮

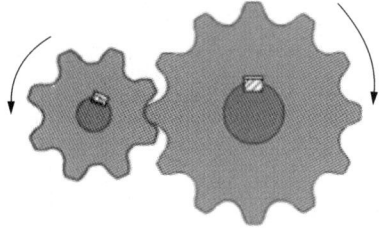

图 3 - 4　外啮合齿轮

3．切断动力原理

在汽车行驶的过程中，变速器传递动力时都是在齿轮啮合的状态下进行的，因此要切断动力就只要将原先啮合的齿轮退出啮合状态，即可实现切断动力传递的目的。

3.1.4　基本组成

虽然各厂家生产的手动变速器的结构各不相同，但其基本组成仍可分成以下 3 部分：操纵机构、传动机构、壳体和盖。

①操纵机构的结构变化较大，主要和车身及底盘结构的形式和布置有关。根据所采用的元件形式不同有两种结构类型：机械杠杆式和钢索式。实际使用的手动变速器大多采用机械杠杆式。钢索式结构用于远距离操纵，如后置发动机后驱动的汽车、平头驾驶室结构的汽车。机械杠杆式的换挡准确性好，但受空间影响，对远距离操纵来说，布置较困难；而钢索式的则相反，但对钢索的质量要求较高。

②传动机构由齿轮、轴、轴承以及同步器等组成。不同厂家生产的手动变速器的这部分结构虽有差异，但总体上还是一致的。

③壳体和盖用来安装传力机构和内操纵机构，同时储存润滑油。为了减轻汽车的自身重量，对于小型车辆来说，壳体和盖常采用铝合金或镁合金制造。中、重型车辆手动变速器的壳体和盖一般用铸铁制造，以保证其强度要求。

3.2　手动变速器传动机构

变速传动机构是变速器的主体，主要是由一系列相互啮合的齿轮副、支承轴以及作为基础件的壳体组成。其作用是改变输出的转速、转矩和旋转方向。下面分别介绍三轴式和两轴式普通齿轮变速器传动机构的基本构造和工作过程。

3.2.1　三轴式变速器传动机构

三轴式变速器适用于发动机前置后驱动的布置形式，多用于中型载货汽车。该种变速器设置有第一轴（输入轴）、第二轴（输出轴）和中间轴。第一轴前端通过离合器与发动机曲轴相连，第二轴后端通过凸缘连接万向传动装置，而中间轴则主要用来固定安装各挡的变速传动齿轮。

解放 CA1092 型汽车六挡变速器是典型的三轴变速器，其传动示意图如图 3 - 5 所示，图

3-6为该变速器的结构示意图,它有六个前进挡和一个倒挡。

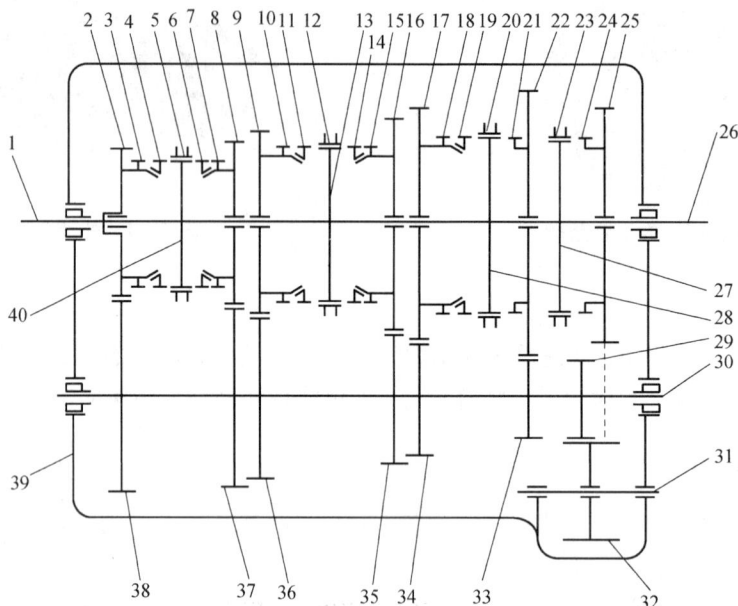

图 3-5 解放 CA1092 型汽车六挡变速器传动示意图

1—第一轴;2—第一轴常啮合齿轮;3—第一轴齿轮接合齿圈;4—六挡同步器锁环;5、12、20、23—接合套;
6—五挡同步器锁环;7—五挡齿轮接合齿圈;8—第二轴五挡齿轮;9—第二轴四挡齿轮;10—四挡齿轮接合齿圈;
11—四挡同步器锁环;13、27、28、40—花键毂;14—三挡同步器锁环;15—三挡齿轮接合齿圈;16—第二轴三挡齿轮;
17—第二轴二挡齿轮;18—二挡齿轮接合齿圈;19—二挡同步器锁环;21—一挡齿轮接合齿圈;22—第二轴一挡齿轮;
24—倒挡齿轮接合齿圈;25—第二轴倒挡齿轮;26—第二轴;29—中间轴倒挡齿轮;30—中间轴;31—倒挡轴;
32—倒挡中间齿轮;33—中间轴一挡齿轮;34—中间轴二挡齿轮;35—中间轴三挡齿轮;36—中间轴四挡齿轮;
37—中间轴五挡齿轮;38—中间轴常啮合齿轮;39—变速器壳

　　第一轴(输入轴)1 的前端用向心球轴承支承在飞轮的中心孔中,其后端用圆柱滚子轴承支承在变速器的壳体上。第一轴常啮合齿轮 2 与第一轴制成一体,并与中间轴常啮合齿轮 38 构成常啮合传动副。第一轴的前端有花键,与离合器从动盘花键毂相配合。

　　第二轴(输出轴)26 的前端用滚针轴承支承在第一轴常啮合齿轮 2 的内圆孔中,其后端亦利用圆柱滚子轴承支承在壳体上。轴上空套这第二轴五挡齿轮 8、四挡齿轮 9、三挡齿轮 16、二挡齿轮 17 以及一挡齿轮 22 和倒挡齿轮 25。

　　中间轴 30 的两端均采用圆柱滚子轴承支承于壳体上,其上固装着中间轴常啮合齿轮 38、中间轴五挡齿轮 37、四挡齿轮 36 、三挡齿轮 35、二挡齿轮 34、一挡齿轮 33 及中间轴倒挡齿轮 29。花键毂 40、13、28 和 27 通过内花键孔与第二轴上的外花键齿轮相连接,并用卡环锁止以限制花键毂的轴向移动。各个花键毂的外圆表面为外花键,其齿形与相邻齿轮的接合套齿形完全相同。它们分别与相应的具有内花键的各个接合套相配合。接合套 5、12、20、23 可在拨叉的作用下沿花键毂轴向移动。

　　为实现汽车倒驶,在中间轴的一侧设置了一根较短的倒挡轴 31(图中以展开画法,将倒挡轴画在中间轴的下方),其上空套着倒挡中间齿轮 32,它与中间轴倒挡齿轮 29 也为常啮合

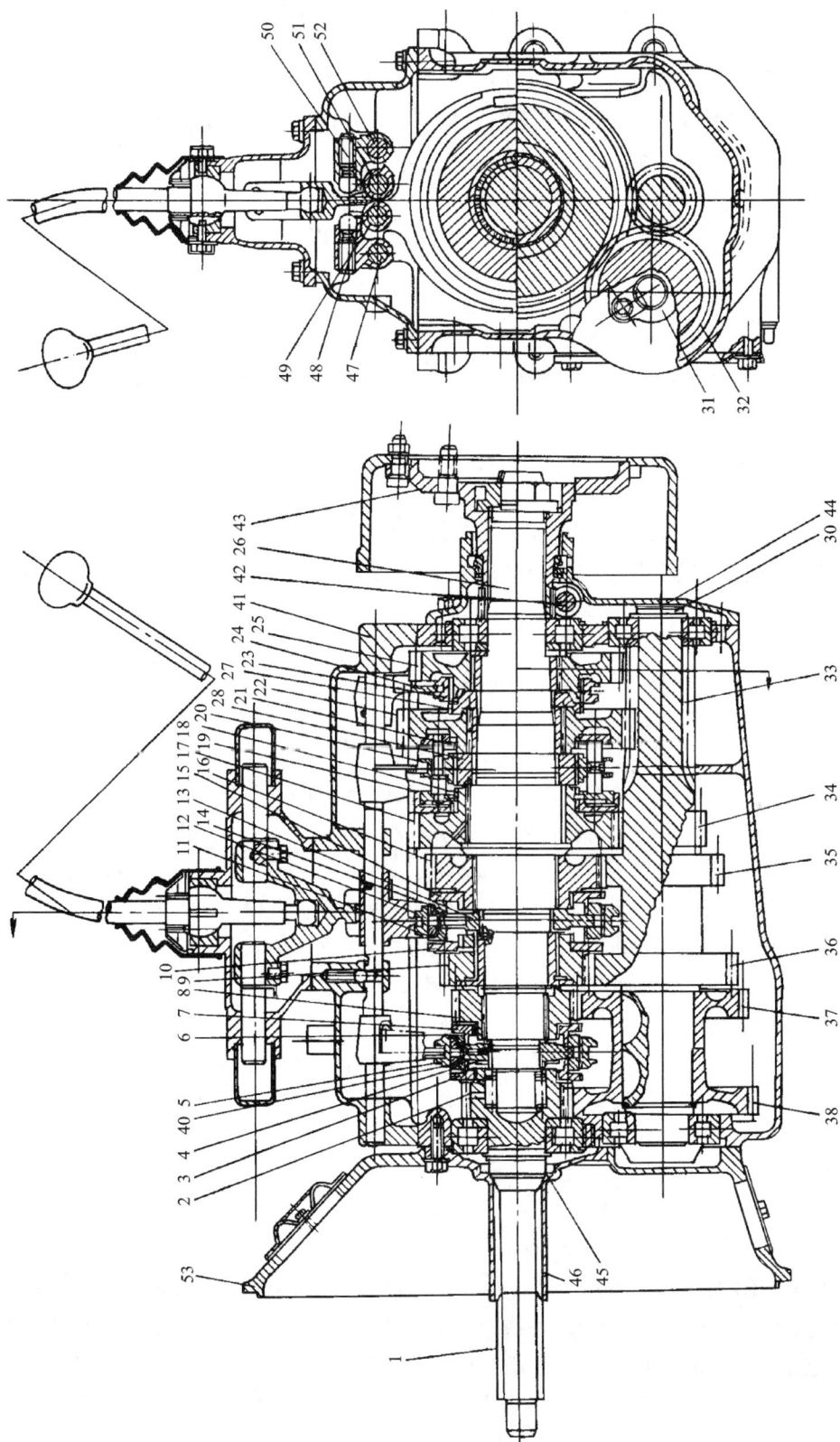

图 3 - 6　解放CA1092型汽车六挡变速器结构示意图

1~40同图3-5；41—变速器盖；42—车速表驱动蜗杆；43—第二轴凸缘；44—变速器后盖；45—第一轴油封；46—第一轴轴承盖；47—倒挡拨叉轴；48—倒挡锁销；49—一、二挡拨叉轴；50—五、六挡拨叉轴；51—三、四挡拨叉轴；52—五、六挡拨叉轴；53—离合器壳

斜齿轮。为防止倒挡轴相对于壳体转动和轴向移动，倒挡轴的后端用锁片将其固定在壳体上。

在该变速器中，除一挡和倒挡外，均利用同步器和接合套换挡，可以把中间轴上与第二轴上相啮合的传动齿轮制成常啮合的斜齿轮，从而减小工作时的噪声，提高齿轮的寿命。

欲挂上一挡，可操纵变速杆，通过拨叉使接合套 20 右移，与一挡齿轮齿圈 21 接合后，动力便可从第一轴起依次经齿轮 2、38、中间轴 30、齿轮 33、22、齿圈 21、接合套 20、花键毂 28，再通过花键传给第二轴 26，完成一挡传递，一挡的传动比为：

$$i_1 = \frac{Z_{38}}{Z_2}\frac{Z_{22}}{Z_{33}} = \frac{43}{22}\frac{44}{11} = 7.818$$

摘下一挡时，可通过拨叉使接合套 20 左移，脱开与齿圈 21 的啮合，则变速器退回空挡。若将接合套继续左移，使之与二挡同步器锁环 19 的齿圈和二挡齿轮齿圈 18 接合后，变速器便从一挡换入二挡。此时动力从第一轴依次经齿轮 2、38、中间轴 30、齿轮 34、17、齿圈 18、接合套 20、花键毂 28，最后传给第二轴 26，其传动比为：

$$i_2 = \frac{Z_{38}}{Z_2}\frac{Z_{17}}{Z_{34}} = \frac{43}{22}\frac{47}{19} = 4.835$$

同理，使接合套 12 右移，与三挡齿轮接合齿圈 15 接合，可挂上三挡，三挡传动比为：

$$i_3 = \frac{Z_{38}}{Z_2}\frac{Z_{16}}{Z_{35}} = \frac{43}{22}\frac{38}{26} = 2.857$$

使接合套 12 左移，与四挡齿轮齿圈 10 接合，挂上四挡，其传动比为：

$$i_4 = \frac{Z_{38}}{Z_2}\frac{Z_9}{Z_{36}} = \frac{43}{22}\frac{32}{33} = 1.895$$

使接合套 5 右移，与齿圈 7 接合，则挂上五挡，其传动比为：

$$i_5 = \frac{Z_{38}}{Z_2}\frac{Z_8}{Z_{37}} = \frac{43}{22}\frac{26}{38} = 1.337$$

使接合套 5 左移直接与第一轴齿轮齿圈 3 接合，挂上六挡。此时动力从第一轴 1 经第一轴常啮合齿轮 2、第一轴齿轮齿圈 3、接合套 5 和花键毂 40 直接传给第二轴 26，而不再经过中间轴和传动齿轮，因此，这种挡位称为直接挡，其传动比为：

$$i_6 = 1$$

为使汽车倒向行驶，可将接合套 23 右移，使之与倒挡齿轮接合圈 24 接合，即挂入倒挡。挂入倒挡时，动力由第一轴 1 经齿轮 2、38、中间轴、倒挡齿轮 29、倒挡中间齿轮 32、第二轴倒挡齿轮 25、倒挡齿轮齿圈 24、接合套 23、花键毂 27 传给第二轴 26。由于增加了一个中间齿轮，故第二轴的旋转方向与第一轴相反，汽车便倒向行驶。倒挡传动比为：

$$i_R = \frac{Z_{38}}{Z_2}\frac{Z_{32}}{Z_{29}}\frac{Z_{25}}{Z_{32}} = \frac{43}{22}\frac{23}{11}\frac{40}{23} = 7.107$$

从以上各挡传动比数值可以看出，$i_1 > i_2 > i_3 > i_4 > i_5 > i_6 = 1$，即挡位越低、传动比越大、车速越低；反之，挡位越高，传动比越小，车速越高。有些轿车为提高车速和汽车的燃料经济性，还设有超速挡（$i = 0.7 \sim 0.8$），主要用于在良好的路面上行驶。

组装好的变速器总成以螺栓固定在离合器壳 53 上，第一轴轴承盖 46 的外圆面是定位面，用来与飞轮壳上相应的内孔配合，以保证第一轴与曲轴轴线重合。

为了润滑变速器中各齿轮啮合副及轴承,可从壳体一侧的加油口向壳体内加注一定的齿轮油。变速器是靠齿轮转动搅油以飞溅方式润滑各摩擦表面。为了使滚针轴承润滑可靠,在相应的齿轮上开有对称的径向油道。壳体底部有放油螺塞,可以放出齿轮油。为防止变速器工作时油温升高、气压增大而造成渗漏现象,在变速器盖上装有通气塞。

东风 EQ1141G 型汽车采用的五挡变速器,也为三轴式变速器(图 3 - 7)。其中除一、倒挡为直齿轮传动外,其余各挡均为斜齿轮传动。一、倒挡采用接合套换挡,二、三挡采用锁销式同步器换挡,四、五挡用锁环式同步器换挡。图示位置为空挡。用拨叉拨动四、五挡锁环式同步器 4 中的接合套,使之向左或向右移动,便可挂上五挡(直接挡)或四挡;当向左或向右移动二、三挡锁销式同步器 7 中的接合套,即可挂入三挡或二挡;当向右拨动一、倒挡接合套 10,便可挂入一挡;使接合 10 套左移便挂入倒挡。各挡的传动比分别为:$i_1 = 6.540$,$i_2 = 3.781$,$i_3 = 2.169$,$i_4 = 1.443$,$i_5 = 1$,$i_R = 6.530$。

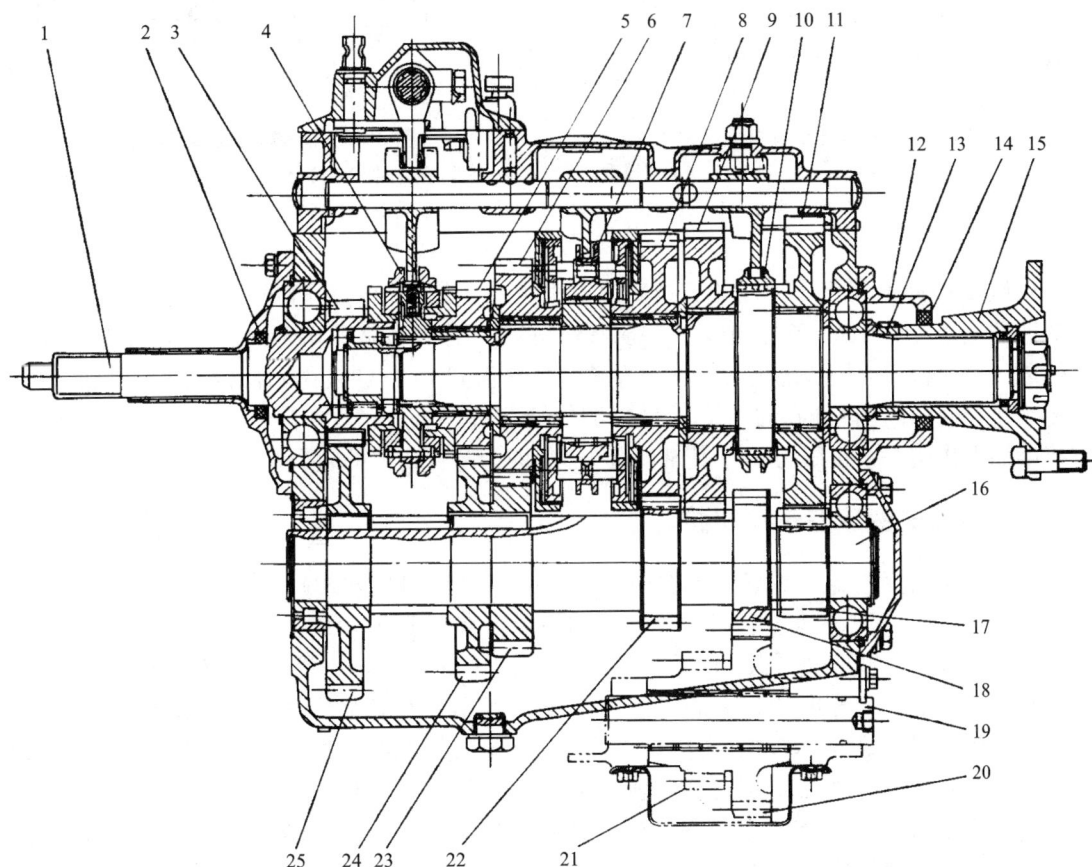

图 3 - 7　东风 EQ1141G 型汽车五挡变速器

1—第一轴;2—第一轴油封;3—第一轴常啮合传动齿轮;4—四、五挡锁环是同步器;5—第二轴四挡齿轮;
6—第二轴三挡齿轮;7—二、三挡锁销式同步器;8—第二轴二挡齿轮;9—第二轴倒挡齿轮;10—倒挡接合套;
11—第二轴一挡齿轮;12—第二轴后轴承盖;13—车速表蜗杆;14—油封;15—第二轴凸缘;16—中间轴;
17—中间轴一挡齿轮;18—中间轴倒挡齿轮;19—倒挡轴;20、21—倒挡中间双联齿轮;22—中间轴二挡齿轮;
23—中间轴三挡齿轮;24—中间轴四挡齿轮;25—中间轴常啮合传动齿轮

齿轮 17、18 和 22 与中间轴制成一体,可提高其轴的强度和刚度。

汽车在行驶中,变速器在结构上应保证其不出现自动跳挡的现象。防止自动跳挡的结构有多种多样的形式。解放 CA1091 型汽车六挡变速器采用的是齿端倒斜面结构(图 3-8)。在该变速器的所有接合齿圈及同步器接合套齿的端部两侧都制有倒斜面。当同步器的接合套 2 左移与接合齿圈 1 结合时(图示位置),接合齿圈将转矩传到接合套齿的一侧,再经接合套齿的另一侧传给花键毂 3。由于接合齿圈 1 与接合套 2 齿端部为斜面接触,便产生了垂直斜面的正压力 F_N,其分力分别为 F 和 F_Q,向左的分力 F_Q 即为防止跳挡的轴向力。

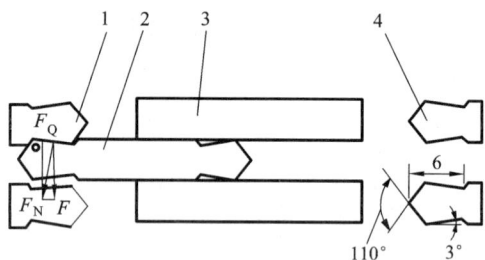

图 3-8 齿端斜面结构示意图

1、4—接合齿圈;2—接合套;3—花键毂;F—圆周力;
F_N—倒斜齿面正压力;F_Q—防止跳挡的轴向力

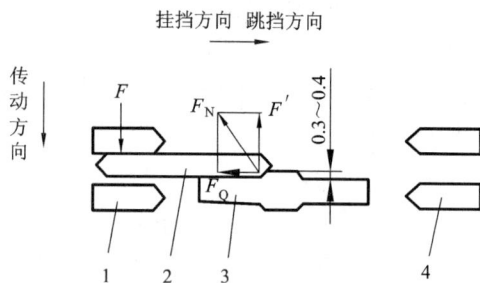

图 3-9 减薄齿结构示意图

1、4—接合齿圈;2—接合套;3—花键毂;F—圆周力;
$F=F'$;F_N—凸台对接合套的总阻力;F_Q—防止跳挡的轴向力

东风 EQ1090E 型汽车使用的五挡变速器采用减薄齿的结构来防止自动跳挡(图 3-9)。在变速器二、三挡与四、五挡同步器花键毂 3 的两端,齿厚各减薄 0.3~0.4 mm,使各轮齿中部形成一个凸台。当同步器的接合套 2 左移与接合齿圈 1 接合时(图示位置),接合齿圈将转矩传到接合套的一侧,再由接合套的另一侧传给花键毂 3。由于接合套 2 后端被凸台挡住,在接触面上作用一个正压力 F_N,其轴向分力 F_Q 即为防止跳挡的阻力。

3.2.2 两轴式变速器传动机构

两轴式齿轮变速器主要应用于发动机前置前轮驱动(FF 方式)和发动机后置后轮驱动(RR 方式)的中、轻型轿车上。此种变速器结构形式有利于汽车的总体布置。两轴式变速器的特点是输入轴与输出轴平行,且无中间轴,各前进挡的动力分别经一对齿轮传递。

图 3-10 是一汽奥迪 100 型轿车变速器。该变速器具有五个前进挡和一个倒挡,所有挡均装用锁环式惯性同步器换挡。输入轴 2 通过一个球轴承和两个滚子轴承三点支撑在前、后壳体 1 和 6 上。输出轴 20 则通过两个圆锥滚子轴承支撑在上述壳体上。离合器从动盘将动力传给变速器输入轴 2,驾驶员可通过变速器操纵机构、各挡接合套及同步器挂上所需排挡。

变速器输入轴与其一挡齿轮 5、二挡齿轮 7 和倒挡齿轮 14 制成一体。另外,输入轴上还装有三挡齿轮 8、四挡齿轮 10。这两个齿轮通过滚针轴承套在输入轴上,三、四挡同步器接合套 9 与该轴花键配合。五挡齿轮 12 与该轴为过盈配合。以上这些构成了输入轴的主动部分。

输出轴 20 与主减速器主动锥齿轮 25 制成一体,前端借圆锥滚子轴承支撑在变速器前壳体上,后端用小圆锥滚子轴承支撑在变速器后壳体。中间装有五个前进挡和一个倒挡的从动齿轮(24、22、21、19、17、和 15)。一、二挡同步器和五挡、倒挡同步器的花键毂与该轴过盈

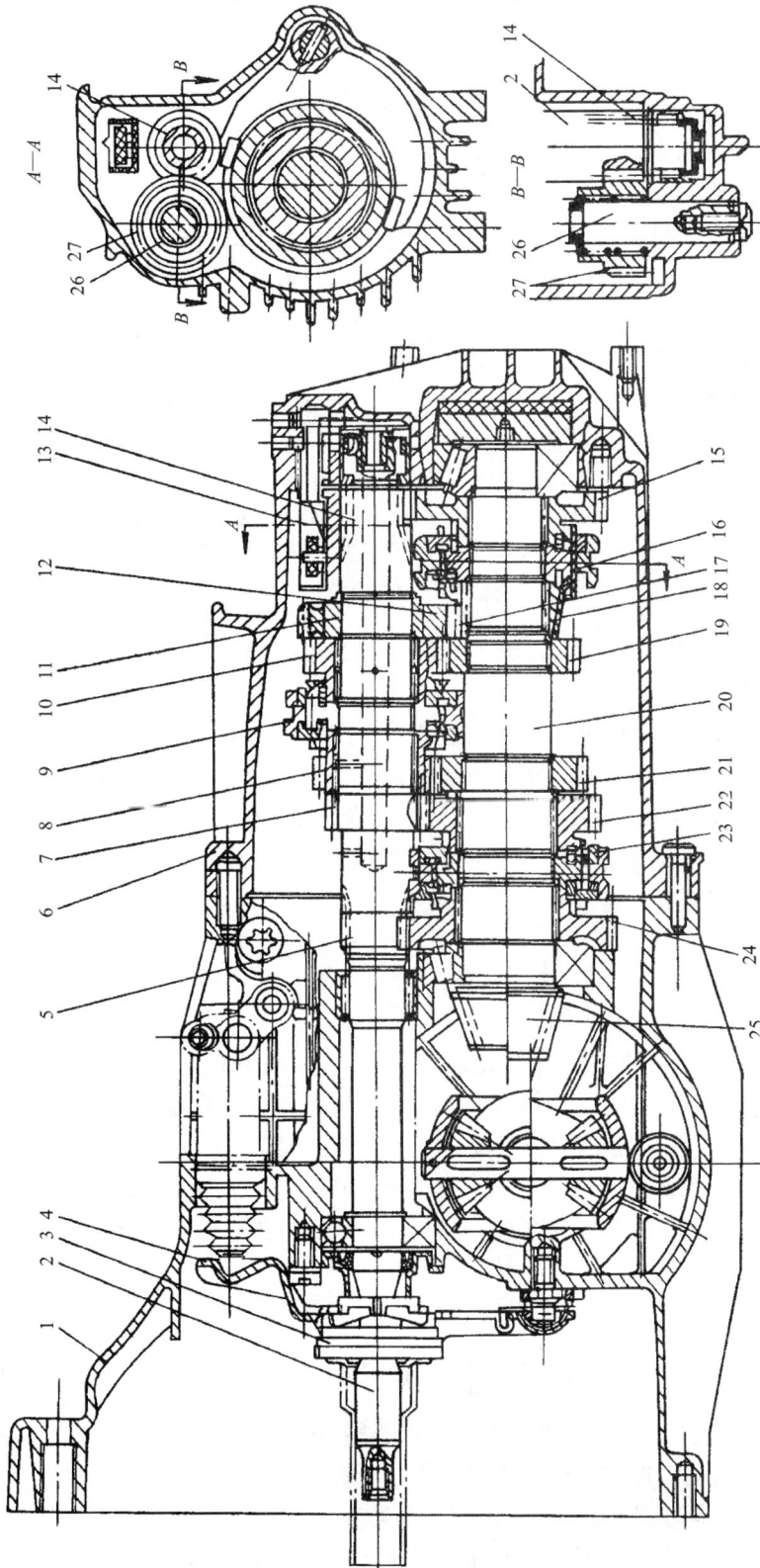

图 3 - 10　一汽奥迪 100 型轿车变速器

1—变速器前壳体；2—输入轴；3—分离轴承；4—分离杠杆；5—输入轴一挡齿轮；6—变速器后壳体；7—输入轴三挡齿轮；8—输入轴三挡齿轮；9、16、23—接合套；10—输入轴四挡齿轮；11、18—隔离套；12—输入轴五挡齿轮；13—集油器；14—输入轴倒挡齿轮；15—输出轴倒挡齿轮；17—输出轴五挡齿轮；19—输出轴四挡齿轮；20—输出轴；21—输出轴三挡齿轮；22—输入轴倒挡齿轮；24—输出轴二挡齿轮；25—主减速器主动锥齿轮；26—倒挡中间齿轮；27—倒挡中间轴

配合,除了三、四挡齿轮(21、19)以花键与轴过盈配合外,其他各挡齿轮均通过滚针轴承自由地空套在输出轴上。

该变速器各个挡位的主、从动齿轮,均为斜圆柱齿轮,平时均处于长啮合状态。在各个挡位接合或脱开时,全用同步器操纵。各挡的动力传递路线(图3-11)如下:

空挡:图3-11中所示是本变速器的空挡位置。当输入轴1旋转时,Ⅰ、Ⅱ、Ⅴ挡及倒挡的主动齿轮(2、3、10、11)与之同步旋转。Ⅲ、Ⅳ挡主动齿轮(4、9)处于自由状态,可空转(汽车行驶时随输出轴的旋转而转动),也可不动(汽车静止时)。Ⅰ、Ⅱ、Ⅴ挡

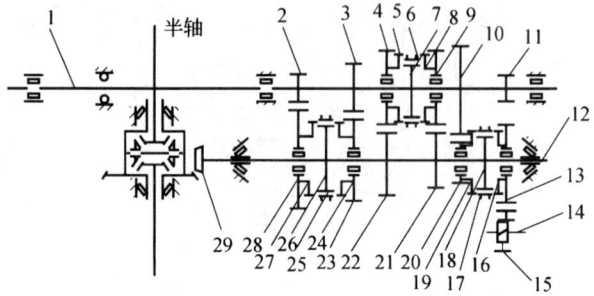

图3-11 变速器动力传递示意图

1—输入轴;12—输出轴;2、3、4、9、10—Ⅰ、Ⅱ、Ⅲ、Ⅳ、Ⅴ挡主动齿轮;11、13—倒挡主、从动齿轮;14—倒挡齿轮轴;15—倒挡中间齿轮;28、23、22、21、20—Ⅰ、Ⅱ、Ⅲ、Ⅳ、Ⅴ挡从动齿轮;5、8、16、19、24、27—同步器锁环;7、18、26—同步器花键毂;6、17、25—同步器接合套;29—主减速器主动锥齿轮

和倒挡的从动齿轮(28、23、20、13)随输入轴1的旋转而在输出轴12上空转,输出轴12不被驱动,汽车处于静止或空挡滑行状态。

Ⅰ挡:在空挡位置的基础上,操纵变速杆通过Ⅰ、Ⅱ挡换挡拨叉使Ⅰ、Ⅱ挡同步器接合套25左移,经Ⅰ挡同步器锁环27作用,使Ⅰ挡从动齿轮28与Ⅰ、Ⅱ挡同步器花键毂26在同步器接合套25的作用下同步旋转。这样,从离合器传来的发动机转矩,经输入轴1上的花键主动齿轮2及其长啮合的从动齿轮28、Ⅰ、Ⅱ挡同步器接合套25和花键毂26、再经花键传到输出轴12,直至主减速器。

Ⅰ挡传动比为:

$$i_1 = \frac{Z_{28}}{Z_3} = \frac{39}{11} = 3.545$$

式中:Z表示齿轮的齿数,下角标数字表示齿轮在图中的标号,以下同此,不再说明。

Ⅱ挡:通过Ⅰ、Ⅱ挡换挡拨叉使Ⅰ、Ⅱ挡同步器接合套25右移,退出Ⅰ挡进入空挡。继续向右推动该挡换挡拨叉,使Ⅰ、Ⅱ挡同步器接合套25借同步器锁环24作用,使二挡从动齿轮23与该挡同步器花键毂26同步旋转。发动机传来的转矩经输入轴1上的Ⅱ挡主动齿轮3及与其常啮合的从动齿轮23、同步器接合套25和花键毂26经花键传到输出轴12,直至主减速器。

Ⅱ挡传动比为:

$$i_2 = \frac{Z_{23}}{Z_3} = \frac{40}{19} = 2.105$$

Ⅲ挡:操纵Ⅲ、Ⅳ挡换挡拨叉推动Ⅲ、Ⅳ挡同步器接合套6左移,经三挡同步器锁环5作用,使三挡主动齿轮4与Ⅲ、Ⅳ挡同步器花键毂7同步旋转。则来自发动机的转矩从输入轴1上的花键传到Ⅲ、Ⅳ挡同步器齿毂7、经该同步器接合套6到Ⅲ挡主动齿轮4传到与它常啮合的三挡从动齿轮22,再经花键传给输出轴12,直至传到主减速器。

Ⅲ挡传动比为：

$$i_3 = \frac{Z_{22}}{Z_4} = \frac{40}{28} = 1.429$$

Ⅳ挡：通过换挡拨叉使Ⅲ、Ⅳ挡同步器接合套 6 右移，退出Ⅲ挡进入空挡。继续向右移动该拨叉，使Ⅲ、Ⅳ挡同步器接合套 6 经Ⅳ挡同步器锁环 8 的作用，使Ⅳ挡主动齿轮 9 与该挡同步器花键毂 7 同步旋转。来自发动机的转矩，从输入轴 1 上的花键经Ⅲ、Ⅳ挡同步器花键毂 7、经该同步器接合套 6 传到Ⅳ挡主动齿轮 9，直至与之常啮合的Ⅳ挡从动齿轮 21，经花键传给输出轴 12 直至主减速器。

Ⅳ挡传动比为：

$$i_4 = \frac{Z_{21}}{Z_9} = \frac{35}{34} = 1.029$$

Ⅴ挡：用Ⅴ挡、倒挡拨叉将Ⅴ挡、倒挡同步器接合套 17 左移，经Ⅴ挡同步器锁环 19 作用，使Ⅴ挡从动齿轮 20 与该挡同步器花键毂 18 同步旋转。则来自发动机的转矩从输入轴 1 上的Ⅴ挡主动齿轮 10 及与之常啮合的Ⅴ挡从动齿轮 20、同步器接合套 17 和花键毂 18 经花键传到输出轴 12 直至主减速器。

Ⅴ挡传动比为：

$$i_5 = \frac{Z_{20}}{Z_{10}} = \frac{31}{37} = 0.838$$

倒挡：要使汽车能倒退行驶，就变速器而言，只要使输出轴 12 反向旋转即可。为此，在前进传动路线中，加入一套中间齿轮副即可。本变速器在输入轴 1 与输出轴 12 之间增设一个倒挡齿轮轴 14 和一个倒挡中间齿轮（惰轮）15，介于倒挡主动齿轮 11 和倒挡从动齿轮 13 之间，并与其处于常啮合状态。倒挡齿轮轴 14 的两端支撑在变速器后壳体上，倒挡中间齿轮 15 通过滚针轴承空套在该轴上。

需要挂入倒挡时，只能在汽车处于静止时才能挂入倒挡。如果汽车正在前进行驶时，就必须使变速杆处于空挡位置，并且待停稳后，方能挂入倒挡。这是因为变速器设有倒挡锁止机构，防止汽车在前进中误挂倒挡造成事故。

挂倒挡时，用Ⅴ挡、倒挡拨叉将该挡同步器接合套 17 向右移动，在倒挡同步器锁环 16 的作用下，使该同步器花键毂 18 与倒挡从动齿轮 13 同步旋转。则来自发动机的转矩从输入轴 1 上的倒挡主动齿轮 11 经倒挡中间齿轮 15，传到倒挡从动齿轮 13，经该同步器花键毂 18 和它与输出轴 12 配合的花键，传至输出轴 12，这时传出的转矩与其他各挡的转矩方向相反，直至主减速器，实现挂入倒挡。

倒挡传动比为：

$$i_R = \frac{Z_{15}}{Z_{11}} \frac{Z_{13}}{Z_{15}} = \frac{Z_{13}}{Z_{11}} = \frac{35}{10} = 3.500$$

倒挡传动比之所以比各前进挡的传动比大（与一挡传动比较接近），是考虑倒车行驶安全，希望倒车时速度尽可能低些。

本变速器除倒挡外，所有前进挡均为一对常啮合齿轮传动，故传动效率高。由于采用了全部同步器，使换挡迅速、操纵轻便，同时也减少了接合的冲击和噪声。因为只有输入、输出两根轴传动，故没有直接挡。

本变速器壳体空间得到了充分利用，一些零件具有一件多功能的特点，故零件数较少，且结构紧凑，但对制造工艺要求较高。例如，输入轴 1 前部的花键与离合器从动盘花键毂配合，成为离合器的输出轴，并且 I、II 挡、倒挡主动齿轮与输入轴为一体；输出轴 12 与主减速器主动锥齿轮制成一体，既是变速器的输出轴，又是主减速器的主动锥齿轮轴。这样，减少了零件数量，结构更为紧凑，但给加工制造方面带来一定困难。有些零件必须经过特殊工艺加工才能达到要求。

本变速器中的齿轮及轴承采用飞溅式润滑，使用 CLD（相当于 API 的 DLA）齿轮油，无需更换。齿轮又通过变速器后端的油槽及变速器壳体的钻油孔，进入输入轴后端的带倒油套的滚针轴承以及输出轴后端的圆锥滚子轴承里。III、IV 挡主动齿轮滚针轴承的润滑，是通过输入轴后部的空心并在该轴承处开有径向油孔，在轴的前部 I、II 挡主动齿轮之间还开有泄油孔，以保证齿轮油的顺畅流通。

红旗 CA7220、捷达、高尔夫、上海桑塔纳、神龙富康及天津夏利 TJ7100 型轿车均采用二轴式变速器。

两轴式变速器从输入轴到输出轴只通过一对齿轮传动，倒挡传动路线中也只有一个中间齿轮，因而机械效率高、噪声小。但由于它不可能有直接挡，因而最高挡的机械效率比直接挡低。

3.2.3 组合式变速器

重型货车的装载质量大，使用条件复杂。为保证重型汽车具有良好的动力性、经济和加速性，要求变速器有较多的挡数，以扩大传动比的范围。故常采用两个变速器相串联的方式构成组合式变速器。

在两个相串联的变速器中，其中一个为挡数较多且有倒挡的主变速器，另一个为只有高、低两挡的副变速器。副变速器一般有一个直接挡和一个低速挡。副变速器低速挡传动比较大时，多置于主变速器之后，以利于减小变速器的质量和尺寸。副变速器低速挡传动比较小时，则将其放在主变速器之前。

若主变速器各挡传动比间隔较小，而副变速器的低速挡传动比又较大时，由副变速器高、低速两挡传动比分别与主变速器各挡传动比搭配而组成高、低两段传动比范围，这种配挡方式称为分段式配挡。当主变速器各

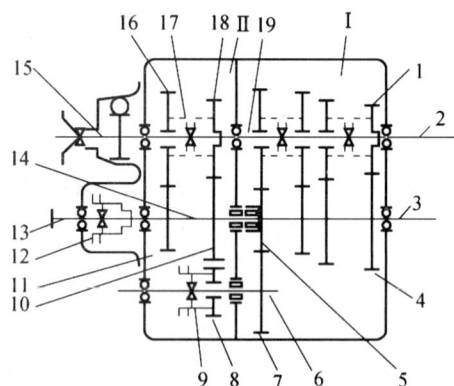

图 3-12 组合式变速器变速传动机构示意图
1—输入轴齿轮；2—输入轴；3—第一中键轴；
4—第一中间轴驱动齿轮；5—第一中间轴一挡齿轮；
6—倒挡齿轮；7—倒挡传动齿轮；8—倒挡空套齿轮；
9—接合套；10—第二中间轴驱动齿轮；
11—第二中间轴低速挡齿轮；12—动力输出接合套；
13—动力输出轴；14—第二中间轴；15—输出轴；
16—输出轴齿轮；17—接合套；
18—副变速器输入轴齿轮；19—副变速器输入轴

挡传动比较大，而副变速器低速挡传动比又较小时，组合得到的传动比均匀地插入主变速器各挡传动比之间，这种配挡方式称为插入式配挡。

图 3-12 为常见的一种组合式变速器的变速传动机构示意图。它实质上是由四个前进挡和一个倒挡的主减速器 I 和两挡副变速器 II 串联而成（副变速器输入轴 19 同时也是主变速器的输出轴）。副变速器装在主变速器之后，具有一个直接挡和一个减速比为 3.78 的低速

挡，采用分段式配挡。各挡的传动比为 $i_1 = 10.18$，$i_2 = 7.02$，$i_3 = 5.03$，$i_4 = 3.78$，$i_5 = 2.69$，$i_6 = 1.86$，$i_7 = 1.33$，$i_8 = 1$。倒挡只用低速挡，其传动比为 $i_R = 10.03$。变速器除倒挡用接合套换挡外，其他均为常压式同步器换挡，主变速器由驾驶员通过变速杆操纵换挡，副变速器则由选择开关用压缩空气操纵换挡。倒挡传动是由主变速器第一中间轴一挡齿轮 5 驱动倒挡传动齿轮 7，接合套 9 与倒挡空套齿轮 8 的接合齿圈套合后，即可驱动副变速器输入轴齿轮 18。动力输出轴 13 与第二中间轴 14 的接合及分离，由动力输出接合套 12 操纵。

3.3 同步器

3.3.1 无同步器式变速器的换挡过程

变速器在换挡过程中，必须使所选挡位的一对待啮合齿轮轮齿的圆周速度相等（即同步），才能使之平顺地进入啮合而挂上挡。如两齿轮轮齿不同步时即强制挂挡，势必因两轮齿间存在速度差而发生冲击和噪声。这样，不但不易挂挡而且影响轮齿寿命，使齿端部磨损加剧，甚至使轮齿折断。

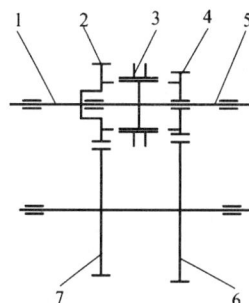

图 3 - 13 五挡变速器的四、五挡齿轮示意图
1—第一轴；2—第一轴常啮合齿轮；
3—接合套；4—第二轴五挡齿轮；5—第二轴；
6—中间轴五挡齿轮；7—中间轴常啮合齿轮

图 3 - 13 为未装同步器时五挡变速器的四挡、五挡齿轮示意图。

为使挂挡平顺，驾驶员应采取合理的换挡操作步骤。现以图 3 - 13 所示无同步器的五挡变速器中四、五挡（四挡为直接挡，五挡为超速挡）的互换过程为例加以说明。

1. 低挡换高挡（四挡换五挡）

变速器在四挡工作时，接合套与第一轴常啮合齿轮 2 上的接合套齿圈接合，二者的花键齿圆周速度 v_3 和 v_2 显然相等。欲从四挡换入五挡，驾驶员应先踩下离合器踏板，使离合器分离，随即通过变速杆将接合套 3 右移，进入空挡位置。

当接合套 3 与第一轴常啮合齿轮 2 脱离接合的瞬间，仍然是 $v_3 = v_2$。由于第二轴五挡齿轮 4 的转速比第一轴常啮合齿轮的转速高，故 $v_4 > v_2$，即 $v_4 > v_3$，此时不同步而难以挂入五挡。为避免产生冲击，须在空挡位置停留片刻。此时，因发动机到传动系的动力被切断，接合套 3 和齿轮 4 的转速都将下降，因汽车传动系惯性大，使接合套 3 的速度（与二轴转速相同）v_3 下降较慢，而第二轴五挡齿轮 4 只与中间轴及其齿轮、第一轴和离合器从动盘联系，惯性很小，故 v_4 下降很快。待到 $v_4 = v_3$ 时，便可平顺换入五挡。图 3 - 14(a) 中 A 点称为同步时机，此时将接合套 3 右移与第二轴五挡齿轮 4 的齿圈啮合挂上五挡，不会产生齿轮冲击。

2. 高挡换低挡（五挡换四挡）

变速器在五挡工作时或由五挡换入空挡的瞬间，接合套的转速与第二轴五挡齿轮 4 的转速相等，即 $v_4 = v_3$，因为 $v_4 > v_2$，所以 $v_3 > v_2$［图 3 - 14(b)］。推入空挡后，由 v_2 下降的比 v_3 快，故根本无法实现 $v_3 = v_2$；相反，停留在空挡的时间越长，二者差值越大。所以驾驶员应在接合套推入空当并抬起离合器踏板的同时，踩一下加速踏板，使第一轴常啮合齿轮 2 的转速

51

高于接合套 3 的转速，即 $v_3 < v_2$，然后再分离离合器，待 $v_3 = v_2$ 时，即可平顺地挂入四挡。

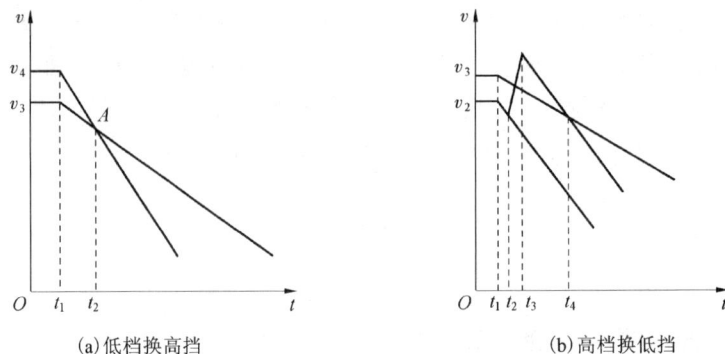

(a) 低挡换高挡　　　　　　　　　　(b) 高挡换低挡

图 3 – 14　无同步器换挡示意图

(a) v_3—接合套圆周速度；v_4—五挡齿轮圆周速度；t_1—圆周速度开始下降时间；t_2—同步时间；A—同步时机；

(b) v_2—第一轴齿轮圆轴速度；v_3—接合套圆轴速度；t_1—圆周速度开始下降时间；

t_2—加空油时间；t_3—第一轴速度达最大时间；t_4—同步时间

由上述可知，欲使一般变速器换挡时不产生齿轮或花键齿间的冲击，需要进行比较复杂的操作，并应在短时间内迅速而准确地完成。这对于即使是技术很熟练的驾驶员，也易造成疲劳。因此，要求在变速器结构上采取措施，既保证挂挡平顺，又使操作简化，减轻驾驶员劳动强度，这便产生了同步器。

3.3.2　同步器

同步器是在接合套换挡机构基础上发展起来的，其作用是使接合套与待啮合的齿圈迅速同步，以缩短换挡时间；并防止待啮合的齿轮达到同步之前产生轮齿冲击。

目前广泛采用的同步器几乎都是摩擦式惯性同步器。按其压力产生的方式不同又可分为：常压式、惯性式、自动增力式三类，其中惯性式使用最普遍。根据其结构不同又分为：锁环式和锁销式两种。

1. 锁环式惯性同步器

（1）构造

轿车和轻、中型货车广泛采用锁环式惯性同步器，其结构和工作原理可用图 3 – 15 解放 CA1092 型汽车六挡变速器中的五、六挡装用的锁环式惯性同步器说明。它（图 3 – 16）主要由接合套 7、花键毂 15、锁环 4 和 8、滑块 5、定位销 6 及弹簧 16 组成。

图 3 – 15 为锁环式惯性同步器的结构图。花键毂 15 与第二轴 14 前端花键配合并以卡环 18 轴向固定，在花键毂两端与六挡接合齿圈 3 和五挡接合齿圈 9 之间，各有一个青铜制成的锁环（也称同步环）4 和 8。锁环上有断续的短花键齿（图 3 – 16），其轮廓尺寸与接合齿圈 3、9 及花键毂 15 的外花键齿相同。两个锁环上的花键齿在对着接合套的一端制有倒角（称锁止角），且与接合套齿端的倒角相同。锁环具有与接合齿圈 3 和 9 上的锥形摩擦面锥度相同的内锥面，锥面上制有细牙的螺旋槽，以便两锥面接触后，破坏油膜，增加锥面的摩擦。三个滑块 5 分别嵌合在花键毂的三个轴向槽 b（图 3 – 16）内，并可沿槽轴向滑动。三个定位销 6

分别插入三个滑块的通孔中。在弹簧 16 的作用下，定位销压向接合套，使定位销端部的球面正好嵌在接合套中部的凹槽 a 中，起到空挡定位作用。滑块 5 的两端伸入锁环 4 和 8 的三个缺口 c 中。锁环的三个凸起部 d 分别伸入到花键毂的三个同槽 c 中，只有当凸起部 d 位于缺口 e 的中央时，接合套与锁环的齿方可能啮合。

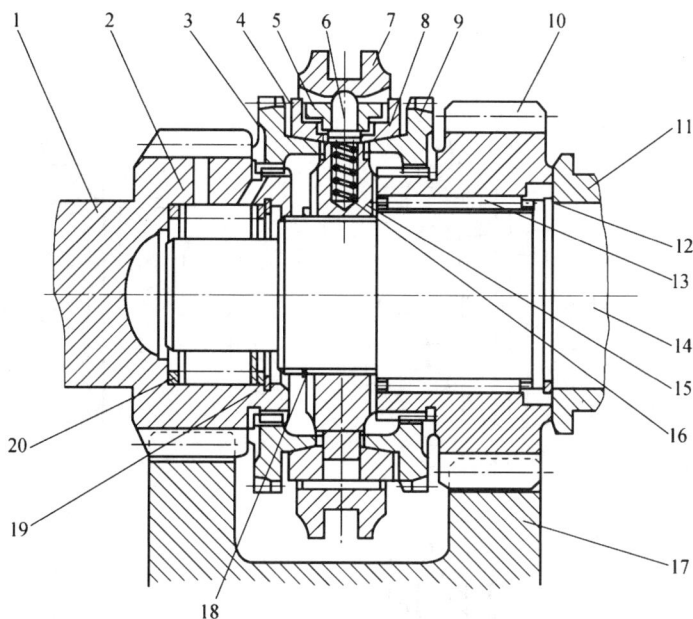

图 3 - 15　锁环式惯性同步器在变速器上的安装

1—第一轴；2、13—滚针轴承；3—六挡接合齿圈；4、8—锁环(同步器)；5—滑块；6—定位销；
7—接合套；9—五挡接合齿圈；10—第二轴五挡齿轮；11—衬套；12、18、19—卡环；14—第二轴；
15—花键毂；16—弹簧；17—中间轴五挡齿轮；20—挡圈

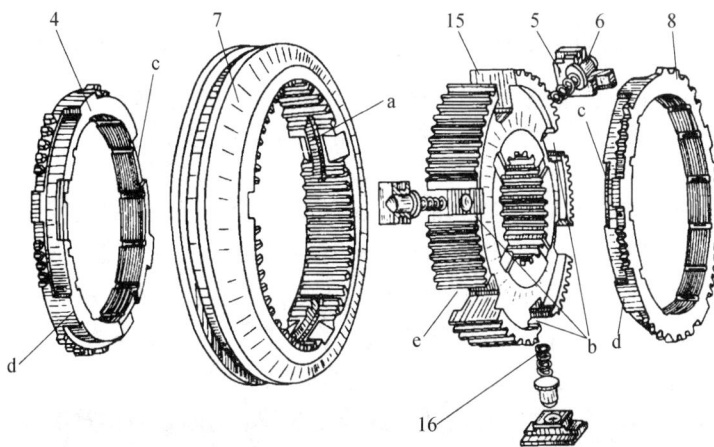

图 3 - 16　锁环式惯性同步器组成(图例编号同图 3 - 15)

a—凹槽；b—轴向槽；c—缺口；d—凸起部；e—通槽；4、8—锁环；
5—滑块；6—定位销；7—接合套；15—花键毂；16—弹簧

（2）工作原理

现以五挡换六挡为例（图3-17），介绍同步器的工作原理。

①空挡位置：接合套7刚从五挡退入空挡时［图3-17（a）］，六挡齿圈3、接合套7、锁环4及与其有关联的运动件，因惯性作用而沿原方向继续旋转（图中箭头方向）。设它们的转速分别为 n_3、n_7 和 n_4，此时 $n_4=n_7$，因 $n_3>n_7$，故 $n_3>n_4$。此时锁环4是轴向自由的，故其内锥面与六挡齿圈3的外锥面并不接触。

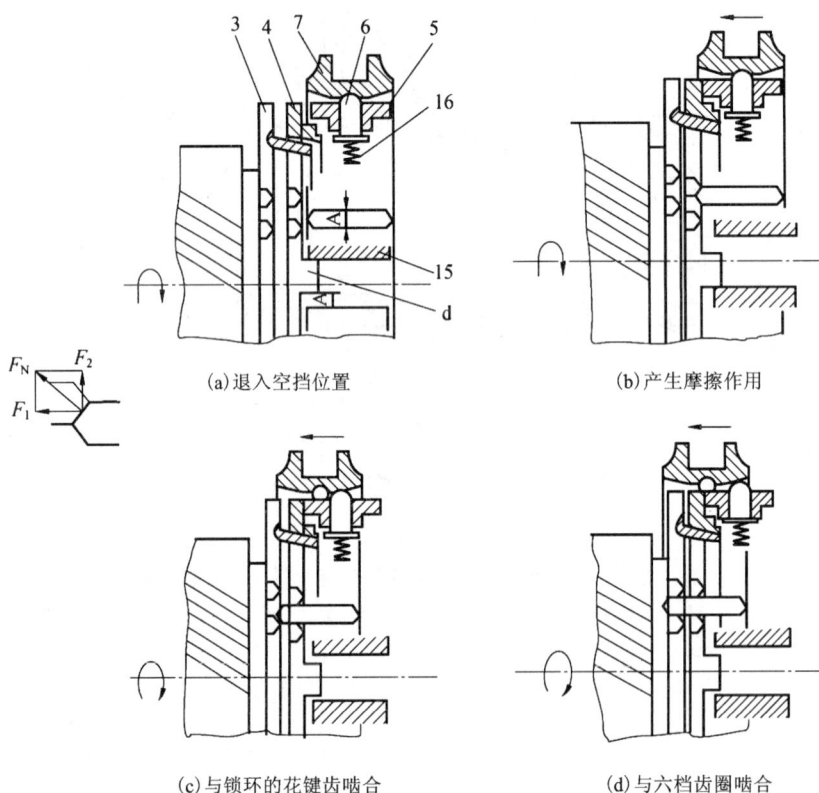

图3-17　锁环式惯性同步其工作过程示意图（图例编号同图3-15）
3—六挡齿圈；4—锁环；5—滑块；6—定位销；7—接合套；15—花键毂；16—弹簧

②挂六挡：若要挂六挡（直接挡），可用拨叉拨动接合套7，并通过定位销6带动滑块5一起向左移动。当滑块左端面与锁环4的缺口c（图3-16）的端面接触时，便推动锁环移向六挡齿圈3，使具有转速差（$n_3>n_4$）的两锥面一经接触便产生摩擦作用。六挡接合齿圈3即通过摩擦作用带动锁环相对于接合套超前转过一个角度，直到锁环的凸起部d与花键毂15通槽e的另一个侧面接触时，锁环便与接合套同步转动。此时，接合套的齿与锁环的齿较锁环的凸起d位于花键毂的通槽中央时错开了约半个齿厚（花键毂通槽宽度为锁环凸起部d的宽度加上接合套的一个齿厚A），从而使接合套的齿端倒角与锁环相应的齿端倒角正好互相抵触而不能进入啮合。

显然，此时若要接合套的齿圈与锁环的齿圈接合上，必须使锁环相对于接合套后退一个角度。图3-17（b）左边的局部放大图表示，由于驾驶员始终对于接合套施加一个轴向力，使

54

接合套和锁环的齿端倒角压紧,于是在锁环的锁止角斜面上作用有法向力 F_N。F_N 可分解为轴向力 F_1 和切向力 F_2。切向力 F_2 所形成的力矩试图使锁环相对于接合套向后退转,称为拨环力矩。轴向力 F_1 则使锁环 4 与六挡齿圈 3 的锥面产生摩擦力矩,使二者转速 n_3 与 n_4 迅速接近。实际上可认为 n_4 不变,只是 n_3 趋近于 n_4,这是因为锁环 4 连同接合套 7 通过花键毂 15 与整个汽车相连系,其转动惯量大,转速下降很慢。而六挡齿圈 3 仅与离合器从动部分相连,其转动惯量很小,速度下降较前者快得多。因为六挡齿圈 3 是减速旋转,根据惯性原理,即产生惯性力矩,其方向与旋转方向相同。此惯性力矩通过摩擦锥面作用到锁环上,阻止锁环相对接合套向后退转,亦即在锁环上作用着两个相反方向的力矩,其一为切向力 F_2 形成的力图使锁环相对于接合套向后退转的拨环力矩 M_2;另一个为摩擦锥面上阻止锁环向后退转的惯性力矩 M_1。在 n_3 尚未等于 n_4 之前,两个锥面键摩擦力矩的数值与六挡齿圈 3 的惯性力矩相等。如果 $M_2 > M_1$,则锁环 4 即可相对于接合套向后退转一个角度,以便二者进入啮合;若 $M_2 < M_1$,则二者不可能进入啮合。摩擦力矩 M_1 与轴向力 F_2 的垂直于摩擦锥面的分力成正比。而 M_2 则与切向力 F_2 成正比。F_1 和 F_2 都是法向力的分力,二者的比值取决于花键齿锁止角的大小。故在设计同步器时,适当地选择锁止角和摩擦锥面的锥角,便能保证在达到同步($n_3 = n_4$)之前,六挡齿圈 3 施加在锁环 4 上的惯性力矩 M_1 总是大于切向力 F_2 形成的拨环力矩 M_2,因此,不论驾驶员通过操纵机构施加在接合套上的轴向推力有多大,接合套齿端与锁环齿端总是互相抵触而不能接合。这说明锁环 4 对接合套的锁制作用是六挡接合齿圈 3 的惯性力矩造成的。此即"惯性式"的由来。

③挂上六挡:随着驾驶员继续加大接合套的推力,摩擦作用就迅速使六挡齿圈 3 的转速降到与锁环 4 相同,并进一步保持同步旋转,于是其惯性力矩消失。但由于轴向力 F_1 的作用,两个摩擦锥面还紧密接合着,此时切向力 F_2 形成的拨环力矩 M_2 使锁环连同六挡齿圈 3 及与之相连的所有零件一起相对于接合套向后退转一个角度,使锁环凸起部 d 又移回到花键毂 15 的通槽中央,两个花键齿圈不再抵触,此时接合套压下定位销 6 继续左移,与锁环的花键齿啮合[图 3-17(c)],如果此时接合套花键齿与六挡齿圈 3 的花键齿发生抵触,则作用在六挡齿圈 3 花键齿端斜面上的切向分力使六挡齿圈 3 及其相连零件相对于锁环及接合套转过一个角度,使接合套与六挡齿圈 3 进入啮合[图 3-17(d)],而最后完成挂上六挡的全过程。

如果是六挡(直接挡)换入五挡,上述过程也适用。但应注意,此时五挡齿圈 9 和第二轴五挡齿轮 10(图 3-15)被加速到与锁环 8(亦即与接合套)同步,从而使接合套先后与锁环及五挡齿圈进入啮合而完成换挡。

上述换挡过程可简要归纳为:摩擦工作面产生摩擦力矩—锁环转动一个角度—锁止元件起锁止作用,阻止接合套前移—摩擦力矩增长至同步—惯性力矩消失—锁止作用消失—接合套进入啮合完成换挡。

考虑到锁环式惯性同步器由于结构紧凑、便于合理布置以及锥面间产生的摩擦力矩大小等因素,多用于轿车(一汽奥迪 100、红旗 CA7220、捷达/高尔夫及上海桑塔纳等)和轻型载货汽车上,但近年来在中型货车变速器的中、高速挡中也开始被采用。

2. 锁销式惯性同步器

在中、重型载货汽车上,目前多采用锁销式惯性同步器换挡。当变速器第二轴上的常啮齿轮及其接合齿圈直径较大时,装用锁销式同步器不仅使齿轮的结构形式合理,而且还可以在摩擦锥面间产生较大的摩擦力矩,缩短了同步时间。

图 3-18 为东风 EQ1090E 型汽车五挡变速器装用的四、五挡锁销式惯性同步器。

(1)构造

两个带有内锥面的摩擦锥盘 2,以其内花键分别固定在第一轴齿轮 1 和第二轴四挡齿轮 6 上,随齿轮一起转动。与之相配合的两个有外锥面的摩擦锥环 3,其上有圆周均布的三个锁销 8 和三个定位销 4 与接合套 5 相连。锁销 8 的两顶端固定在摩擦锥环 3 的孔中,而两端的工作表面直径与接合套凸缘上相应的销孔的内径相等,其中部直径小于孔径。只有在锁销与接合套孔对中时,接合套方能沿锁销轴向移动。锁销 8 中部和接合套 5 上相应的销孔两端有角度相同的倒角——锁止角。在接合套上定位销孔中部钻有斜孔,内装弹簧 11,把钢球 10 顶向定位销中部的环槽

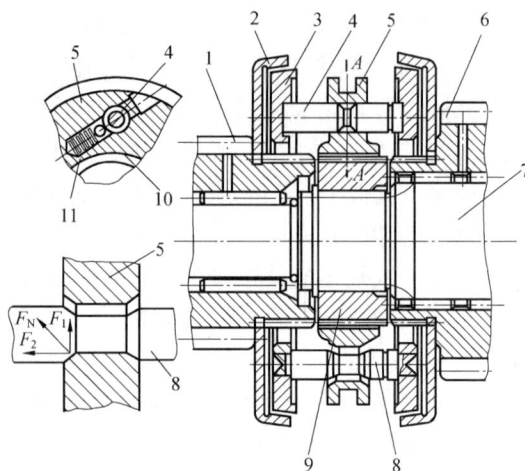

图 3-18 锁销式惯性同步器
1—第一轴齿轮;2—摩擦锥盘;3—摩擦锥环;
4—定位销;5—接合套;6—第二轴四挡齿轮;
7—第二轴;8—锁销;9—花键毂;
10—钢球;11—弹簧

(如图 3-18 A—A 剖面图所示)以保证同步器处于正确的空挡位置。定位销 4 两端伸入锥环内侧面,但有间隙,故定位销可随接合套 5 轴向移动。

(2)工作原理

锁销式同步器的工作原理与销环式同步器基本相同,在由四挡换入五挡时,接合套 5 受到拨叉的轴向推力作用,通过钢球 10 与定位销 4 带动摩擦锥环 3 向左移动,使之与对应的摩擦锥盘 2 接触。具有转速差的摩擦锥环与摩擦锥盘一经接触,靠接触面的摩擦使摩擦锥环连同锁销一起相对于接合套转过一个角度,因而锁销 8 的轴线相对于接合套上销孔的轴线偏移,于是锁销中部倒角与销孔端的倒角互相抵触,以阻止接合套继续前移。在同步前,作用在摩擦锥面的摩擦力矩(轴向力 F_2 形成的力矩)总是大于切向力 F_1 形成的拨销力矩,接合套被锁止不能前移,防止同步前接合套与齿圈进入啮合。同步后,惯性力矩消失,拨销力矩使锁销、摩擦锥盘及相应的齿轮相对于接合套转过一个角度。锁销与接合套相应孔对中,接合套克服弹簧 11 的弹力压下钢球 10 并沿锁销轴向移动,直至与第一轴齿轮 1 的花键齿圈啮合,顺利地换入五挡。

3.4 变速器的操纵机构

3.4.1 功用与要求

变速器操纵机构的功用是根据汽车使用条件,驾驶员可随时将变速器换上或摘下某个挡位。

变速器操纵机构应保证驾驶员能准确而可靠地使变速器挂入所需要的任一挡位工作,并可随时使之退到空挡。为了保证在任何情况下变速器都能准确、安全、可靠地工作,对变速

器操纵机构提出以下要求：

①设自锁装置，挂挡过程中，若操纵变速杆推动拨叉前移或后移的距离不足时，齿轮将不能在全齿宽上啮合而影响齿轮的寿命。即使达到全齿宽啮合，也可能由于汽车震动等原因，齿轮产生轴向移动而减少了齿的啮合长度，甚至完全脱离啮合。为防止上述情况，应设置自锁装置。

②设互锁装置，若变速杆能同时推动两个拨叉，即同时挂入两个挡位，则必将造成齿轮间的机械干涉，变速器将无法工作甚至损坏。为此，应设置互锁装置。

③设倒挡锁，汽车行进中若误挂倒挡，变速器齿轮间将发生极大冲击，导致零件损坏。汽车起步时若误挂倒挡，则容易发生安全事故。为此，应设有倒挡锁。

3.4.2　构造

按操纵杆与变速器的相互位置，变速器操纵机构可分为远距离操纵式和直接操纵式两大类。

1. 远距离操纵式

当驾驶员座位离变速器较远或变速杆布置在转向盘下方（某些轿车）的转向管柱上时，通常在变速杆与换挡拨叉之间增加若干个传动件，组成远距离操纵机构，如图 13 - 19 和图 13 - 20 所示。红旗 CA7220 型轿车 016 型变速器的操纵机构便是这种形式（图 13 - 21）。

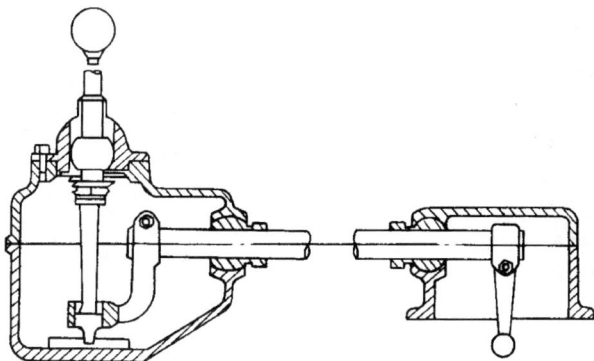

图 3 - 19　变速器远距离操纵示意图　　　图 3 - 20　轿车变速器远距离操纵示意图

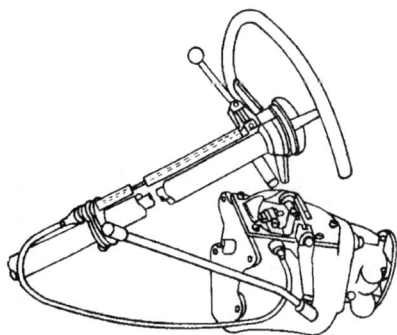

2. 直接操纵式

大多数汽车的变速器布置在驾驶员座位附近，变速杆由驾驶室底板伸出，驾驶员可直接操纵。这种操纵机构一般由变速杆、拨块、拨叉、拨叉轴以及安全装置等组成，多集装于变速器上盖或侧盖内。图 3 - 22 为解放 CA1092 型汽车六挡变速器操纵机构示意图。拨叉轴 7、8、9 和 10 两端均支承于变速器盖上相应的孔中，可以轴向滑动。所有的拨叉和拨块都以弹性销固定于相应的拨叉轴上。三、四挡拨叉 2 的上端有拨块。拨叉 2 和拨块 3、4、14 的顶部有凹槽。变速器处于空挡时，各凹槽在横向平面内对齐。叉形拨杆 13 下端的球头即伸入这些凹槽中。选挡时可使变速杆绕其中部球形支点横向摆动，则其下端推动叉形拨杆 13 绕换挡轴 11 的轴线转动，从而使叉形拨杆下端球头对准所选挡位相应的拨块凹槽，然后使变速杆纵向摆动，带动拨叉轴及拨叉向前或向后移动，即可实现挂挡。例如，横向扳动变速杆使叉形拨杆下端伸入拨块 3 顶部凹槽中，再纵向扳动变速杆，拨块 3 连同拨叉轴 8 和拨叉 5 即沿

57

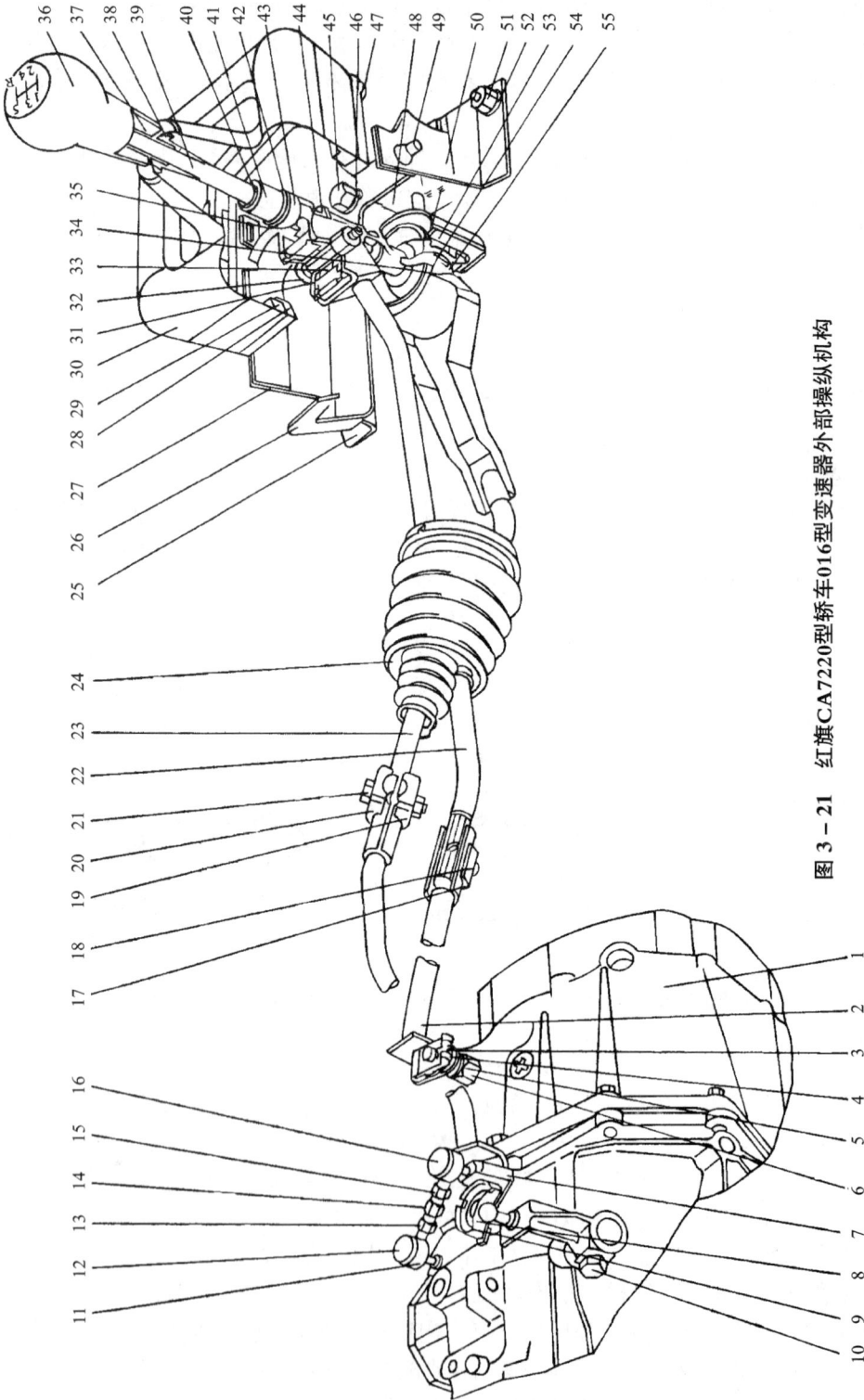

图3-21　红旗CA7220型轿车016型变速器外部操纵机构

1—016变速器总成；2—前拉杆焊接总成；3—球衬；4、42—垫圈；5—锁片；6—限位螺栓；7—换挡前拉杆焊接总成；8—换挡摇臂总成；9—球头衬套；10—螺栓；11—球头；12、16—球碗总成；13、15、51—螺母；14—螺纹套；17、21—六角头螺栓；18—夹套；19—六角螺母；20—换挡连杆管夹；22—拉杆总成；23—后换挡管焊接总成；24—防尘套；25—下支架；26—上支架；27—右缓冲块；28—防护罩；29—防护罩下支架；30—换挡管罩上支架；31—导向衬套；32—内六角圆柱头螺栓；33—圆管；34—球壳；35—自锁螺母；36—换挡手柄总成；37—上密封套；38—下密封套；39—换挡操纵杆总成；40—卡环；41—导套；43、54—弹簧；44—换挡操纵杆导向套；45—六角头螺栓；46、52—垫片；47—十字槽平圆头自攻螺栓；48—压板；49—左缓冲块；50—隔块；53—球衬座；55—半球

58

纵向向左移动一定距离，便可挂入二挡；若向右移动一定距离，则挂入一挡。若使叉形拨杆 13 下端球头伸入倒挡拨块 4 的凹槽中，并可使其向右移动一定距离，便挂入倒挡。

3.4.3　锁止装置

1. 自锁装置

多数变速器的自锁装置由自锁钢球 1（图 3-23）和自锁弹簧 2 组成。每根拨叉轴的上表面沿轴向分布有三个凹槽，当任何一根拨叉轴连同拨叉轴向移动到空挡或某一工作挡位的位置时，必有一个凹槽正好对准自锁钢球 1。于是自锁钢球在自锁弹簧 2 压力作用下嵌入该凹槽内，拨叉轴的轴向位置即被固定，从而拨叉连同滑动齿轮（或接合套）也被固定在空挡或某一工作挡位上，不能自行脱出。换挡时，驾驶员对拨叉轴施加一定的轴向力，克服自锁弹簧 2 的压力将钢球由拨叉轴的凹槽中挤出推回孔中，拨叉轴和拨叉轴向移动。拨叉轴上表面相邻凹槽之间的距离，即等于为保证在全齿宽上啮合或完全退出啮合所必需的拨叉及其拨叉轴的移动距离。

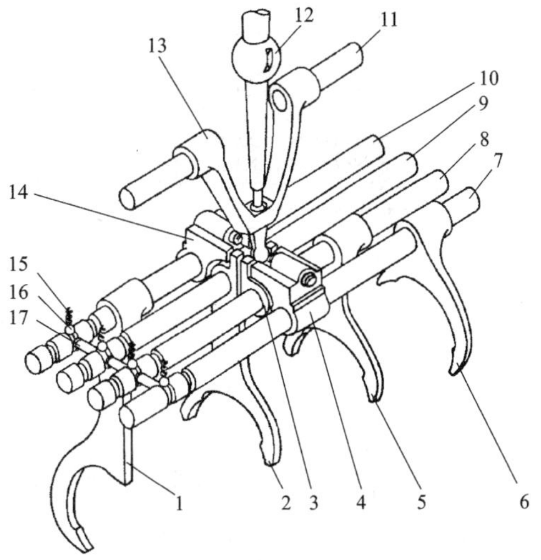

2. 互锁装置

图 3-23 所示的为锁球式互锁装置。主要由互锁钢球 4 及互锁销 5 组成。互锁销 5 装在中间拨叉轴的孔中，其长度相当于拨叉轴直径减去互锁钢球的半径，互锁钢球 4 装于变速器盖 3 的横向孔中。在空挡位置时，左右拨叉轴

图 3-22　六挡变速器操纵机构示意图

1—五、六挡拨叉；2—三、四挡拨叉；3—一、二挡拨块；
4—倒挡拨块；5—一、二挡拨叉；6—倒挡拨叉；
7—倒挡拨叉轴；8—一、二挡拨叉轴；9—三、四挡拨叉轴；
10—五、六挡拨叉轴；11—换挡轴；12—变速杆；
13—叉形拨杆；14—五、六挡拨块；15—自锁弹簧；
16—自锁钢球；17—互锁销

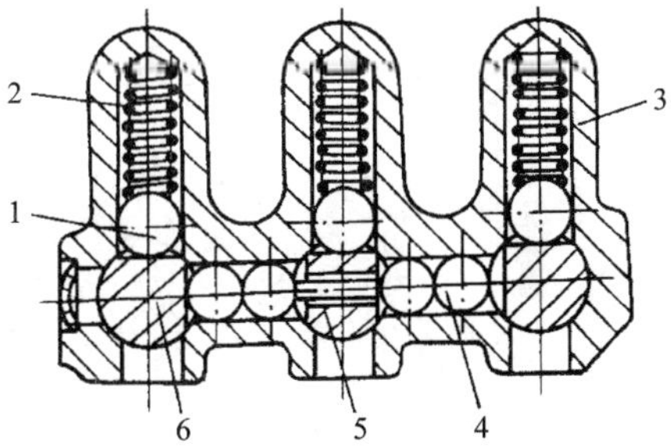

图 3-23　变速器的自锁和互锁装置

1—自锁钢球；2—自锁弹簧；3—变速器盖（前端）；
4—互锁钢球；5—互锁销；6—拨叉轴

在对着钢球 4 处开有深度相当于钢球半径的凹槽，中间拨叉轴则左右均开有凹槽，凹槽中开有装锁销 5 的孔。这种互锁装置可以保证变速器只有在空挡位置时，驾驶员才可以移动任一个拨叉轴挂挡。若某一拨叉轴被移动而挂挡时，另两个拨叉轴便被互锁装置固定在空挡位置而不可能再轴向移动了。

互锁装置的工作原理如下：变速器处于空挡时，所有的拨叉轴的侧面凹槽同互锁钢球、互锁销都在同一条直线上。当移动中间拨叉轴 6 时〔图 3-24（a）〕，拨叉轴 6 两侧的内钢球从其侧面凹槽中被挤出，而两互锁钢球 2 和 4 则分别嵌入拨叉轴 1 和 5 的侧面凹槽中，因而将拨叉轴 1 和 5 刚性地锁止在其空挡位置。若欲移动拨叉轴 5，则应先将拨叉轴 6 退回到空挡位置〔图 3-24（b）〕。于是在移动拨叉轴 5 时，互锁钢球 4 便从拨叉轴 5 的凹槽申被挤出，同时通过互锁销 3 和其他互锁钢球将拨叉轴 6 和 1 均锁止在空挡位置。同理，当移动拨叉

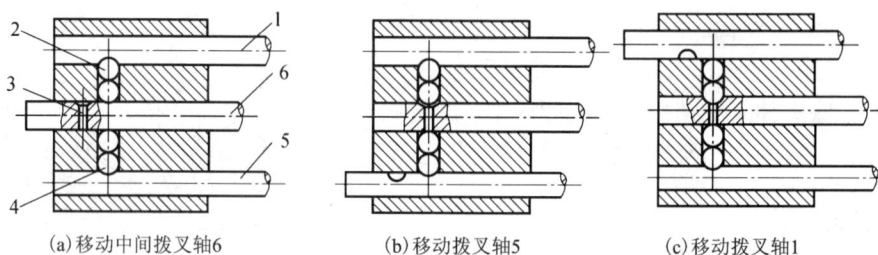

(a)移动中间拨叉轴6   (b)移动拨叉轴5   (c)移动拨叉轴1

图 3 - 24 互锁装置工作示意图

1、5、6—拨叉轴;2、4—互锁钢球;3—互锁销

轴 1 时,则拨叉轴 6 和 5 被锁止在空挡位置[图 3 - 24(c)]。由此可知,互锁装置的作用是当驾驶员用变速杆推动某一拨叉轴时,自动锁止其他所有拨叉轴。

互锁装置也有采用转动钳口式的(图 3 - 25),如上海 SH1040 轻型载货汽车的变速器操纵机构。变速杆 1 下端球头放在钳口中,钳形板 2 可绕轴 A 摆动。需要换挡时,变速杆先拨动钳形板处于某一拨叉轴的凹槽中,然后换入需要的挡位,其他两个挡位的拨叉凹槽被钳形爪挡住,起到互锁作用。

有的变速器操纵机构,将自锁装置与互锁装置合二为一(图 3 - 26)。空心锁销 1 内装有自锁弹簧 2。图中所示位置为空挡,此时两锁销内端面距离 a 等于槽深 b,不可能同时拨动两根拨叉轴,起互锁作用。另外,自锁弹簧的预紧力和锁销 1 对拨叉又起到自锁作用。北京 BJ2020N 型越野汽车就采用这种结构。

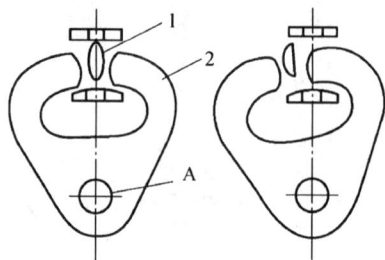

图 3 - 25 转动嵌口式互锁装置

1—变速杆;2—钳形板

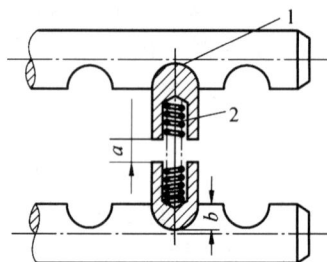

图 3 - 26 起自锁与互锁双作用的锁止装置

1—锁销;2—自锁弹簧

红旗 CA7220 型轿车 016 型变速器的自锁与互锁装置如图 3 - 27 所示;倒挡结构如图 3 - 28 所示。

自锁装置与互锁装置采用结构紧凑、构思巧妙的二合一的方案。当某一个换挡拨叉轴移到某一个挡位上[图 3 - 27(a)]后,两个粗一点的互锁销通过中部较细的导销传导,将其他两个拨叉轴锁定在凹槽里,以达到互锁的作用。

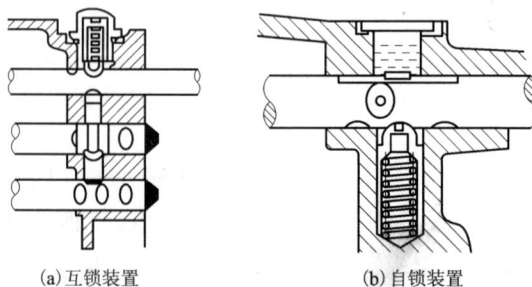

(a)互锁装置   (b)自锁装置

图 3 - 27 红旗 CA7220 型轿车 016 变速器自锁与互锁装置

倒挡齿轮 16[图 3 – 28(a)]带同步器。换挡时,倒挡换挡轴 23[图 3 – 28(d)]带动倒挡导块 25 移动,使倒挡拨叉 28 旋转,从而拨动倒挡齿轮移动,挂上或摘下倒挡。

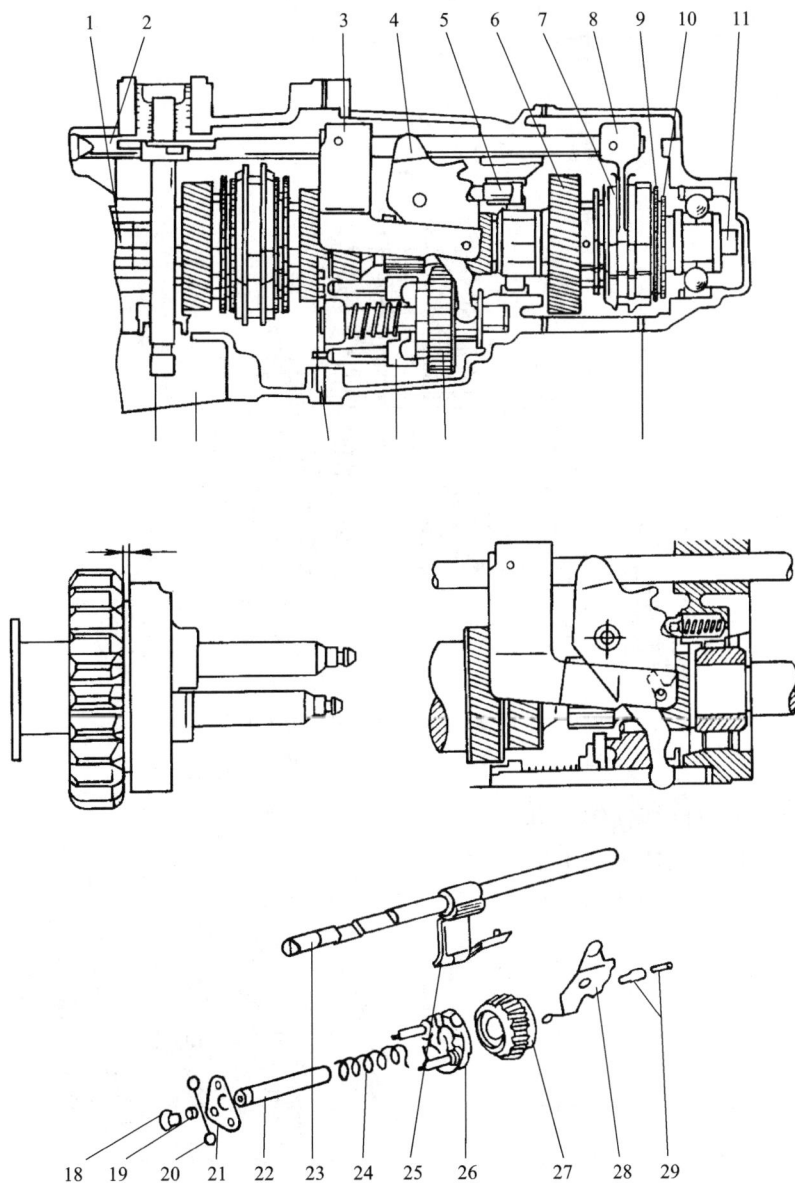

(d)016变速器倒挡各领部件分结构

图 3 – 28　红旗 CA7220 型轿车 016 型变速器倒挡结构

1—输入轴;2、23—倒挡换挡轴;3—倒挡导块;4、28—倒挡拨叉;5—倒挡锁销;6—五挡主动齿轮;
7—五挡接合套;8—五挡拨叉;9—五挡同步器锁环;10—五挡同步器体;11—组合螺栓;12—选挡换挡轴;
13—前壳体;14 支撑板;15—倒挡同步器锁环;16、27—倒挡齿轮;17—后壳体;18—螺栓;19—隔套;20—卡簧;
21—支撑板;22—倒挡齿轮轴;24—弹簧;25—倒挡导块;26—倒挡同步器锁环;29—倒挡锁止机构

3．倒挡锁

倒挡锁的作用是驾驶员挂倒挡时，必须对变速杆施加较大的力，才可换上倒挡，起到提醒作用，以防误挂倒挡。变速器上多采用弹簧锁销式倒挡锁（图3－29）。

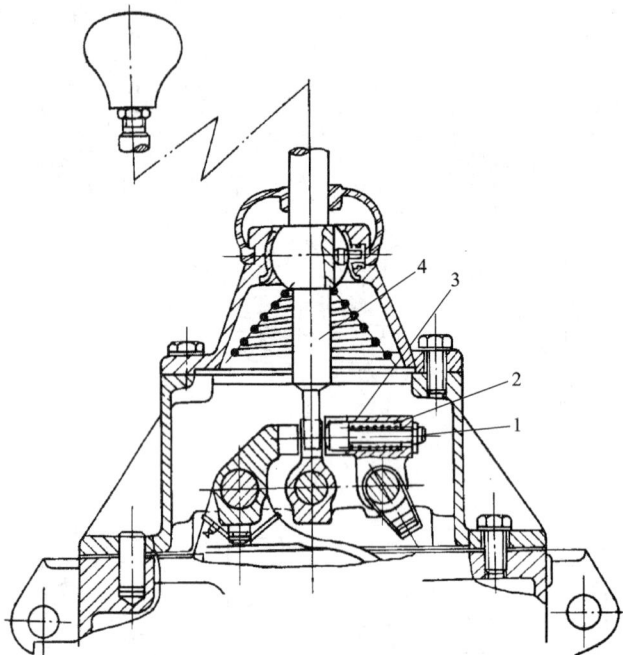

图3－29　弹簧锁销式倒挡锁
1—倒挡锁销；2—倒挡锁弹簧；3—倒挡拨块；4—变速杆

该倒挡锁主要由倒挡锁销1和倒挡锁弹簧2组成。倒挡锁销1的杆部装有倒挡锁弹簧2，其右端的螺母可调整弹簧的预紧力和倒挡锁销的长度。驾驶员要挂倒挡时，必须用较大的力使变速杆4的下端压缩倒挡弹簧2，将倒挡锁销1推向右方后，才能使变速杆下端进入倒挡拨块3的凹槽内，以拨动一挡、倒挡拨叉轴而推入倒挡。

解放CA1092型汽车六挡变速器的倒挡锁如图3－30所示，与弹簧锁销式倒挡锁相比，多了一个选挡装置（选挡锁销14和选挡锁销弹簧13），其作用是便于选择三、四挡和五、六挡。其工作原理与弹簧锁销式倒挡锁相同。

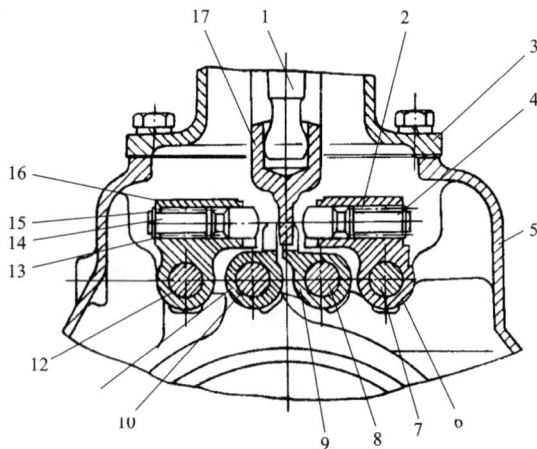

图3－30　解放CA1092型变速器倒挡锁
1—变速杆；2—倒挡锁弹簧；3—变速器顶盖；4—倒挡锁销；
5—变速器上盖；6—倒挡拨块；7—倒挡拨叉轴；8——、二挡拨叉轴；
9——、二挡拨块；10—三、四挡拨叉轴；11—三、四挡拨块；
12—五、六挡拨叉轴；13—选挡锁销弹簧 14—选挡锁销；
15—锁片；16—五、六挡拨块；17—叉形拨杆

3.4.4　副变速器的操纵机构

组合式变速器中的副变速器常选用预选气动式换挡机构。图 3－31 为法国尤尼克 27－66 型载货汽车副变速器操纵机构原理示意图。

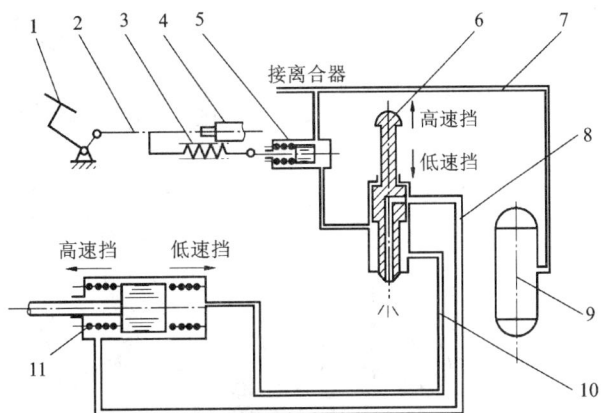

当驾驶员拉出预选开关 6 的手柄（图示位置）时，就是预选了高速挡。此后，只有当驾驶员踏下离合器踏板 1，使离合器分离，同时控制阀 5 的活塞向左移动时，气路才接通。这时来自储气罐 9 的高压空气经控制阀 5 和预选开关 6，沿气管 10 进入换挡汽缸 11 右腔，推动换挡汽缸 11 中的活塞向左移动而使变速器挂上高速挡。换

图 3 - 31　副变速器机械——气动式操纵机构原理图

1—离合器踏板；2—拉杆；3—弹簧；
4—离合器操纵助力汽缸；5—控制阀；6—预选开关；
7、8、10—气管；9—储气罐；11—换挡汽缸

挡汽缸 11 左腔的气体则经气管 8 和预选开关 6 排入大气中。同理，当预选开关 6 的手柄被压下时，若将离合器分离，则将有压缩空气进入换挡汽缸 11 左腔，右腔的空气则经气管 10 及预选开关排入大气，副变速器即挂入低速挡。副变速器可以单独换挡，也可与主变速器同时换挡。

在组合变速器的操纵机构中还有"电控－气动式"及"微机控制操纵式"等机构，它们在一定程度上不仅使挡操纵轻便，还可提高汽车的加速性及发动机功率的充分利用。

3.5　分动器

3.5.1　功用

多轴驱动的越野汽车，装用分动器。其功用是将变速器输出的动力分配到各驱动桥。目前，多数越野汽车装用两挡分动器，分动器兼起副变速器的作用。

3.5.2　结构

分动器由齿轮传动机构和操纵机构两部分组成。其输入轴直接或通过万向传动装置与变速器第二轴相连，而其输出轴则有若干个，分别经万向传动装置与各驱动桥连接。

1. 齿轮传动机构

图 3－32 为东风 EQ2080 型越野汽车装用的三输出轴式分动器，其结构简图如图 3－33 所示。

越野汽车在坏路或无路情况下行驶时，为使汽车有足够的驱动力，需要前桥参加驱动；而在好路上行驶时，则前桥应作为从动桥，以免增加功率消耗和轮胎及传动系统零件的磨损。

该分动器可将动力分别传给前桥、中桥和后桥。当换挡接合套 4 向右移动与齿轮 9 前端

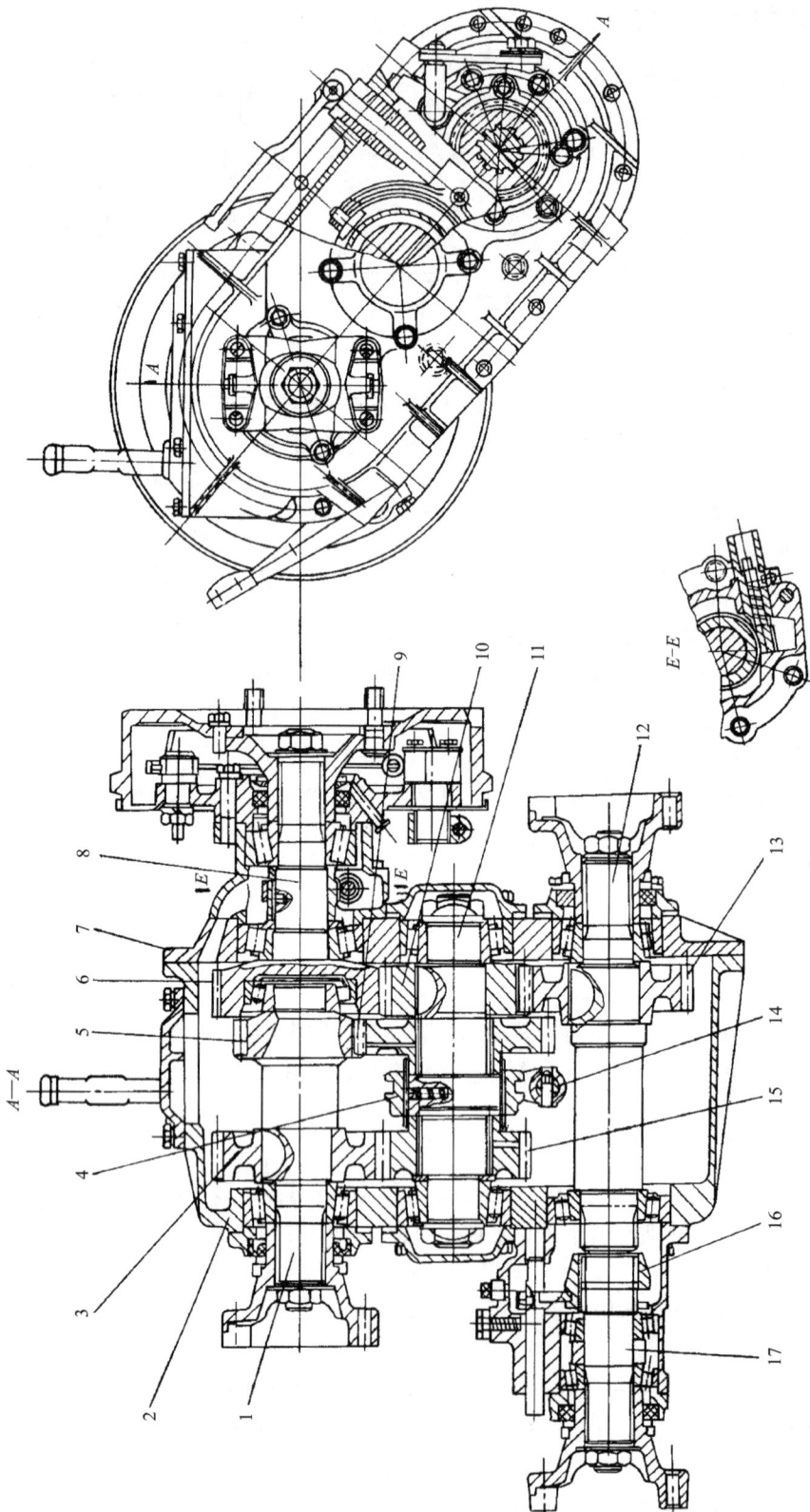

图 3 – 32　三输出轴式分动器

1—输入轴；2—分动器壳；3、5、6、9、10、13、15—齿轮；4—换挡接套；7—分动器；8—通往后驱动桥的输出轴；
11—中间轴；12—通往中驱动桥的输出轴；14—换挡拨叉轴；16—前桥接合套；17—通往前驱动桥的输出轴

接合齿圈相套合时，便挂上了低速挡。此时变速器第二轴的动力经万向传动装置传给输入轴 1，经齿轮 5 和 9 及换挡接合套 4 传给中间轴 11，中间轴后端的齿轮 10 再驱动齿轮 6 和 13，因而使通往后驱动桥的输出轴 8 及通往中驱动桥的输出轴 12 被驱动，此时，由于前桥接合套 16 也先被向后移动，通往中驱动桥的输出轴 12 便通过前桥接合套 16 使通往前驱动桥的输出轴 17 也被驱动。低速挡传动比为 2.05。换挡接合套 4 向左移动使之与齿轮 15 的接合齿圈相套合时，分动器挂上高速挡，其传动比为 1.08。多数轻型越野汽车装用两输出轴式分动器，分别驱动前桥和后桥。该种分动器齿轮机构有普通齿轮式和行星齿轮式两种。图 3 - 34 为行星齿轮式分动器结构示意图，其工作原理与液力机械变速器中的行星齿轮机构相同，其动力传动过程如下：

换挡齿毂 7 左移与太阳轮 6 内齿接合时，换入高速挡（传动比为 1）。此时的动力传递路线是：输入轴 1→太阳轮 6→换挡齿毂 7→后桥输出轴 10（齿圈 4 固定在分动器壳 2 上，行星轮 3 和行星架 5 空转）。此过程为两轮驱动高挡。

当接合套 8 右移与齿轮 9 接合时，换挡齿毂 7 右移与行星架 5 接合，此时分动器处于四轮驱动低挡。其动力传递路线是：输入轴 1→太阳轮 6→行星轮 3→行星架 5→换挡齿毂 7→后桥输出轴 10→后桥、花键毂 17→齿轮 9→矩齿式链条 16→齿轮 14→前桥输出轴 15→。后桥输出轴 10 与前桥输出轴 15 转速相同。

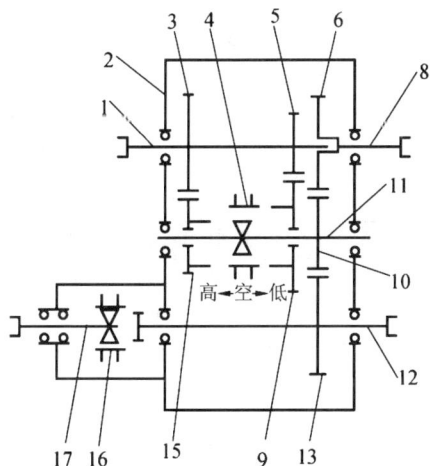

图 3 - 33　三输出轴式分动器结构示意图
1—输入轴；2—分动器壳；
3、5、6、9、10、13、15—齿轮；4—换挡接合套；
8—后桥输出轴；11—中间轴；12—中桥输出轴；
16—前桥接合套；17—前桥输出轴

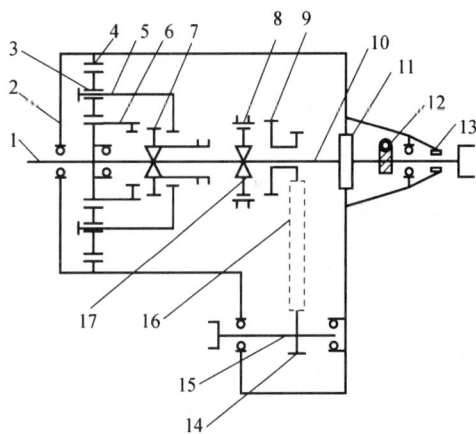

图 3 - 34　两输出轴式分动器结构示意图
1—输入轴；2—分动器壳；3—行星轮；4—齿圈；
5—行星架；6—太阳轮；7—换挡齿毂；8—接合套；
9、14—齿轮；10—后桥输出轴；11—转子式油泵；
12—里程表驱动齿轮；13—油封；15—前桥输出轴；
16—锯齿式链条；17—花键毂

2. 操纵机构

分动器的操纵机构由操纵杆、传动杆、摇臂及轴等组成。

操纵分动器时，若换入低速挡，输出扭矩较大。为避免中、后桥超载，前桥需参加驱动，分担一部分载荷。为此，分动器的操纵机构应保证：接上前桥前，不得挂上低速挡；低速挡退出前，不得摘下前桥。

为满足上述对分动器操纵机构的要求，应从其结构上予以保证。图 3 – 35 为分动器操纵机构示意图。当换挡操纵杆 1 向后拉动时，其下端将使传动杆 4 向前运动以挂高速挡。若换挡操纵杆 1 向前挂低速挡时，其下端受螺钉 3 限制，无法挂上低速挡。欲挂上低速挡，必须先将前桥操纵杆 2 向前移动，使轴 7 转动并通过摇臂 6 使传动杆 5 后推，接上前桥动力后才能实现。因为前桥操纵杆 2 上端向前推时，下端便连同螺钉 3 向后摆动，不再约束换挡操纵杆 1 挂低速挡。当挂上低速挡后，换挡操纵杆 1 下端又与螺钉 3 接触，从而又使得在低速挡位时前桥无法摘开。

总之，接上前桥驱动时，前后（或前、中、后）桥的车轮将同步转动，但前、后轮胎若气压不等、磨损不同或行驶在凸凹不平的路面上时，易产生轮胎滑移或滑转，因此在好路上应使用高速挡（分动器）且不应接前桥。当汽车在较差的路面上行驶时，应接上前桥并使用低速挡（或高速挡），以使汽车具有足够的驱动力，克服增加了的行驶阻力。

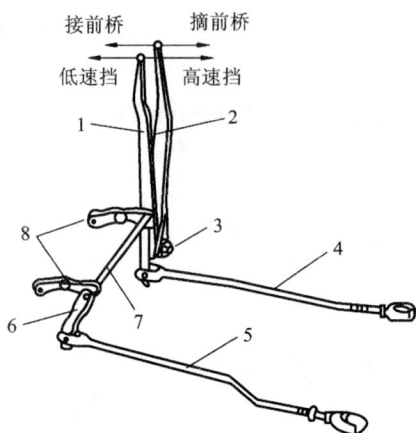

图 3 – 35　分动器操纵机构
1—换挡操纵杆；2—前桥操纵杆；3—螺钉；
4、5—传动杆；6—摇臂；7—轴；8—支承臂

复习题

一、选择题

1. 在手动变速器中有一对传动齿轮，其主动齿轮数是 A，从动齿轮得齿数是 B，且 A 大于 B，此传动的结果将会是（　　）。

A. 减速　减扭　　　B. 减速　增扭　　　C. 增速　减扭　　　D. 增速　增扭

2. 变速器的功用有（　　）。

A. 改变传动比　　　　　　　　　B. 实现倒车

C. 改变发动机输出功率　　　　　D. 中断动力

3. 下列说法正确的是（　　）。

A. 变速器按操纵方式分，可分为手动变速器、自动变速器、半自动变速器三大类

B. 手动变速器能够根据汽车运行状况自动换挡

C. 驾驶员驾驶装有自动变速器的汽车，在前进挡切换到倒退挡时必须踩住离合器

D. 常用的惯性同步器有惯性锁销式同步器和惯性锁环式同步器

4. 在手动变速器中，根据前进挡齿轮所用轴的数目不同，常见的变速器有（　　）。

A. 一轴式　　　　　B. 二轴式　　　　　C. 三轴式　　　　　D. 四轴式

5. 对于重型和超重型汽车，为了得到更多的挡位，采用组合式变速器，变速器分为主、副两部分，若主变速器的挡位为 5，副变速器的挡位为 2，这样可使变速器得到多少个挡位（　　）。

A. 7 个　　　　　　B. 10 个　　　　　C. 12 个　　　　　D. 15 个

6. 下列说法正确的是( )。

A. 变速器的挡位数是指前进挡和倒挡的数目总和

B. 手动变速器一般采用飞溅润滑

C. 根据操纵杆与变速器的相互位置不同,可分为直接操纵式和远距离操纵式两种类型

D. 三轴式变速器一般不设直接挡

7. 为了提高汽车的经济性,变速器宜采用( )。

A. 2个挡位 B. 3个挡位

C. 挡位数越少越好 D. 适当增加挡位数

8. 现代汽车手动变速器均采用同步器换挡,同步的功用就是使哪两个部件迅速同步,实现无冲击换挡,缩短换挡时间?( )

A. 接合套与接合齿圈 B. 接合套与花键毂

C. 花键毂与接合齿圈 D. 花键毂与倒挡中间齿轮

9. 在变速器控制杆上一般用什么字母来表示倒挡( )。

A. F B. R C. E D. B

10. 在手动变速器中为防止同时挂入两个挡,变速器采用的装置是( )。

A. 自锁装置 B. 互锁装置 C. 倒挡锁装置 D. 同步器

11. 下列部件属于手动变速器的有( )。

A. 离合器 B. 接合套 C. 同步器 D. 以上都不是

12. 下列说法正确的是( )。

A. 惯性锁环式同步器在锁环的内锥面加工出螺纹槽,目的是使两锥面接触后破坏油膜,使两锥面直接接触

B. 锁环式惯性式同步器摩擦力矩比锁销式惯性同步器的力矩大

C. 除了采用自锁装置防止脱挡外,还在换挡齿轮或花键齿的结构上采取一些措施来防止自动跳挡

D. 变速器第一轴前部花键部分与离合器的主动部分相连

13. 倒挡轴的倒挡中间齿轮的主要作用是( )。

A. 增加倒挡变速比 B. 减小倒挡变速比

C. 改变输出轴的旋转方向 D. 以上都不是

14. 手动变速器的英文缩写是( )。

A. ST B. AT C. MT D. CT

15. 学生a说:在装有手动变速器的汽车起步的时候,可以利用同步器摩擦作用挂挡起步代替踩离合器半离合来起步。学生b说:多数手动变速器在换挡至"R"时,需要比普通换挡更用力一些,是因为倒挡锁止装置在起作用。下列说法正确的是( )。

A. 只有学生a正确 B. 只有学生b正确

C. 学生a和学生b都正确 D. 学生a和学生b都错误

16. 变速器在从高速挡换低速挡过程中,空加油是为了( )。

A. 提高主动轴Ⅰ的转速 B. 提高输出轴Ⅱ的转速

C. 加快同步时间 D. 缩短换挡时间

17. 同步器在待啮合齿轮未同步前挂不上挡的原因( )。

A. 变速杆推力不够

B. 作用在锁环上的惯性力矩产生的锁止作用

C. 摩擦锥角太小

D. 齿端锥角太小

18. 挂直接挡时，当锁环与变速器第一轴齿轮没达到同步时，接合套(　　)与第一轴齿轮啮合。

A. 能　　　　　　B. 不能　　　　　　C. 可能　　　　　　D. 无法确定

二、判断题

1. 汽车在设置变速器是为了改变发动机扭矩，增加发动机功率。

2. 变速器挂直接挡传动时，不需要通过同步器来传动。

3. 用接合套换挡，就是将输入轴(Ⅰ轴)、输出轴(Ⅱ轴)用接合套连接起来，而不需要通过齿轮传动。

4. 变速器倒挡传动比数值设计得较大，一般与一挡传动比数值相近。这主要是为了倒车时，汽车应具有足够大的驱动力。

5. 一辆汽车主变速器有五个挡位，副变速器有两个挡位，则变速器共有七个挡位。

6. 同步器的作用是使变速器输入轴(Ⅰ轴)和输出轴(Ⅱ轴)转速同步后才能挂上挡。

7. 使用装有惯性同步器的变速器，在操作时，驾驶员操作力越大，则可使换挡时间越短。

8. 锁销式惯性同步器上的锁销既起锁止作用也起定位作用。

9. 为了防止自动挂挡和自动脱挡，在变速器上设有互锁装置。

10. 变速器上的倒挡锁主要是用来防止驾驶员误挂入倒挡。

11. 分动器的主要作用是把变速器传递的扭矩平均分配给驱动桥。

12. 汽车在平坦路面上行驶，分动器应在高速挡位置，也不必使用前驱动桥。

13. 分动器的操纵原则是，先挂前驱动，后挂低速挡，先摘前驱动，后摘低速挡。

14. 变速器的某一挡位的传动比既是该挡的降速比，也是该挡的增矩比。

15. 变速器第一轴与第二轴在同一条直线上，因此，第一轴转动第二轴也随着转动。

三、问答题

1. 变速器有何功用？有哪些类型？

2. 三轴式变速器由哪些部件组成？工作过程怎样？如何保证其运动部件的润滑？

3. 两轴式变速器有何特点？

4. 同步器的作用是什么？

5. 锁环式惯性同步器的结构和工作过程怎样？

6. 锁销式惯性同步器的结构和工作过程怎样？

7. 分动器的作用是什么？其操纵特点是什么？

8. 在变速器中采取防止自动跳挡的结构措施有哪些？有了这些措施，为什么在变速器的操纵机构中还要设置自锁装置？

第4章　自动变速器

【学习目标】

了解：识别不同类型的自动变速器。

熟悉：自动变速器操纵机构的类型。

掌握：液力变矩器的性能；分析各挡位的动力传递路线；自动变速器换挡执行元件的结构特点。

【主要内容】

汽车自动变速器：汽车自动变速器即前章所述及的自动操纵式变速器，可以根据发动机负荷和车速等工况的变化自动变换传动系统的传动比，使汽车获得良好的动力性和经济性，并且有效地减少发动机排放污染，显著地提高汽车行驶的安全性、乘坐舒适性和操纵轻便性。

4.1　自动变速器概述

随着现代汽车工业的快速发展，自动变速器在汽车上的应用越来越广泛。自动变速器与传统手动变速器一样属于汽车传动系统的一部分，它位于发动机和传动轴之间。自动变速器与手动有级式齿轮变速器的主要差别在于以下几个方面：

①自动变速器通过变矩器壳的前端由挠性盘用螺栓与发动机曲轴后端凸缘相连，发动机曲轴末端不再设置厚重的飞轮。

②在发动机与自动变速器之间取消了离合器，因而在这类汽车上就没有离合器踏板。

③在前进挡位下，换挡过程基本上是自动进行的，因而大大减少了手动换挡的频率。

4.1.1　自动变速器的功用和类型

1. 自动变速器的功用

①根据汽车行驶条件自动地改变传动比，扩大驱动轮转矩和转速的变化范围，同时使发动机在有利的工况下工作。目前大多数自动变速器可以提供四个以上前进挡一个空挡和一个倒挡。

②在发动机旋转方向不变的前提下，使汽车能倒退行驶。

③利用空挡，中断动力传递，以使发动机能够启动和带速运转。

④利用液力变矩器，在一定范围内实现无级变速，并在很大程度上减缓传动系统的冲击，延长传动系统和发动机的使用寿命。

2．自动变速器的类型

（1）按齿轮变速器的类型分类

自动变速器按其齿轮变速器的类型不同，可分为普通齿轮式和行星齿轮式两种。普通齿轮式自动变速器体积较大，最大传动比较小，只有少数几种车型使用（如本田 ACCORD 轿车）。行星齿轮式自动变速器结构紧凑，能获得较大的传动比，为绝大多数轿车采用。

（2）按汽车驱动方式分类

自动变速器按照汽车驱动方式的不同，可分为前驱动自动变速器和后驱动自动变速器两种。这两种自动变速器在结构和布置上有很大的不同。

后驱动自动变速器的布置如图 4－1 所示。

前驱动自动变速器除了具有与后驱动变速器相同的组成外，在自动变速器的壳体内还装有主减速器和差速器，如图 4－2 所示，也称为自动变速驱动桥。

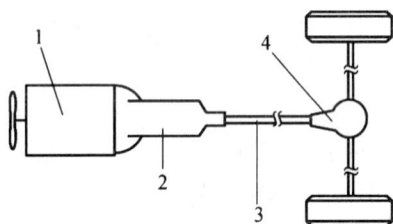

图 4－1　后驱动自动变速器

1—发动机；2—自动变速器；3—传动轴；4—主减速器和差速器

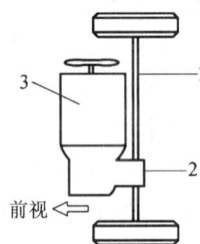

图 4－2　前驱动自动变速器

1—驱动轴；2—驱动桥；3—发动机

（3）按变矩的方式分类

按变矩的方式不同，可分为电控机械式自动变速器有机械式自动变速器（AMT），液力机械式自动变速（AT）和金属带式自动变速器（CVT）三大类。按控制方式不同，自动变速器有液力控制自动变速器和电子控制自动变速器两大类。

4.1.2　自动变速器的组成

1．液力控制自动变速器

如图 4－3 所示，液力控制自动变速器主要由液力元件、行星齿轮变速器、液压操纵系统等组成。

目前，液力元件为变矩器。其功能是在一定范围内自动连续地改变转矩比，以满足不同行驶阻力的要求。

图 4－3　液力控制自动变速器组成示意图

行星齿轮机构提供数个前进挡和一个倒挡。行星齿轮机构的基本组成元件包括太阳轮、齿圈、行星架（行星架上有若干个行星轮）。

液压操纵系统包括动力源、执行机构和液压控制系统，用来实现控制行星齿轮机构自动

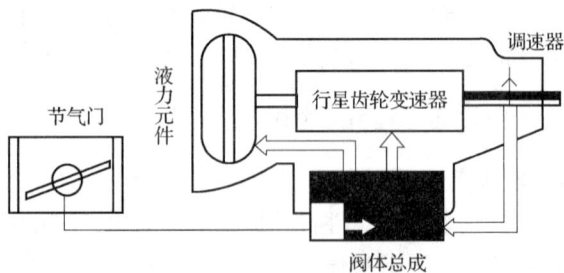

换挡。动力源包括液压泵等，产生系统所需的油压。执行元件的动作用来控制行星齿轮机构的元件(太阳轮，齿圈，行星架)，使某个元件接受动力成为输入元件，使某个元件固定或使某个元件自由转动，自动地形成特定的挡位。执行机构包括由液压活塞驱动的离合器、制动器和纯机械的单向离合器，离合器、制动器和单向离合器可以称为执行元件。液压控制系统的各种控制阀大多集中在阀体总成上，调速器阀一般在自动变速器输出轴上。根据汽车行驶中换挡参数的变化，引导压力油流进或流出特定执行元件的活塞缸，使执行元件产生需要的动作，进而实现自动换挡。

液控自动变速器换挡的直接参数是节气门油压和调速阀油压，节气门阀产生的节气门油压反映节气门开度的大小，调速阀产生的油压反映车速的高低。

2. 电子控制自动变速器

电子控制自动变速器组成示意图如图 4 - 4 所示。电子控制自动变速器与液力控制自动变速器相比主要增加了电子控制系统，其操纵系统为电子控制液压式。自动变速器的电子控制系统与其他汽车电子控制系统一样，由信号输入装置(传感器)、控制单元(TCU)和执行元件(电磁阀)组成；控制单元根据各种传感器的信号，发出控制指令，使电磁阀产生动作，进一步通过液压操纵系统实现自动换挡。电控自动变速器的换挡控制的主要参数是车速信号和节气门开度信号。

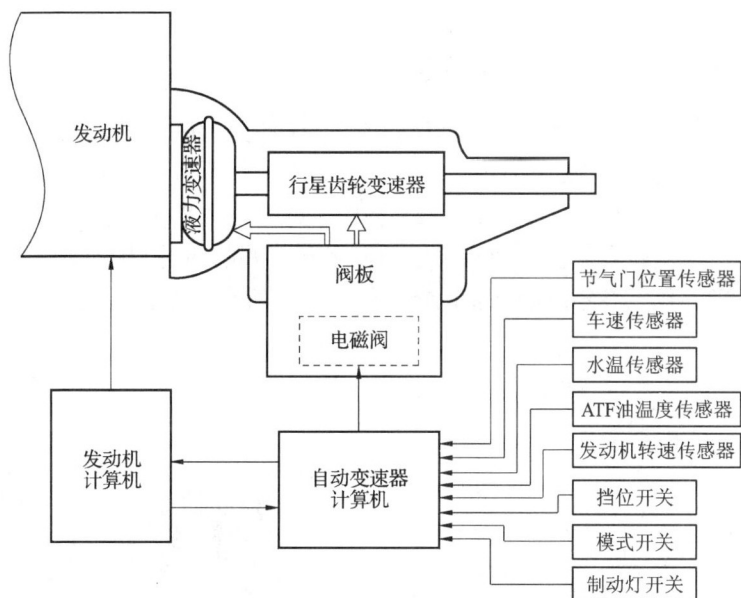

图 4 - 4　电子控制自动变速器组成示意图

汽车上采用的自动变速器，具有如下优点：

①消除了离合器操作和频繁换挡，使驾驶员操作简单、省力，提高了行车的安全性。

②能自动适应汽车行驶阻力的变化，在一定范围内实现无级变速，提高了汽车的动力性和平均车速。

③汽车起步，加速更加平稳，能吸收和衰减换挡过程中的振动与冲击，提高了乘坐的舒适性。

71

④因采用了液力传动,发动机和传动系统是柔性连接,能缓冲接合冲击,减轻传动系统零件的负荷,有利于延长有关零件的使用寿命。

⑤可避免因外界负荷突增而造成发动机熄火的现象、减少发动机启动次数、提高燃油经济性,降低排放污染。其缺点在于结构复杂、价格较高、对维修人员的技术要求高、液力传动的效率低。自动变速器较广泛地应用于中高级轿车、起重型自卸车、高通过性军用越野车和一级城市用大型客车上。

4.2 液力变矩器

自动变速器的液力元件是通过油液的动能来传递发动机动力的。因此,把这种发动机与自动变速器的连接方式称为柔性连接或软连接。这使得在发动机转速低、自动变速器处于前进挡位时,汽车可保持停止状态。

液力元件的作用:传递或改变发动机的转矩;具有离合器的作用;兼有飞轮的作用。汽车上常用的液力元件主要是液力变矩器。

液力变矩器的功用主要有:增大由发动机产生的转矩;起到自动离合器的作用,传递(或不传递)发动机转矩至变速器;缓冲发动机和传动系统的扭振;起到飞轮作用,使发动机转动平稳;驱动液压控制系统的机油泵。

4.2.1 液力变矩器的结构及工作原理

液力变矩器主要由可旋转的泵轮 4 和涡轮 3 以及固定不动的导轮 5 三个零件组成,如图 4 - 5 所示。其液力变矩器结构示意图如图 4 - 6 所示。这些零件的泵轮 4 与变矩器壳 2 连成一体,用螺栓固定在发动机曲轴 1 后端的凸缘上。变矩器壳 2 做成两半,装配后焊成一体(有的用螺栓连接),变矩器壳体外面装有启动齿圈 8。涡轮 3 通过从动轴 7 与传动系统的其他部件相连。导轮 5 固定在不动的导轮固定套管 6 上。所有工作轮装配后,形成断面为循环圆的环状体。

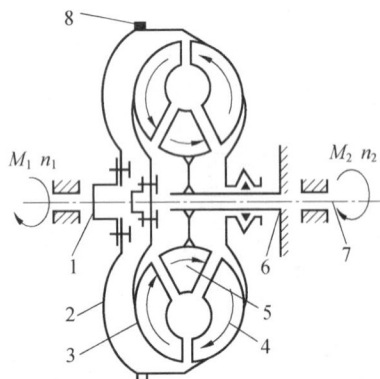

图 4 - 5 液力变矩器的主要零件

1—发动机曲轴;2—变矩器壳;3—涡轮;4—泵轮;
5—导轮;6—导轮固定套管;7—从动轴;8—启动齿圈

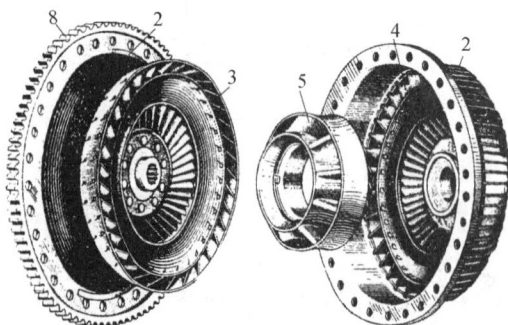

图 4 - 6 液力变矩器结构示意图
图中数字含义同图 4 - 5

与液力耦合器一样，液力变矩器正常工作时，储于环形内腔中的工作液的实际流动是由涡流和环流叠加而成的，如图4-7所示。所谓涡流就是泵轮泵出的液流通过涡轮和导轮，然后再回到泵轮的液流。车辆启动时，与耦合器不同的是，变矩器不仅能传递转矩，而且能在泵轮转矩不变的情况下，随着涡轮的转速（反映汽车行驶速度）不同而改变涡轮输出的转矩数值。变矩器之所以能起变矩作用，是由于结构上比耦合器多了导轮机构。在循环流动的过程中固定不动的导轮给涡轮一个反作用力矩，使涡轮输出的转矩不同于泵转输入的转矩数值。

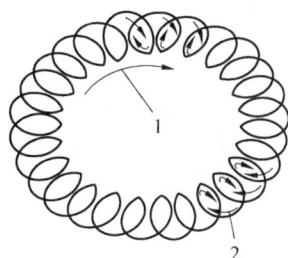

图4-7　环流和涡流

用液力变矩器工作轮的展开图（图4-8）来说明变矩器的工作原理。将循环圆上的中间流线（此流线将液流通道断面分割成面积相等的内外两部分）展开成一直线，各循环圆中间流线均在同一平面上展开。于是在展开图上，泵轮 B，涡轮 W 和导轮 D 便成为三个环形平面。

为了便于说明，现假设在液力变矩器工作中，发动机的转速和负荷不变，即液力变矩器的泵轮转速 n_b 和转矩 M_b 为常数。

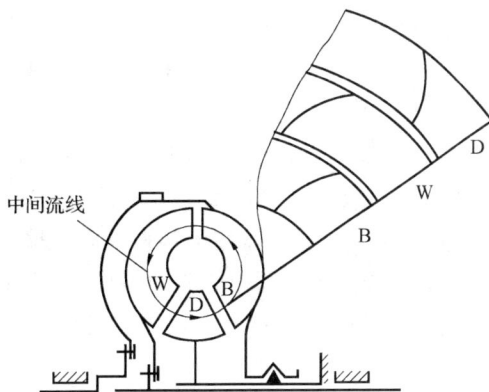

图4-8　液力变矩器工作轮的展开示意图
B—泵轮，W—涡轮；D—导轮

1. 汽车起步工况

如图4-9(a)所示，刚起步时，涡轮转速 n_w 为零，工作液在泵轮叶片带动下，以一定的绝对速度沿图中箭头1的方向冲向涡轮叶片。因涡轮静止不动，液流将沿着涡轮叶片流出，液流方向沿图中箭头2所示冲向导轮，然后液流再从固定不动的导轮叶片沿箭头3方向流入泵轮中。当工作液流过叶片时，受到叶片的作用力，其方向发生变化。设泵轮，涡轮和导轮对液流的作用转矩分别为 M_b，M_w' 和 M_d。根据液流受力平衡条件，则 $M_w' + M_b + M_d = 0$。由于液流对涡轮的作用转矩 M_w 与 M_w' 大小相等，方向相反，因而在数值上涡轮转矩 $M_w = M_b + M_d$，因此有 $M_w > M_b$，即液力变矩器起增大转矩的作用。

2. 汽车加速行驶工况

当变矩器输出的转矩经传动系统传到驱动轮上所产生的驱动力足以克服汽车起步阻力时，汽车即起步并开始加速，涡轮转速 n_w 也从零逐渐增加。如图4-9(b)所示，冲向导轮叶片的液流的绝对速度 v' 应为在涡轮出口处沿叶片方向的相对速度和沿圆周方向的牵连速度 u 的矢量和。因原假设泵轮转速 n_b 不变，起变化的只是涡轮转速 n_w，故涡轮出口处相对速度 ω 不变，只是牵连速度 u 起变化。冲向导轮叶片的液流的绝对速度 v 将随着牵连速度 u 的增加（即涡轮转速 n_w 的增加）而逐渐向左倾斜，使导轮上所受转矩值 M_d 逐渐减小。当涡轮转速增大到某一数值，由涡轮流出的液流方向正好沿导轮出口方向冲向导轮时，由于液体流经导轮时方向不改变，液流与导轮叶片之间无相互作用力，所以导轮转矩 $M_d = 0$，于是可得 $M_w = M_b$。

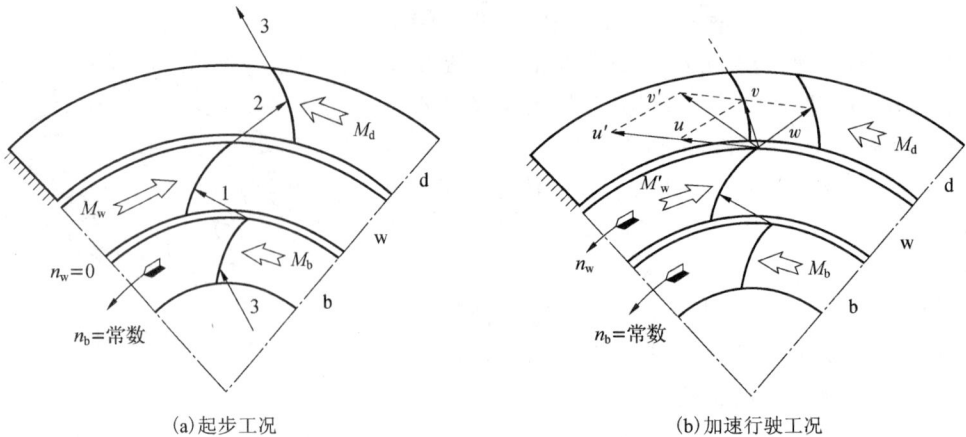

(a)起步工况 (b)加速行驶工况

图4-9 液力变矩器的工作原理

当涡轮转速 n_w 继续增大，液流绝对速度 v' 的方向继续向左倾斜[图4-9(b)中 v' 所示方向]，液流冲击导轮叶片的背面，导轮转矩方向与泵轮转矩方向相反，则涡轮转矩为 $M_w = M_b - M_d$，即 $M_w < M_b$，即变矩器输出转矩反而比输入转矩小。当涡轮转速 n_w 增大到与泵轮转速 n_b 相等时，工作液在循环圆中的流动停止，将不能传递动力。为避免这种现象发生，在导轮和壳体之间设置单向离合器。当液体冲击导轮背面时，导轮绕导轮固定套管空转，液流作用在导轮上的转矩为零，有 $M_w = M_b$。

4.2.2 液力变矩器的特性

液力变矩器在泵轮转速 n_b 和转矩 M_b 不变的条件下，涡轮转矩 M_w 随其转速 n_w 变化的规律称为液力变矩器特性，可用图4-10表示。

液力变矩器传动比 i 的定义与前述齿轮变速器不同，为输出转速(即涡轮转速 n_w)与输入转速(即泵轮转速 n_b)之比，即

$$i = \frac{n_w}{n_b} \leqslant 1$$

变矩系数为液力变矩器输出转矩 M_w 与转入转矩(即泵轮转矩 M_b)之比，用 K 表示，即

$$K = \frac{M_w}{M_b}$$

变矩器效率 η 是指涡轮输出功率 P_w 与泵轮输入功率 P_b 之比，即

$$\eta = \frac{P_w}{P_b} \times 100\% = Ki \times 100\%$$

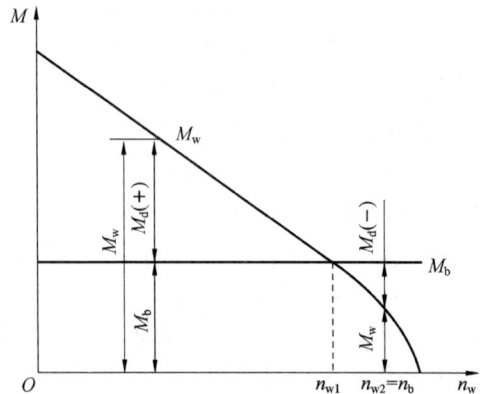

图4-10 液力变矩器特性(K=常数)
B—泵轮；W—涡轮；D—导轮

图4-10所示的液力变矩器特性是在转速 n_b 和泵轮转矩 M_b 不变的条件下得出的，所以图中的 M_w-n_w 曲线也反映了变矩系数 K 与涡轮转速 n_w(或传动比 i)之间的变化关

74

系。当 $K > 1$ 时，称为变矩工况；当 $K = 1$ 时，称为耦合工况；$n_w = 0$ 时，相当于起步前的工况，也称零速工况或启动工况，在此工况下，变矩系数最大(K 值一般为 $1.9 \sim 2.5$)。

因此，液力变矩器是一种能随汽车行驶阻力的不同而自动改变变矩系数的无级变速器。此外，液力耦合器所具有的保证汽车平稳起步、衰减传动系统中的扭转振动、防止传动系统超载等功能，液力变矩器也同样具备。

4.3　齿轮变速传动装置

液力变矩器虽然能在一定范围内自动地、无级地改变转矩比和传动比，但存在着变矩能力和传动效率之间的矛盾，且目前应用的变矩器的变矩系数都不够大，难以满足汽车的使用要求。故在汽车上广泛采用的是液力变矩器和齿轮变速器组成的液力机械式变速器。与变速器配合使用的齿轮式变速器多数是行星齿轮变速器。行星齿轮变速器具有体积小、结构简单、操作容易、变速比大等优点，故在现代汽车自动变速器上应用较为广泛。

4.3.1　单排行星齿轮机构

1. 单排行星齿轮机构的组成

单排行星齿轮结构如图 4 – 11 所示，是由一个太阳轮、一个齿圈、一个行星架和数个行星齿轮组成的，其工作原理示意图如图 4 – 12(a)所示。在单排行星齿轮的工作过程中，齿圈、太阳轮和行星架可作为输入、输出或固定元件，行星齿轮一般不具有此功能。

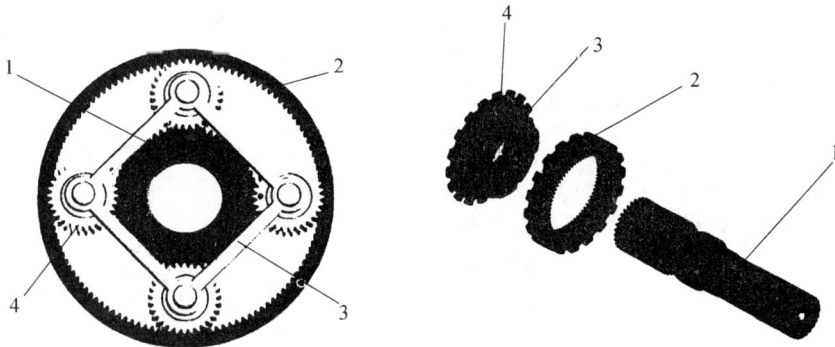

图 4 – 11　单排行星齿轮结构图

1—太阳轮；2—齿圈；3—行星架；4—行星齿轮

齿圈制有内齿，其余齿轮均为外齿。太阳轮位于机构的中心，行星齿轮与之外啮合，行星齿轮与齿圈内啮合。通常行星齿轮有 $3 \sim 6$ 个，通过滚针轴承安装在行星齿轮轴上，行星齿轮轴对称、均匀地安装在行星架上。

行星齿轮机构工作时，行星轮除了绕自身轴线的自转外，同时还绕着太阳轮公转，行星架也绕太阳轮旋转。

2. 单排行星齿轮机构工作原理

为了计算各种行星齿轮机构的传动比，下面先分析最简单的单排行星齿轮机构传动比的计算方法，其他各种形式的行星齿轮机构传动比可以用同样的方法导出。图 4 – 12(b)为单排行星齿轮机构的行星齿轮4所受到的作用力。

作用于太阳轮1的力矩　　　$M_1 = F_1 r_1$

作用于齿圈2上的力矩　　　$M_2 = F_2 r_2$

作用于行星架3上的力矩　　$M_3 = F_3 r_3$

令齿圈和太阳轮的齿数比为 α，则

$$\alpha = r_2/r_1 = Z_2/Z_1 \, ; \, r_2 = \alpha r_1,$$

因此：

$$r_3 = (r_1 + r_2)/2 = r_1(1+\alpha)/2$$

式中：r_1、r_2 分别是太阳轮、齿圈的节圆半径；r_3 是行星齿轮与太阳轮的中心距；Z_1、Z_2 分别是太阳轮、齿圈的齿数。

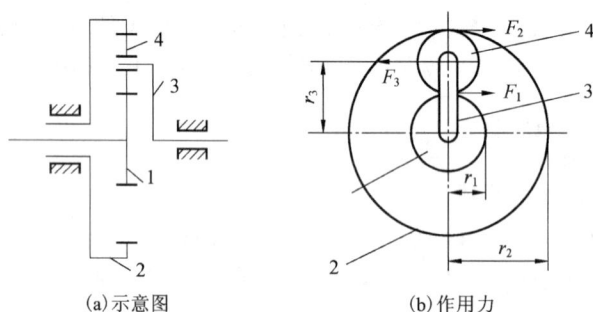

图 4 - 12　单排行星齿轮工作原理示意图及作用

1—太阳轮；2—齿圈；3—行星架；4—行星齿轮

由行星齿轮的受力平衡条件可得

$$F_1 = F_2$$
$$F_3 = 2F_2$$

因此，太阳轮、齿圈和行星架上的力矩分别为

$$\begin{cases} M_1 = F_1 r_1 \\ M_2 = \alpha F_1 r_1 \\ M_3 = -(1+\alpha)F_1 r_1 \end{cases} \tag{4.1}$$

根据能量守恒定律，三个元件上的输入和输出功率的代数和应等于零，即

$$M_1 \omega_1 + M_2 \omega_2 + M_3 \omega_3 = 0 \tag{4.2}$$

将式(4.1)代入式(4.2)得

$$\omega_1 + \omega_2 - (1+\alpha)\omega_3 = 0$$

若用转速代替角速度，则上式可写成

$$n_1 + n_2 - (1+\alpha)n_3 = 0 \tag{4.3}$$

式中：n_1 是太阳轮转速；n_2 是齿圈转速；n_3 是行星架转速；α 是齿圈齿数 Z_2 与太阳轮齿数 Z_1 之比。

式(4.3)为单排行星齿轮机构一般运动规律的特性方程式。太阳轮、齿圈和行星架三者具有同一旋转轴线。将此三者中的任一构件与主动轴相连，第二构件与从动轴相连，加上第

三个条件,第三构件被强制固定或使其运动受到一定约束,即该构件的转速为某一定值,则整个系统就以一定的传动比传递动力,实现不同挡位速度的变化。按连接和制动情况的不同可以有六种组合方案,加上直接传动和空挡共有八种组合方案,相应可获得五种不同的传动。表 4 – 1 列出了单排行星齿轮机构的各种传动方案。

表 4 – 1　单排行星齿轮机构的传动方案

方案	主动件	被动件	固定件	传动比	备注
1	太阳轮	行星架	齿圈	$1 + \alpha$	
2	齿圈	行星架	太阳轮	$(1 + \alpha)/\alpha$	减速增矩
3	太阳轮	齿圈	行星架	$-\alpha$	
4	行星架	齿圈	太阳轮	$\alpha/(1 + \alpha)$	
5	行星架	太阳轮	齿圈	$1/(1 + \alpha)$	增速减矩
6	齿圈	太阳轮	行星架	$-1/\alpha$	
7	任意两个连成一体			1	直接传动
8	既无任一元件制动,又无任二元件连成一体			三元件自由转动	不传递动力

4.3.2　辛普森式行星齿轮变速机构

辛普森式行星齿轮机构是一种双排行星齿轮机构,其结构特点是:前、后两个行星排的太阳轮连接为一个整体,称为共用太阳轮组件;前一个行星排的行星架和后一个行星排的齿圈连接为另一个整体,称为前行星架和后齿圈组件;输出轴通常与前行星架和后齿圈组件连接。经过上述的组合后,该机构成为一种具有四个独立元件的行星齿轮机构。这四个独立元件是:前齿圈、前后太阳轮组件、后行星架、前行星架和后齿圈组件。根据前进挡的挡数不同,可将辛普森式行星齿轮机构分为辛普森式 3 挡和 4 挡行星齿轮机构两种。辛普森机构以其结构简单、、传动效率高以及运转平稳、噪声低等优点而著称,尤其因为其制造成本低而在现代轿车上得到了广泛的应用。福特 C – 6 自动变速器是典型的辛普森式行星齿轮变速器,如图 4 – 13 所示。其传动原理示意图如图 4 – 14 所示。太阳轮与高挡/倒挡离合器 C_2 毂之间用花键连接。因此前进挡离合器 C_1 的毂与 C_2 的毂就连成一个整体。前行星架与后齿圈也连成一体。单向离合器 F_1 使后行星架顺时针转动而逆时针固定。福特 C – 6 自动变速器可实现一个空挡、三个前进挡和一个倒挡。如图 4 – 15 所示为福特 C – 6 自动变速器各挡传动路线示意图。

处于驾驶挡 1 挡时,如图 4 – 15(a)所示,执行元件 C_1 和 F_1 起作用。输入轴顺时针转动将动力传到 C_1,因 C_1 接合将动力传到前齿圈,前齿圈顺时针转动驱动前行星齿轮顺时针转动。该挡位是起步挡,与输出轴相连的前行星架和后齿圈可以假想地看成是固定的。这时前行星齿轮就驱动太阳轮逆时针转动。前、后两个太阳轮是一个整体,故太阳轮驱动后行星齿轮顺时针转动;F_1 将后行星架固定,后行星齿轮将动力传到后齿圈,当输入的动力足以克服阻力时齿圈带动输出轴转动而汽车起步。太阳轮不是自由空转,前行星架也有动力输出。

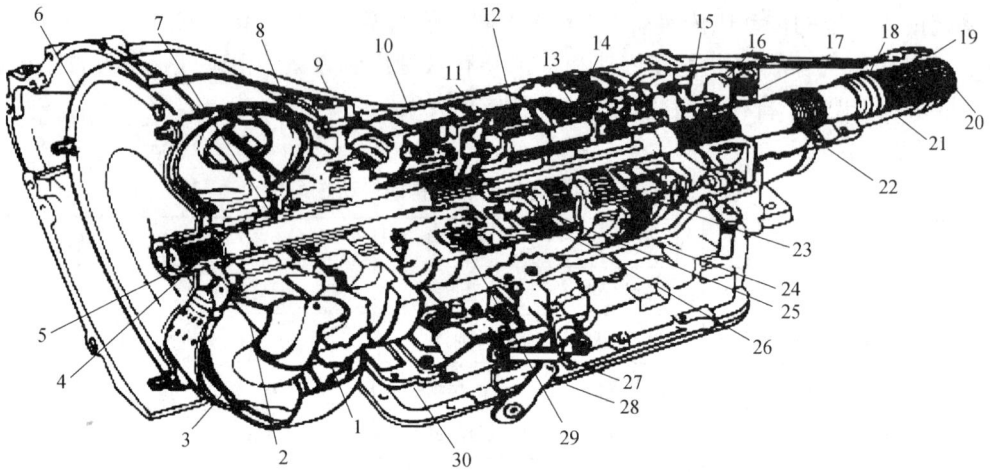

图 4 – 13　福特 C – 6 自动变速器

1—泵轮；2—导轮；3—涡轮；4—变矩器单向离合器；5—输入轴；6—变矩器；7—输入轴；8—油泵；9—壳体；
10—中间挡制动带；11—驱动套；12—前进挡离合毂和齿圈；13—倒挡齿圈；14—低挡/倒挡离合器；
15—速度阀分配器套；16—集油环；17—速度阀；18—花键油封；19—加长壳油封；20—输出轴；
21—加长壳；22—里程表驱动齿轮；23—倒挡行星架；24—驻车爪驱动杆；25—前进挡行星架；
26—前进挡离合器；27—降挡杠杆；28—手动杠杆；29—倒挡和高挡离合器；30—控制阀体

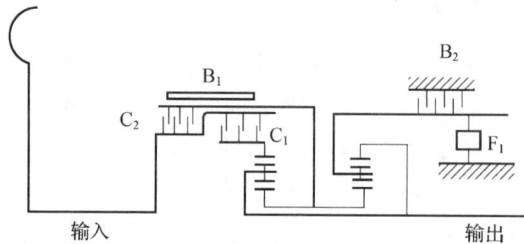

图 4 – 14　福特 C – 6 自动变速器传动原理示意图

C_1—前进挡离合器；C_2—高挡/倒挡离合器；B_1—中间挡制动带；B_2—低挡/倒挡制动器；F_1—单向离合器

处于驾驶挡 2 挡时，如图 4 – 15（b）所示，执行元件 C_1 和中间挡制动带 B_1 起作用。输入轴顺时针转动，将动力传 C_1，由于 C_1 接合将动力传到前齿圈，前齿圈顺时针转动驱动前行星齿轮顺时针转动；B_1 将太阳轮固定，在太阳轮固定时前行星齿轮的自转与公转方向相同，前行星架与前行星齿轮的转动相一致，即前行星架顺时针转动而输出。

处于驾驶挡 3 挡时，如图 4 – 15（c）所示，执行元件 C_1 和 C_2 起作用。输入轴顺时针转动将动力传到 C_1，C_2 接合将动力传到前齿圈，同时 C_2 接合将动力传到太阳轮。此时行星齿轮机构锁止成为一个整体，即直接挡，传动比 $i = 1$。

处于手动低挡 1 挡时，如图 4 – 15（d）所示，执行元件 C_1 和 B_2 起作用。传动原理和驾驶挡 1 挡相似，不同之处在于此处低挡/倒挡制动器 B_2 固定后行星架，下长坡时可以利用发动机制动功能。

倒挡时，如图 4 – 15（e）所示，执行元件 C_2 和 B_2 起作用。输入轴顺时针转动将动力传到

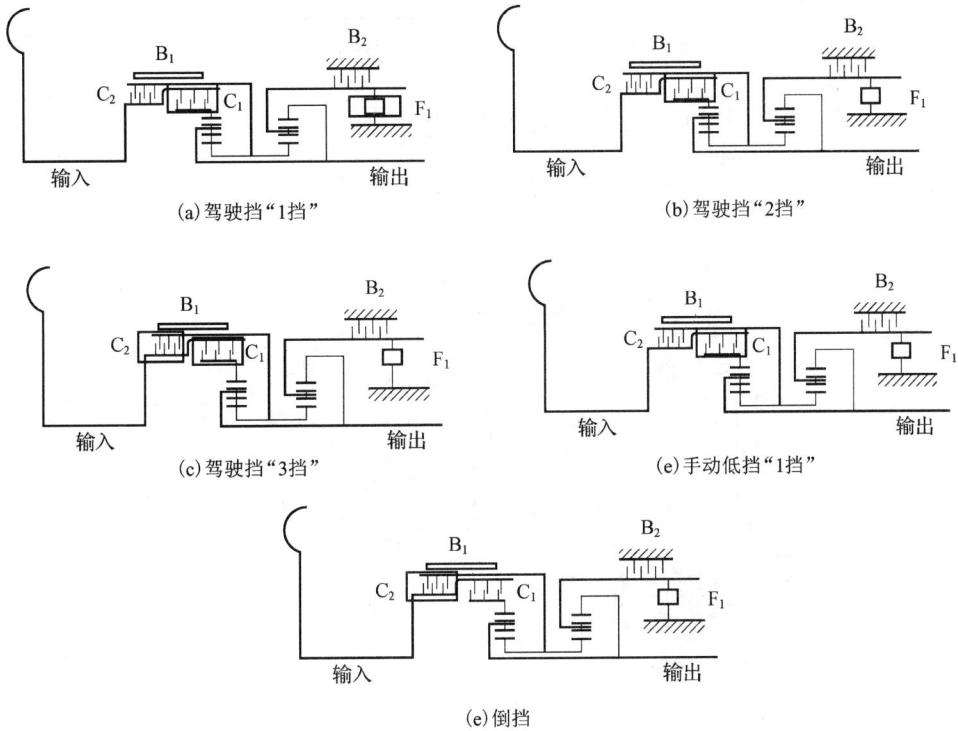

(a)驾驶挡"1挡"　　　　　　　　　　(b)驾驶挡"2挡"

(c)驾驶挡"3挡"　　　　　　　　　　(e)手动低挡"1挡"

(e)倒挡

图 4 – 15　福特 C – 6 自动变速器各挡传动路线示意图

C_2，C_2接合将动力传到太阳轮，太阳轮顺时针转动驱动后行星轮逆时针自转。B_2 接合固定后行星架，逆时针转动的后行星轮驱动后齿圈逆时针转动而输出。

4.3.3　拉威娜式行星齿轮变速机构

拉威娜式行星齿轮机构与辛普森式行星齿轮机构齐名，比辛普森式行星齿轮机构更紧凑。从 20 世纪 70 年代起，被奥迪、福特、马自达等公司使用在轿车自动变速器中，特别是用于前轮驱动车型。拉威娜式行星齿轮机构也采用双行星排组合，如图 4 – 16 所示。其结构特点是：两行星排具有公共行星架和齿圈，前太阳轮 2、短行星齿轮 4、长行星齿轮 5、行星架 3 及齿圈 6 组成一

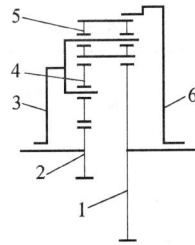

图 4 – 16　拉威娜式行星齿轮机构
1—后太阳轮；2—前太阳轮；3—行星架；
4—短行星齿轮；5—长行星齿轮；6—齿圈

个双行星轮式行星排，后太阳轮 1、长行星齿轮、行星架及齿圈组成一个单行星轮式行星排。因此，它具有四个独立元件，即前太阳轮、后太阳轮、行星架和齿圈。

拉威娜式四挡行星齿轮变速器中有八个执行元件，即四个离合器、两个制动器和两个单向离合器，构成具有超速挡的四个前进挡和一个倒挡的行星齿轮变速器[图 4 – 16(a)]。其布置简图如图 4 – 17(b)所示。

各挡执行元件的工作情况见表 4 – 2。

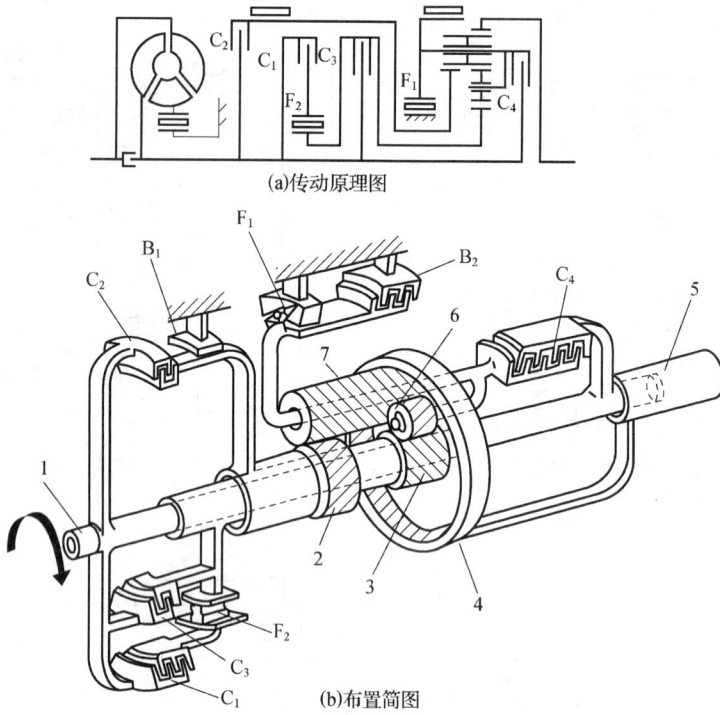

(a)传动原理图

(b)布置简图

图 4-17 拉威娜式四挡行星齿轮变速器

1—输入轴；2—前太阳轮；3—后太阳轮；4—齿圈；5—输出轴；6—短行星齿轮；7—长行星齿轮；
C_1—前进离合器；C_2—倒挡离合器；C_3—前进强制离合器；C_4—高挡离合器；B_1—2挡及4挡制动器；
B_2—低挡及倒挡制动器；F_1—低挡单向离合器；F_2—前进单向离合器

表 4-2 拉威娜式四挡行星齿轮变速器挡位与执行元件关系

操纵手柄位置	挡位	换挡执行元件							
		C_1	C_2	C_3	C_4	B_1	B_2	F_1	F_2
D	1挡	○						○	○
	2挡	○				○			○
	3挡	○			○				○
	超速挡	●			○	○			
R	倒挡		○				○		
S、1或2、1	1挡			○			○		
	2挡			○		○			
	3挡			○	○				

4.3.4　自动换挡操纵机构

自动变速器自动换挡操纵机构包括动力源、执行机构和控制机构三部分。

1. 动力源

动力源是装在变矩器与前阀体之间，由变矩器泵轮驱动的液压泵，常见的是内啮合齿轮式液压泵、叶片泵及转子泵。它除了向控制机构、执行机构供应压力油以实现换挡外，还向液力变矩器供应工作油液，向行星齿轮变速器供应润滑油。液压泵的排量取决于变矩器尺寸及执行机构工作缸尺寸和数目以及油路的繁简，轿车的液压泵常用排量范围为 10～20 L/1000 r。

2. 执行机构

行星齿轮机构的换挡执行机构和传统的手动齿轮变速器不同，行星齿轮机构中的所有齿轮都处于常啮合状态，它的挡位变换不是通过移动齿轮使之进入啮合或脱离啮合来进行的，而是通过以不同的方式对行星齿轮机构的基本元件进行约束（即固定或连接某些基本元件）来实现的。通过适当地选择被约束的基本元件和约束的方式，就可以使该机构具有不同的传动比，从而组成不同的挡位。

换挡执行机构起到连接、固定和锁止的作用。其主要由湿式多片离合器、湿式多片或带式制动器以及单向离合器等组成。

（1）湿式多片离合器

湿式多片离合器既用作驱动元件，也可用作锁止元件。湿式多片离合器如图 4-18 所示，它通常由活塞 1、复位弹簧 2、弹簧座圈 3、一组主动片 4、一组从动片 7、调整垫片、离合器毂 8 及几个密封圈 10 等组成。其工作原理如图 4-19 所示，驱动离合器多位于变矩器和油泵之间，多片离合器毂 4 通过花键与涡轮轴 1 相连或与其制成一体。主动片 5 通过外缘花键齿与离合器毂的内花键槽配合，与涡轮同步旋转。从动片 8 通过内缘键齿与花键毂 9 相连，花键毂与行星齿轮机构的主动元件制成一体。主动片和从动片均可轴向移

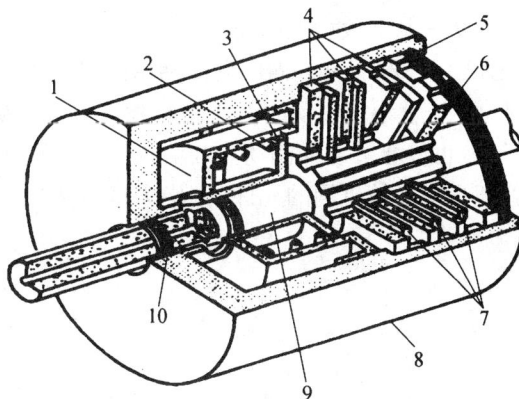

图 4-18　湿式多片离合器总成
1—液压活塞；2—活塞复位弹簧；3—复位弹簧座圈；
4—主动片；5—压盘；6—弹性挡圈；
7—从动片；8—离合器毂；9—输入轴；10—密封圈

动。压盘 7 固定于键槽中，用以限制主、从动盘的位移量，其外侧安装了弹性挡圈 6。活塞 3 装于离合器毂内。复位弹簧 3 端抵于活塞端面，另一端支撑在座圈上。

当离合器处于分离状态时，活塞在复位弹簧的作用下处于左极限位置，主、从动片间存在一定间隙。当压力油经油道进入活塞左腔室后，液压力克服弹簧张力使活塞右移，将所有主、从动片依次压紧，离合器接合，该元件成为输入元件。动力经涡轮轴、离合器毂、主动片和花键毂传至行星齿轮机构。油压撤除后，活塞在复位弹簧的作用下复位，离合器分离，动力传递路线被切断。

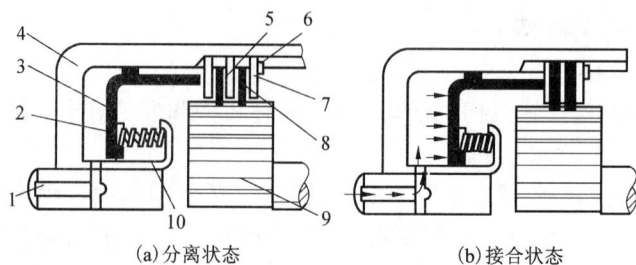

图 4 - 19　多片式离合器工作原理

(a)分离状态　　(b)接合状态

1—涡轮轴；2—活塞复位弹簧；3—液压活塞；4—离合器毂；5—主动片；
6—弹性挡圈；7—压盘；8—从动片；9—花键毂；10—复位弹簧座圈

（2）制动器

制动器的功用是将行星排中的太阳轮、齿圈、行星架这三个基本元件之一加以固定。目前最常见的是湿式多片制动器和带式制动器。

①湿式多片制动器。湿式多片式制动器也称片式制动器，在机构上与湿式多片式离合器没有多大差别。典型多片式制动器如图 4 - 20 所示，主要由制动毂、活塞组件、复位弹簧、钢片和摩擦片组件等组成。钢片与制动毂连接，此处制动毂就是变速器壳体内槽，钢片可以沿轴向移动但不能转动；摩擦片与制动毂连接，制动毂与行星齿轮机构的某个元件连接，例如图 4 - 20 中制动毂和太阳轮成一体，摩擦片在分离状态下与制动毂一起转动。其基本工作原理如图 4 - 21 所示，向制动器活塞缸供油时，活塞把制动器的钢片和摩擦片压紧在一起，处于接合状态，不能转动的钢片使摩擦片制动，从而使制动毂和行星齿轮机构的元件（图中为行星架）也停止转动即制动。油液排出时，复位弹簧使活塞复位，制动器就处于分离状态，制动毂和行星齿轮机构的元件（图中为行星架）就可以转动了。

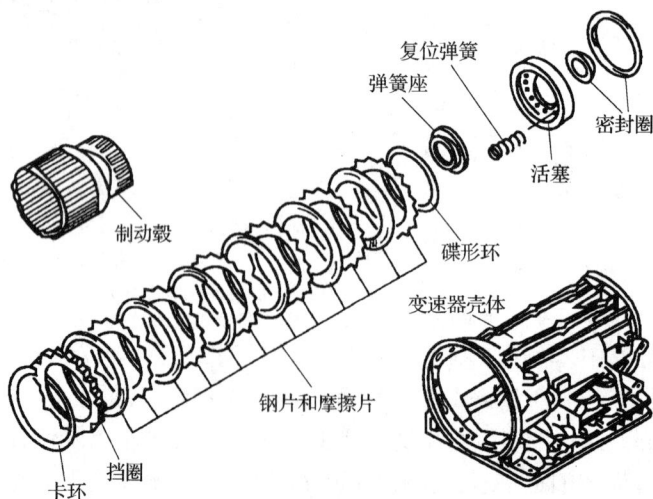

图 4 - 20　湿式多片式制动器的组成

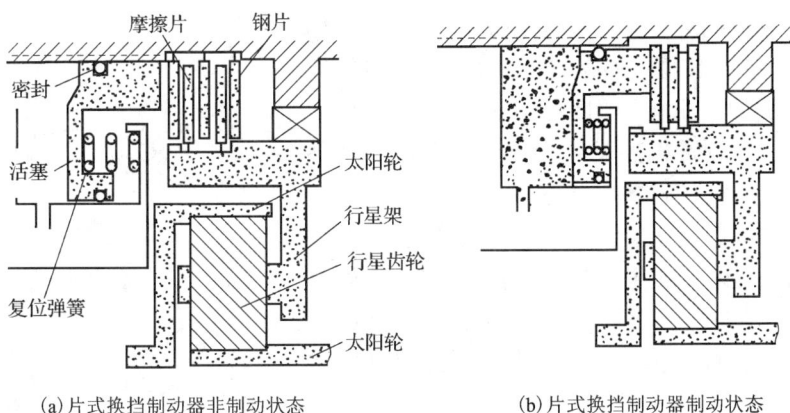

(a)片式换挡制动器非制动状态　　　　(b)片式换挡制动器制动状态

图 4 - 21　多片式制动器的工作原理示意图

②带式制动器。带式制动器是执行机构中的锁止元件,由制动带及其伺服装置(控制液压缸)组成。汽车自动变速器中的带式制动器,采用一内敷摩擦材料的制动带包绕在制动毂的外圆表面,制动带的一端固定在变速器壳体上,另一端则通过推杆与制动液压缸中的活塞相连,如图4 - 22所示。

制动时,当液压施加于活塞时,活塞在缸体内移动至左端,压缩复位弹簧,活塞带动推杆移动,推动制动带的一端。因为制动带的另一端固定在变速器壳体上,制动带的直径即减小,因此制动带夹持制动毂,使其不能转动。

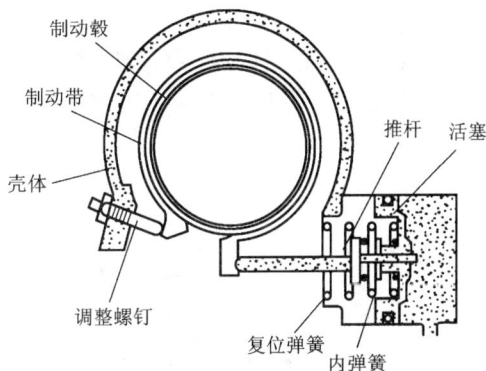

图 4 - 22　带式制动器的组成和工作原理示意图(非制动状态)

此时制动毂以高速旋转,制动带受到来自制动毂的旋转反作用力。如果活塞和推杆为整体结构,这个反作用力会使活塞产生振动。为防止这种状况,活塞是通过一个内弹簧安装在推杆上。当制动带受到反作用力时,推杆被推回压缩内弹簧缓冲这个反作用力。

解除制动后,制动带与制动毂之间应存在一定间隙,否则会造成制动带和制毂的过度磨损,影响行星齿轮机构的正常工作。调整该间隙的常见结构有两种:a.长度可调的推杆;b.通过调整螺钉调整长度的杠杆。

③单向离合器。单向离合器也称为单向超速离合器。单向离合器只允许它的内外座圈沿某一个方向做相对的旋转运动,而另外一个方向则完全卡滞而锁止。若一个座圈固定,锁止时两座圈均不能转动。有时两个座圈都在旋转,那么锁止时两座圈将同速同向旋转。内座圈通常连接行星齿轮机构的元件。与外座圈相连的可以是变速器壳体、制动器的摩擦片或行星齿轮机构的元件,前两种连接情况下单向离合器所起的作用与制动器相同,后者则与离合器的作用相同。

自动变速器中使用较多的是单滚柱式单向离合器和楔块式单向离合器。

a. 单滚柱式单向离合器。单滚柱式单向离合器如图4-23所示，由内座圈、外座圈、滚动体和弹簧等组成。外座圈内侧加工出楔形切槽，切槽较窄端的尺寸小于滚柱直径，而较宽端的尺寸大于滚柱直径。若外圈固定，当内圈顺时针转动时将滚柱带到楔形切槽的较宽端，内座圈可以自由转动称为自由状态。当内圈逆时针转动时将滚柱带到楔形切槽的较窄端，内外座圈被滚柱卡紧，使内座圈停止转动，称为锁止状态。单向离合器的锁止或自由状态，取决于内外座圈的转向及转速。

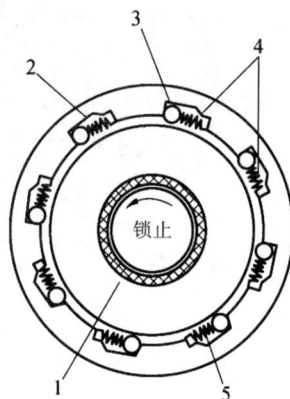

图4-23 单滚柱式单向离合器
1—内座圈；2—外座圈；3—滚动体；
4—弹簧；5—切槽

b. 楔块式单向离合器。楔块式单向离合器如图4-24所示。当外座圈4要按图4-24(a)中箭头方向转动时，就会推动楔块2顶部，由于$l_1 < l$，楔块就会倾翻，使外座圈转动。但当外座圈要按图4-24(b)所示朝相反方向转动时，因为$l_1 > l$，楔块就无法倾翻。这样，楔块起到楔子的作用，锁住外座圈，使其无法转动。另外还安装了定位弹簧3，使楔块总是朝着锁止外座圈的方向略为倾斜，以加强楔块的锁止功能。

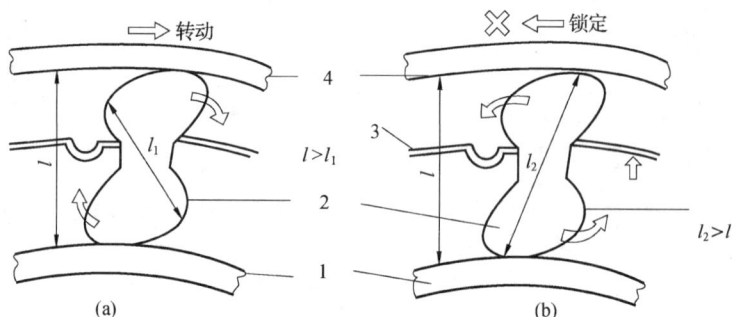

图4-24 楔块式单向离合器
1—内座圈；2—楔块；3—定位弹簧；4—外座圈

自动变速器换挡执行机构处于频繁工作状态，因此会出现打滑、卡死、烧损等故障，在楔块式单向离合器使用中要注意正确操作，及时维护和修理。

4.4 自动变速器控制系统

自动变速器控制系统即液压控制系统，或者是电子控制系统与液压控制系统的组合。根据汽车行驶中换挡参数的变化，引导压力油流进或流出特定执行元件的活塞缸，使执行元件产生需要的动作，进而实现自动换挡。大多数自动变速器的液压控制系统，各种控制阀集中在阀体，如图4-25所示。阀体总成由上、下阀体及用以分隔上、下阀体的隔板组成。阀体总成位于自动变速器油底壳内,用螺钉固定在变速器壳体上。电控自动变速器的电磁阀也位于阀体上。不同的自动变速器,液压阀的数目,具体结构形式及其组合的方式也不尽相同,但是基本组成和工作原理大致相同。液控自动变速器液压控制系统的主要元件包括控制手柄及开关,主油路系统中的主调压阀、手动换挡阀、换挡阀、节气门阀、调速阀、蓄能器等,电控自动变速器还包括电磁阀。

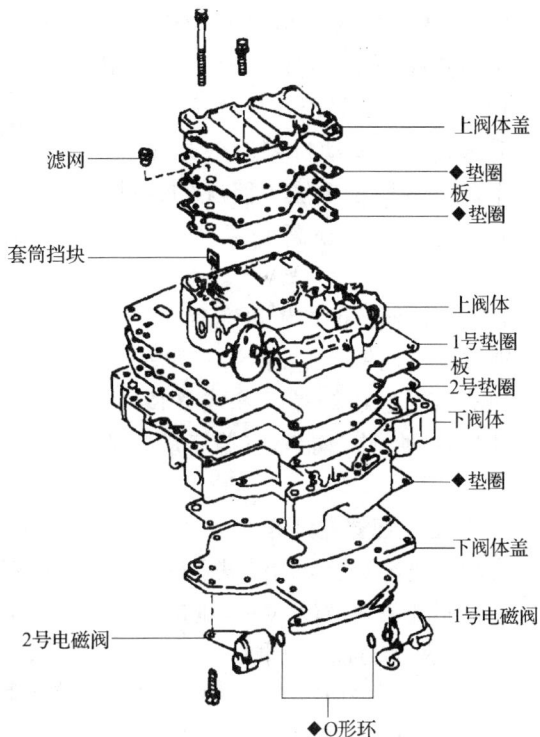

图 4 - 25　阀体总成

4.4.1 自动变速器操纵手柄及控制开关

1. 自动变速器操纵手柄

自动变速器是由驾驶员通过选挡元件进行挡位选择的。选挡元件有按钮式和拉杆式两种类型。按钮式一般布置在仪表板上,拉杆式即通常所称的选挡杆,自动变速器的选挡元件以拉杆式最为常见。选挡杆通过连杆机构或钢索与液压系统控制元件的手控制阀相连,为液压系统提供操纵信号。

自动变速器选挡杆位置的意义与普通变速器有所不同。

轿车自动变速器的选挡杆通常有六个位置,OD OFF 开关的通断控制超速挡,如图 4 - 26 所示,其功能如下:

P 位:驻车挡。选挡杆置于此位置时,驻车锁止机构将自动变速器输出轴锁止。

R 位:倒挡。选挡杆置于此位置时,液压系统倒挡油路被接通,驱动轮反转,实现倒向行驶。

N 位:空挡。选挡杆置于此位置时,所有机械变速器的齿轮机构空转,不能输出动力。

D 位:前进挡。选挡杆置于此位置时,液压系统控制装置根据节气门开度信号和车速信号自动接通相应的前进挡油路,行星齿轮变速器在换挡执行元件的控制下得到相应的传动比。随着行驶条件的变化,在前进挡中自动升降挡,实现自动变速功能。

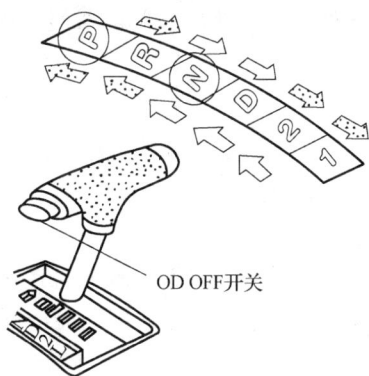

图 4 - 26　自动变速器选挡杆位置示意图

2 位:高速发动机制动挡。选挡杆置于此位置时,液压控制系统只能接通前进挡中的一、二挡油路,自动变速器只能在这两个挡位间自动换挡,无法升入更高的挡位,从而使汽车获得发动机制动效果。

L位(也称1位):低速发动机制动挡。选挡杆置于此位置时,汽车被锁定在前进挡的一挡,只能在该挡位行驶而无法升入高挡,发动机制动效果更强。这两个挡位多用于山区等路况的行驶,可避免频繁换挡,提高变速器的使用寿命。

常见的选挡杆的位置可布置在转向柱上或驾驶室地板上,如图4-27所示。发动机只有在选挡杆置于N或P位时,汽车才能启动,此功能靠空挡启动开关来实现。

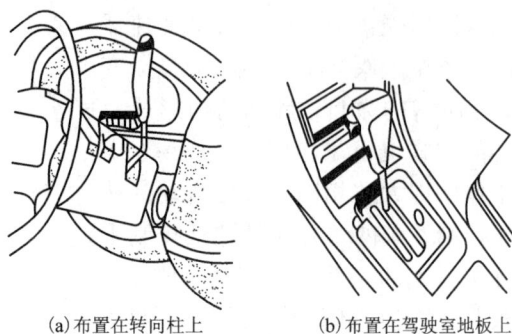

(a)布置在转向柱上   (b)布置在驾驶室地板上

图4-27　选挡杆的位置

2. 自动变速器控制开关

自动变速器除了可用操纵手柄进行换挡控制外,还可以通过操纵手柄上或汽车仪表板上的一些控制开关来进行一些其他的控制。不同车型的自动变速器,控制开关的数量和名称不尽相同,常见的有以下几种:

①超速挡开关通常安装在自动变速器变速杆上,由驾驶员控制,使ECT(电子控制自动变速器)可以或不可以进入超速挡行驶。当该开关接通后,如果相应的条件满足时,ECT便进入超速挡;当该开关关断后,ECT在任何情况下都不能换入超速挡。

②模式开关又称程序开关,用于选择自动变速器的控制模式,即选择自动变速器的换挡规律,以满足不同的使用要求。常见的控制模式大致有以下几种:

a. 经济模式。该模式以汽车获得最佳燃油经济性为目标设计换挡规律。当自动变速器在经济模式下工作时,其换挡规律使汽车在行驶过程中,发动机经常在经济转速范围内运行,从而降低了燃油消耗。这种换挡规律,通常当发动机转速相对较低时,就会换入高一挡,即提前升挡。

b. 动力模式。该模式以汽车获得最大动力性为目标设计换挡规律。当自动变速器在动力模式下工作时,其换挡规律使汽车在行驶过程中,发动机经常处在大转矩、大功率范围内运行,从而提高了汽车的动力性能和爬坡能力。通常这种换挡规律,只有发动机转速较高时,才能换入高一挡,即延迟升挡。

c. 普通模式。普通模式的换挡规律介于经济模式与动力模式之间。它使汽车既保证了一定的动力性,又有较好的燃油经济性。

d. 手动模式。该模式让驾驶员可在1~4挡以手动方式选择合适的挡位,使汽车像装用了手动变速器一样行驶,而又不必像手动变速器那样换挡时必须踩离合器踏板。

e. 雪地模式。该模式适用于在雪地上行驶的方式。当变速杆置于2位时,自动变速器保持在2挡工作。而变速杆置于L位时,自动变速器保持在1挡工作。若初始位置在2挡,则当车速降至1挡后,不再升挡。

上述控制模式并不是每种电控式自动变速器所必备的,通常自动变速器只具备这些模式中的几项,有些甚至只有一种模式固化于电脑程序中,因而没有模式开关。

4.4.2　控制阀

1. 主调压阀

由发动机直接驱动的油泵提供的自动变速器油，经主油路压力调节阀这一可变节流装置后，便产生主油路压力。主油路压力调节阀除产生或提供主油路压力外，还能对该压力进行较精确的调控，以满足汽车自动变速器各种不同工况的要求，保证油路中有足够高的油压，以防止油压过低，使离合器、制动器打滑，影响自动变速器的动力传递。

主调压阀由上部的主调压阀阀体，下部的反馈柱塞套筒副和调压弹簧组成。如图 4 - 28 所示，来自油泵的压力油经主调压阀油道流向主油路，同时经油道流向主调压阀阀体 3 的上部，与调压弹簧力相平衡。当主油路压力较高时，作用在主调压阀上部的压力增大，克服弹簧力，推动阀体下移，接通回油道后，主油路泄油，压力下降。主油路油压越高，阀体下移量越大，泄油量越多。反之，若主油路油压降低，则主调压阀阀体上移，泄油量减少，又使油压回升。如此反复，使主油路油压保持稳定。

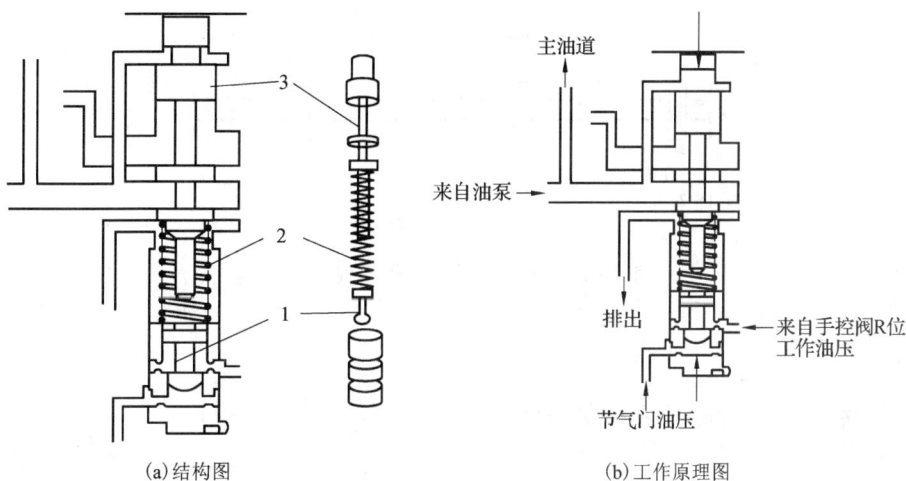

(a)结构图　　　　　　　　　(b)工作原理图

图 4 - 28　主油路调压阀

1—反馈柱塞；2—调压弹簧；3—主调压阀阀体

在主调压阀下部的反馈柱塞 1 上作用着节气门油压和来自手控阀倒挡油路油压。这两个反馈油压对反馈柱塞产生向上的推力，并通过柱塞及调压弹簧 2 作用在主调压阀阀体上，使阀体上移，减小泄油通道，从而使主油路油压增大。

节气门油压由节气门阀控制，节气门开度越大，节气门油压越高，主油路油压随之升高，满足了大负荷对主油路油压的需求。前进挡时，倒挡油路没有压力油，只有当手控阀位于倒车挡位时，才有压力油作用在反馈柱塞上使主油路油压升高，从而满足了倒挡对主油路油压的需求。

2. 手动换挡阀

手动换挡阀是一种典型的滑阀式控制阀。滑阀阀芯直径较大的部分称为阀轴，是精加工表面，有几段阀轴就称为几轴式。直径较小的部分称为阀杆，与阀孔内壁形成油液通道。如图 4 - 29 所示的手动换挡阀是六位七通阀，三轴式结构。它有一个压力油入口、六个出口，随选挡手柄位置(P, R, N, D, 2, L)不同有六个工作位置。手动换挡阀由选挡手柄通过机械联动装置操纵。其基本工作原理是当阀芯处于不同的位置时,使相应的油路接通或关闭。将选挡手柄置入不同的挡位,则阀芯就处于不同的工作位置,对主油路压力油到达换挡执行元件的油路完成初次控制。选挡手柄置入空挡(N 位)时,如图 4 - 29(a)所示,阀芯的工作位置关闭了主油路压力油的入口 P,压力油不能通过手动换挡阀到达任何一个换挡执行元件,行星齿轮机构没有动力输入而处于空挡。选挡手柄置入 D 位时,如图 4 - 29(b)所示,阀芯所处的工作位置关闭了倒挡和手动低挡油路,主油路压力油从入口 P 可以到达前进挡,二挡及高挡执行元件油路,自动变速器的挡位可以在 1 ~ 4 挡切换(必须注意,具体的挡位还要由换挡阀根据汽车行驶条件加以控制)。

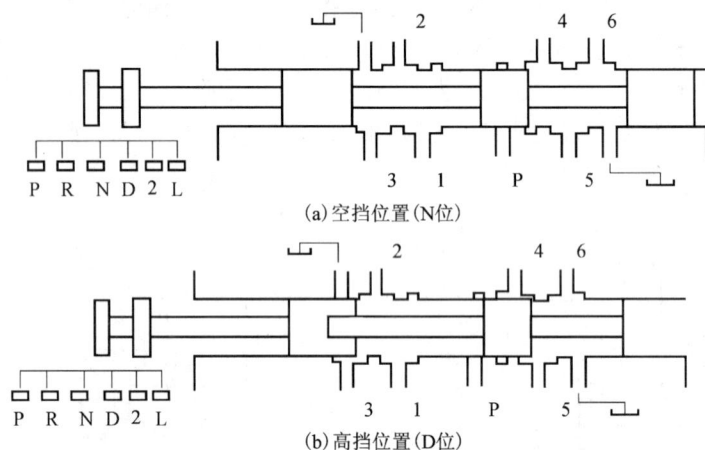

图 4 - 29　手动换挡阀工作原理示意图

P—主油路;1—前进挡油路;2—二挡油路;3—高挡油路;4—手动二挡油路;5—手动低挡油路;6—倒挡油路

3. 节气门阀

节气门阀也称为节流阀,功能是根据节气门开启的角度调节形成节气门油压(也称节流阀油压等)。节气门阀有机械式和真空式。常见的机械式节气门阀由加速踏板通过机械连动装置操纵,如图 4 - 30 所示。加速踏板的动作通过拉索带动凸轮转动,凸轮驱动推杆、柱塞,弹簧控制节气门阀阀芯的相对位置,利用节流调压力原理调节出与节气门开度相适应的节气门油压。

如图 4 - 31 所示,节气门阀由节流阀和降挡柱塞两部分组成。当踩下加速踏板时,降挡柱塞 8 通过节气门拉索和节气门凸轮向上运动。因节气门阀阀体被弹簧向上推移,打开主油路油压通道,产生节气门油压 7。节气门油压同时作用在阀体 B 处。另外,来自减压阀 6 的油压作用在阀体 A

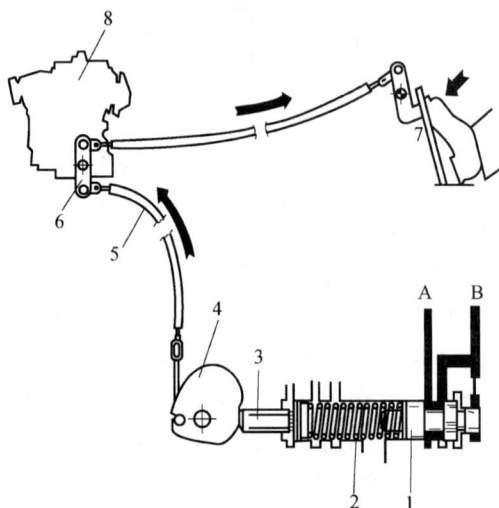

图 4 - 30　机械式节气门阀布置示意图

1—节气门阀;2—调压弹簧;3—推杆;4—凸轮;
5—拉索;6—节气门摇臂;7—加速踏板;8—节气门体

处。由于阀体 A 处和 B 处上横断面面积比下横断面面积小，A、B 两处产生的油压力向下，试图将节气门向下推动少许。当向下推动阀体的油压力（在 A、B 两处产生）与弹簧作用力（由降挡柱塞，即节气门开度决定）平衡时，阀体关闭主油路油压通道。节气门油压就由向上和向下推动节气门阀阀体的作用力之差决定，也就是由发动机节气门开启度和车速所决定。发动机节气门开度增大，降挡柱塞向上的移动量同时增大，节气门阀阀体向上移动量也增大，主油路油压 3 通往节气门油压的通道增大，使节气门油压上升。当调速器油压升高时，来自减压阀的油压 6 升高，向下压节气门阀阀体的油压力也升高，使节气门油压减小。节气门阀向每个换挡阀提供与调速器油压方向相反的节气门油压。同时，以节气门油压为基础的节气门油压控制随动阀的油压作用于一次调节阀，从而根据节气门开度和车速(减压阀油压)调节主油路的油压。

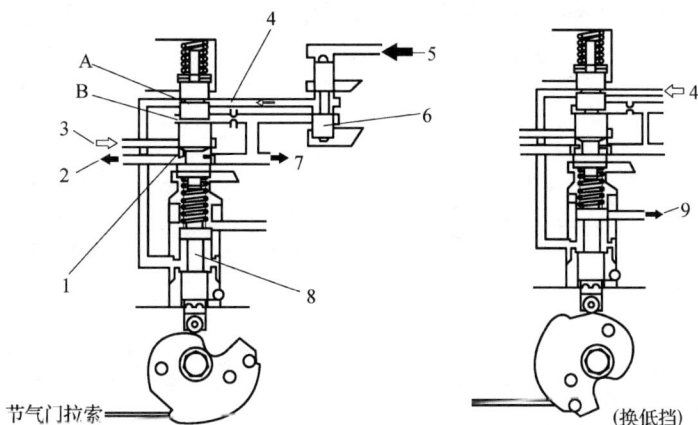

图 4-31　机械式节气门阀
1—节气门阀柱塞；2—节气门油压控制随动阀；3—主油路油压；4—减压阀油压；5—调速器油压；6—减压阀；7—节气门油压；8—降挡柱塞；9—至锁止调压阀

4．调速阀

由于自动变速器的换挡规律取决于调速阀的工作特性，所以为了使换挡规律能满足汽车的行驶需要，使汽车获得最佳的耗油率，就要求调速阀在低速和高速应有不同的工作特性，因此在汽车自动变速器中使用的调速阀大多采用双级式。常见的双级式节流调速阀安装在自动变速器输出轴上，感应汽车行驶速度的变化，输出与车速相对应的调速阀油压，将车速信号转变为压力信号传递到各换挡阀，控制自动变速器的换挡时刻。

中间传动复合双级调速阀主要由阀体、阀芯(滑阀)、初级重块、次级重块、传力弹簧和传动齿轮(螺旋齿轮)等组成，如图 4-32 所示。入口 a 接来自主调压阀的主油路油压，出口 b 调节后形成的速控油压，泄油口 c 使油液流回油底壳。调速阀也是利用节流调压原理，油口 a，c 均为节流口，可称为双边节流。

其原理如下：自动变速器输出轴的转速可以代表车速，输出轴通过传力齿轮驱动整个调速器转动。汽车开始行驶时，在离心力的作用下初级重块首先向外张开，通过传力弹簧传导于次级重块并使阀芯下移，部分打开节流口 a，同时部分关闭节流口。当车速较低时，节流口 a 开度较小，节流口 c 开度较大，入口处压力降较大而泄油口卸压效果明显，故出口 b 形成的速控油压较低。当车速较高时，节流口 a 开度增大，节流口 c 开度减小，入口处压力降较小而泄油口卸压减弱，故出口 b 形成的速控油压较高。汽车高速行驶时，初级重块受限位器的限制不能继续向外张开，只有次级重块向外张开，因为次级重块质量小而离心力小，压下阀芯的速率小，此时速控油压随车速的升高而缓慢升高。这样速控油压随车速的高低而升降，速控油压也就反映了车速的高低。这个过程可以称为压力的速度传感。

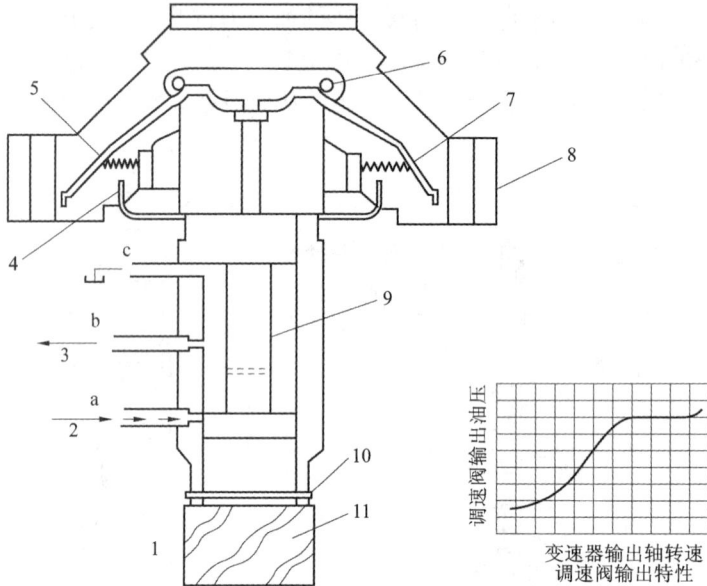

图 4 – 32　中间传动复合双级调速阀工作原理示意图

1—中间传动复合式双级调速阀；2—来自主调压阀；3—调速阀油压；4—初级重块限位器；5—传力弹簧；6—销轴；7—次级重块；8—初级重块；9—滑阀；10—锁销；11—传力齿轮

5．换挡阀

换挡阀是起换挡作用的滑动柱塞阀。通常，自动变速器中有若干个换挡阀，以控制各挡离合器与制动器的动作，换挡阀通过接收并感应发动机负荷和汽车行驶速度信号，确保升挡或降挡能够正确而适时地进行，以适应各种运行工况。

对换挡阀而言，当其所接收到的调速器阀压力大于节气门阀压力和阀弹簧力的合力时，将产生升挡变换。如在图 4 – 33 中，调速器阀压力作用于滑动柱塞的右端，而节气门阀压力与弹簧力一起作用于滑动柱塞的左端。在车速低时，节气门开度大(节气门油压高)时，左端的作用力大于右端，柱塞右移，切断主油路压力，将主油路压力油引导到去低挡执行元件的油路，自动变速器从高挡换入低挡。

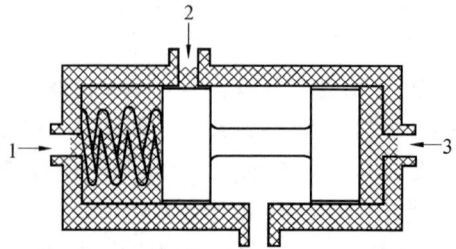

图 4 – 33　换挡阀阻断主油路压力

1—高的节气门阀压力；2—主油路压力；3—低的调速器阀压力

随着汽车行驶速度的逐渐升高，调速器阀的输出油压也不断上升。当换挡阀右侧调速器阀压力大于节气门阀压力和弹簧力之和时，向左推动柱塞，如图 4 – 34 所示，从而允许主油路压力穿过换挡阀，将主油路压力油引导到去高挡执行元件的油路，自动变速器从低挡换入高挡。

同理，如果汽车在低速挡行驶的过程中，驾驶员松抬加速踏板，使节气门阀压力降低，则虽在相同车速，即在调速器阀压力相同的情况下，滑动柱塞由于左端压力下降而右移，同样可以使自动变速器换入高速挡。

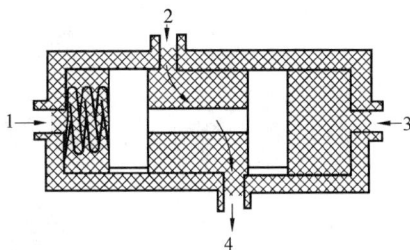

图 4 – 34　换挡阀接通主油路压力

1—低的节气门阀压力；2—主油路压力；
3—高的调速器阀压力；4—执行元件油路

从以上分析可以看出，右端调速器阀压力与左端节气门阀压力与弹簧力之和的大小，决定了滑动柱塞的位置，因而换挡阀在调速器阀压力和节气门阀压力这两个信号油压的综合作用下，可使变速器自动地由低速挡升到高速挡，或由高速挡降至低速挡。

换挡阀一旦发生动作，则要求其滑动柱塞务必迅速地到达另一位置，以确保自动变速器不在这两个挡位之间游移不定，造成损坏。为此，有必要在发生升挡变换后，迅速切断作用于换挡阀左侧的节气门阀压力；而在发生降挡变换时，迅速地加上节气门阀压力。对同一换挡阀来说，当下一次出现的是升挡变换时，则作用于其右端的调速器阀压力，仍需克服左侧的节气门阀压力与弹簧张力的合力；若降挡，只需调速器阀压力小于弹簧张力即可进行。因此，同样是两相邻挡位之间的换挡，所需的车速是不一样的，由低速挡升高速挡所需的车速要高一些，而由高速挡降低速挡所需的车速则要低一些，此即所谓的换挡迟滞。有了换挡迟滞，便可防止在某一车速和节气门开度下，自动变速器的换挡阀频繁动作。

4.4.3　液控自动变速器换挡操纵

液控自动变速器液压控制系统的基本工作原理如图 4 – 35 所示。液压泵输出的液压油经过主调压阀调节后形成主油路油压，同时供给到手动换挡阀、节气门阀和速控阀。对驻车挡（P）、倒挡（R）、空挡（N）等不需要自动换挡的挡位，手动换挡阀直接控制油路的接通或关闭。

当手动换挡阀处于 R 位时，如图 4 – 35 实线所示位置，主油路压力油经手动换挡阀油口 R 供给倒挡制动器，同时送到主调压阀的下端使主油路油压升高，以满足该挡位液压系统对高油压的需要。

当选挡手柄置于驾驶挡位 D 位时，自动变速器的行车挡位可以实现自动切换。当车速较低、节气门开度较大时，调速阀油压较低、节气门油压较大，在节气门油压和弹簧力作用下换挡阀处于右端位置。主油路压力油经过换挡阀供给到高挡制动器，同时使低挡离合器卸压，自动变速器处于低挡。当车速升高、节气门开度保持不变（或减小）时，调速阀油压升高、节气门油压保持不变（或减小），速控油压克服节气门油压和弹簧力使换挡阀移向左端位置。主油路压力油经过换挡阀供给到低挡离合器，同时使高挡制动器卸压，自动变速器处于高挡。

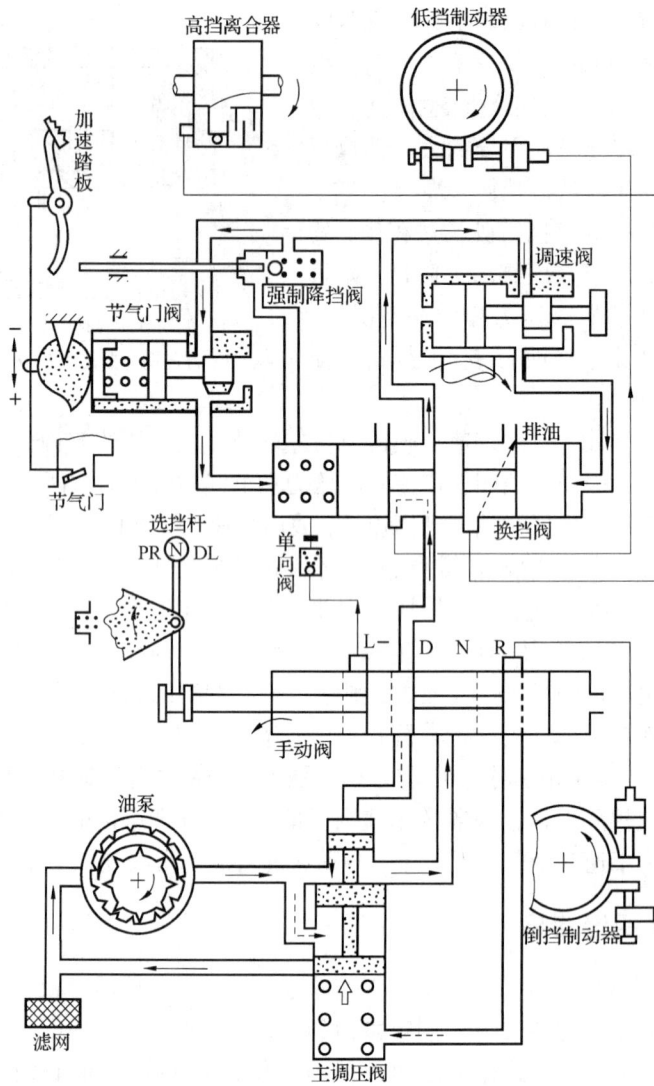

图4-35 液控自动变速器液压控制系统工作原理示意图

4.5 其他类型自动变速器

4.5.1 电控机械式自动变速器

电控机械式自动变速器(automatic mechanical transmission，AMT)与其他类型的自动变速器相比成本低。但其基本结构与手动变速器基本一致，换挡冲击比较明显，舒适性较差。因此，AMT变速器主要在重型载货车、微型车、小型车中使用。

1. AMT的组成及工作原理

图4-36所示为电控机械式自动变速器结构示意图。AMT主要由电子控制单元、执行机

构及传感器三部分组成。电子控制单
元包括各种信号处理单元、微处理器、
程序及数据存储器、驱动电路、显示单
元、故障自诊断单元及工作电源等。

　　换挡执行机构及油门开度执行机
构。选换挡执行机构用来完成摘挡、选
位和换挡操作。油门开度执行机构由
步进电机驱动，完成对油门开度踏板位
置的跟踪以及换挡过程中发动机转速
的调节。离合器执行机构实现离合器的
自动分离和平稳接合控制。

　　传感器用来采集控制参数，如拖拉
机运行和作业过程中的速度，油门开度

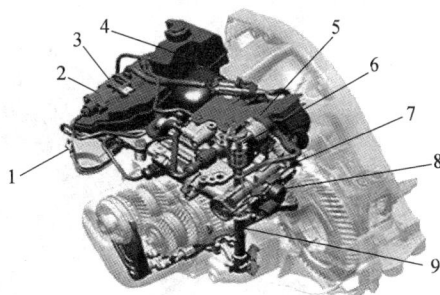

图 4 - 36　电控机械式自动变速器结构示意图
1—离合器位置传感器；2—电动泵单元；3—离合器执行机构；
4—液压储能罐；5—选挡位置传感器；6—选挡执行机构；
7—换挡执行机构；8—换挡位置传感器；9—控制轴

和滑转率参数，并将采集到的信号转换成 ECU 能识别的信息，便于 ECU 进行处理，从而对
车辆的运行状态作出及时反应以调整车辆行驶状态。

2．AMT 的类型

　　根据选换挡和离合器的操纵方式的不同，AMT 可分为气压驱动式、电动机驱动式和液压
驱动式三种。

　　(1)气压驱动式

　　气压驱动式电控机械式自动变速器中，选换挡和离合器的操纵由气压系统控制。重型汽
车上多采用气压驱动式。由于气压系统压力波动较大，对选换挡和离合器的精确控制不利。

　　(2)电动机驱动式

　　电动机驱动式电控机械式自动变速器是采用直流电机来驱动选换挡机构和离合器。其优
点是结构简单、能够灵活控制、适应能力强、制造简单、成本低、能耗小。其缺点是电动机的
执行动作比液压缸慢，而且不精确，在对选换挡速度要求不太快的情况下可以选用电动机驱
动式。

　　(3)液压驱动式

　　液压驱动电控机械自动变速系统中，选换挡和离合器的操纵靠液压油来实现，需要建立
一个液压控制系统。液压控制系统根据 ECU 的指令控制电磁阀，使执行机构自动地完成离
合器分离、接合和变速器选、换挡等动作。液压驱动式 AMT 的优点是操作简便、容量大、易
于实现安全保护、方便空间布置、具有一定的吸收振动和冲击的能力。其缺点是温度变化会
使执行机构中液压油黏度发生变化，另外，液压元件对加工精度要求非常高，成本大。

3．AMT 应用经典实例

　　图 4 - 37 所示为伊顿 AMT 变速器结构图。伊顿 AMT 变速器具有离合器受损保护、发动
机保护、起步挡位智能选择、跳挡操作、倒溜保护、驻车空挡、停车空挡、爬行模式、牵引力
控制、远程油门及发动机制动等操纵特性。离合器控制技术和换挡控制策略确保车辆无论处
于何种工况，总能保持最佳的性能和效率，并且其良好的低速操控性能，实现了平稳有效的
低速行驶。

　　伊顿 AMT 优化了离合器控制，对离合器使用寿命的提高起到了很大的作用，并且通过设

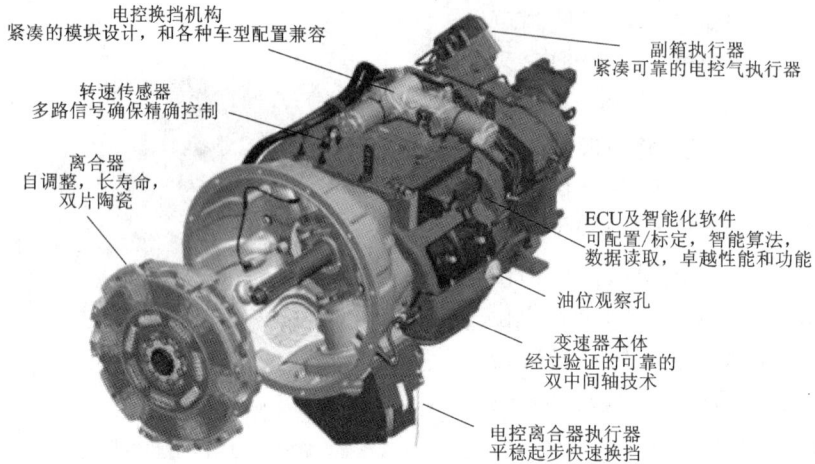

图 4-37 伊顿 AMT 变速器结构图

计传动系统保护缩小了传动系统部件。伊顿 AMT 可以根据发动机燃油曲线优化换挡策略，提高车辆的燃油经济性。伊顿 AMT 还具有坡道起步辅助及集成数据记录功能等。

4.5.2 金属带式无级变速器

装备金属带式无级传动（continuously variable transmission，CVT）结构的变速器称为 VDT - CVT。图 4-38 所示为金属带式无级变速器的结构。这种变速器具有工作可靠、寿命长、效率高且噪声低等优点。

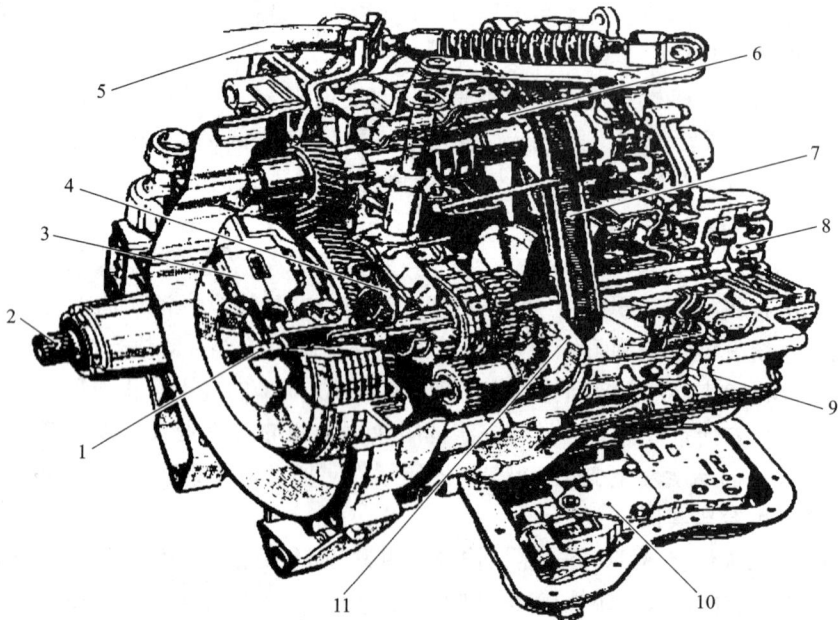

图 4-38 金属带式无级自动变速器结构

1—输入轴；2—半轴；3—电磁离合器；4—电刷架；5—换挡软轴；6—从动带轮；
7—金属带传动；8—油泵；9—换挡机构；10—液压控制阀；11—主动带轮

1. CVT 的组成及工作原理图

图 4－39 所示为金属带式无级变速器结构原理示意图,由金属带、工作轮、液压泵、起步离合器和控制系统等组成。

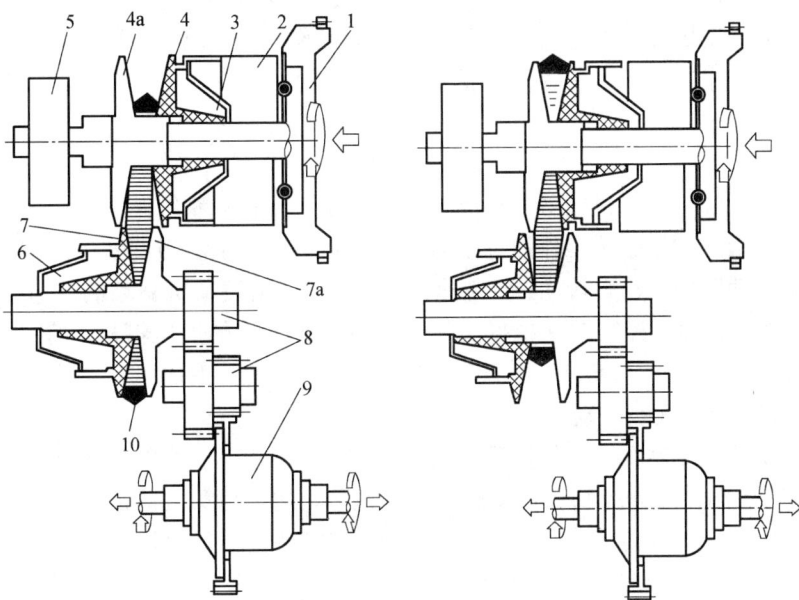

图 4－39　金属带式无级变速器结构原理示意图

1—发动机飞轮;2—离合器;3—主动工作轮液压控制缸;4—主动工作轮可动部分;
4a—主动工作轮固定部分;5—液压泵;6—从动工作轮液压控制缸;7—从动工作轮可动部分;
7a—从动工作轮固定部分;8—中间减速器;9—主减速器与差速器;10—金属带

金属带由多个金属片和两组金属环组成,如图 4－40 所示。每个金属环的厚度为 1.4 mm,在两侧工作轮挤压力的作用下传递动力。每组金属环由数片厚为 0.18 mm 的带环叠合而成。在动力传递过程中,正确地推动和引导金属片的运动。

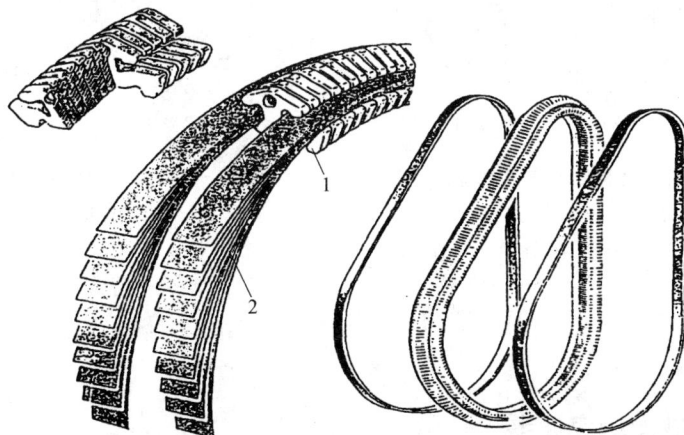

图 4－40　金属带

1—金属片;2—金属环

变速系统中的主、从动工作轮由固定部分 4a 及 7a 与可动部分 4 及 7 组成，工作轮的固定部分和可动部分间形成 V 形槽，金属带 10 在槽内与它啮合。当主、从动工作轮的可动部分做轴向移动时，即可改变传动带与工作轮的啮合半径，从而改变传动比。工作轮可动部分的轴向移动是根据汽车的行驶工况，通过控制系统进行连续地调节而实现的无级变速传动。其动力传递是由发动机飞轮 1 经离合器 2 传到主动工作轮、金属带、从动工作轮后，再经中间减速齿轮机构和主减速器，最后传给驱动轮。由此可见，该系统使汽车具有无级自动变速传动的功能。

2. 控制系统

CVT 的控制系统一般有机械液压控制系统和电子液压控制系统两种。

CVT 的机械液压控制系统工作原理示意图如图 4-41 所示。当驾驶员踩下加速踏板，通过柔性钢索 1 带动换挡凸轮 2 转动，控制速比控制阀 3。由发动机驱动的液压泵 8 将压力油输送给主压力控制阀 9。控制阀 9 根据工作轮位置传感器 4 的液压信号，控制速比控制阀 3 中油液的压力，从而控制主、从动工作轮可动部分的压缸中油液的压力，以调节金属带与工作轮的工作半径，实现无级自动变速。

CVT 的电子液压控制系统工作原理示意图如图 4-42 所示。系统中包括电磁离合器的控制和主、从动带轮的传动比控制。传动比由发动机节气门信号和主动带轮转速所决定。电子制单元(TCU)根据发动机转速、车速、节气门开度和换挡控制信号等控制主、从动带上伺服液压缸的压力，使主、从动工作轮的可动部分轴向移动，改变金属带与工作轮间的工作半径，从而实现无级变速。

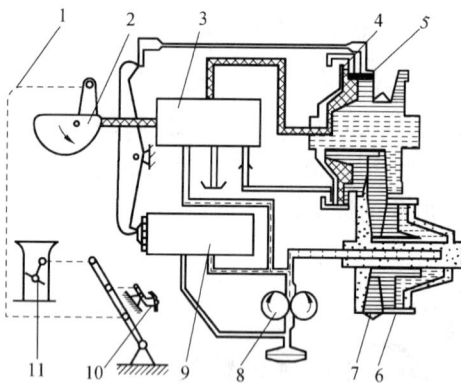

图 4-41　CVT 的机械液压控制系统工作原理示意图

1—钢索；2—换挡凸轮；3—速比控制阀；
4—工作轮位置传感器；5—主动工作轮液压缸；
6—从动工作轮液压缸；7—金属带；8—液压泵；
9—主压力控制阀；10—加速踏板；11—节气门

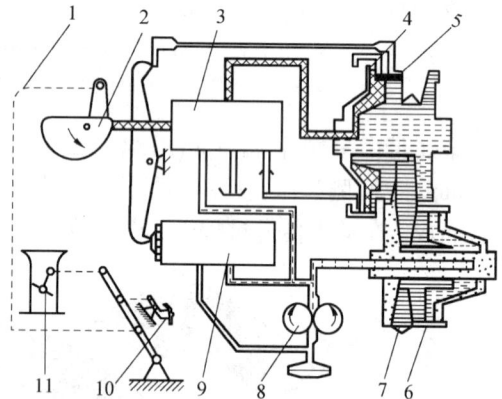

图 4-42　CVT 的电子液压控制系统
工作原理示意图

同图 4-41

4.5.3　液压机械无级变速器

液压机械无级变速器是在液压无级变速器的基础上发展而来的，是一种液压传动与机械传动复合运用的传动形式，简称为 HMCVT (hydro-mechanical continuously variable transmission），该传动形式综合了液压传动和机械传动的主要优点，兼有无级调速性能和较高的传动效率，因此在大功率拖拉机、汽车、工程机械、坦克、电力机械等许多领域有着良好的应用前景，已成为大功率无级传动的主要发展方向之一。装备 HMCVT 的车辆可获得更好的燃油经济性和动力性以及更好的乘坐舒适性。

1. HMCVT 的结构和工作原理

液压机械无级变速器作为一种液压传动和机械传动复合运用的双流传动形式，基本原理可用图 4-43 表示，主要由液压传动系统和机械变速机构及分、汇流机构组成，液压传动系统和机械变速机构并联，通过分、汇流机构调节机械路和液压路的功率分配，由自动换段系统实现自动变速。在满足设计要求的前提下，尽量使液压路传

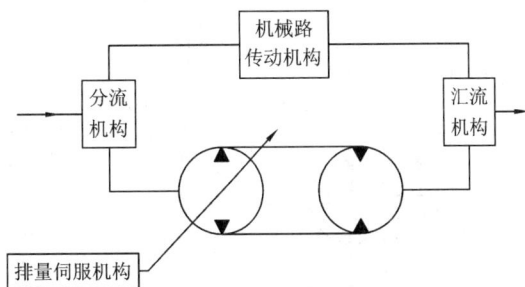

图 4-43　液压机械无级传动原理简图

递少部分功率，大部分功率由机械路传递，相当于将液压传动功率扩大几倍，液压元件体积可显著减小，明显提高总传动效率，解决了大功率液压传动效率低和体积及质量大的难题，综合了液压传动和机械传动各自的优良特性，摒弃了两者的缺点，通过机械传动实现传动高效率，通过液压传动与机械传动相结合实现无级变速。

在图 4-43 中，由液压泵和液压马达组成的液压传动系统是实现无级变速的核心元件，是液压传动系统的执行元件，均为能量转换装置。液压泵是在原动机的驱动下旋转，通过密封容积的变化来工作的，通过所排油液的压力来传递动力，依靠所排油液流量来传递运动，即输入转矩和转速，输出一定流量的压力油，实现机械能转化为液压能。液压马达则相反，是在一定流量的压力油驱动下旋转，输出转矩和转速，将液压能转换为机械能，也可以通过容积变化实现排量改变。液压传动系统的两条高低压油路两端分别连接液压泵和液压马达的进油口和出油口，随着两液压元件工况的改变，高低压油路换边。高低压油路的压力差压力取决于液压马达负载，也就是液压传动系统的负载。根据改变液压泵或马达的排量来调速，液压机械无级传动中的液压传动机构主要有三种形式：变量泵-定量马达，定量泵-变量马达，变量泵-变量马达。图 4-44 为某型液压机械无级变速器的液压传动系统的工作原理简图，该液压传动系统为容积调速式变量泵-定量马达液压传动系统，主要包括以下几个子系统：

①变排量液压元件-定排量液压元件。变排量液压元件 1 选用德国力士乐公司 A4VG 系列电液比例双向变排量液压元件，该变排量液压元件适用于闭式回路，额定压力 42 MPa。定排量液压元件 2 选用该公司 A6VM 系列电液比例定排量液压元件，额定压力 42 MPa。

②变排量液压元件排量控制机构。排量控制机构由比例电磁铁 3、排量控制伺服阀 4、阻尼节流孔 5、排量控制液压缸 6 和斜盘 7 组成。排量控制信号经比例电磁铁后转化成力信号，该力作用在伺服阀芯上使伺服阀芯移动，从而控制油液流入排量控制液压缸，推动斜盘摆动，实现排量调节。

③过载保护系统。系统通过多功能阀 8 限定液压回路最高安全压力，对系统进行过载保护，如果液压回路压力超过最高安全压力，多功能阀 8 开启。

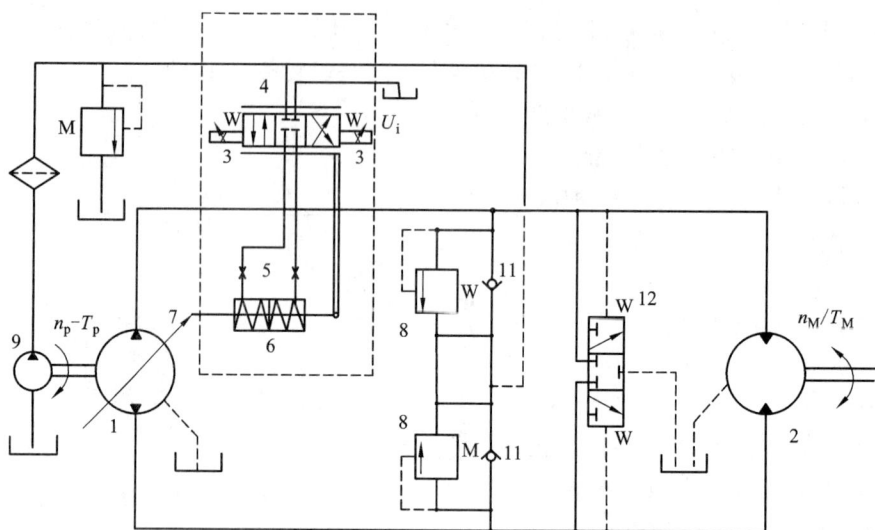

图 4 - 44 液压传动系统工作原理简图

1—变排量液压元件；2—定排量液压元件；3—比例电磁铁；4—排量控制伺服阀；5—阻尼节流孔；
6—排量控制液压缸；7—斜盘；8—多功能阀；9—齿轮泵；10—补油定压阀；11—单向阀11；12—梭阀

④补油系统。补油系统通过连接在变排量液压元件驱动轴上的齿轮泵9、补油定压阀10、单向阀11向低压管路补油，补偿液压回路工作过程中的泄漏并提供排量控制的工作油液流量。

⑤冷却系统。冷却系统由梭阀12组成，工作过程中，一部分低压油路液压油经梭阀泄漏到壳体回路，从而保证液压传动回路的工作油温适当。

一般情况下，变量泵的排量变化率为$e(e = -1 \sim 1)$。把液压传动系统排量比定义为变排量液压元件与定排量液压元件排量之比，称为ε，ε与e之间的关系为：

$$\varepsilon = \frac{V_p}{V_M} = e\frac{V_{pmax}}{V_M}$$

式中：V_{pmax}为变排量液压元件最大排量，cm^3/r；V_M为定排量液压元件排量，cm^3/r；e为变排量液压元件排量变化率。

液压机械无级变速器的输出转速随液压传动系统排量比ε变化而变化，排量比ε在其取值范围内单调变化一次，则定排量液压元件的转速从一个方向的最大值变化到另一个方向的最大值，这一过程称为液压元件的一次行程，其对应系统在一定范围内变化的传动比，将这样的传动比范围定义为"段"。具有多个这样的"段"的液压机械无级变速器，如果每一段的传动比能够首尾相接且单调连续变化，则称为多段液压机械无级变速器，其输出转速特性可用图4-45所示。这里的"段"可以理解为一般机械变速器的"挡"，挡一般指一点，对应固定的传动比，而一段则是指排量比在取值范围内单调变化一次所对应的液压机械无级变速器的传动比无级变化范围。

液压机械无级变速器的不同段之间切换称为换段，对应于机械有级变速器的换挡。液压机械无级变速器的换段一般是通过改变换段机构的分离与结合状态来实现的。换段机构一般采用湿式摩擦离合器,通过电液自动操纵系统实现湿式摩擦离合器的分离与结合。现以某型液压机械无级变速器为例来说明。该变速器为分矩汇速型等差式液压机械无级传动,传动简图及换段机构操纵时序如图 4-46(a) 所示,液压传动部分为变排量液压元件和定排量液压元件组成的液压传动系统,分汇流机构分别为定轴齿轮传动和 K_2 行星排,机械传动部分由普通行星排 K_3 和外啮合齿轮传动组合而成。该传动装置有两段,制动器 B_1 结合和制动器 B_2 分离为第一段,仅液压路工作,为液压段;制动器 B_2 结合和制动器 B_1 分离为第二段,液压传动部分和机械传动部分均工作,为液压机械段。为减小换段冲击和提高乘坐舒适性,一般是在两段衔接处,两段速度基本相同时换段,称之为同步换段,及待结合离合器在主从动件速差基本为零时换段,该变速器同步换段的输出转速曲线如图 4-46(b) 所示。

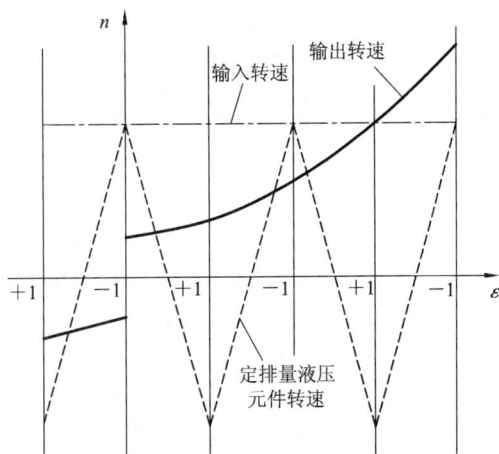

图 4-45　液压机械无级变速器输出转速特性图

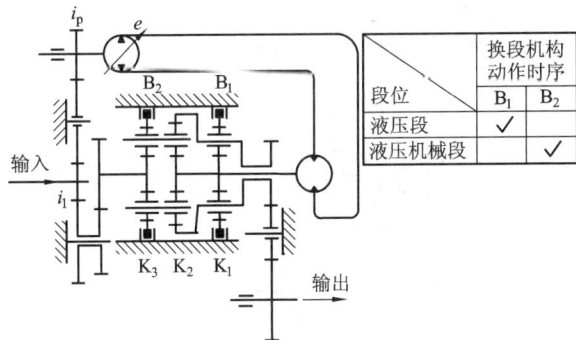

(a)传动简图

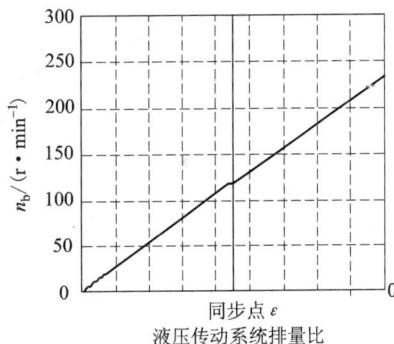

(b)输出转速

图 4-46　液压机械无级变速器传动简图及输出转速曲线

2. HMCVT 的类型

液压机械无级变速器按功率分汇流形式的不同可以分为两种基本类型:分速汇矩型与分矩汇速型。分速汇矩是指用行星传动进行功率分流,用定轴齿轮传动进行功率汇流;分矩汇速是指用用定轴齿轮传动进行功率分流,用行星传动进行功率汇流。从运动学角度考虑,一般认为分矩汇速型液压机械无级变速器适合在车辆传动中使用。

从液压机械无级变速器每段输出转速范围内的最大值和最小值之间的关系看,液压机械无级变速器可分等差式与等比式两种形式。等差式是指各段输出转速的最大值和最小值的差值均相等,等比式是指各段输出转速的最大值与最小值的比值均相等。等比式的输出转速逐段上翘,低速时变化较慢,高速时变化较快,符合车辆变速推进的要求。

为了获得较宽的变速范围和较高的传动效率，一般是将上述两种分类的不同形式组合运用，可以得到多种形式的液压机械无变速器，再加上前述的液压传动系统形式，可以得到更多种形式的液压机械无级变速器。从获得应用的液压机械无级变速器的形式来看，以分矩汇速型等差等比混用的形式居多，分速汇矩型一般不适合车辆传动的要求。

3．实例应用

由于液压机械无级传动装置具有优良的传动性能，国外在液压机械传动理论和实践上的研究工作开始得较早，已有一些液压机械无级传动装置研制成功并应用于履带车辆和大型货车及拖拉机上。国内对液压机械无级传动的研究主要是北京理工大学，集中在履带装甲车辆传动方面，河南科技大学对液压机械无级传动的研究主要集中在大型拖拉机和工程机械上，其他单位如吉林大学主要是在工程机械方面，南京理工大学集中在拖拉机上，等等。图 4 - 47 是河南科技大学为东方红 1302R 拖拉机配套研制的液压机械无级变速器的传动方案。该方案由一个普通单行星轮行星机构、变量泵 - 定量马达构成的液压传动系统、多挡有级变速箱及自动换挡操纵系统组成，为分矩汇速型等差等比混用的传动形式，具有较宽的无

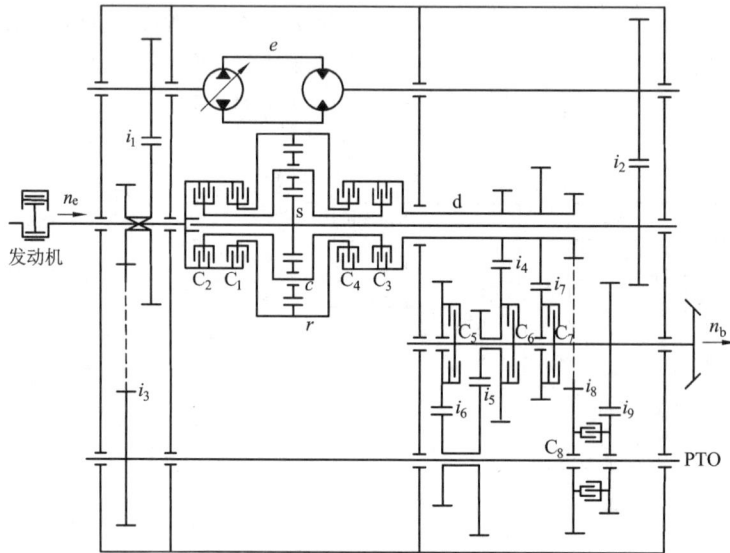

图 4 - 47　液压机械无级变速器传动方案

级调速范围，适应了农业耕作工况复杂多变的要求。发动机输出功率分成液压功率和机械功率两路，液压功率经由液压传动系将功率传递给行星排的太阳轮 s，机械功率通过离合器 C_1 或 C_2 传到行星排的齿圈 r 或行星架 c 上，然后两种功率由行星排汇流后，经行星架或齿圈，通过闭合离合器 C_3 或 C_4 将功率传递到多挡有级变速箱的输入轴 d 上。根据离合器的接合状态不同（见表 4 - 3），随着变量泵与定量马达排量比 e 的变化，变速器前进方向可得到 6 个连续变速段，倒车方向有 3 个连续变速段。当 C_1、C_2 脱开，C_3、C_4 接合时，为纯液压段，纯液压段的设置有利于拖拉机的平稳起步，且可省去主离合器。为提高效率，设置了纯机械挡，当 C_1、C_4 接合时，构成变速比不随变量泵与定量马达排量比变化的 4 个纯机械挡。表 4 - 3 为离合器结合与分离状态。变速器输出转速特性曲线和效率特性分别如图 4 - 48 和图 4 - 49 所示。

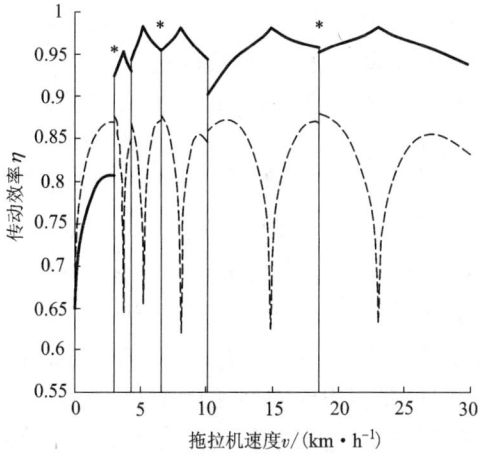

图 4 - 48　液压机械无级变速器效率特性

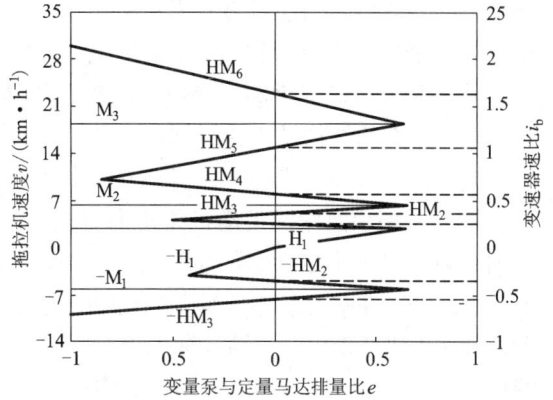

图 4 - 49　液压机械无级变速器无级调速特性曲线

表 4 - 3　液压机械无级变速器离合器接合与分离状态

段（挡）位		C_1	C_2	C_3	C_4	C_5	C_6	C_7	C_8
		\multicolumn{8}{c}{离合器序号}
前进	H_1	−	−	+	+	+	−	−	−
	M_1	+	−	−	+	+	−	−	−
	HM_2	−	+	−	+	+	−	−	−
	HM_3	+	−	+	−	+	−	−	−
	M_2	+	−	−	+	−	+	−	−
	HM_4	−	+	−	+	−	+	−	−
	HM_5	+	−	+	−	−	−	+	−
	M_3	+	−	−	+	−	−	+	−
	HM_6	−	+	−	+	−	−	+	−
倒车	$-H_1$	−	−	+	+	−	−	−	+
	$-HM_2$	+	−	+	−	−	−	−	+
	$-M_1$	+	−	−	+	−	−	−	+
	$-HM_3$	−	+	−	+	−	−	−	+

注：①"＋"和"－"分别表示离合器接合或分离；②H、M、HM 分别表示纯液压段、纯机械挡和液压机械段。

4.5.4　双离合器自动变速器

双离合器自动变速器也称直接换挡变速器（direct shift gearbox，DSG），也被统称为 DCT（dual clutch transmission）。它是基于手动变速器发展而来的。其工作原理是将变速器挡位按奇、偶数分开布置,分别与两个离合器连接,通过切换两个离合器的工作状态,就可以完成换挡动作。它既具有手动变速器的高传动效率,又具有自动变速器的舒适性、易用性。装备DSG变速器的汽车可获得更好的燃油经济性、动力性以及更高的车速,而其城市工况和综合工况油耗几乎与搭载手动挡变速器的车型相同。

1. DCT的结构及工作原理

典型六挡双离合器自动变速器的结构如图4-50所示。图4-51为六挡双离合器自动变速器结构原理示意图。发动机扭矩通过离合器输入变速器内部,在变速器中通过输入轴,齿轮啮合及输出轴形成动力传递路线,并将转矩输出到驱动桥。输入轴1和输入轴2空套在一起,输入轴1在空心的输入轴2的内部,通过花键与多片离合器D1相连;输出轴2通过花键和多片离合器D2相连。输入轴1上有一、二、三、四挡换挡齿轮及转速传感器G501,G052的靶轮,一、二、三、四挡采用同步器换挡。与差速器相连的输出轴2上有五、六、倒挡换挡齿轮及变速器输出转速传感器G195和G196的靶轮。与差速器相连的输出齿轮通过增加一根倒挡轴改变了动力输出的方向,形成倒挡,最终与输出轴2相连。

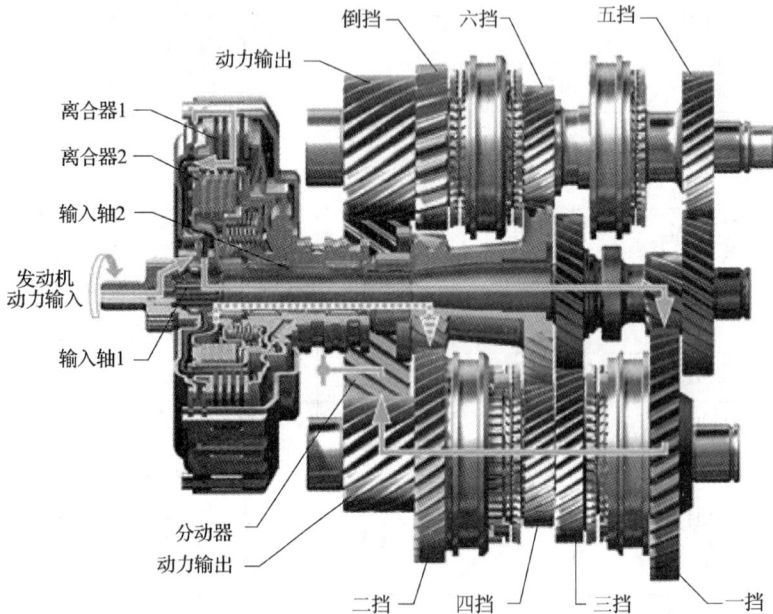

图4-50 六挡双离合器自动变速器结构

输入轴转速传感器G501和G502的作用是分别监测离合器D1和D2的输出转速,识别离合器的滑转率,与输出转速传感器配合,监测是否挂上正确挡位,如果G501失效,变速器只有2挡,G502失效,变速器只有一挡和三挡。

输出轴转速传感器G195和G196的作用是识别车速和车辆行驶方向(通过两个传感器相位差的变化实现),若该传感器失效,控制单元用ABS的车速信号和ESP中的行驶方向信号代替。

下面以倒挡和一挡来分析动力传递路线。

倒挡传输路线:发动机→K₁离合器输入轴1→1/R挡主动齿轮→倒挡轴→倒挡从动齿轮

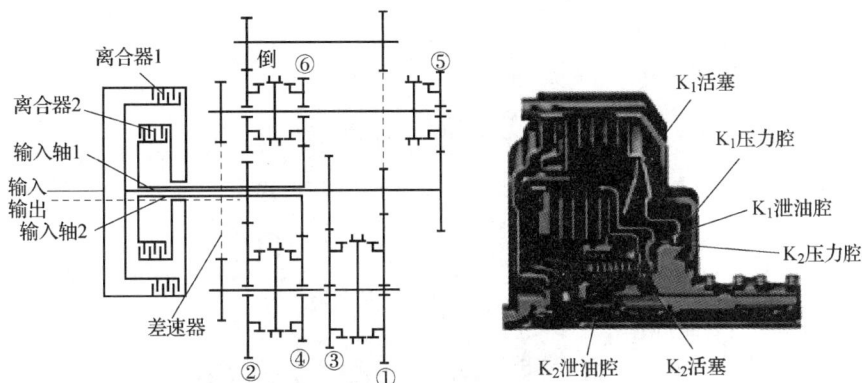

图 4 - 51　六挡双离合器自动变速器结构原理示意图

→输出轴 2→输出齿轮→差速器→驱动车轮。

一挡传输路线：发动机 D1→K_1 离合器→输入轴 1→一挡主动齿轮→1 挡从动齿轮→输出轴 1→输出齿轮→差速器驱动车轮。

2. DCT 的类型

根据双离合器形式不同，DCT 分为湿式和干式两种类型。

（1）湿式双离合自动变速器

湿式双离合自动变速器的离合器摩擦片浸没在变速器油中，利用油压压紧离合器主从动摩擦片产生摩擦转矩传递动力，离合器工作环境全封闭，避免外界湿度、粉尘及内部机油的影响，工作性能更加稳定。由于湿式离合器摩擦副间有油膜，接合过程为混合摩擦状态，接合过程平顺。湿式离合器冷却散热效果好，特别是在频繁接合和半接合工况，使用寿命一般为干式离合器的 3 ~ 4 倍，但湿式离合器结构比较复杂，价格高于干式离合器。

图 4 - 52 为某型六速 DCT 双离合器变速器构造剖视图，该双离合器自动变速器采用"湿式"双离合器，双离合器为一大一小两组同轴安装在一起的多片式离合器，分别连接一、三、五挡以及倒挡和二、四、六挡齿轮。"湿式"是指双离合器安装于一个充满液压油的封闭油腔里。这种湿式结构具有更好的调节能力和优异的热容性。某型七速 DCT 双离合器变速器结构，如图 4 - 53 所示。

（2）干式双离合自动变速器

干式双离合自动变速器直接利用干式摩擦片进行传动，响应速度快，传动效率高，燃油经济性好。但干式离合器只能轴向布置，结构简单但尺寸较大，所能传递的扭矩较小，一般

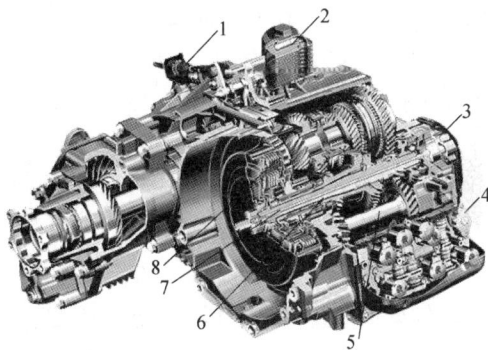

图 4 - 52　六速 DCT 双离合器变速器

1—换挡机构；2—机油冷却器；3—油泵；

4—控制单元；5—倒挡轴；6—输入轴（二、四、六挡）；

7—输入轴（一、三、五挡及倒挡）；8—湿式双离合器

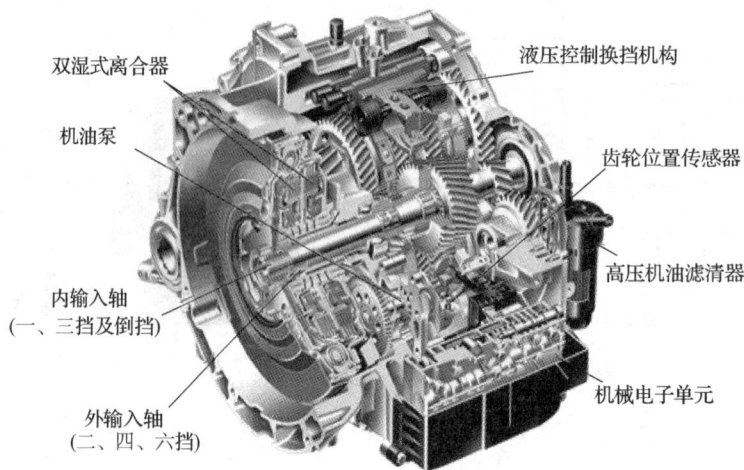

图4-53 七速DCT双离合器变速器结构

标注：双湿式离合器、机油泵、内输入轴(一、三挡及倒挡)、外输入轴(二、四、六挡)、液压控制换挡机构、齿轮位置传感器、高压机油滤清器、机械电子单元

只能承受250 N·m以下的扭矩。

3. DCT应用典型实例

沃尔沃S40采用图4-54所示的Powershift湿式双离合器，可以将动力输送给六个挡位中的任何一个，由电脑控制的离合器根据汽车速度和转速对驾驶员的换挡意图作出判断，可以预选择下一挡位，从而实现挡位的快速平稳切换。由于换挡时间不高于0.2 s，不会存在长时间的换挡延迟和顿挫，大大提升了变速器传动的效率，对于动力传输更加直接，且更加经济。

图4-54 七速干式DCT双离合器变速器结构
1—换挡机构；2—控制单元；3—输入轴(二、四、六挡及倒挡)；4—输入轴(一、三、五、七挡)；5—干式双离合器

复习题

一、填空题

1. 液力机械变速器由_____、_____及_____组成。

2. 液力传动有_____传动和_____传动两大类。

3. 液力耦合器的工作轮包括_____和_____，其中_____是主动轮，_____是从动轮。

4. 液力耦合器和液力变矩器实现传动的必要条件是_____。

5. 液力变矩器的工作轮包括_____、_____和_____。

6. 液力机械变速器的总传动比是指变速器_____转矩与_____转矩之比，也等于液力变矩器的_____与齿轮变速器的_____的乘积。

7. 液力机械变速器的自动操纵系统由_____、_____和_____三个部分构成。

8. 一般来说，液力变矩器的传动比越大，则其变矩系数_____。

二、简答题与分析题

1. 液力机械式变速器有何优缺点？广泛应用于何种车辆？

2. 液力耦合器的工作特点是什么？

3. 液力变矩器由哪几个工作轮组成，其工作特点是什么？

4. 简述液力变矩器特性。

5. 什么是变矩器的汽蚀现象，汽蚀会给变矩器带来什么危害？怎样防止汽蚀？

6. 分析图4-55六挡双离合器自动变速器的动力传递路线，换挡执行机构工作情况见表4-4。

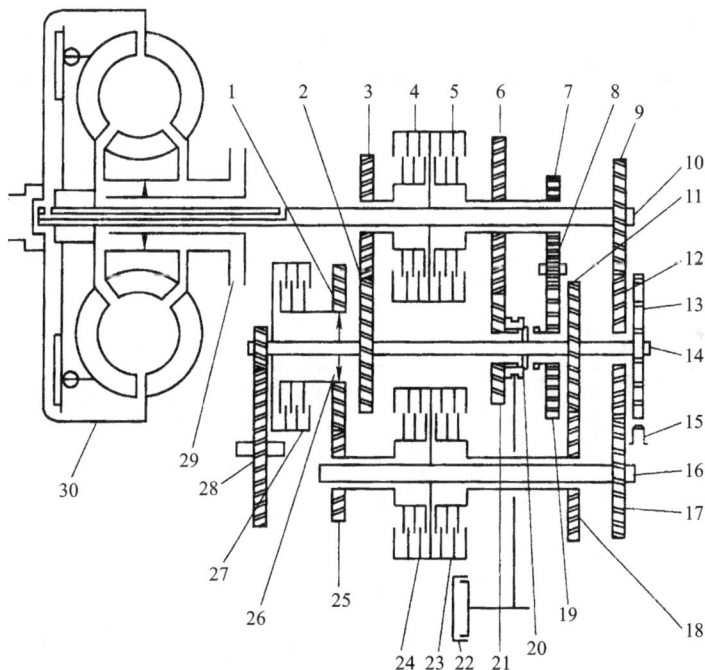

图4-55　本田 ACCORD 自动变速器结构原理示意图

1—副轴 I 挡齿轮；2—副轴 3 挡齿轮；3—主轴 3 挡齿轮；4—3 挡离合器；5—4 挡离合器；
6—主轴 4 挡齿轮；7—主轴倒挡齿轮；8—倒挡惰轮；9—主轴惰轮；10—主轴；11—副轴 2 挡齿轮；
12—副轴惰轮；13—停车齿轮；14—副轴；15—驻车锁销；16—辅助轴；17—辅助轴惰轮；
18—副轴 2 挡齿轮；19—副轴倒挡齿轮；20—倒挡滑套；21—副轴 2 挡齿轮；22—伺服油缸；
23—2 挡离合器；24—1 挡离合器；25—辅助轴 1 挡齿轮；26—单向离合器；
27—1 挡固定离合器；28—最终驱动齿轮；29—油泵；30—液力变矩器

表 4-4　本田 ACCORD 自动变速器换挡执行机构工作情况

零件 排挡位置		扭力转换器	1挡齿轮 1挡固定离合器	1挡齿轮 1挡离合器	1挡齿轮 单向离合器	2挡齿轮 2挡离合器	3挡齿轮 3挡离合器	4挡		倒挡齿轮	停车齿轮
								齿轮	离合器		
P		○	×	×	×	×	×	×	×	×	○
R		○	×	×	×	×	×	×	○	○	×
N		○	×	×	×	×	×	×	×	×	×
D₄	1 挡	○	×	○	○	×	×	×	×	×	×
	2 挡	○	×	*○	×	○	×	×	×	×	×
	3 挡	○	×	*○	×	×	○	×	×	×	×
	4 挡	○	×	*○	×	×	×	○	○	×	×
D₃	1 挡	○	×	○	○	×	×	×	×	×	×
	2 挡	○	×	*○	×	○	×	×	×	×	×
	3 挡	○	×	*○	×	×	○	×	×	×	×
2		○	×	○	×	○	×	×	×	×	×
2		○	○	○	○	×	×	×	×	×	×

第 5 章 万向传动装置

【学习目标】

了解：万向传动装置的应用和万向节的类型。

熟悉：万向传动装置的功用和组成。

掌握：万向节结构和工作原理。

掌握：传动轴及中间支承的结构。

【主要内容】

汽车传递动力过程中，经常会出现动力传递的角度及方向不断变化的情况。本章主要讨论如何利用万向传动装置实现变角度的动力传递。

5.1 概述

5.1.1 万向传动装置功用

万向传动装置在汽车上有很多应用，结构也稍有不同，但其功用都是一样的，即连接具有轴间夹角和相对位置经常发生变化的两转轴，并传递动力。

在现代汽车的总体布置中，发动机、离合器和变速器（对于前置发动机前轮驱动形式，主减速器、差速器还和变速器装在一个壳体内）连成一体固装在车架上，而车轮装在车桥两端的轴头上，车桥通过弹性悬架与车架连接。由此可见，当汽车行驶时，悬架的跳动会造成变速器与主减速器（或主减速器与驱动轮）之间

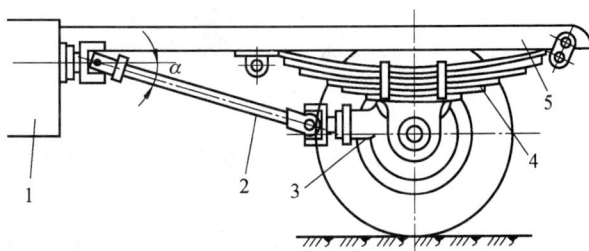

图 5 – 1 变速器与驱动桥之间的万向传动装置

1—变速器；2—万向传动装置；3—驱动桥；4—后悬架；5—车架

的相对位置（距离、夹角）发生变化，即上述传动装置的输出轴与输入轴之间的距离、夹角会发生变化，因此不可能刚性连接，必须安装万向传动装置。图 5 – 1 所示为在汽车中最常见的应用于变速器与驱动桥之间的万向传动装置。

5.1.2 万向传动装置组成及应用

1. 万向传动装置的组成

万向传动装置一般由万向节和传动轴两部分组成,如图5-2所示。当动力传递距离较远时,为了减小弯曲变形,提高传动轴的刚度和极限转速,常将传动轴分成二段或三段,并设置中间支承。

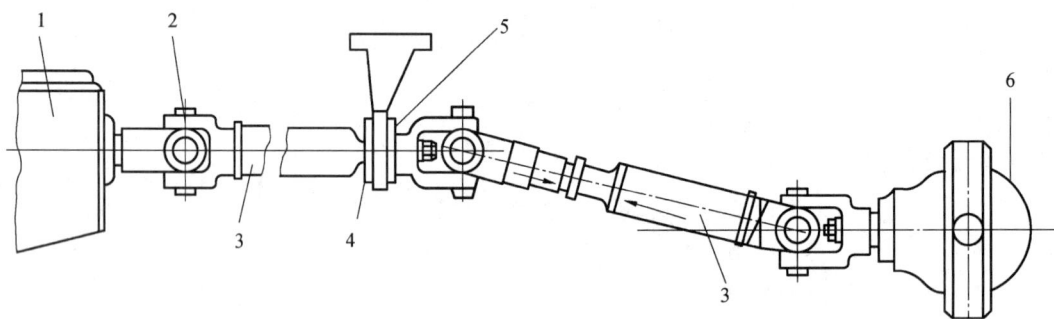

图5-2 万向传动装置的组成

1—变速器;2—万向节;3—传动轴;4—球轴承;5—中间支承;6—驱动桥

2. 万向传动装置的应用

万向传动装置在汽车上的应用主要有以下几个方面。

(1)变速器与驱动桥之间(4×2汽车)

如图5-3所示,一般情况下汽车的变速器、离合器与发动机三者装配为一体,装在车架上,驱动桥通过悬架与车架相连。负荷变化或汽车在不平路面行驶时引起的跳动,会使驱动桥输入轴与变速器输出轴之间的夹角和距离发生变化,因此需安装万向传动装置。

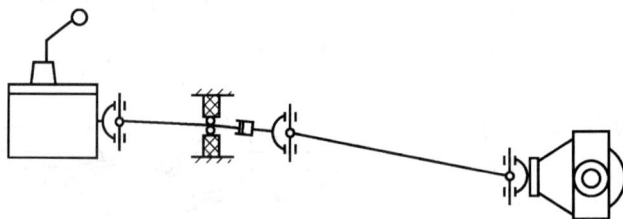

图5-3 变速器与驱动桥之间的万向传动装置

(2)越野汽车变速器与分动器、分动器与驱动桥之间

如图5-4所示,为消除车架变形及制造、装配误差等引起的轴线与轴度误差对动力传递的影响,在越野汽车变速器与分动器、分动器与驱动桥之间需装有万向传动装置。

(3)转向驱动桥的内、外半轴之间

如图5-5所示,转向时两段半轴轴线相交且夹角变化,因此要用万向节连接。

(4)断开式驱动桥的半轴之间

如图5-6所示,主减速器壳在车架上是固定的,桥壳上下摆动,半轴是分段的,因此需用万向节。

108

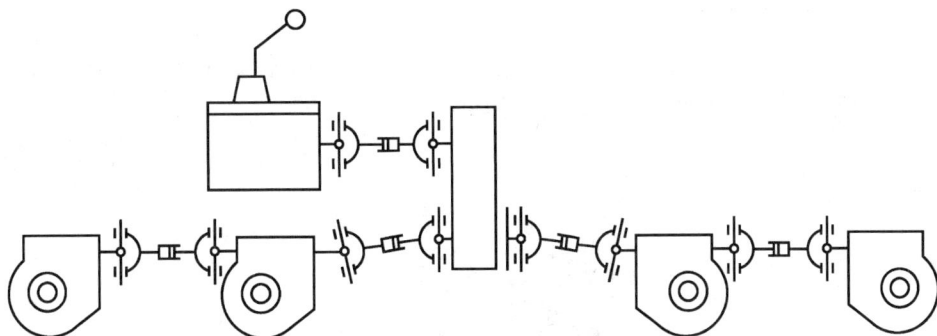

图 5 - 4　变速器与分动器、分动器与驱动桥之间的万向传动装置

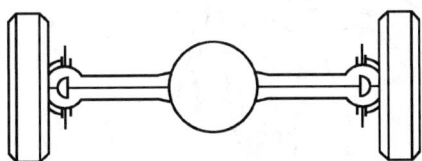

图 5 - 5　整体式转向驱动桥内、
外半轴之间的万向传动装置

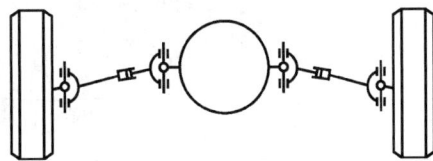

图 5 - 6　断开式驱动桥半轴
之间的万向传动装置

（5）转向机构的转向轴和转向器之间

如图 5 - 7 所示，为满足转向机构总体布置的要求，有些汽车将转向轴断开，在转向轴之间、转向轴与转向器之间安装万向传动装置。

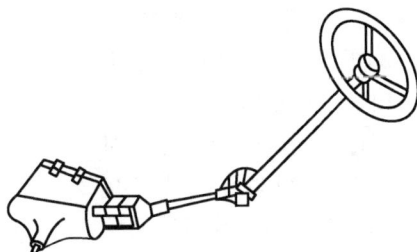

图 5 - 7　转向机构的转向轴和转向器之间的万向传动装置

5.2　万向节

万向节是一种用来连接两根具有一定夹角的转动轴并传递动力的元件。万向节按传递动力过程中输入、输出转速特性的不同，可分为不等速万向节(常用的为十字轴式万向节)、准等速万向节(常用的有双联式万向节和三销轴式万向节)和等速万向节(常用的为球叉式万向节和球笼式万向节等)三类；按其在扭转方向上是否有明显的弹性，可分为刚性万向节和柔性(挠性)万向节两类。

目前在汽车上应用较多的是十字轴式刚性万向节和等速万向节。十字轴式刚性万向节主要用于发动机前置后轮驱动的变速器与驱动桥之间；等角速万向节主要用于发动机前置前轮驱动的内、外半轴之间。

5.2.1 不等速万向节

目前，常用的不等速万向节为十字轴式刚性万向节。十字轴式刚性万向节如图5-8所示，它应用广泛，允许相邻两轴的最大夹角为15°~20°。

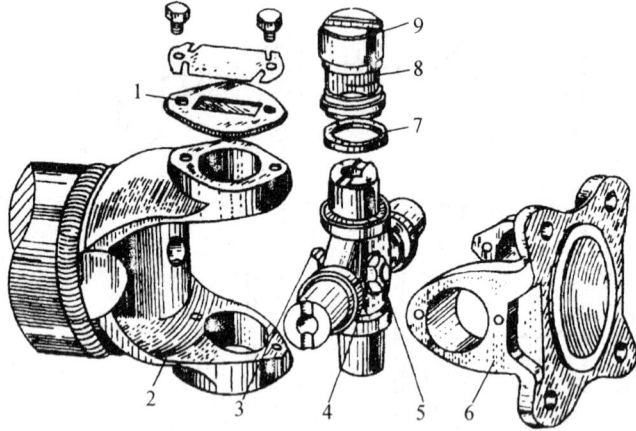

图5-8 十字轴式刚性万向节

1—轴承盖；2、6—万向节叉；3—油嘴；4—十字轴；5—安全阀；7—油封；8—滚针；9—套筒

1. 十字轴式刚性万向节的结构

十字轴式刚性万向节主要由十字轴、万向节叉和滚针轴承等组成。万向节叉上的孔分别松套在十字轴的两对轴颈上。在十字轴轴颈与万向节叉孔之间装有滚针和套筒，用带有锁片的螺钉和轴承盖来使之轴向定位。为了润滑轴承，十字轴内钻有油道，且与油嘴、安全阀相通，如图5-9所示。为避免润滑油流出及尘垢进入轴承，十字轴轴颈的内端套装着油封。安全阀的作用是当十字轴内腔润滑脂压力超过允许值时，使润滑脂外溢，因而使油封不会因油压过高而损坏。现代汽车多采用橡胶油封，多余的润滑油从油封内圆表面与十字轴轴颈接触处溢出，故无需安装安全阀。

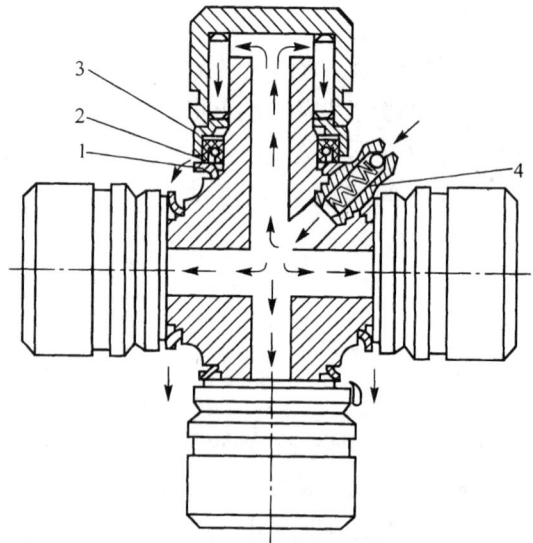

图5-9 润滑油道及密封装置

1—油封挡盘；2—油封；3—油封座；4—油嘴

万向节轴承的常见定位方式除了用盖板外，还可以用内、外弹性卡环，如图5-10、图5-11所示。

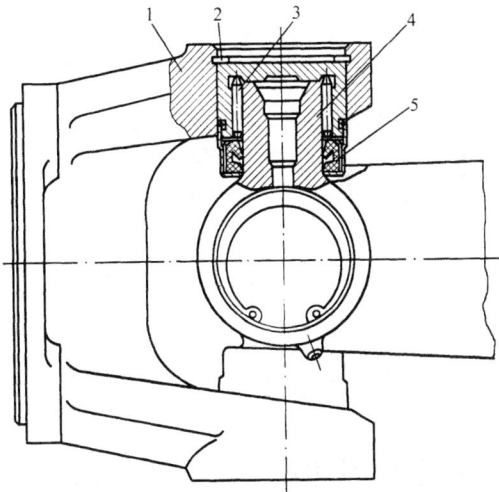

图 5 – 10　滚针轴承的内挡圈定位

1—万向节叉；2—内挡圈；3—滚针轴承；
4—十字轴；5—橡胶油封

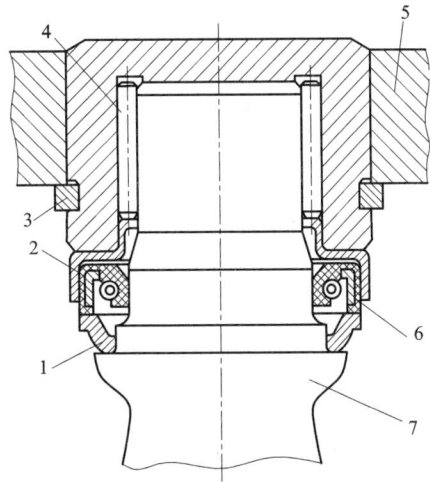

图 5 – 11　滚针轴承的外挡圈定位

1—油封挡盘；2—油封座；3—外挡圈；4—滚针；
5—万向节叉；6—橡胶油封；7—十字轴

2. 十字轴式刚性万向节的速度特性

单个十字轴式刚性万向节在主动轴和从动轴之间有夹角的情况下，当主动叉等角速转动时，从动叉是不等角速的，这称为十字轴式刚性万向节的不等速特性。下面就单个万向节传动过程中的两个特殊位置进行运动分析，说明它传动的不等速性。

（1）主动叉在垂直位置，并且十字轴平面与主动轴垂直［图 5 – 12（a）］

主动叉与十字轴连接点 a 的线速度 v_a 在十字轴平面内，从动叉与十字轴连接点 b 的线速度 v_b 在与主动叉平行的平面内，并且垂直于从动轴。点 b 的线速度 v_b 可分解为在十字轴平面内的速度 v_b' 和垂直于十字轴平面的速度 v_b''。由速度直角三角形可以看出，在数值上 $v_b > v_b'$。由于十字轴各轴颈长度相等，即 $Oa = Ob$，a、b 两点于十字轴平面内的线速度在数值上也相等，即 $v_b' = v_a$，因此，$v_b > v_a$。由此可知，当主、从动叉转到这一特殊位置时，从动轴的转速大于主动轴的转速。

（2）主动叉处于水平位置，且十字轴平面与从动轴轴线垂直［图 5 – 12（b）］

此时主动叉与十字轴连接点 a 的线速度 v_a 在平行于从动叉的平面内，并且垂直于主动轴。点 a 线速度 v_a 可分解为在十字轴平面内的速度 v_a' 和垂直于十字轴平面的速度 v_a''。根据与上述同样的道理，在数值上 $v_a > v_a'$，而 $v_a' = v_b$，所以 $v_a > v_b$。即当主、从动叉转到这一特殊位置时，从动轴转速小于主动轴转速。

由上述两个特殊位置的分析，可以看出，十字轴式万向节在传动过程中，主、从动轴的转速是不相等的。而主、从动轴的平均转速是相等的，即主动轴转一周从动轴也转过一周。

图 5 – 12（c）所示是当主、从动轴间夹角分别为 10°、20° 和 30°，主动轴转角在 0 ~ 180° 范围内变化时主、从动轴转角差的变化情况。从图上可以看出，两轴夹角愈大，不等速性愈严重。

十字轴式刚性万向节的不等速特性将引起从动轴及与其相连的传动部件产生扭转振动，

从而产生附加的交变载荷，影响零部件寿命。

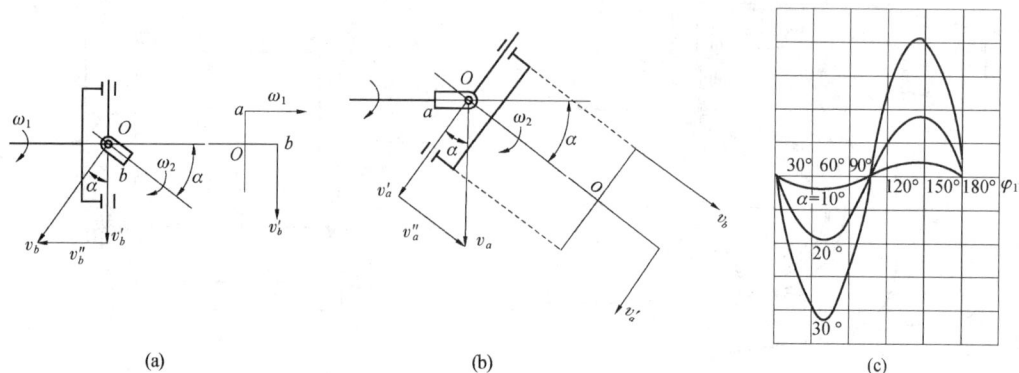

图 5 - 12　十字轴式刚性万向节的不等速特性分析

3. 十字轴式刚性万向节传动的等速条件

从以上分析可知，在两轴(如变速器的输出轴和驱动桥的输入轴)之间若采用如图 5 - 13 所示的双万向节传动，则第一万向节的不等速效应就有可能被第二万向节的不等速效应所抵消，从而实现两轴间的等角速传动。根据运动学分析得知，要达到这一目的，必须满足以下两个条件：① 第一万向节两轴间夹角 α_1 与第二万向节两轴间的夹角 α_2 相等；②第一万向节的从动叉与第

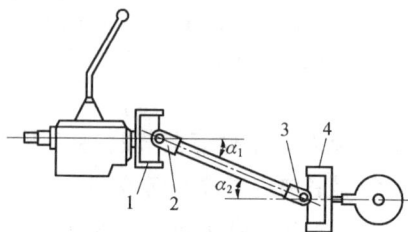

图 5 - 13　双万向节等速传动布置示意图
1、3—主动叉；2、4—从动叉

二万向节的主动叉处于同一平面内。后一条件完全可以由传动轴和万向节叉的正确装配来保证。但是，前一条件($\alpha_1 = \alpha_2$)只有在驱动轮采用独立悬架时，才有可能通过整车的总布置设计和总装配工艺的保证而实现。

双万向节传动虽能近似地解决等速传动问题，但在某些情况下，例如转向驱动桥的分段半轴间，由于布置上受轴向尺寸限制，而且为了确保转向机动性，要求转向轮偏转角速度大(30°~40°)，因而上述双万向节传动已难以适应。在长期实践中，人们创造了各种形式的等速和准等速万向节，只要用一个万向节，即能实现或基本实现等角速传动。

5.2.2　准等速万向节

准等速万向节是根据两个普通万向节实现等速传动的原理制成的，常见的有双联式和三销轴式万向节两种。

1. 双联式万向节

双联式万向节实际上是一套传动轴长度减缩至最小的双万向节传动装置，如图 5 - 14 所示。图中的双联叉相当于两个在同一平面上的万向节叉。要使轴 1 和轴 2 的角速度相同，必须保证 $\alpha_1 = \alpha_2$。为此有的双联式万向节装有分度机构(多为球销之类零件组成)，以保证双联叉的对称线平分所连两轴的夹角。目前，汽车转向驱动桥采用的双联式万向节为使结构简化，省去了分度机构，在结构上将内半轴或外半轴用组件定位在壳体上，保证汽车直线行驶时万向节中心点位于主销轴线与半轴轴线的交点。

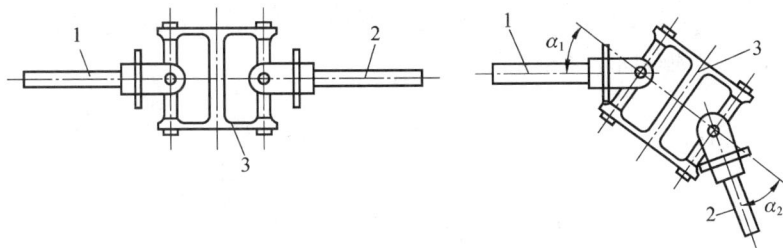

图 5 – 14 双联式万向节的原理图

1、2—万向节叉轴；3—双联叉

双联式万向节允许有较大的轴间夹角(一般可达 50°)，轴承密封好，效率高，制造方便，工作可靠；但外形尺寸较大，结构复杂，零件数目较多，主要应用在转向驱动桥中。

2. 三销轴式万向节。

三销轴式万向节是由双联式万向节演变而来的准等速万向节，如图 5 – 15 所示，它由 2 个偏心轴叉、2 个三销轴以及 6 个滑动轴承和密封件等组成。每一偏心轴叉的两叉孔通过轴承和一个三销轴大端的两轴颈配合，两个三销轴的小端互相插入对方的大端轴承孔内，形成了 $Q_1 - Q_1'$、$Q_2 - Q_2'$、$R - R'$ 共 3 根轴线。传递转矩时，由主动偏心轴叉经轴 $Q_1 - Q_1'$、$Q_2 - Q_2'$、$R - R'$ 传到从动偏心轴叉。

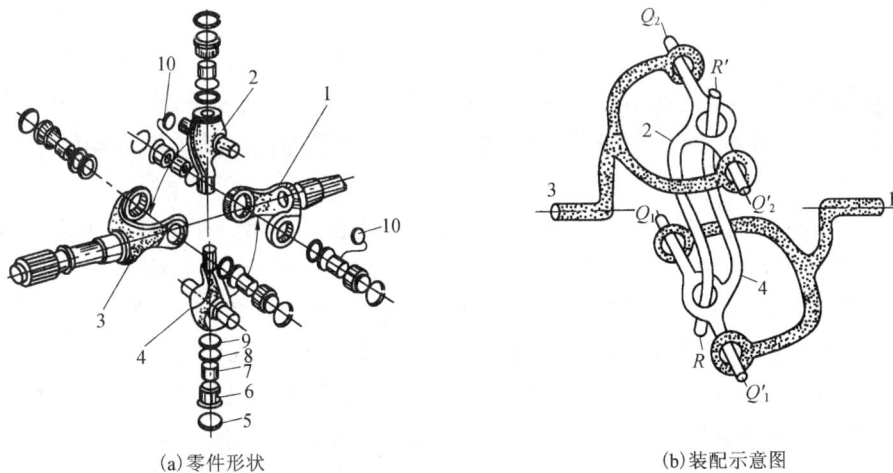

(a)零件形状

(b)装配示意图

图 5 – 15 三销轴式万向节

1—主动偏心轴叉；2、4—三销轴；3—从动偏心轴叉；5—卡环；
6—轴承座；7—衬套；8—毛毡圈；9—密封罩；10—推力垫片

与主动偏心轴叉相连的三销轴的两个轴颈端面和轴承座之间装有推力垫片，其余轴颈端面均无推力垫片，且端面与轴承座之间留有较大的空隙，以保证转向时三销轴式万向节无运动干涉现象。

　　三销轴式万向节的优点是对万向节与转向节的同心度要求不高;允许相邻两轴有较大的交角,最大可达45°;可直接暴露在外而不需要加外球壳和密封。其缺点是外形尺寸较大,零件形状复杂,毛坯需要精锻,万向节的两轴受有附加弯矩和轴向力。它主要应用在中、重型越野汽车和部分轿车的转向驱动桥中。

5.2.3　等速万向节

　　等速万向节的基本原理是传力点永远位于两轴夹角的平分面上。图5-16所示为等速万向节工作原理图。一对大小相同的锥齿轮的接触点 P 位于两齿轮轴线夹角的平分面上,由 P 点到两轴的垂直距离都等于 r 。 P 点处两齿轮的圆周速度相等,两齿轮的角速度也相等。可见,万向节的传力点在其夹角变化时,始终位于两轴夹角的平分面上,因而能保证等速传动。

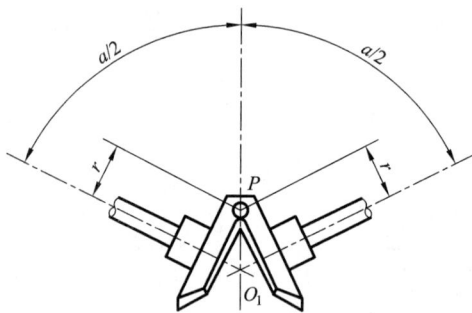

图5-16　等速万向节的工作原理

　　等速万向节的常见结构形式有球笼式和球叉式两种。

1. 球笼式等速万向节

　　球笼式万向节按主、从动叉在传递转矩过程中轴向是否产生位移分为:固定型球笼式万向节(RF节)和伸缩型球笼式万向节(VL节)。

　　(1)固定型球笼式万向节(RF节)

　　固定型球笼式万向节(RF节)的结构见图5-17。星形套7以内花键与主动轴1相连,其外表面有6条凹槽,形成内滚道。球形壳8的内表面有相应的6条凹槽,形成外滚道。6个钢分别装在各条凹槽中,并由保持架4使之保持在一个平面内。动力由主动轴1经钢球6、球形壳8输出。

　　固定型球笼式万向节(RF节)的等角速传动原理见图5-18。外滚道的中心 A 与内滚道的中心 B 分别位于万向节中心 O 的两边,且与 O 等距离。钢球中心 C 到 A 、 B 两点的距离也相等。保持架的内外球面、星形套的外球面和球形壳的内球面均以万向节中心 O 为球心。故当两轴夹角变化时,保持架可沿内外球面滑动,以保持钢球在一定位置。

　　由图5-18可见,由于 $OA = OB$, $CA = CB$, CO 是共边,则 $\triangle COA$ 与 $\triangle COB$ 全等。故 $\angle COA = \angle COB$,即两轴相交任意交角 α 时,传力的钢球 C 都位于交角平分面上。此时钢球中心到主、从动轴轴线的距离 a 和 b 相等,从而保证了从动轴与主动轴以相等的角速度旋转。

　　固定型球笼式等速万向节(RF节)两轴允许夹角范围较大(45°~50°),例如奥迪、捷达、红旗CA7220型等轿车采用的RF节的两轴夹角最大可达47°,且在工作时,无论传动方向如何,6个钢球全部传力。与球叉式万向节相比,其承载能力强、结构紧凑、拆装方便,因此应用越来越广泛。目前国内外大多数轿车的前转向驱动桥在转向节处均采用这种固定型球笼式等速万向节(RF节)。

　　(2)伸缩型球笼式万向节(VL节)

　　伸缩型球笼式万向节(VL节)的结构,如图5-19所示。

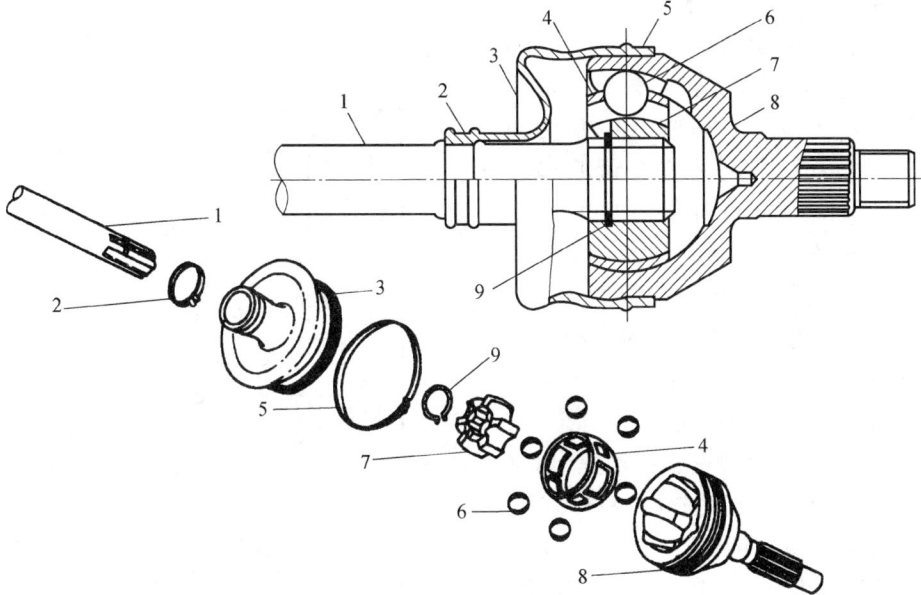

图 5 – 17　固定型球笼式等速万向节（RF 节）
1—主动轴；2、5—钢带箍；3—外罩；4—保持架（球笼）；
6—钢球；7—星形套（内滚道）；8—球形壳（外滚道）；9—卡环

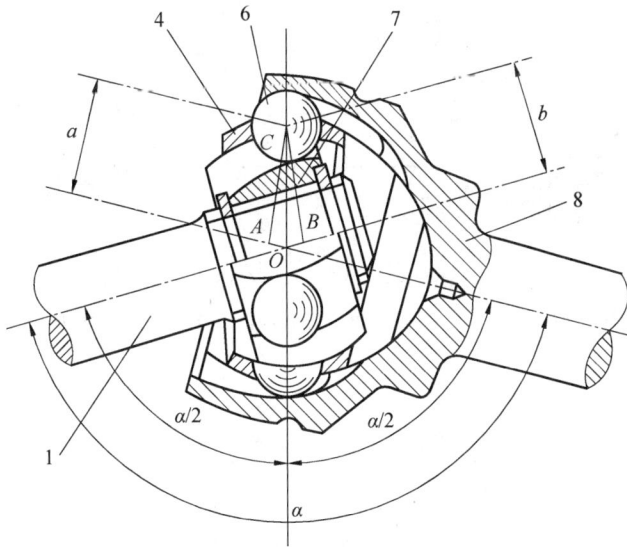

图 5 – 18　固定型球笼式万向节等角速传动原理
图注同图 5 – 17；O—万向节中心；A—外滚道中心；B—内滚道中心；C—钢球中心；α—两轴夹角（指钝角）

　　伸缩型球笼式万向节（VL 节）的内外滚道是圆筒形的，在传递转矩过程中，星形套 2 与筒形壳 4 可以沿轴向相对移动，故可省去其他万向传动装置中必须有的滑动花键。这不仅使结构简化，而且由于星形套 2 与筒形壳 4 之间的轴向相对移动是通过钢球 5 沿内外滚道滚动来实现的，与滑动花键相比，其阻力小，最适用于断开式驱动桥。VL 节两轴夹角为 20° ~

25°，较十字轴刚性万向节相邻两轴的夹角范围大，但小于球叉式和 RF 节。

这种万向节的保持架的内球面中心 B 与外球面中心 A 位于万向节中心 O 的两边，且与 O 等距离。钢球中心 C 到 A、B 距离相等，以保证万向节作等角速传动。

VL 节在前置前驱动且采用独立悬架的轿车的转向驱动桥中均布置在靠主减速器侧（内侧），而轴向不能伸缩的固定型球笼式万向节（RF 节），则布置在靠近车轮处（外侧），如图 15 – 20 所示。上海桑塔纳、天津夏利、一汽 – 大众捷达、宝来、奥迪及红旗 CA7220 型等轿车皆为这种布置形式。

2．球叉式等速万向节

球叉式万向节的构造如图 5 – 21 所示。主动叉 5 与从动叉 1 分别与内、外半轴制

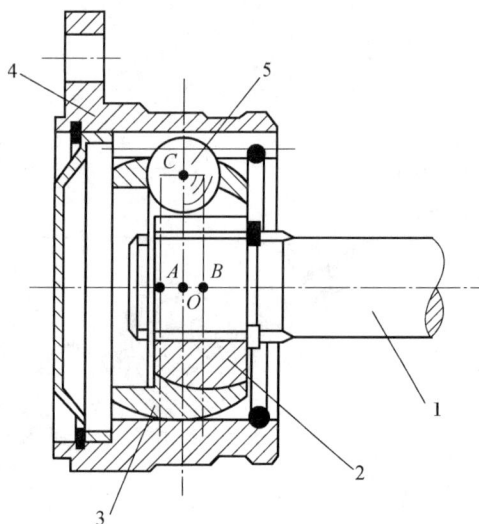

图 5 – 19　伸缩型球笼式万向节（VL 节）

1—主动轴；2—星形套（内滚道）；3—保持架（球笼）；4—筒形壳（外滚道）；5—钢球

成一体。在主、从动叉上，各有 4 个曲面凹槽，装合后，形成两个相交的环形槽，作为钢球滚道。4 个传动钢球 4 放在槽中，钢球 6 放在两叉中心的凹槽内，以定中心。

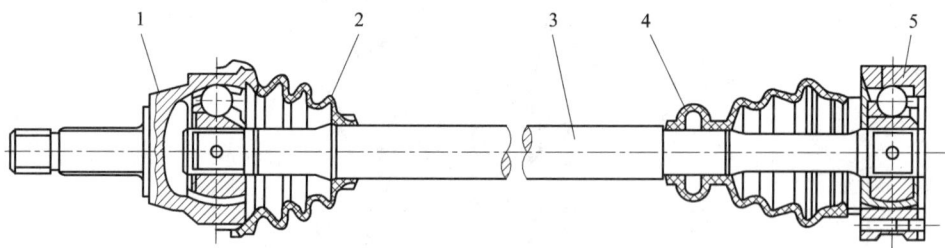

图 5 – 20　RF 节与 VL 节在转向驱动桥中的布置

1—固定型球笼式万向节（RF 节）；2、4—防尘罩；3—传动轴（半轴）；5—伸缩型球笼式万向节（VL 节）

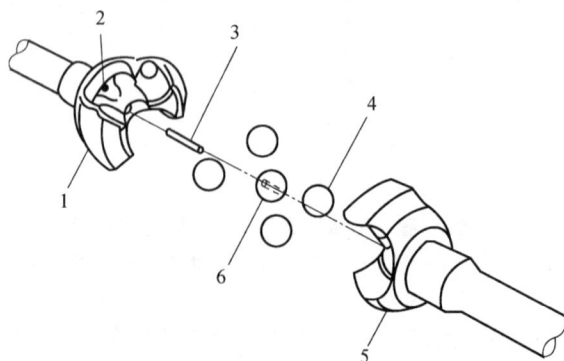

图 5 – 21　球叉式等速万向节

1—从动叉；2—锁止销；3—定位销；4—传动钢球；5—主动叉；6—定心钢球

为顺利地将钢球装入槽内,在定心钢球 6 上铣出一个凹面,凹面中央有一深孔。装合时,先将定位销 3 装入从动叉内,放入定心钢球,然后在两球叉槽中陆续装入三个传动钢球,再将定心钢球的凹面对向未放钢球一侧,以便装入第四个传动钢球,而后再将定心钢球 6 的孔对准从动叉孔,提起从动叉轴使定位销 3 插入球孔中,最后将锁止销 2 插入从动叉上与定位销垂直的孔中,以限制定位销轴向移动,保证定心钢球的正确位置。

球叉式万向节的等角速传动原理可按图 5 - 22 来说明。主动叉和从动叉凹槽的中心线是以 O_1、O_2 为圆心的两个半径相等的圆,而圆心 O_1、O_2 与万向节中心 O 的距离相等。因此,在主动轴和从动轴以任何角度相交的情况下,传动钢球中心始终位于两圆的交点上,亦即所有传动钢球都位于角平分面上,因而保证了等角速传动。

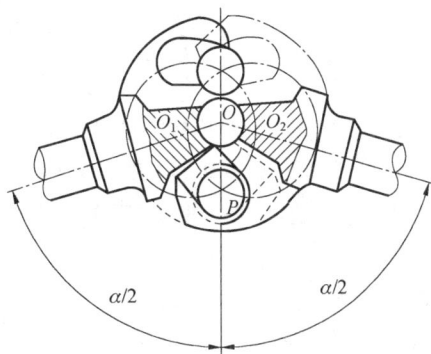

图 5 - 22　球叉式万向节等角速传动原理

球叉式万向节结构简单,两轴间允许最大交角为 32°～33°。一般应用于转向驱动桥的转向节处。

球叉式万向节工作时,只有两个钢球传力,反转时,则由另两个钢球传力。因此钢球与曲面凹槽之间的单位压力较大,容易磨损,且随着磨损的增加,传动钢球与滚道预紧力逐渐减小至消失,使主、从动叉发生轴向窜动,破坏了传动的等速性。

近些年来,有些球叉式万向节中省去了定位销和锁止销,定心钢球上也没有凹面,靠压力装配。这样,结构更为简单,但拆装较困难。

上述球叉式万向节的滚道为圆弧槽形滚道。还有一种球叉式万向节的滚道是直槽形的,如图 5 - 23 所示。两球叉上的直槽与轴的中心线倾斜的角度相同,而且彼此对称。在两球叉的滚道中装有 4 个传力钢球。由于两球叉上的滚道处于对称位置,从而保证了 4 个钢球的中心处于两轴夹角的平分面上。这种万向节的特点是加工比较容易,其两轴间的允许夹角不超过 20°,且轴向允许有一定的滑动量,故可用在断开式驱动桥靠近主减速器处(内侧),用它可补偿半轴摆动时长度的变化,从而省去了滑动花键。

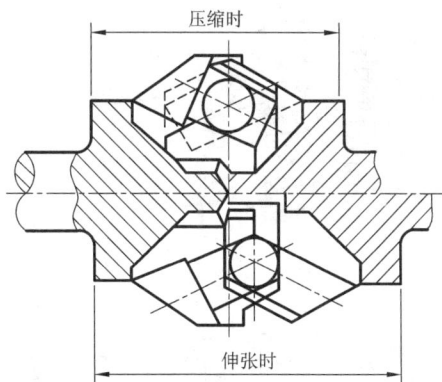

图 5 - 23　滚道为直槽形的球叉式万向节

5.2.4　柔性万向节

柔性万向节如图 5 - 24 所示,它依靠弹性连接件的弹性变形来保证在相交两轴间传动时不发生机械干涉。弹性连接件采用橡胶盘、橡胶金属套筒、六角形橡胶圈等结构。因弹性连接件的弹性变形有限,故柔性万向节适用于两轴夹角不大(3°～5°)和只有微量轴向位移的万向传动装置。例如,有的汽车在发动机与变速器之间,变速器与分动器之间装有柔性万向节，以消除制造安装误差和车架变形对传动的影响。此外，它还具有结构简单、无须需润滑、能吸收传动系统中的冲击载荷和衰减扭转振动等优点。

5.3　传动轴与中间支承

5.3.1　传动轴

传动轴是万向传动装置中的主要传力部件，通常用来连接变速器(或分动器)和驱动桥；在转向驱动桥和断开式驱动桥中，则用来连接差速器和驱动车轮。

1. 传动轴的组成及结构

常见的轻、中型货车中，连接变速器与驱动桥之间的传动轴总成一般由传动轴及其两端焊接的花键轴和万向节叉组成。

汽车行驶过程中，变速器与驱动桥的相对位置经常变化，为避免运动干涉，传动轴用由滑动叉和花键轴组成的滑动花键连接，以实现传动轴长度的变化。为减少磨损，还装有用以加注润滑脂的滑脂嘴、油封、堵盖和防尘套，如图5-25所示。

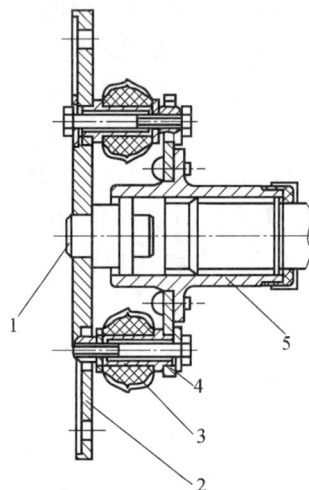

图5-24　柔性万向节

1—中心轴；2—大圆盘；3—弹性连接件；
4—连接圆盘；5—花键毂

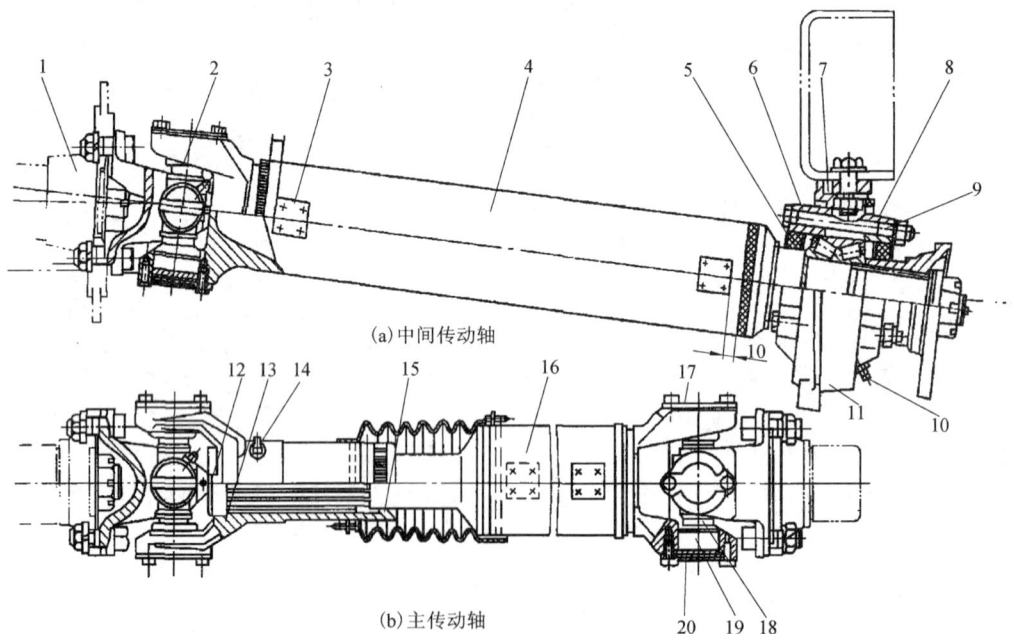

(a)中间传动轴

(b)主传动轴

图5-25　解放CA1092型汽车的万向传动装置

1—凸缘叉；2—万向节十字轴；3—平衡片；4—中间传动轴；5、15—中间支承油封；6—中间支承前盖；
7—橡胶垫片；8—中间支承后盖；9—双列圆锥滚子轴承；10、14—油嘴；11—支架；12—堵盖；13—滑动叉；
16—主传动轴；17—锁片；18—滚针轴承油封；19—万向节滚针轴承；20—滚针轴承轴承盖

　　传动轴在高速旋转时，由于质量不均衡引起的离心力将使传动轴发生剧烈振动。因此，当传动轴与万向节装配后必须进行动平衡。图 5 - 25 中的零件 3 即为平衡用的平衡片。平衡后，在滑动叉 13 与主传动轴 16 上刻上箭头记号，以便拆卸后重装时保持二者的相对角位置不变。传动轴过长时，固有频率降低，易产生共振。故常将其分为两段并加中间支承。前段称中间传动轴［如图 5 - 25(a)所示］，后段称主传动轴［如图 5 - 25(b)所示］。

　　为了得到较高的强度和刚度，传动轴多做成空心的，一般用厚度为 1.5 ~ 3.0 mm 的薄钢板卷焊而成。超重型货车的传动轴则直接采用无缝钢管。在转向驱动桥、断开式驱动桥或微型汽车的万向传动装置中，通常将传动轴制成实心轴。

　　为减小传动轴中花键连接的轴向滑动阻力和磨损，在传动轴上装有用以加注润滑脂的注射嘴 10 和 14、油封 5 和 15、堵盖 12 和防尘罩，如图 5 - 25 所示；还可对花键进行磷化处理或喷涂尼龙层；有的则在花键槽内设置滚动元件，如国外有的汽车传动轴采用了图 5 - 26 所示的圆柱滚子式滚动花键连接。在传动轴内套管 3 上制有 4 条均布的夹角为 90°的贯通凹槽（滚道）；在传动轴外套管 2 上也相应地制有 4 条均布的夹角为 90°的贯通凹槽（滚道）。内、外套管的凹槽装配吻合后，放入滚柱 1，并使相邻的滚柱各按向右和向左的顺序间隔排列。内、外传动套管 3 和 2 的两端装有挡圈 4，以防滚柱 1 脱落及限定内、外套管的相对移动量。工作中内、外套管的相对滑动，由滚柱在凹槽内滚动实现。当传动轴逆时针方向旋转时（图 5 - 26 中 A—A 剖视），各凹槽中向右倾斜安装的滚柱传力；反之，向左倾斜的滚柱传力。

2. 传动轴的中间支承

　　传动轴分段时须在两根传动轴之间加装中间支承。通常中间支承安装在车架横梁或车身底架上，以补偿传动轴轴向和角度方向的安装误差以及汽车行驶过程中由于发动机窜动或车架等变形所引起的位移。一般有蜂窝式中间支承和摆动式中间支承两种类型。

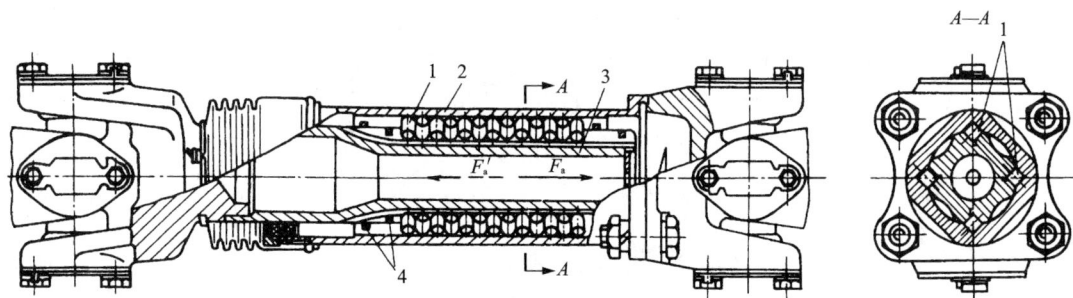

图 5 - 26　传动轴滚动花键

1—滚柱；2—传动轴外套管；3—传动轴内套管；4—挡圈

(1)蜂窝式中间支承

　　解放 CA1091 型系列汽车的中间支承，采用如图 5 - 27 所示的蜂窝软垫式球轴承的中间支承。由于蜂窝形橡胶垫 5 的弹性作用，能适应传动轴的安装误差和行驶中出现的位移。此外，还可吸收振动，减少噪声传导。蜂窝软垫式的结构简单，效果好，应用较广泛。

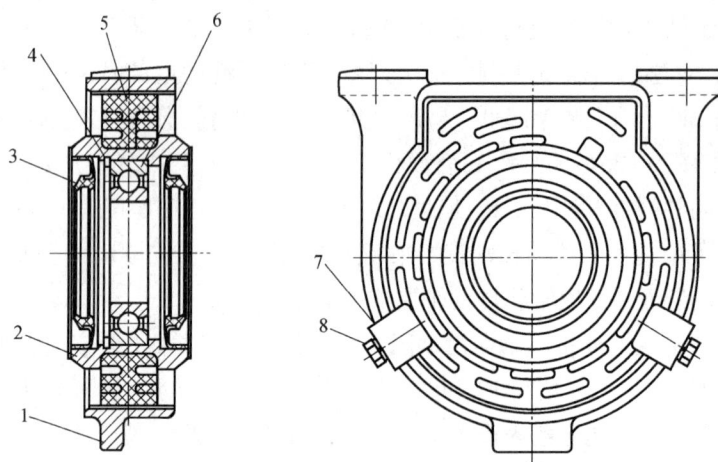

图 5－27　解放 CA1091 系列汽车传动轴中间支承

1—中间支承支架；2—轴承座；3—防尘油封；4—弹性挡圈；

5—蜂窝形橡胶垫；6—球轴承；7—中间支承卡板；8—螺栓

东风系列载货汽车的中间支承也采用蜂窝式结构，如图 5－28 所示。

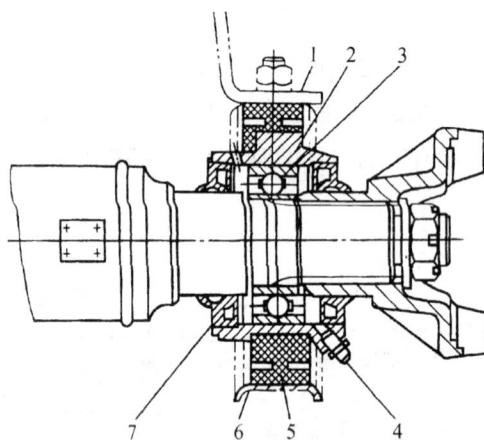

图 5－28　东风系列汽车传动轴中间支承

1—车架横梁；2—轴承座；3—轴承；4—滑脂嘴；

5—蜂窝形橡胶垫；6—U 形支架；7—油封

（2）摆动式中间支承

摆动式中间支承如图 5－29 所示。当发动机轴向窜动时，摆臂 4 可绕支承轴 3 摆动，适应中间传动轴 8 的轴线在纵向平面的位置变化，改善了轴承 7 的受力状况。此外，橡胶衬套 2 和 5 能适应传动轴线在横向平面内少量的位置变化。整个中间支撑通过螺栓固定在支架 1 和车架横梁 12 上。

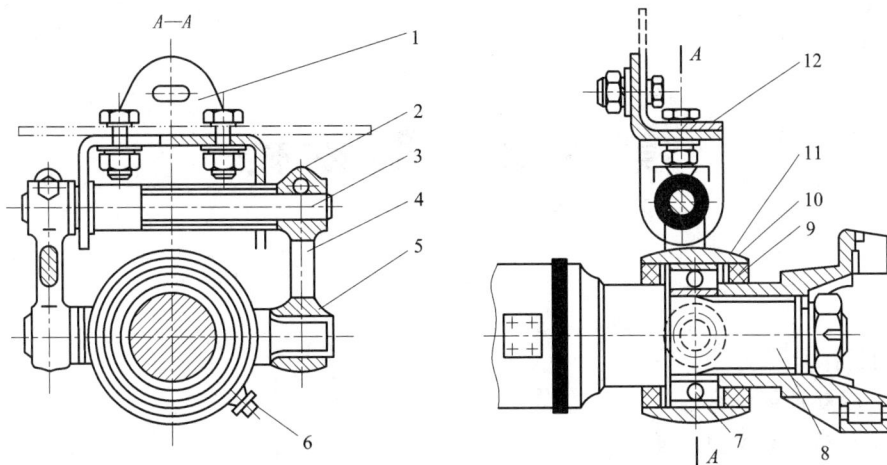

图 5 – 29　摆动式中间支承

1—支架；2、5—橡胶衬套；3—支承轴；4—摆臂；6—滑脂嘴；7—轴承；
8—中间传动轴；9—油封；10—支承座；11—卡环；12—车架横梁

复习题

一、填空题

1. 万向传动装置一般由＿＿＿＿＿＿＿、＿＿＿＿＿＿＿＿和＿＿＿＿＿＿＿＿组成。

2. 等速万向节一般包括＿＿＿＿＿＿＿和＿＿＿＿＿＿＿＿两种。

3. 为了得到较高的强度和刚度，传动轴多做成＿＿＿＿＿＿＿的，为避免运动干涉，传动轴用由＿＿＿＿＿＿＿和＿＿＿＿＿＿＿组成的滑动花键连接，以适应传动轴长度的变化。为减少磨损，还装有用以加注＿＿＿＿＿＿＿的滑脂嘴、油封、堵盖和防尘套。

二、简答题

1. 汽车上为什么要使用万向传动装置？其主要应用在汽车的哪些部分？

2. 十字轴刚性万向节有何传动特点？如何实现其等角速度传动？

3. 准等速万向节和等速万向节有哪些结构形式？各有何特点？

4. 球叉式与球笼式等速万向节在应用上有何差别？为什么？

5. 试分析三轴驱动越野汽车的中、后桥两种驱动形式对万向传动装置的结构有何要求？

6. 在前桥为独立悬架的转向驱动桥中，可否靠主减速器处不布置 VL 节，而只在靠近转向轮处布置 RF 节？另外，可否将 RF 节与 VL 节的布置位置对换？为什么？

7. 什么情况下传动轴需要分段制造？这样做的目的是什么？

8. 何时需要设置中间支承？它有哪些功用？

9. 蜂窝软垫式中间支承有何优点？

第6章　驱动桥

【学习目标】

了解：驱动桥的概念。

熟悉：驱动桥的类型、组成。

掌握：主减速器的作用、原理和差速器的作用。

学会：各种主减速器和差速器的区别。

【主要内容】

驱动桥是汽车动力传动装置之一，它的作用是将动力经驱动桥传递给驱动轮。本任务主要讨论驱动桥的组成、各组成的作用和工作原理。

6.1　概述

驱动桥是传动系的最后一个总成。发动机的动力经过离合器（或液力变矩器）、变速器、万向传动装置，传到了驱动桥，最后传给驱动轮。驱动桥一般是由主减速器、差速器、半轴、桥壳等组成，如图6-1所示。

驱动桥的主要零部件都装在驱动桥的桥壳中。桥壳由主减速器壳和半轴套管组成。

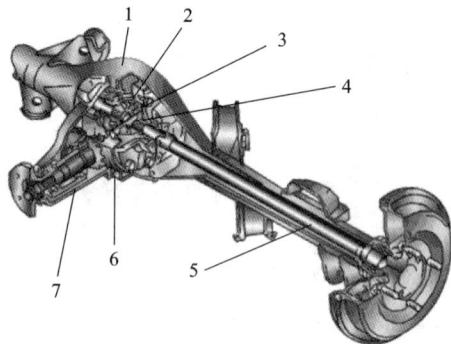

图 6-1　驱动桥的组成

1—后桥壳；2—差速器壳；3—差速器行星齿轮；
4—差速器半轴齿轮；5—半轴；
6—主减速器从动齿轮齿圈；7—主减速器主动小齿轮

6.1.1　驱动桥的功用

动桥的功用是将由万向传动装置传来的发动机转矩传给驱动车轮，并经降速增矩、改变动力传动方向，使汽车行驶，而且允许左右驱动车轮以不同的转速旋转。具体来说有如下5个作用：

①通过主减速器齿轮的传动，降低转速，增大转矩；

②将万向传动装置传来的动力通过主减速器锥齿轮副，改变力的传递方向；

③通过差速器可以使内外侧车轮以不同转速转动，适应汽车的转向要求；

④通过半轴是将动力由差速器传给驱动车轮，使汽车行驶；

⑤通过桥壳和车轮，实现承载及传力作用。

6.1.2 驱动桥类型及组成

驱动桥按结构形式不同,可以分为整体式驱动桥和断开式驱动桥。整体式驱动桥又称为非断开式驱动桥。当驱动车轮采用非独立悬架时,应该选用非断开式驱动桥;当驱动车轮采用独立悬架时,则应该选用断开式驱动桥。因此,前者又称为非独立悬架驱动桥;后者称为独立悬架驱动桥。独立悬架驱动桥结构较复杂,但可以大大提高汽车在不平路面上的行驶平顺性。

1. 整体式驱动桥

整体式驱动桥如图 6-2 所示,其驱动桥壳为一刚性的整体,是一根支承在左右驱动车轮上的刚性空心梁,齿轮及半轴等传动部件安装在其中。驱动桥两端通过悬架与车架或车身连接,左右半轴始终在一条直线上,即左右驱动轮不能相互独立地跳动。当某一侧车轮因地面不平而升高或下降时,整个驱动桥及车身都要随之发生倾斜,车身波动大。

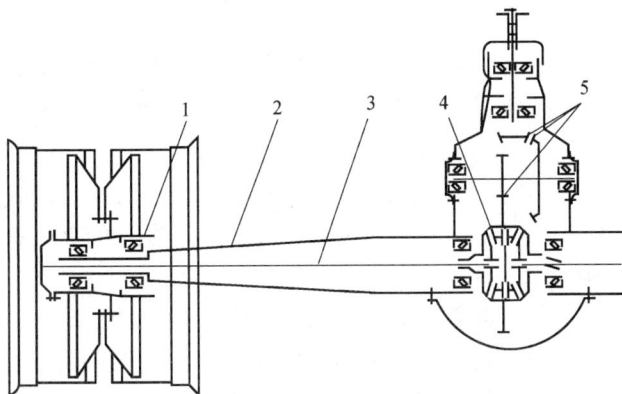

图 6-2 整体式驱动桥的组成
1—轮毂;2—桥壳;3—半轴;4—差速器;5—主减速

2. 断开式驱动桥

为提高车辆行驶的平顺性和通过性,有些轿车和越野车采用独立悬架的断开式驱动桥,如图 6-3 所示。断开式驱动桥的桥壳是分段的,并用铰链连接,各段彼此之间可以做相对运动,所以这种桥称为断开式驱动桥。另外,它又总是与独立悬挂相匹配,故又称为独立悬挂驱动桥。这种桥的中段,主减速器及差速器等是悬置在车架横梁或车厢底板上,或与脊梁式车架相连。这样,两侧驱动车轮及桥壳可以彼此独立地相对于车架或车身上下跳动,相应地就要求驱动车轮的传动装置及其外壳或套管作相应摆动。

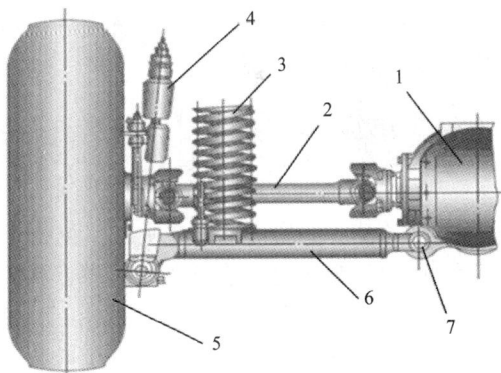

图 6-3 断开式驱动桥的组成
1—主减速器;2—半轴;3—弹性元件;4—减振器;
5—车轮;6—摆臂;7—摆臂轴

6.2 主减速器

汽车正常行驶时,发动机的转速通常为 2000~3000 r/min,如果将这么高的转速只靠变速箱来降下来,那么变速箱内齿轮的传动比就需要很大,而齿轮的传动比越大,两齿轮的半径比也越大,换句话说,也就是变速箱的尺寸会越大。另外,转速下降,而转矩必然增加,也就加大了变速箱与变速箱后一级传动机构的传动负荷。所以,在动力向左右驱动轮分流的差速器之前设置一个主减速器,可使主减速器前面的传动部件如变速箱、万向传动装置等传递的转矩减小,也可以使变速箱的尺寸、质量减小,操纵省力。

主减速器是在传动系中起降低转速、增大转矩作用的主要部件,当发动机纵置时还具有改变转矩旋转方向的作用。它是依靠齿数少的齿轮带齿数多的齿轮来实现减速的,采用圆锥齿轮传动则可以改变转矩旋转方向。

主减速器的存在有两个作用,第一是改变动力传输的方向,第二是作为变速器的延伸为各个挡位提供一个共同的传动比。变速器的输出是一个绕纵轴转动的力矩,而车轮必须绕车辆的横轴转动,这就需要有一个装置来改变动力的传输方向。之所以叫主减速器,就是因为不管变速器在什么挡位上,这个装置的传动比都是总传动比的一个因子。有了这个传动比,可以有效地降低对变速器的减速能力的要求,这样设计的好处是可以有效减小变速器的尺寸,使车辆的总布置更加合理。

汽车主减速器最主要的作用就是减速增扭。我们知道发动机的输出功率是固定的,根据功率的计算公式,当通过主减速器将传动速度降下来以后,能获得比较高的输出扭矩,从而得到较大的驱动力。

为满足不同的使用需求,主减速器的结构形式也是不同的。

按参加减速传动的齿轮副数目分,有单级式主减速器和双级式主减速器。在双级式主减速器中,若第二级减速器齿轮有两副,并分置于两侧车轮附近,实际上成为独立部件,则称为轮边减速器。

按主减速器传动比挡数分,有单速式和双速式。前者的传动比是固定的,后者有两个传动比供驾驶员选择,以适应不同行驶条件的需要。

按齿轮副结构形式不同分,有圆柱齿轮式(又分为轴线固定式和轴线旋转式即行星齿轮式)、锥齿轮式和准双曲面齿轮式。

6.2.1 单级主减速器

单级主减速器总成主要靠一对锥齿轮传递扭矩,具有结构简单、传动效率高、体积小、重量轻等优点,它广泛地用在主减速比小于 7.6 的各种中、小型汽车上。因此对于轿车和一般轻、中型货车均采用单级主减速器。

单级减速器就是一个主动锥齿轮(俗称角齿)和一个从动锥齿轮(又称从动伞齿轮或盆角齿),主动锥齿轮连接传动轴,顺时针旋转,从动锥齿轮贴在其右侧,啮合点向下转动,与车轮前进方向一致。由于主动锥齿轮直径小,从动锥齿轮直径大,达到减速的功能,如图 6 - 4 所示。

图 6 - 5 所示为东风 EQ1090 型汽车单级主减速器。它由主、从动锥齿轮及其支承调整装置、主减速器壳等组成。主动锥齿轮的齿数为 6,从动锥齿轮的齿数为 38,因此其传动比 $i = 6.33$。

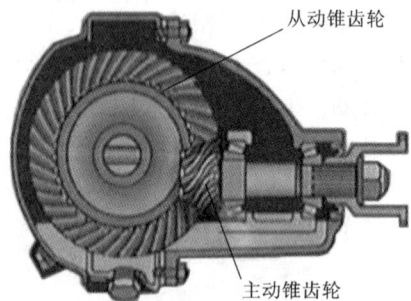

图 6 - 4 单级主减速器

为了使主动齿轮和从动齿轮之间啮合传动时冲击轻、噪声低,而且轮齿沿其长度方向磨损均匀,因此必须有正确的相对位置。为此,在结构上一方面要使主动和从动锥齿轮有足够的支承刚度，使其在传动过程中不至于发生较大变形而影响正常啮合；另一方面，应有必要的啮合调整装置。

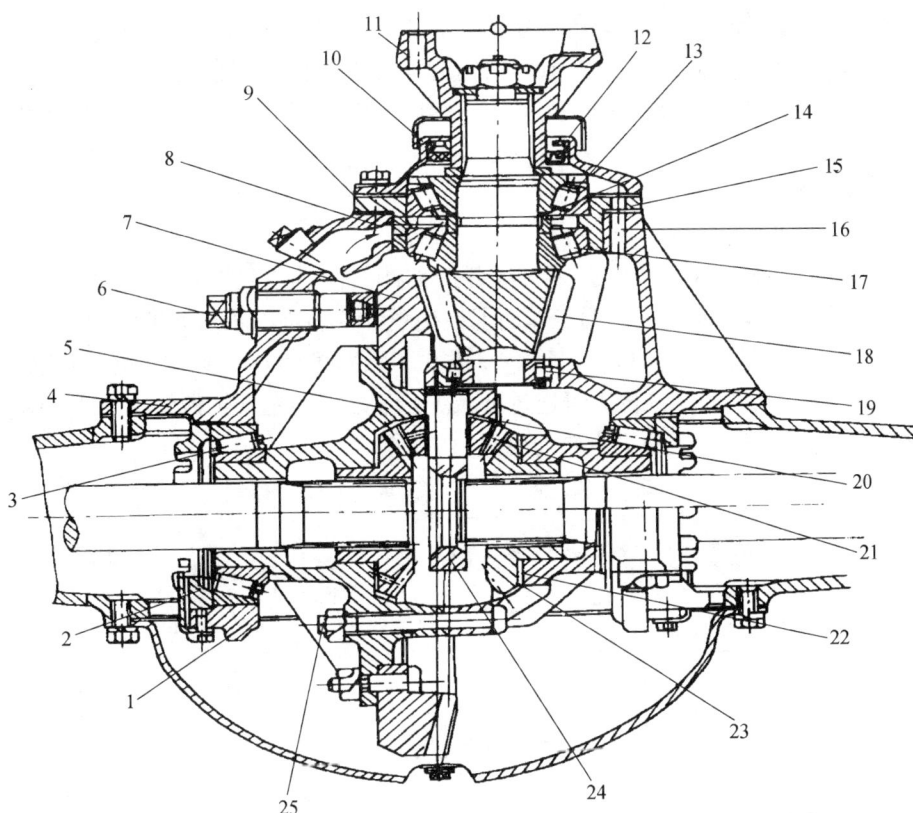

图 6-5　东风 EQ1090 型汽车单级主减速器

1—差速器轴承盖；2—轴承调整螺母；3、13、17—圆锥滚子轴承；4—主减速器壳；5—差速器壳；
6—支承螺柱；7—从动锥齿轮；8—进油道；9、14—调整垫片；10—防尘罩；11—叉形凸缘；12—油封；
15—轴承座；16—回油道；18—主动锥齿轮；19—圆柱滚子轴承；20—行星齿轮垫片；
21—行星齿轮；22—半轴齿轮推力垫片；23—半轴齿轮；24—行星齿轮轴（十字轴）；25—螺栓

1．支承刚度

为保证主动锥齿轮有足够的支承刚度，主动锥齿轮与轴制成一体，前端支承在互相贴近而小端相向的两个圆锥滚子轴承 13 和 17 上，后端支承在圆柱滚子轴承 19 上，形成跨置式支承。环状的从动锥齿轮 7 连接在主减速器壳 4 的座孔中。在从动锥齿轮的背面，装有支承螺柱 6，以限制从动锥齿轮过度变形而影响齿轮的正常工作。装配时，支承螺柱与从动锥齿轮端面之间的间隙为 0.3～0.5mm，转动支承螺柱可以调整此间隙。

2．轴承预紧度

圆锥滚子轴承一般都是成对使用，在装配主减速器时，圆锥滚子轴承应有一定的装配预紧度，即在消除轴承间隙的基础上，再给予一定的压紧力，其目的是为了减小在锥齿轮传动过程中，轴向力所引起的齿轮轴的轴向位移，以提高轴的支承刚度，保证锥齿轮副的正常啮合。但也不能过紧，若过紧则传动效果低，且加速轴承磨损。为调整圆锥滚子轴承 13 和 17

的预紧度，在两轴承内座垫圈之间的隔离套的一端装有一组厚度不同的调整垫片 14。如发现过紧则增加垫片 14 的总厚度，反之，减少垫片的总厚度。通常用预紧力矩来表示预紧度的大小，对于 EQ1090E 型汽车主减速器主动轴，调整到能以 $1.0 \sim 1.5$ N·m 的力矩转动叉形凸缘 11，预紧度即为合适。支承差速器壳的圆锥滚子轴承 3 的预紧度靠拧紧两端调整螺母 2 调整。调整时应用手转动从动锥齿轮，使滚子轴承处于适宜的预紧度。调好后应能以 $1.5 \sim 2.5$ N·m 的力矩转动差速器组件。应该指出的是圆锥滚子轴承预紧度的调整必须在齿轮啮合调整之前进行。

3. 啮合的调整

（1）齿面啮合印迹的调整

先在主动锥齿轮轮齿上涂以红色颜料（红丹粉与机油的混合物），然后用手使主动锥齿轮往复转动，于是从动锥齿轮轮齿的两工作面上便出现红色印迹。若从动齿轮轮齿正转和逆转工作面上的印迹均位于齿高的中间偏于小端，并占齿面宽度的 60% 以上，则为正确啮合，如图 6 - 6 所示。正确啮合的印迹位置可通过增减主减速器壳与主动锥齿轮轴承座 15 之间的调整垫片 9 的总厚度（即移动主动锥齿轮的位置）而获得。

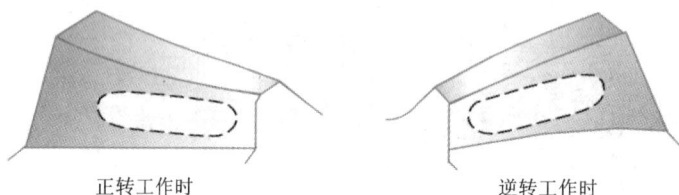

正转工作时　　　　　　　　逆转工作时

图 6 - 6　正确的啮合印痕

（2）齿侧间隙的调整

拧动轴承调整螺母 2 以改变从动锥齿轮的位置。轮齿的齿侧间隙应为 $0.15 \sim 0.4$ mm，如图 6 - 7 所示。若间隙大于规定值，应使从动锥齿轮靠近主动锥齿轮，反之则离开。为保持已调好的圆锥滚子轴承的预紧度不变，一端螺母拧进的圈数应等于另一端螺母拧出的圈数。

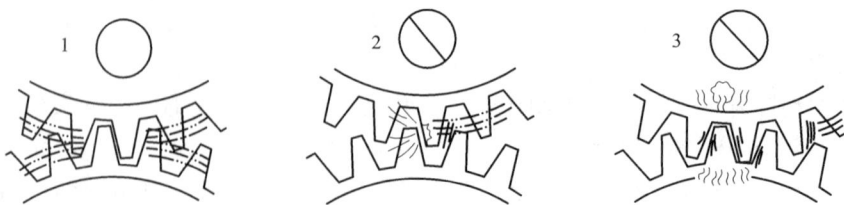

图 6 - 7　齿隙的三种情况

1—正常；2—过大；3—过小

为了减小驱动桥的外形尺寸，目前主减速器中基本不用直齿圆柱齿轮，而采用螺旋圆锥齿轮。在同样传动比的情况下，主动螺旋齿轮齿数可以做得少些，主减速器的结构就比较紧凑，可以增加离地间隙。而且运动平稳，噪声小，因而在汽车上得到了广泛的应用。

当齿面啮合状况与齿侧间隙不符合要求时,可按表 6 - 1 中的方法进行调整。这种调整方法可简化为如下口诀:大进从、小出从;顶进主,根出主。调整时注意齿侧间隙不得小于最小值。

表 6 - 1　圆锥齿轮啮合印迹的调整方法

从动齿轮面接触区		调整方法	齿轮移动方向
前进 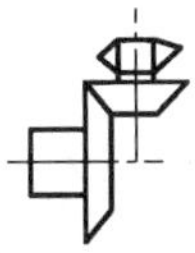	倒车 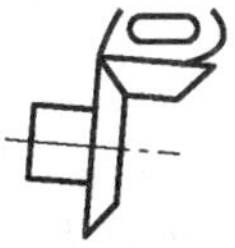		
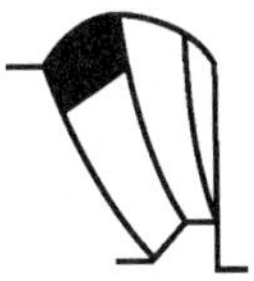		将从动齿轮向主动齿轮移动,若这时齿隙过小,则将主动齿轮向外移开	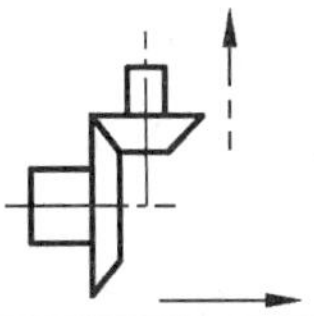
		将从动齿轮自主动齿轮移开,若这时间隙过大,则将主动齿轮移近	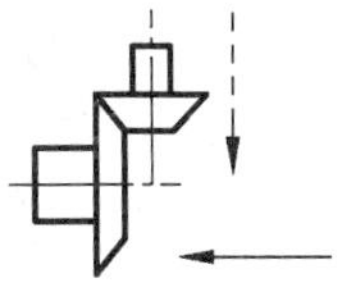
		将主动齿轮向从动齿轮移近,若这时间隙过小,则将从动齿轮移开	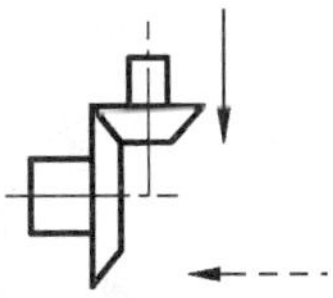
		将主动齿轮自从动齿轮移开,若这时间隙过大,则将从动齿轮移近	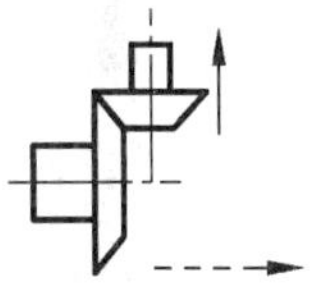

近年来,在准双曲面齿轮广泛用于轿车的基础上,越来越多地使用在中型、重型汽车上。这是因为它与螺旋圆锥齿轮相比,不仅齿轮的工作平稳性更好,弯曲强度和接触强度更高,而且,其主动锥齿轮的轴线相对从动锥齿轮轴线可以偏移。在保证一定的离地间隙的情况下,主动齿轮的轴线向下偏移,可降低主动锥齿轮和传动轴的位置,因而使车身和整个汽车的重心降低,提高了汽车的行驶稳定性,如图 6 - 8 所示。东风 EQ1090E 型汽车主减速即采用了这种下偏移的准双曲面齿轮,其偏移距为 38 mm。

准双曲面齿轮工作时,由于齿面间的相对滑移量大,且齿面间的压力也大,齿面油膜易被破坏。为了减少摩擦,提高效率,必须使用专门级别的含防刮伤添加剂的双曲线齿轮油,决不允许用普通齿轮油代替,否则会使齿面迅速擦伤和磨损,大大降低主减速的使用寿命。

主减速器壳中所贮存的双曲线齿轮油,靠从动齿轮转动时甩到各齿轮、轴承和轴上进行润滑。为了保证主动齿轮前端的圆锥滚子轴承 13 和 17 得到可靠的润滑,在主减速器壳体中

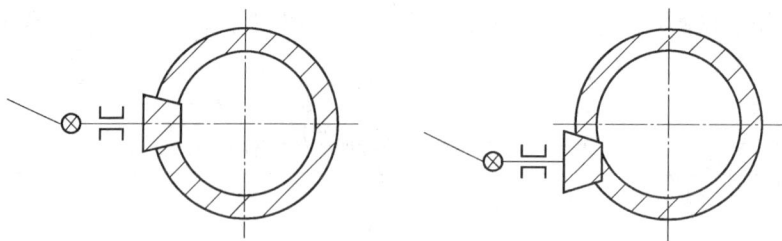

图 6 - 8   圆锥齿轮和准双曲面齿轮

铸有进油道 8 和回油道 16。齿轮转动时,飞溅起的润滑油从进油道 8 通过轴承座 15 的孔进入两圆锥滚子轴承小端之间,在离心力的作用下,润滑油从小端流向大端。流出圆锥滚子轴承 13 大端的润滑油经回油道流回主减速器内。在主减速器壳体上装有通气塞,防止壳内的气压过高而使润滑油渗漏。

轿车上使用的都是单级主减速器。因采用发动机纵向前置、前轮驱动,整个传动系都集中布置在汽车的前部,主减速器装于变速器壳体内,总称为"变速驱动桥",没有专用的主减速壳体。变速器的输出轴即为主减速器的主动轴,动力由变速器直接传递给主减速器,省去了万向传动装置。

奥迪 100 轿车的主减速器在结构上与上海桑塔纳轿车相同,其主减速器都是单级式准双曲面齿轮传动,其主动齿轮齿数是 9,从动齿轮的齿数是 37,主减速器的传动比为 4.11。

主减速器采用准双曲面齿轮,使结构更为紧凑,啮合平稳,噪声小。主动锥齿轮和从动锥齿轮成下偏置布置。主动锥齿轮用两个圆锥滚子轴承制成在变速器前后壳体上,并悬置在两个轴承之外,为悬臂式支承结构。从动锥齿轮与差速器壳用螺栓连接,差速器壳两端用圆锥滚子轴承支撑在变速器前壳体上。

6.2.2   双级主减速器

当汽车主减速器需要较大的传动比时,若仍采用单级主减速器,由于主动锥齿轮受强度、最小齿数的限制,其尺寸不能太小,相应的从动锥齿轮尺寸将增大,这不仅使从动锥齿轮刚度降低,而且会使主减速器壳及驱动桥外形轮廓尺寸增大,难以保证足够的离地间隙,从而需要采用两对齿轮来实现降速的双级主减速器。

由于两级齿轮减速器组成结构复杂、质量加大,制造成本也显著增加,因此仅用于主减速比较大($7.6 < i_0 \leqslant 12$)且采用单级减速不能满足既定的主减速比和离地间隙要求的重型汽车上。以往在某些中型载货汽车上虽有采用,但在新设计的现代中型载货汽车上已很少见。这是由于随着发动机功率的提高、车辆整备质量的减小以及路面状况的改善,中等以下吨位的载货汽车往具有更高车速的方向发展,因而需采用较小主减速比的缘故。

双级减速器有两组减速齿轮,实现两次减速增扭。为提高锥形齿轮副的啮合平稳性和强度,第一级减速齿轮副是螺旋锥齿轮。第二级齿轮副是斜齿圆柱齿轮。主动圆锥齿轮旋转,带动从动圆锥齿轮旋转,从而完成一级减速。第二级减速的主动圆柱齿轮与从动圆锥齿轮同轴而一起旋转,并带动从动圆柱齿轮旋转,实现第二级减速。因从动圆柱齿轮安装于差速器外壳上,所以,当从动圆柱齿轮转动时,通过差速器和半轴即驱动车轮转动。

图 6 - 9 所示为解放 CA1092 汽车的双级主减速器。它的第一级传动为第一级主动锥齿轮和第一级从动锥齿轮，这是一对螺旋锥齿轮，而不是桑塔纳 2000 和东风 EQ1090 主减速器采用的准双曲面齿轮，其传动比为 25/13 = 1.923；第二级传动为第二级主动齿轮和第二级从动齿轮，这是一对斜齿圆柱齿轮，其传动比为 45/15 = 3；因而总的传动比为 5.77。

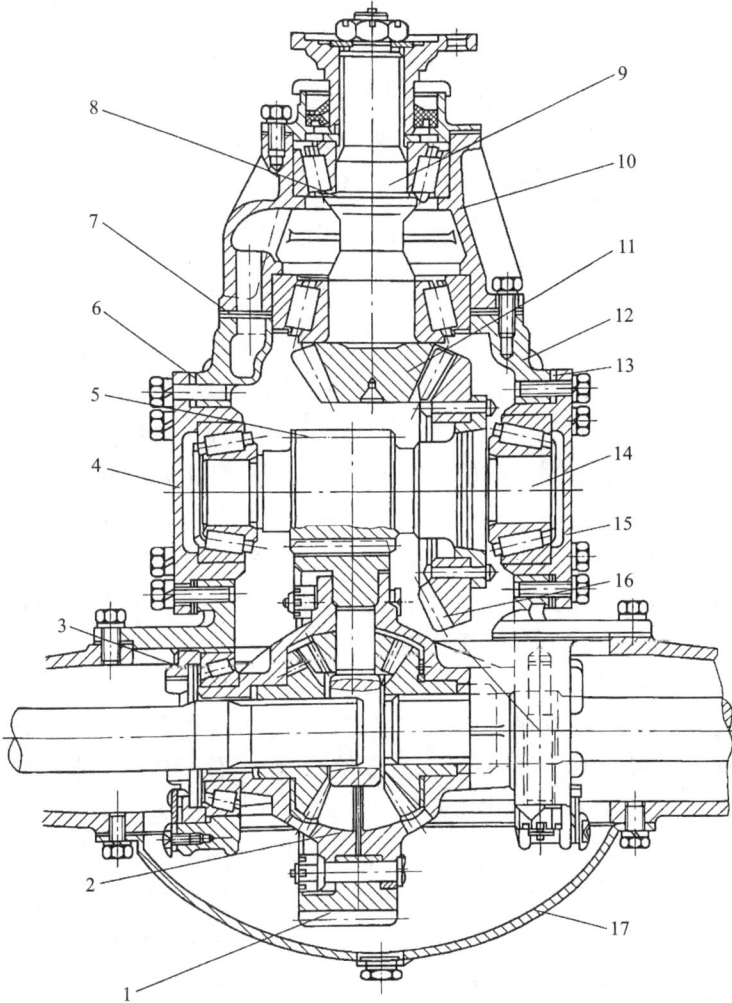

图 6 - 9 双级减速器

1—第二级从动齿轮；2—差速器壳；3—调整螺母；4、15—轴承盖；5—第二级主动齿轮；
6、7、8、13—调整垫片；9—第一级主动锥齿轮轴；10—轴承座；11—第一级主动锥齿轮；
12—主减速器壳；14—中间轴；16—第一级从动锥齿轮；17—后盖

主动锥齿轮与轴制成一体，采用悬臂式支承。即主动锥齿轮轴支承位于齿轮同一侧的两个相距较远的圆锥滚子轴承上，而主动锥齿轮悬伸在轴承之外。这种支承形式结构比较简单，但支承刚度不如跨距式的大。一般双级主减速器中，主动锥齿轮轴多用悬臂式支承的原因有两点：一是第一级齿轮传动比较小，相应的从动锥齿轮直径较小，因而在主动锥齿轮的外端要在加一个支承，布置上很困难；二是因传动比较小，主动锥齿轮即轴颈尺寸有可能做的较大,同时尽可能将两轴承的距离加大,同样可得到足够的支承刚度。

第二级传动的主动圆柱齿轮 5 与中间轴 14 制成一体,用两个圆锥滚子轴承支承在支承两端轴承盖 4 和 15 的座孔中,轴承盖用螺钉与主减速器壳 12 固定连接。从动圆柱齿轮 1 夹在左、右两半差速器壳之间,并有螺栓将它们固定在一起,其支承形式与东风 EQ1090E 型汽车主减速器中差速器壳支承形式相同。

主动锥齿轮轴承的预紧度,可通过增减调整垫片 8 的厚度来调整,中间轴圆锥滚子轴承的预紧度是通过改变调整垫片 6 和 13 的总厚度来调整。同样,为了便于齿轮啮合的调整,轴 9、14 的位置都可以移动。通过增减调整垫片 7 可以移动主动齿轮轴向位置;通过左右调换调整垫片 6 和 13,可以移动从动齿轮轴向位置;第二级传动的圆柱齿轮间的间隙不可调整。差速器壳轴承的预紧度靠拧动调整螺母 3 来调整。

6.2.3　其他类型主减速器

1. 双速主减速器

对于载荷及道路状况变化大、使用条件非常复杂的重型载货汽车来说,要想选择一种主减速比来使汽车在满载甚至牵引并爬陡坡或通过坏路面时具有足够的动力性,而在平直而良好的硬路面上单车空载行驶时又有较高的车速和满意的燃油经济性,是非常困难的。为了解决这一矛盾,提高汽车对各种使用条件的适应性,有的重型汽车采用具有两种减速比并可根据行驶条件来选择挡位的双速主减速器。它与变速器各挡相配合,就可得到两倍于变速器的挡位。显然,它比仅仅在变速器中设置超速挡,即仅仅改变传动比而不增加挡位数,更为有利。当然,用双速主减速器代替超速挡,会加大驱动桥的质量,提高制造成本,并要增设较复杂的操纵装置,因此它有时被多挡变速器所代替。

2. 单级贯通式主减速器

单级贯通式主减速器用于多桥驱动汽车的贯通桥上,其优点是结构简单、主减速器的质量较小、尺寸紧凑,并可使中、后桥的大部分零件,尤其是使桥壳、半轴等主要零件具有互换性。它又分为双曲面齿轮式和蜗轮式两种结构形式。

双曲面齿轮式单级贯通式主减速器,是利用了双曲面齿轮传动主动齿轮轴线相对于从动齿轮轴线的偏移,将一根贯通轴穿过中桥并通向后桥。但这种结构受主动齿轮最少齿数和偏移距大小的限制,而且主动齿轮的工艺性差,主减速比的最大值只能在 5 左右,故多用于轻型汽车的贯通式驱动桥。当用于大型汽车时则需增设轮边减速器或加大分动器传动比。

蜗轮传动为布置贯通桥带来极大方便,且其工作平滑无声,在结构质量较小的情况下也可得到大的传动比,适于各种吨位贯通桥的布置和汽车的总体布置。但由于需用青铜等有色金属为材料而未得到推广。

3. 双级贯通式主减速器

用于主减速比 $i_0 > 5$ 的中、重型汽车的贯通桥。它又有锥齿轮 - 圆柱齿轮式和圆柱齿轮 - 锥齿轮式两种结构形式。

锥齿轮 - 圆柱齿轮双级贯通式主减速器的特点是有较大的总主减速比(因两级减速的减速比均大于 1),但结构的高度尺寸大,特别是主动锥齿轮的工艺性差,而从动锥齿轮又需要采用悬臂式安置,支承刚度差,拆装也不方便。

与锥齿轮 - 圆柱齿轮式双级贯通式主减速器相比,圆柱齿轮 - 锥齿轮式双级贯通式主减速器的结构紧凑,高度尺寸减小,但其第一级的斜齿圆柱齿轮副的减速比较小,有时甚至等于1。为此,有些汽车在采用这种结构布置的同时,为了加大驱动桥的总减速比而增设轮边减速器;而另一些汽车则将从动锥齿轮的内孔做成齿圈并装入一组行星齿轮减速机构,以增大主减速比。

4. 单级(或双级)主减速器附轮边减速器

矿山、水利及其他大型工程等所用的重型汽车、工程和军事上用的重型牵引越野汽车及大型公共汽车等,要求有高的动力性,而车速则可相对较低,因此其传动系的低挡总传动比都很大。在设计上述重型汽车、大型公共汽车的驱动桥时,为了使变速器、分动器、传动轴等总成不致因承受过大转矩而使它们的尺寸及质量过大,应将传动系的传动比以尽可能大的比率分配给驱动桥。这就导致了一些重型汽车、大型公共汽车的驱动桥的主减速比往往要求很大。当其值大于12时,则需采用单级(或双级)主减速器附加轮边减速器的结构形式,将驱动桥的一部分减速比分配给安装在轮毂中间或近旁的轮边减速器。这样一来,不仅使驱动桥中间部分主减速器的轮廓尺寸减小,加大了离地间隙,并可得到大的驱动桥减速比(其值往往为16~26),而且半轴、差速器及主减速器从动齿轮等零件的尺寸也可减小。但轮边减速器在一个桥上就需要两套,使驱动桥的结构复杂、成本提高,因此只有当驱动桥的减速比大于12时,才推荐采用。

6.3 差速器

汽车在直线行驶时,左右车轮转速几乎相同,但根据汽车行驶运动学的要求和实际的车轮、道路以及它们之间的相互关系表明:汽车在行驶过程中左右车轮在同一时间内所滚过的行程往往是有差别的。例如,转弯时外侧车轮的行程总要比内侧的长。另外,即使汽车作直线行驶,也会由于左右车轮在同一时间内所滚过的路面垂向波形的不同,或由于左右车轮轮胎气压、轮胎负荷、胎面磨损程度的不同以及制造误差等因素引起左右车轮外径不同或滚动半径不相等而要求车轮行程不等。在左右车轮行程不等的情况下,如果采用一根整体的驱动车轮轴将动力传给左右车轮,则会由于左右驱动车轮的转速虽相等而行程却又不同的这一运动学上的矛盾,引起某一驱动车轮产生滑转或滑移。这不仅会使轮胎过早磨损、无益地消耗功率和燃料及使驱动车轮轴超载等,还会因为不能按所要求的瞬时中心转向而使操纵性变坏。此外,由于车轮与路面间尤其在转弯时有大的滑转或滑移,易使汽车在转向时失去抗侧滑能力而使稳定性变坏。为了平衡这个差异,要左侧轮子快一点,右侧轮子慢一点,否则就会产生所谓的转向干涉现象,使汽车转向困难,就像同时踩制动一样,因此也称转向制动现象,如图6-10(a)所示。

非驱动轮由于左右两侧的车轮相互独立,因此不存在转向干涉现象。但驱动桥两侧的车轮如果用一根轴刚性连接,两个车轮只能以相同的速度旋转,当汽车旋转时,就会出现转向干涉现象。为了使驱动轮两侧车轮的转速可以有所不同,人们便发明了差速器。这样驱动轮的内侧轮和外侧轮之间的转速差就可以由差速器吸收,这样车轮的运转便会较为顺畅,如图6-10(b)所示。

布置在前驱动桥或后驱动桥的差速器,分别称为前差速器或后差速器,它们都是轮间差速器。

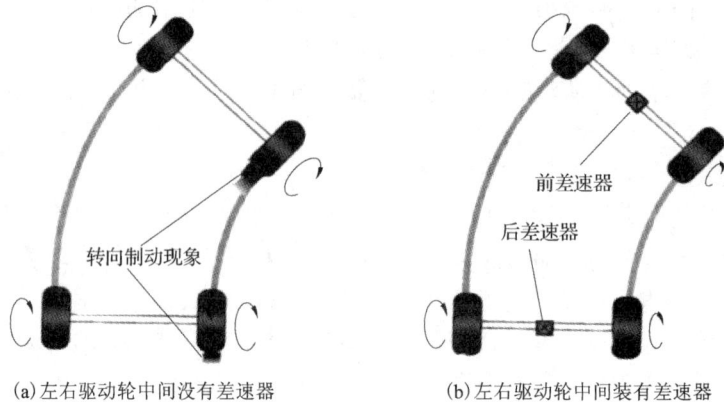

(a)左右驱动轮中间没有差速器　　　　(b)左右驱动轮中间装有差速器

图 6 – 10　差速器功能示意图

如果将它布置在四驱汽车的中间传动轴上,用来调节前轮和后轮之间的转速,则称为中央差速器。

6.3.1　差速器的工作原理

普通差速器由行星齿轮、行星轮架(差速器壳)、半轴齿轮等零件组成,如图 6 – 11 所示。发动机的动力经传动轴传入差速器,直接驱动行星轮架,再由行星轮带动左、右两个半轴齿轮,半轴通过花键与半轴相连,分别驱动左、右车轮。差速器的设计要求满足:(左半轴转速)+(右半轴转速)=2×(行星轮架转速)。当汽车直行时,左、右车轮与行星轮架三者的转速相等处于平衡状态,而在汽车转弯时三者平衡状态被破坏,导致内侧轮转速减小,外侧轮转速增加。

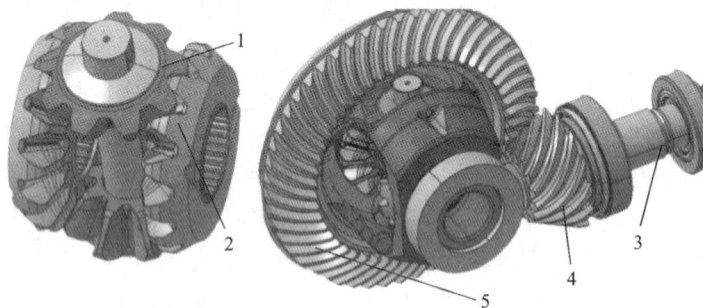

图 6 – 11　常见差速器结构

1—行星齿轮;2—半轴齿轮;3—传动轴;4—主动齿轮;5—从动齿轮

差速器的这种调整是自动的,这里涉及到"最小能耗原理",也就是地球上所有物体都倾向于耗能最小的状态。例如,把一粒豆子放进一个碗内,豆子会自动停留在碗底而绝不会停留在碗壁,因为碗底是能量最低的位置(位能),它自动选择静止(动能最小)而不会不断运动。同样的道理,车轮在转弯时也会自动趋向能耗最低的状态,自动地按照转弯半径调整左右轮的转速。

直线行驶时的特点是左右两边驱动轮的阻力大致相同。从发动机输出的动力首先传递到差速器壳体上使差速器壳体开始转动。接下来要把动力从壳体传递到左右半轴上，我们可以理解为两边的半轴齿轮互相在"较劲"，由于两边车轮阻力相同，因此二者谁也掰不过对方，因此差速器壳体内的行星齿轮跟着壳体公转同时不会产生自转，两个行星齿轮咬合着两个半轴齿轮以相同的速度转动，这样汽车就可以直线行驶了，如图 6 - 12 所示。

假设车辆现在向左转，左侧驱动轮行驶的距离短，相对来说会产生更大的阻力。差速器壳体通过齿轮和输出轴相连，在传动轴转速不变情况下差速器壳体的转速也不变，因此左侧半轴齿轮会比差速器壳体转得慢，这就相当于行星齿轮带动左侧半轴会更费力，这时行星齿轮就会产生自传，把更多的扭矩传递到右侧半轴齿轮上，由于行星齿轮的公转外加自身的自传，导致右侧半轴齿轮会在差速器壳体转速的基础上增速，这样一来右车轮就比左车轮转得快，从而使车辆实现顺滑的转弯。

也就是说当转弯时，由于外侧轮有滑拖的现象，内侧轮有滑转的现象，两个驱动轮此时就会产生两个方向相反的附加力，由于"最小能耗原理"，必然导致两边车轮的转速不同，从而破坏了三者的平衡关系，并通过半轴反映到半轴齿轮上，迫使行星齿轮产生自转，使外侧半轴转速加快，内侧半轴转速减慢，从而实现两边车轮转速的差异，如图 6 - 13 所示。

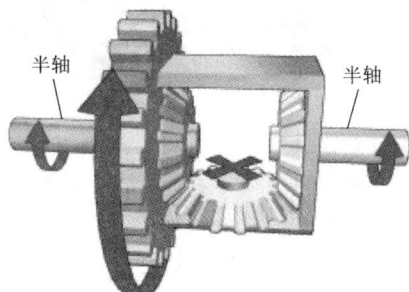

图 6 - 12　车辆直行时差速器状态

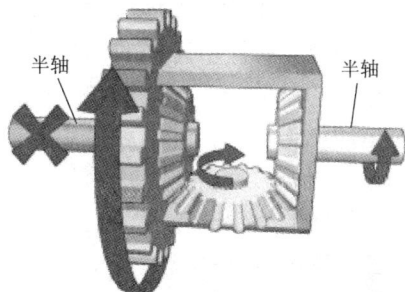

图 6 - 13　一侧车轮遇到阻力

6.3.2　差速器的分类

差速器的结构形式选择，应从所设计汽车的类型及其使用条件出发，以满足该型汽车在给定的使用条件下的使用性能要求。现代汽车上的差速器通常按其工作特性分为齿轮式差速器和防滑差速器两大类。防滑差速器常见的形式有强制锁止式差速器、高摩擦自锁式差速器、托森差速器等。此外，目前轿车中还广泛采用了变速驱动桥。

1. 齿轮式差速器

差速器的结构形式有多种。大多数汽车都属于公路运输车辆，对于在公路上和市区行驶的汽车来说，由于路面较好，各驱动车轮与路面的附着系数变化很小，因此几乎都采用了结构简单、工作平稳、制造方便、可靠性好的普通对称式圆锥行星齿轮差速器，作为安装在左、右驱动轮间的所谓轮间差速器使用。

齿轮式差速器有圆锥齿轮式[图 6 - 14(a)、(b)]和圆柱齿轮式[图 6 - 14(c)]两种。

目前，汽车上广泛应用的是对称式锥齿轮差速器，其结构如图 6 - 15 所示。

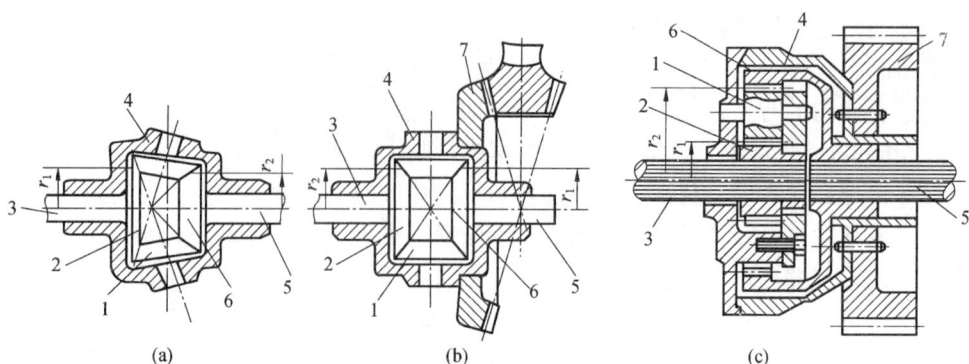

图 6 – 14　齿轮式差速器
1—行星齿轮；2、6—半轴齿轮；3、5—半轴；4—差速器壳（行星架）；7—动力输入齿轮

　　行星齿轮的背面与差速器壳的相应位置的
内表面，均做成球形，保证行星齿轮对正中心，
以有利于两个半轴正确啮合。

　　由于行星齿轮和半轴齿轮是锥齿轮传动，
在传递转矩时，沿行星齿轮和半轴齿轮的轴线
作用着很大的轴向力，而齿轮和差速器壳之间
有相对运动。为减少齿轮对壳的磨损，在半轴
齿轮和差速器壳之间，装有软钢的半轴齿轮推
力垫片；而行星齿轮和差速器壳之间，装有软
钢的行星齿轮球面垫片。当汽车行驶一定里程，
垫片磨损后，可换上新垫片，以提高差速器寿
命。垫片通常用铜或聚甲醛塑料等制成。

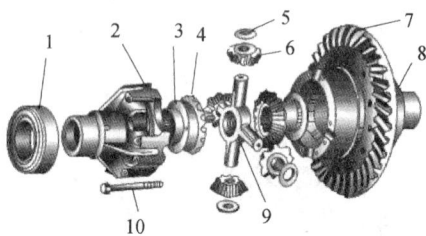

图 6 – 15　对称式差速器结构图
1—差速器壳轴承；2、8—差速器壳体；
3、5—调整垫片；4—半轴齿轮（两个）；
6—行星齿轮（两个或四个）；
7—主减速器从动锥齿轮；9—行星齿轮轴

　　差速器靠主减速器壳体中的润滑油润滑。在差速器壳体上开有窗口，供润滑油进出。为
保证行星齿轮和十字轴轴颈之间有良好的润滑，在十字轴轴颈上铣出一平面，并有时在行星
齿轮的齿间钻有油孔。

　　内摩擦力矩很小的对称式锥齿轮差速器的运动学和动力学特性可以概括为"差速但不差
转矩"，即可以使两侧驱动轮以不同转速转动，但不能改变传给两侧驱动轮的转矩。

　　图 6 – 16 为差速器的运动原理图。差速器壳 3 与行星齿轮轴 5 连成一体形成行星架，并
由主减速器从动锥齿轮 6 带动一起转动，是差速器的主动件。其角速度为 ω_0，A、B 两点分别
为行星齿轮 4 与半轴齿轮 1 和 2 的啮合点。C 为行星齿轮 4 的中心。A、B、C 到差速器旋转
轴线的距离相等，均为 r。

　　差速器行星齿轮有三种运动状态，即公转、自转和既公转又自转。

　　当汽车直线行驶时，行星齿轮相当于一个等臂的杠杆保持平衡，即行星齿轮不自转，而
只随行星齿轮轴 5 及差速器壳体一起公转，所以两半轴无转速差，差速器不起差速作用。主
动件角速度为 ω_0，半轴角速度为 ω_1、ω_2，行星齿轮角速度为 ω_4，A、B 为啮合点，C 为行星齿
轮的中心点，其半径均为 r_4。此时：

$$\omega_0 = \omega_1 = \omega_2$$

当汽车转弯行驶时，行星齿轮既公转又自转，A 点的圆周速度为 $\omega_1 r = \omega_0 r + \omega_4 r_4$，$B$ 点的圆周速度为 $\omega_2 r = \omega_0 r - \omega_4 r_4$。于是有：

$$\omega_2 r + \omega_1 r = (\omega_0 r + \omega_4 r_4) + (\omega_0 r - \omega_4 r_4)$$

即：

$$\omega_2 + \omega_1 = 2\omega_0$$

若角速度以每分钟转速 n 表示，则：

$$n_1 + n_2 = 2n_0$$

所以，半轴齿轮 1 转速的增加值等于半轴齿轮 2 的减小值，这就是差速器的差速作用。即汽车在转弯或其他情况下行驶时，两侧车轮可以不同的转在地面上滚动，差速器无论差速与否，两半轴齿转速之和始终等于差速器壳体转速的两倍，而与行星齿轮自转转速无关。

推论：

①若 ω_1 或 ω_2 为零时，ω_1 或 $\omega_2 = 2\omega_0$（一侧飞转，另一侧打滑）。

②当 $\omega_0 = 0$ 时，$\omega_1 = -\omega_2$（中央制动器制动传动轴）。

下面分析对称式锥齿轮差速器的转矩特性。

差速器起差速作用的同时，还要分配转矩给左、右两侧的驱动轮。图 6-17 为行星锥齿轮差速器转矩分配示意图。

设输入差速器壳的转矩为 M_0，输出给左、右两半轴齿轮的转矩为 M_1 和 M_2。

当行星齿轮没有自转时，与差速器壳连在一起的行星齿轮轴带动行星齿轮转动时，行星齿轮相当于一根等臂杠杆，其中点被行星齿轮轴推动，左右两端带动半轴齿轮转动，作用在行星齿轮上的推动力必然平均分配到两个半轴齿轮之上，即 $M_2 = M_1 = M_0/2$（因为行星齿轮成对使用，所以有 $1/2$）。

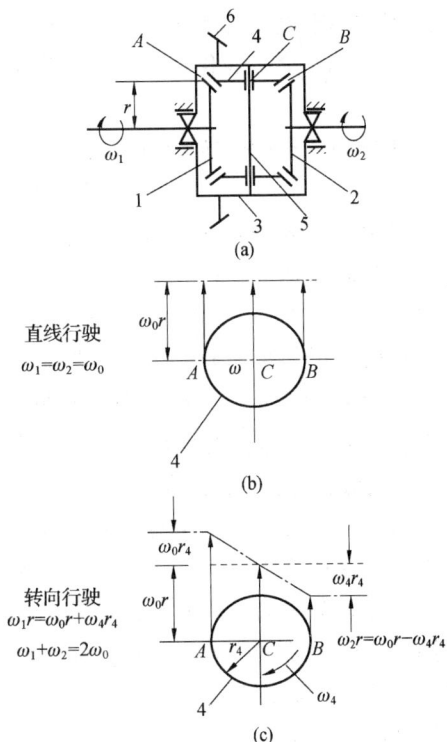

图 6-16　差速器差速原理

1、2—半轴齿轮；3—差速器壳体；4—行星齿轮；
5—行星齿轮轴；6—主减速器从动齿轮

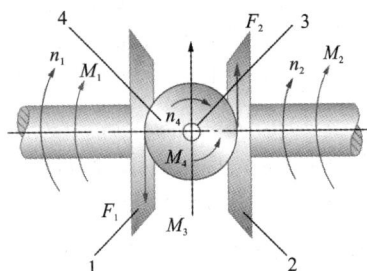

图 6-17　差速器转矩分配

1、2—半轴齿轮；3—行星齿轮轴；4—行星齿轮

当两半轴齿轮以不同转速朝相同方向转动时，设 $n_1 > n_2$，则行星齿轮将按图 6-17 中 n_4 的方向绕行星齿轮轴自转，此时行星齿轮孔与行星齿轮轴轴颈间以及行星齿轮背部与差速器壳之间都产生摩擦，半轴齿轮背部与差速器壳之间也产生摩擦。行星齿轮所受摩擦力矩为 M_4 与 n_4 的方向相反，这几项摩擦综合作用的结果，使转得快的左半轴齿轮得到的转矩 M_1 减小，而转得慢的右半轴齿轮得到的转矩 M_2 增大。因此，当左、右驱动轮存在转速差时，$M_1 = (M_0 - M_4)/2$，$M_2 = (M_0 + M_4)/2$，即有 $M_1 + M_2 = M_0$。

左、右车轮上的转矩之差等于折合到半轴齿轮上总的内摩擦力矩 M_4。即转得慢的车轮分配到的转矩大于转得快的车轮分配到的转矩，差值为差速器内部摩擦力矩。

M_4 与 M_0 之比叫作差速器的锁紧系数。即：

$$K = M_4/M_0$$

快轴 M_2 与慢轴 M_1 之比叫作差速器的转矩比。即

$$K_b = M_2/M_1 = (1+K)/(1-K)$$

锁紧系数 K 可以用来衡量差速器内摩擦力矩的大小及转矩分配特性，目前广泛使用的对称式锥齿轮差速器，其内摩擦力矩很小，锁紧系数 $K = 0.05 \sim 0.15$，输出到两半轴的最大转矩之比 $K_b = 1.11 \sim 1.35$。因此可以认为无论左右驱动轮转速是否相等，对称式锥齿轮差速器总是将转矩近似平均分配给左右驱动轮。这样的转矩分配特性对于汽车在良好路面上行驶是完全可以的，但当汽车在坏路面行驶时，却会严重影响其通过能力。可见，无论差速器差速与否，行星齿轮差速器都具有转矩等量分配的特性。

2. 强制锁止式差速器

采用普通锥齿轮差速器，使汽车通过坏路面的行驶能力受到了限制，为了提高汽车在坏路面上的通过能力，一些越野汽车、高速小客车和载重汽车装用了防滑差速器。其共同出发点都是在一个驱动轮滑转时，设法使大部分转矩甚至全部转矩传给不滑转的驱动轮，以充分利用这一驱动轮的附着力而产生足够的牵引力，使汽车能继续行驶。为实现上述要求，最简单的办法是在对称式锥齿轮差速器上设置差速锁，使之成为强制锁止式差速器。当一侧驱动轮滑转时，可利用差速锁使差速器不起差速作用。

这种差速器通过驾驶员操纵差速锁，人为地将差速器暂时锁住，使差速器不起差速作用。

图 6-18 为斯堪尼亚 LT110 型汽车的强制锁止式差速器。

该车采用电控气动方式操纵差速锁。当汽车的一侧车轮处于附着力较小的路面上，需要差速器锁止时，可按下仪表盘上的电钮，用电磁阀控制的汽缸操纵一个离合机构，压缩空气进入汽缸，使一侧半轴与差速器壳刚性接合。由该种差速器中的运动特性关系式：$\omega_1 + \omega_2 = 2\omega_0$、$\omega_1 = \omega_0$ 或 $\omega_2 = \omega_0$，则必有 $\omega_1 = \omega_2$，这就相当于把左右两半轴锁成一体一同旋转。这样，当一侧驱动轮打滑而牵引力过小时，从主减速器传来的转矩绝大部分部分配到另一侧驱动轮上，使汽车得以通过这样的路段。

当汽车通过坏路后驶上好路，需要解除差速器的锁止时，驾驶员通过电钮使电磁阀切断高压气路，并使工作缸通大气，缸内压缩空气即经电磁阀排出。弹簧复位，离合机构分离，差速器恢复差速作用。

驾驶室仪表板上设有信号装置。当按电钮接合差速锁时，亮起红色信号灯，以提醒驾驶员注意，汽车驶入好路面后应急时摘下差速锁。差速锁一分离，红灯即熄灭。

强制锁止式差速器结构简单，易于制造；但操纵不便，一般要在停车时进行。而且过早接上或过晚摘下差速锁，亦即在好路段上左右车轮仍刚性连接，则将产生与无差速器时的一系列问题，例如使转弯困难、轮胎加速磨损、使传动系零件过载和消耗过多的功率等。由于上述种种原因，强制锁住差速器的方法未得到广泛应用。

3. 高摩擦自锁式差速器

为了充分利用汽车的牵引力，保证转矩在驱动车轮间的不等分配以提高抗滑能力，并避

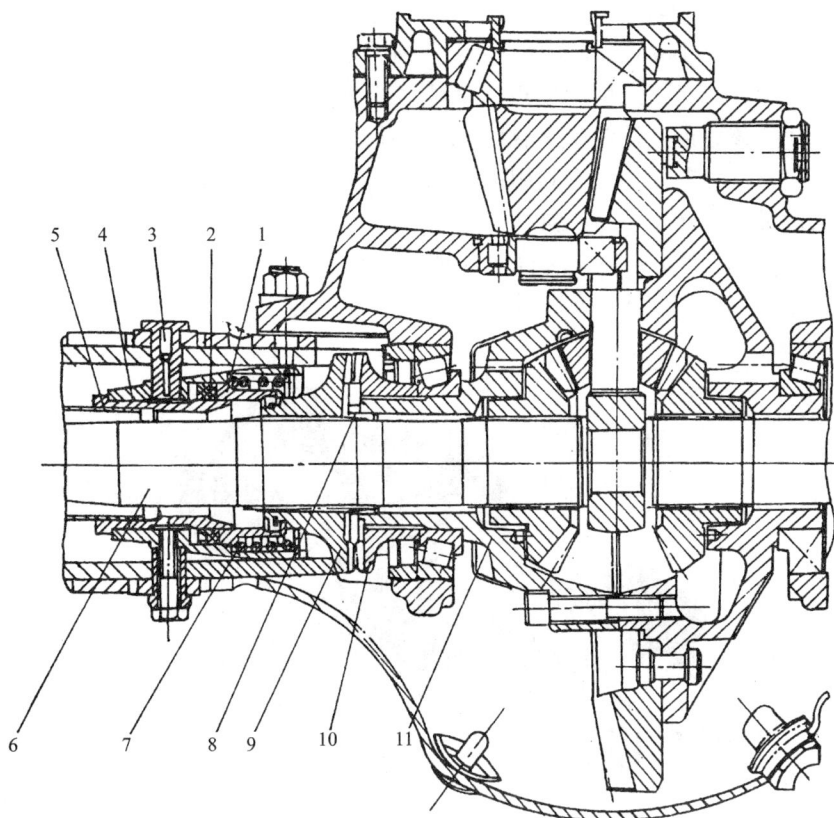

图 6 – 18 斯堪尼亚 LT110 型汽车的强制锁止式差速器
1—活塞；2—活塞皮碗；3—气路管接头；4—工作缸；5—套管；6—半轴；
7—弹簧；8—锁圈；9—外接合器；10—内接合器；11—差速器壳

免上述强制锁止式差速器的缺点，产生了各种类型的自锁式差速器。

用以评价自锁式差速器性能的主要参数，是它的锁紧系数。为了提高汽车的通过性，似乎是锁紧系数愈大愈好，但是锁紧系数过大，不但对汽车转向操纵行驶的稳定性、轻便灵活性、传动系的载荷、轮胎磨损和燃料消耗等有不同程度的不良影响，而且无助于进一步提高驱动车轮抗滑能力。因此设计高通过性汽车差速器时，应正确选择锁紧系数值。

一般越野汽车的低压轮胎与地面的附着系数的最大值为 0.7 ~ 0.8（在干燥的柏油或混凝路面上），而最小值为 0.1 ~ 0.2（在开始溶化的冰上）。可见相差悬殊的附着系数的最大比值为 8。因此，为了充分利用汽车牵引力，差速器的锁紧系数 K 实际上选定为 8 就已足够。而汽车在不好的道路和无路地区行驶的实践表明，各驱动车轮与地面附着系数不同数值之比，一般不超过 3 ~ 4。因此选取 $K = 3 ~ 4$ 是合适的，在这种情况下汽车的通过性可以得到显著的提高，而其转向操纵等使用性能实际上并不变坏。

自锁式差速器有滑块 – 凸轮式、蜗轮式、自由轮式等多种形式。

4. 托森(Torsen)差速器

托森差速器是美国格里森公司生产的转矩感应式差速器，即差速器可以根据其内部差动转矩的大小而决定是否限制差速器的差速作用。

(1)托森差速器的结构和工作原理

说起 AWD(all wheel drive)轿车驱动系统(即全轮驱动),人们不能不想到奥迪 Quattro,正是奥迪的大胆创新、义无反顾才使得越来越多的人们享受到 AWD 带来的驾驶乐趣,而奥迪 Quattro AWD 的核心正是托森差速器系统。托森差速其作为一种新型差速机构,在四轮驱动轿车上得到日益广泛的使用。它利用蜗轮蜗杆传动的不可逆性原理和齿面高摩擦条件,使差速器根据其内部差动转矩(差速器的内摩擦力矩)大小而自动锁死或松开,即在差速器内差动转矩较小时起差速作用,而过大时自动将差速器锁死,有效提高了汽车的通过性。

托森差速器的结构如图 6-19 所示。

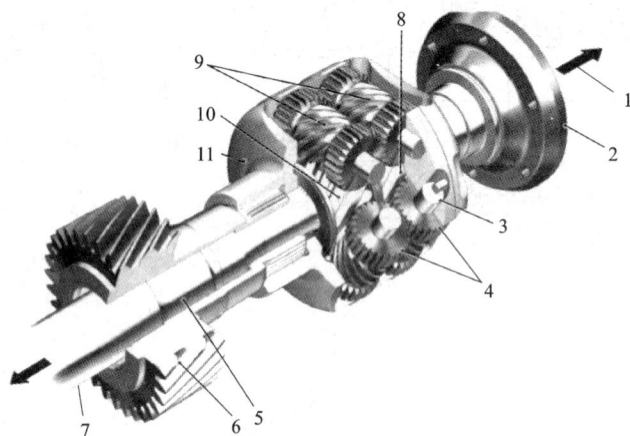

图 6-19 托森差速器结构

1—后传动轴;2—后传动轴凸缘;3—蜗轮中心轴;4—行星齿轮;5—传动轴;6—动力输入空心轴;
7—前传动轴;8—太阳轮后传动轴;9—蜗轮;10—太阳轮前传动轴;11—差速器壳

托森差速器由蜗轮中心轴 3(6 个)、行星齿轮 4(12 个)、动力输入空心轴 6、太阳轮后传动轴 8、蜗轮 9、太阳轮前传动轴 10、差速器外壳 11 等组成。动力输入空心轴 6 和差速器外壳 11 通过花键相连而一同转动。每个蜗轮中心轴 3 上的中间有 1 个蜗轮 9 和两个尺寸相同的行星齿轮 4。蜗轮 9 和行星齿轮 4 通过蜗轮中心轴 3 安装在差速器外壳 11 上。其中三个蜗轮与太阳轮前传动轴 10 啮合,另外三个蜗轮与太阳轮后传动轴 8 相啮合。与前、后轴蜗杆相啮合的蜗轮 9 彼此通过行星齿轮相啮合,太阳轮前传动轴 10 和驱动前桥的差速器的前齿轮轴为一体,太阳轮后传动轴 8 和驱动后桥的差速器后齿轮轴为一体。当汽车驱动时,来自发动机的动力通过动力输入空心轴 6 传至差速器外壳 11,差速器外壳通过蜗轮中心轴 3 传到蜗轮 9,再传到太阳轮传动轴。太阳轮前传动轴 10 通过差速器前齿轮轴将动力传至前桥,太阳轮后传动轴 8 通过差速器后齿轮轴传至后桥,从而实现前、后驱动桥的驱动牵引作用。当汽车转向时,前、后驱动轴出现转速差,通过啮合的直齿圆柱齿轮相对转动,使一轴转速加快,另一轴转速下降,实现差速作用。

托森差速器一般在四驱汽车上作为中央差速器使用。它巧妙地利用了蜗轮蜗杆传动的不可逆性,即蜗杆可以使用蜗轮自由转动,而蜗轮不能使蜗杆自动转动,如图 6-20 所示。

当前后车轮转速一样时,与差速器外壳相连的 6 个蜗轮,它们一起驱动分别与前传动轴和后传动轴相连的两个蜗杆共同旋转。

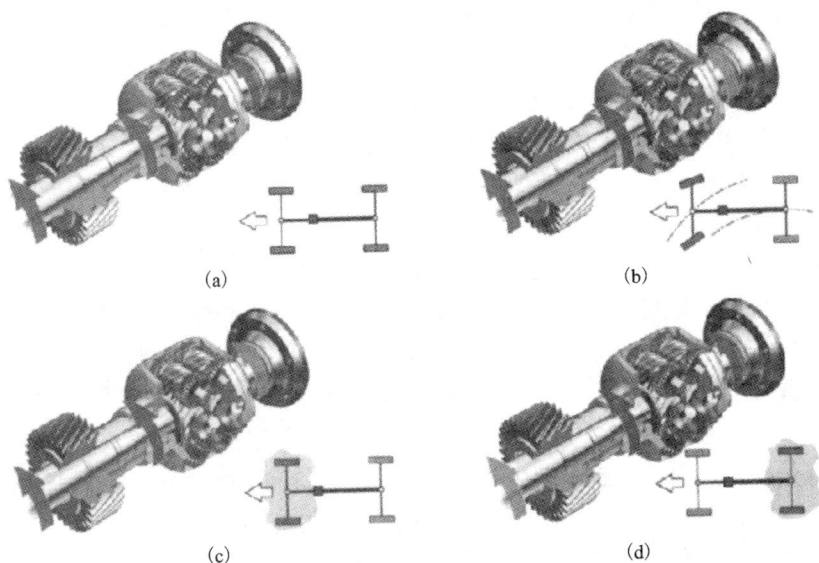

图 6 – 20　托森差速器工作原理示意图

（a）直行时，前轮和后轮同样条件：转矩分配 – 前轮 = 后轮，转速分配 – 前轮 = 后轮；

（b）转弯时，转矩分配 – 后轮最大是前轮的 3.5 倍，转速分配 – 前轮高于后轮；

（c）前轮在冰面上，转矩分配 – 后轮最大是前轮的 3.5 倍，转速分配 – 前轮高于后轮；

（d）后轮在冰面上，转矩分配 – 前轮最大是后轮的 3.5 倍，转速分配 – 前轮低于后轮

当前轮和后轮的转速不一样时，它们会导致一侧的 3 个蜗轮旋转并带动另一侧的 3 个蜗轮跟着旋转。如果蜗轮的转速不是很大，由于蜗轮蜗杆传动的不可逆性，它不会对中间的蜗杆施加驱动力，从而可以吸收前、后轮的转速差。

但是，如果前轮或后轮空转打滑，也就是说转速差特别大的时候，蜗轮与蜗杆间摩擦力就会增大，就会对蜗杆施加驱动力，从而驱动不打滑的后轮或前进。

虽然这种差速器的构思非常独特，但这是一种成本极高、结构十分复杂的中央差速器，最早用于军用车。与普通差速器相反，它的差速特性是把动力传递给抓地力更大的车轮。正是这种特性，让它的公路性能和越野性能的表现都十分出色。

（2）托森差速器的核心系统

从前面的结构我们知道，托森差速器主要由蜗杆行星齿轮、差速器壳体、前输出轴和后输出轴四套大部件组成。发动机输出的动力直接用来驱动托森差速器的壳体，壳体的转动会带动三组蜗杆行星齿轮转动，行星齿轮与壳体之间是由直齿连接的，与前后输出轴之间是由蜗杆连接的。这样动力可以顺利地通过行星齿轮分配给前后输出轴从而能够驱动前后车桥。正是因为行星齿轮的蜗杆设计，让它具备了一个自锁死功能。一旦某一车轮遇到较大阻力时，托森差速器会向这个车轮传输更大的动力。在弯道行驶没有车轮打滑时，前、后差速器的作用是传统差速器，蜗杆齿轮不影响半轴输出速度的不同。如车向左转时，右侧车轮比差速器快，而左侧速度低，左、右速度不同的蜗轮能够严密地匹配同步啮合齿轮。此时蜗轮蜗杆并没有锁止，因为扭矩是从蜗轮到蜗杆齿轮，这一方向动力传输畅通无阻。

当左侧车轮出现打滑时，传统差速器将会把动力传输到左轮，使发动机动力再大也只能

白白消耗。而托森差速器就不同了，此时快速旋转的左侧半轴将驱动左侧蜗杆，并通过同步啮合齿轮驱动右侧蜗杆，当蜗杆驱动蜗轮时，它们就会锁止，左侧蜗杆和右侧蜗杆实现互锁，保证了非打滑车轮具有足够的牵引力。

托森差速器用在全时四驱系统上，牵引力被分配到了每个车轮，于是就有了良好的弯道、干/湿路面驾驶性能。托森中央差速器确保了前后轮均一的动力分配。如轮胎遇到冰面等摩擦力缺失的路面时，系统会快速做出反应，大部分的扭矩会转向转速慢的车轮，也就是还有抓地力的车轮。

托森差速器的锁止介入没有时间上的延迟，也不会消耗总扭矩数值的大小，它没有传统锁止差速器所配备的多片式离合器，磨损非常小，可以实现了免维护。

除了本身性能上的优势，托森差速器还具备其他方面的优势，比如它可以与很多常用变速器、分动器实现匹配，与车辆上 ABS、TCS、ESP 等电子设备共容，相辅相成为整车安全和操控服务。

但是托森差速器还有两个难以解决的问题，一是造价高，所以一般托森差速器都用在高挡车上；二是重量太大，装上它后对车辆的加速性是一份拖累。

到现在为止，它作为一种主流的差速器用在汽车上时间也超过了 20 年。不过由于它的机械稳定性很出众，多年以来发展并不快，目前只是发展到第三代"托森 C"。新的 C 代托森差速器普遍用在了奥迪 B7 代的 RS4、S8 和 Q7 的 Quattro 全时四驱系统上。新的托森中央差速器最大的变化是前后扭矩分配比一般控制在 40∶60，前轴扭矩比重可在 15% 和 65% 之间变动，后轴扭矩比重可在 35% 和 85% 之间变动。

作为最主要的四驱轿车生产商，奥迪一直在坚持使用托森差速器，除了 A3 和 TT 之外，其他所有奥迪车的 Quattro 使用的都是托森中央差速器。但是托森差速器并不是只用在奥迪车上，现在使用托森差速器的公司越来越多，有福特、通用、丰田、马自达、路虎、大众以及雷克萨斯等公司。只是前、后、中央的使用位置不同，用的也不是同一代。

总之，托森差速器是一个很精密很富创造力的发明，从诞生但现在，它一直保持着纯机械的特质。在各大汽车厂商迅速、不断推出各种电子设备装置的今天，它却能一直保持着在很多方面的领先，这不得不让我们对托森差速器以及它的设计师充满敬佩。

5. 变速驱动桥

随着轿车技术的不断发展和进步，发动机前置前驱的形式得到了广泛应用。此时，发动机、变速器和差速器成为一体式传动，这样可以有效地简化结构，减小体积，提高传动效率，而且取消了传动轴，可以使汽车自重减轻，提高了传动系效率。在这一体式传动中，驱动桥壳和变速器壳体合二为一，制成统一的整体，同时完成变速、差速和驱动车轮的功能。这种结构称为变速驱动桥，也称动力传动器。变速驱动桥不仅使结构紧凑，也大大减轻了传动系质量，有利于汽车底盘的轻量化，其在轿车上的应用前景十分广泛。如一汽奥迪 100、捷达、高尔夫、上海大众桑塔纳、神龙富康等国产轿车。

一汽奥迪 100 手动变速器驱动桥的结构特点是五个前进挡和一个倒车挡，为两轴式手动变速器（除倒挡轴外，只有输入轴和输出轴，无中间轴），主减速器、差速器与变速器装在同一个壳体内，组成手动变速器驱动桥（自动变速器与主减速器和差速器装为一体，称自动变速器驱动桥）。

上海桑塔纳轿车手动变速器驱动桥与奥迪轿车结构类似，变速器为两轴式，有四个前进挡和一个倒挡,采用镁合金壳体;输入轴由一个球轴承和两个滚针轴承支承,并由球轴承轴向定位。一、二挡、倒挡齿轮直接在输入轴上加工而成,三、四挡齿轮空套在轴上,三、四挡同步器的花键毂靠花键与输入轴连接。输入轴由一个滚子轴承和两个滚针轴承支承,三、四挡齿轮及主减速器主动锥齿轮与输出轴制成一体,一、二挡齿轮空套在轴上,其中间装有一、二挡同步器。

6.4　半轴与桥壳

6.4.1　半轴

半轴也叫驱动轴。半轴是变速箱减速器与驱动轮之间传递转矩的轴,因其传动的转矩较大,常制成实心轴。半轴内外端各有一个万向节分别通过万向节上的花键与减速器齿轮及轮毂轴承内圈连接,如图 6-21 所示。

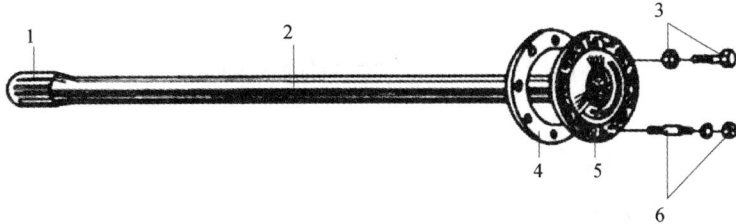

图 6-21　半轴
1—花键;2—杆部;3—半轴起拔螺栓、螺母;4—垫圈;5—凸缘;6—半轴紧固螺栓、螺母

半轴的结构因驱动桥结构形式的不同而异。整体式驱动桥中的半轴为一刚性整轴。而转向驱动桥和断开式驱动桥中的半轴则分段并用万向节连接。半轴内端一般制有外花键与半轴齿轮连接。半轴外端有的直接在轴端锻造出凸缘盘;也有的制成花键与单独制成的凸缘盘滑动配合;还有的制成锥形并通过键和螺母与轮毂固定连接。现代汽车常用的半轴支承形式主要有全浮式和半浮式两种,半轴的支承形式决定了半轴的受力情况。

1. 全浮式半轴支承

这种支承形式的半轴除受转矩外,两端均不承受任何弯矩,故称为全浮式。全浮式半轴支承广泛应用在各种货车上。图 6-22 所示为全浮式半轴支承的示意图。它用内端花键与差速器半轴齿轮相连,并通过差速器壳支承在主减速器壳的座孔中。半轴外端锻造有半轴凸缘,用螺栓紧固在轮毂上,轮毂用一对圆锥滚子轴承支承在半轴套管上,半轴套管与空心梁压配成一体,组成驱动桥壳。这种支承形式,半轴与桥壳没有直接联系。

全浮式半轴支承便于拆装,只需拧下半轴凸缘上的轮毂螺栓,即可将半轴抽出,而车轮和桥壳照样能支持住汽车。

2. 半浮式半轴支承

如图 6-23 所示为半浮式半轴支承的示意图。半轴外端制成锥形,锥面上铣有键槽,最外端制有螺纹。轮毂以其相应的锥孔与半轴上锥面配合,并用键连接,用锁紧螺母紧固。半

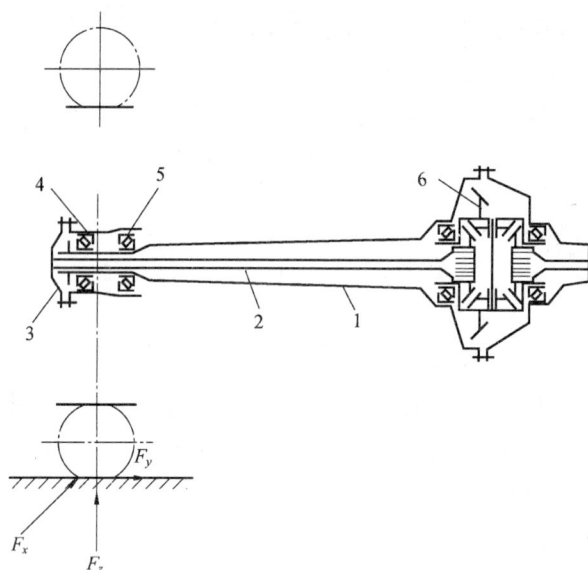

图 6 – 22　全浮式半轴支承示意图

1—桥壳；2—半轴；3—半轴凸缘；4—轮毂；5—轮毂轴承；6—主减速器从动锥齿轮

轴用一个圆锥滚子轴承直接支承在桥壳凸缘的座孔内。半轴内端通过花键与半轴齿轮连接，不承受弯矩。故称这种支承形式为半浮式半轴支承。

　　半浮式支承中，半轴与桥壳间的轴承一般只用一个。为使半轴和车轮不致被向外的侧向力拉出，该轴承必须能承受向外的轴向力。另外，在差速器行星齿轮轴的中部悬套着止推块，半轴内端正好能顶靠在止推块的平面上，因而不致在朝内的轴向力作用下向内窜动。

　　半浮式支承具有结构紧凑、质量小、但半轴受力情况复杂且拆装不方便等特点。广泛应用于反力弯矩较小的各类轿车上。

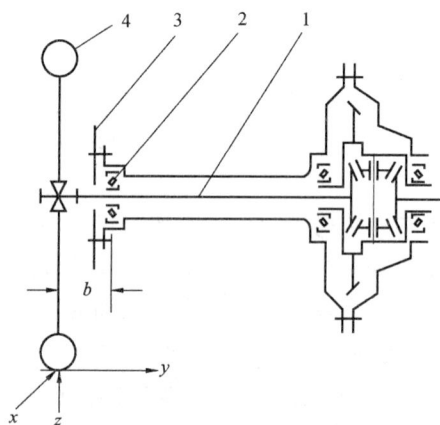

图 6 – 23　半浮式半轴支承示意图

1—半轴；2—圆锥滚子轴承；3—轴承盖；4—车轮

6.4.2　桥壳

　　驱动桥的桥壳是支撑并保护主减速器、差速器和半轴等的部件。使左右驱动车轮的轴向相对位置固定；同驱动桥一起支承车架及其上面的各种总成；汽车行驶时，承受由车轮传递的路面反力和力矩，并经悬架传给车架。驱动桥壳既是传动系的组成部分，同时也是行驶系的组成部分。作为传动系的组成部分，其功用是安装并保护主减速器、差速器和半轴。作为行驶系的组成部分，其功用是安装悬架或轮毂，和从动桥一起支承汽车悬架以上各部分质量，承受驱动轮传来的反力和力矩，并在驱动轮与悬架之间传力。

　　由于桥壳承受较复杂的载荷，因此要求桥壳应具有足够的强度和刚度、质量小，还要便于主减速器的拆装和调整。

　　驱动桥为防止主减速器内的润滑油经半轴与桥壳间的环形空间流至桥壳两端，都有密封装置。有的在桥壳外端与轮毂内表面间形成密封。有的在半轴套管内端处有压紧油封，与半轴相应的油封颈处形成密封。这种油封的刃口应朝向主减速器，装半轴时应使半轴居中通过油封，否则易顶出油封。还有的在桥壳内有挡油盘。

　　驱动桥壳可分为整体式桥壳和分段式桥壳两种类型。

　　整体式桥壳一般是铸造，具有较大的强度和刚度，且便于主减速器的拆装和调整。缺点是质量大，铸造质量不易保证。因此，适用于中型以上货车，如图 6 - 24 所示。

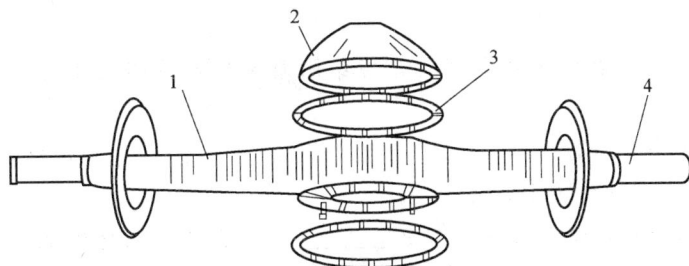

图 6 - 24　整体式驱动桥壳

1—后桥壳；2—后盖；3—垫片；4—半轴套管

　　分段式桥壳一般分为两段，由螺栓将两段连成一体。分段式桥壳最大的缺点是拆装、维修主减速器、差速器十分不便，必须把整个驱动桥从车上拆下来，现已很少应用，如图 6 - 25 所示。

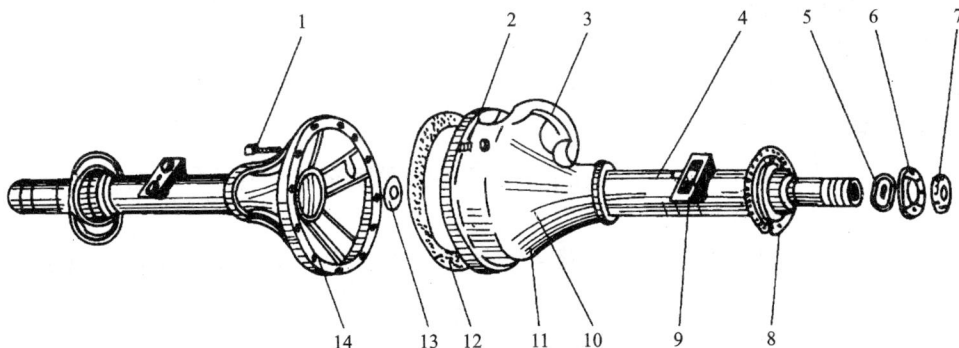

图 6 - 25　分段式驱动桥壳

1—螺栓；2—注油孔；3—主减速器壳颈部；4—半轴套管；5—调整螺母；6—止动垫片；7—锁紧螺母；
8—凸缘盘；9—钢板弹簧座；10—主减速器壳；11—放油孔；12—油封；13—垫片；14—盖

复习题

一、填空题

1. 驱动桥由_____、_____、_____和_____等组成。其功用是将万向传动装置传来的发动机转矩传递给驱动车轮,实现降速以增大转矩。

2. 驱动桥的类型有_____驱动桥和_____驱动桥两种。

3. 齿轮啮合的调整是指_____和_____的调整。

4. 齿轮啮合的正确印迹应位于_____,并占齿面宽度的_____以上。

5. 如果将它布置在四驱汽车的中间传动轴上,用来调节前轮和后轮之间的转速,则称为_____。

6. 强制锁止式差速器为了使全部转矩传给附着条件好的驱动车轮,在差速器中设置了_____。

7. 托森差速器由差速器壳、_____个蜗轮_____根蜗轮轴、_____个直齿圆柱齿轮及前、后轴蜗杆组成。

8. 托森差速器一般在四驱汽车上作为_____使用。它巧妙地利用了蜗轮蜗杆传动的_____,即蜗杆可以使用蜗轮自由转动,而蜗轮不能使蜗杆自动转动,

9. 半轴是在_____与_____之间传递动力的实心轴。

10. 半轴的支承型式有_____和_____两种。

二、名词解释

1. 断开式驱动桥

2. 非断开式驱动桥

3. 单级主减速器

4. 双级主减速器

5. 全浮式半轴

6. 半浮式半轴

三、简答题

1. 驱动桥的功用是什么?每个功用主要由驱动桥的哪个部分实现和承担?

2. 主减速器的功用是什么?

3. 什么是双速主减速器?它和双级主减速器有何区别?采用双速主减速器的目的是什么?

4. 什么是轮边减速器?有何优缺点?

5. 差速器有几种类型?各起何作用?

6. 试述托森差速器的结构并分析它是如何起差速防滑作用的?

7. 驱动桥壳的作用是什么?分为几类?各有何优缺点?

第二篇　汽车行驶系

第7章 汽车行驶系概述

【学习目标】

了解：行驶系的功用。

掌握：行驶系的组成。

学会：行驶系的受力分析。

熟悉：行驶系的类型。

【主要内容】

传动系的存在解决了发动机特性与汽车使用对发动机要求之间的矛盾，为使汽车协调运动，还需要行驶系。本章主要讨论行驶系的功用、组成和类型。

汽车作为一种地面交通工具，其行驶系的基本组成和结构形式，在很大程度上取决于汽车经常行驶路面的性质。绝大多数汽车经常行驶在比较紧实的路面上，其行驶系与路面直接接触的部分是车轮，因而称为轮式行驶系，这样的汽车便是轮式汽车，除轮式以外，还有半履带式、全履带式、车轮－履带式等。

1. 行驶系的功用

汽车行驶系统主要用来将发动机的转矩经传动系统传递到驱动轮产生驱动力，使汽车行驶。同时，传递并承受路面作用于车轮上的各向的反力及其所形成的力矩；缓和不平路面对车身造成的冲击，并衰减其振动，以保证汽车行驶平顺性；与汽车转向系协调配合工作，实现汽车行驶方向的正确控制，以保证汽车操纵的稳定性。

2. 汽车行驶系的组成

轮式汽车行驶系统一般由车架、车桥、车轮和悬架组成，如图7－1所示。车架1是全车的装配基础，汽车的各相关总成都直接或间接地安装在车架上。从动桥6通过前悬架7安装在车架上，前轮5安装在从动桥上，驱动桥3通过后悬架2也安装在车架上，后轮4安装于驱动桥上。悬架由弹性材料制造而成，主要用来减小汽车在不平路面上行驶时车身所受到冲击力及振动。

3. 汽车行驶系受力分析

汽车行驶系统的受力情况如图7－1所示，汽车的总重力 G_a 由前、后车轮承受，路面对前轮和后轮上的垂直反力为 F_{Z1} 和 F_{Z2}。当半轴将驱动力矩 M_k 传到驱动轮时，通过车轮与路面的附着作用，路面向汽车施加使汽车前进的驱动力 F_t；汽车在制动时，同样产生一个与 M_k 方向相反的制动力矩，作用于车轮上，产生一个与汽车行驶方向相反的制动力，迫使汽车减速或停车。

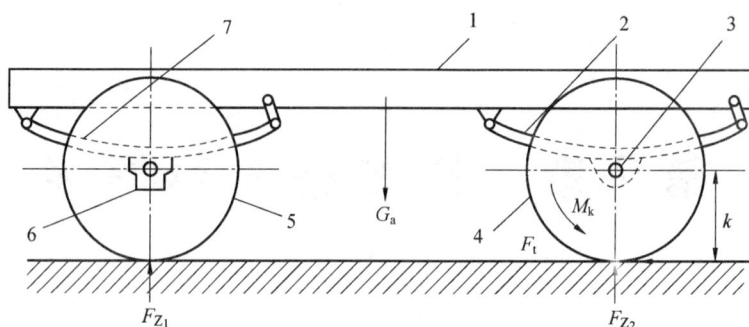

图 7 – 1 轮式汽车行驶系统的组成及部分受力情况
1—车架；2—后悬架；3—驱动桥；4—后轮；5—前轮；6—从动桥；7—前悬架

汽车的驱动力 F_t，必须克服驱动轮本身所遇到的滚动阻力，由车架经从动悬架传给从动桥，使从动车轮克服其滚动阻力；另外，汽车在前进过程中还要克服空气阻力、坡道阻力和加速阻力等。

由于驱动力作用在驱动轮与地面接触处，此力对车轮中心产生的反力矩使汽车前部具有向上抬起的趋势，从而使作用于前轮上的垂直载荷减小，后轮上的垂直载荷增大。汽车突然加速行驶时，这种作用更明显。

汽车制动时，地面将作用于车轮一个与汽车行驶方向相反的制动力，有使汽车后部向上抬起、前部下沉的趋势，从而使作用于后轮上的垂直载荷减小而前轮的垂直载荷增大。紧急制动时，这种作用尤其明显。

汽车在弯道上或路面坡度较大的道路上行驶时，由于离心力或汽车重力 G_a 在横向坡道上分力的作用，使汽车具有侧向滑动趋势，路面将阻止车轮侧滑而产生作用于车轮的侧向力，此力由行驶系统来承受和传递。

4．汽车行驶系的分类

汽车行驶系主要分为轮式汽车行驶系和特种汽车行驶系。特种汽车行驶系有半履带式、全履带式、车轮 - 履带式等几种。

半履带式汽车具有很高的通过能力，主要用于在雪地或沼泽地带行驶，如图 7 – 2 所示。其行驶系的结构特点是前桥上装有滑橇式车轮，用来实现转向，后桥上装有履带，以减小对地面的单位面积压力，控制汽车下陷；同时履带上的履刺也加强了与地面的附着作用，提高了通过能力。如果前、后桥上都装有履带，则称为全履带式汽车，如图 7 – 3 所示。

车轮 - 履带式汽车有着可以互换使用的车轮和履带，如图 7 – 4 所示。这种履带车适合在滑雪场、沼泽地、果园或多土丘地带行驶作业。从图 7 – 4 中可以看出，不装履带即为多轴式轮式汽车，用于推土、推雪等特种作业；在车轮外加装履带构成履带式汽车，大大改善和提高了汽车的通过能力。

图 7－2　半履带式汽车

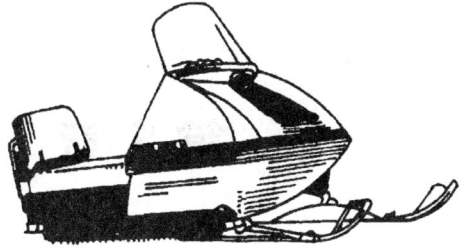

图 7－3　全履带式汽车

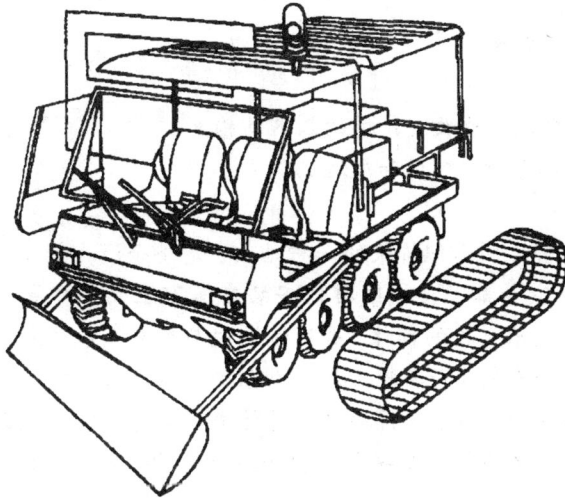

图 7－4　车轮－履带式汽车

复习题

1. 汽车行驶系有何功用？它主要由哪些部件和总成组成？各起什么作用？
2. 行驶系有哪些类型？
3. 半履带式汽车有什么特点？
4. 车轮－履带式汽车有什么特点？它们是如何工作的？

第 8 章　车架与车桥

【学习目标】

了解：车架的分类、结构。

掌握：车架的功用。

掌握：转向桥、转向驱动桥及支持桥的基本结构。

掌握：转向轮定位的参数、功用和原理。

【主要内容】

车架是连接在各车桥之间形似桥梁的一种结构，是整个汽车的安装基础，汽车上所有的总成、零部件以及驾驶室等都直接或间接地安装在车架上面，并使它们保持正确的相对位置。车桥是用来安装和支承车轮的部件，并通过悬架与车架或承载式车身连接。车架所受的载荷通过悬架和车桥传给车轮，而车轮上的滚动阻力、驱动力、制动力和侧向力及其弯矩转矩又通过车桥传递给悬架和车架，车桥的作用是传递车架与车轮之间各方向的作用力及其所产生的弯矩和转矩。本章主要讨论车架的类型和各种结构、车桥的类型和各种结构及转向车轮定位。

8.1　车架

车架是整个汽车的装配基体，车架的结构形式首先应满足汽车总布置的要求。汽车在复杂多变的行驶过程中，固定在车架上的各总成和部件之间不应发生干涉。当汽车在崎岖不平的道路上行驶时，车架在载荷作用下可能产生扭转变形以及在纵向平面内的弯曲变形，当一边车轮遇到障碍时，还可能使整个车架扭曲成菱形。这些变形将会改变安装在车架上的各部件之间的相对位置，从而影响其正常工作。因此，车架还应具有足够的强度和适当的刚度。为了使整车轻量化，要求车架质量尽可能小。此外，降低车架高度，以使汽车质心位置降低，有利于提高汽车的行驶稳定性。这一点对轿车和客车来说尤为重要。

目前，按车架纵梁、横梁结构特点，汽车车架的结构形式基本上有三种：边梁式车架、中梁式车架(或称脊梁式车架)和综合式车架。现代许多轿车和大客车上没有车架，其车架的功能由轿车车身或大客车车身骨架承担，故称其为承载式车身。

边梁式车架广泛应用于各种类型载货、载客汽车和少量轿车上，中梁式车架主要用于越野汽车和少量轿车上。轿车车架的形式复杂多样，其中主要以综合式车架和承载式车身为主。现代大型客车上越来越多采用整体承载式车身骨架和桁架式车架结构。

8.1.1 边梁式车架

边梁式车架由两根位于两边的纵梁和若干根横梁组成,用铆接法或焊接法将纵梁与横梁连接成坚固的刚性构架。

纵梁通常用低碳合金钢板冲压而成,断面形状一般为槽形,也有的做成 Z 字形、工字形或箱形断面。根据汽车形式不同和结构布置的要求,纵梁可以在水平面内或纵向平面内做成弯曲的,以及等断面或非等断面的。

横梁一般也用低碳合金钢板冲压而成,断面形状一般为槽形。横梁不仅用来保证车架的扭转刚度和承受纵向载荷,而且还可以支承汽车上的主要部件。通常货车有 5~6 根横梁,有时会更多。边梁式车架的结构特点是便于安装驾驶室、车厢及一些特种装备和布置其他总成,有利于改装变型车和发展多品种汽车。因此,它被广泛采用在货车和大多数的特种汽车上。

图 8-1 为东风 EQ1090E 型汽车车架,它主要由 2 根纵梁和 8 根横梁铆接而成。纵梁 6 为槽形不等高断面梁,由于纵梁中部受到的弯曲力矩最大,故中部断面高度最大,由此向两端断面高度则逐渐减小。这样,可使应力分布较均匀,同时又减小了质量。

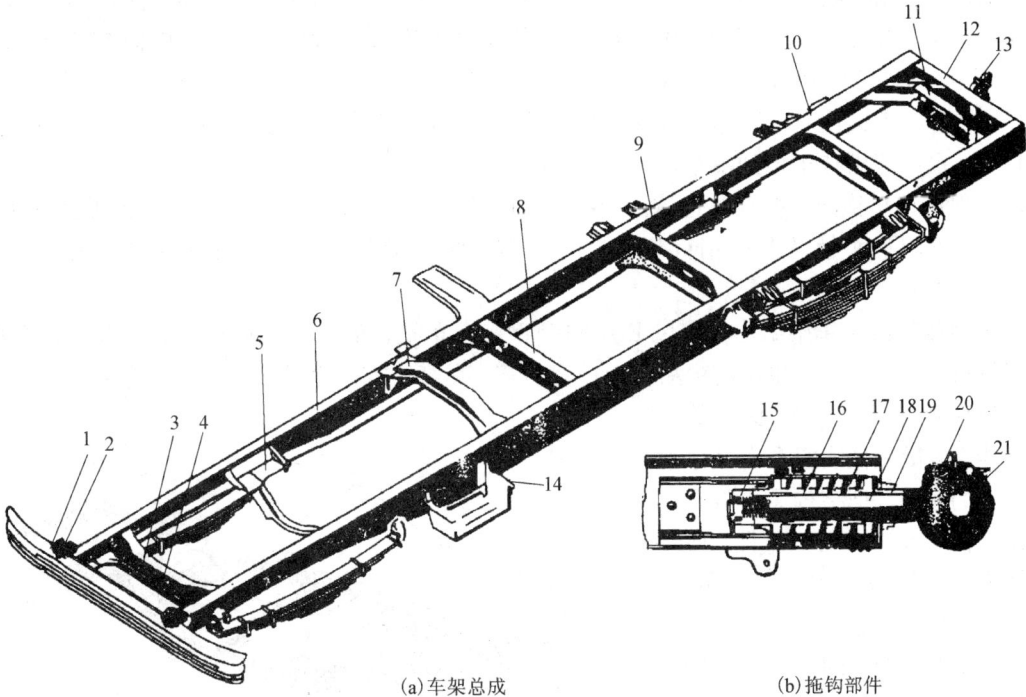

(a)车架总成　　　　　(b)拖钩部件

图 8-1　东风 EQ1090E 型汽车车架

1—保险杠;2—挂钩;3—前横梁;4—发动机前悬置横梁;5—发动机后悬置右(左)支架和横梁;6—纵梁;
7—驾驶室后悬置横梁;8—第四横梁;9—后钢板弹簧前支架横梁;10—后钢板弹簧后支架横梁;11—角撑横梁组件;
12—后横梁;13—拖钩部件;14—蓄电池托;15—螺母;16、18—衬套;17—弹簧;19—拖钩;20—锁块;21—锁扣

在左右纵梁上有 100 多个装置用孔,用以安装转向器、钢板弹簧、燃油箱、储气罐、蓄电池等的支架。

横梁一般也用钢板冲压成槽形，为增强车架的抗扭强度，有时采用管形或箱形断面的横梁。东风 EQ1090E 型汽车的前横梁 3 上装置冷却水散热器，横梁 4 作为发动机的前悬置支座。由于该车是长头汽车，发动机位置应尽可能低些，以改善驾驶员的视野，因此横梁 4 制成下凹形。在横梁 7 的上面装置驾驶室的后悬置，在其下面装置传动轴中间轴承支架。由于传动轴安装位置的需要，横梁 7 做成拱形，其余横梁都做成简单的直槽形。后横梁 12 上装有拖带挂车用的拖钩部件 13，因后横梁要承受拖钩传来的很大作用力，故有角撑加强。

某些越野汽车在车架纵梁前端两侧装有加长梁，以便在加长梁前端安装绞盘装置和专用的保险杠。在未装有加长梁的纵梁上，其前端两侧备有一组冲孔，以便需要加装绞盘等装置时，可以紧固左、右加长梁。

有些汽车车架为加强纵梁和横梁的连接，并使车架具有较大的刚度，用钢板制成的盖板焊在或铆在连接处。

在货车车架的前端、轿车车架的前后两端，有横梁式的缓冲件——保险杠。当汽车在纵向突然受到障碍物的冲撞时，它可以保护车身、翼子板和散热器，使之不受损坏。对于轿车来说保险杠同时还起着装饰的作用。货车车架前端还装有简单的挂钩 2（图 8-1），以便汽车发生故障或陷入地面时，可以被其他车辆拖曳。

有时货车和部分大型客车要拖带挂车，故应有与挂车的车架相连接的拖钩部件 13，安装在车架后横梁中部。东风 EQ1090E 型汽车的拖钩部件构造见图 8-1(b)。拖钩 19 的尾部支承在两个衬套 16 与 18 上。在两个衬套的凸缘间装有弹簧 17，而在拖钩尾部的端部旋有螺母 15，并用开口销锁住。弹簧 17 用以缓和汽车行驶时所受到的冲击力，此冲击力可能由主车传到挂车，也可能由挂车传到主车。

为保持挂车拖架的挂环与拖钩的衔接，拖钩具有可掀转的锁扣 21，其上有带弹簧的锁块 20，锁扣可用平头销及开口销固定在闭合位置，此时平头销穿过锁扣和锁块上相重合的小孔。

轻型载货汽车车架结构与东风 EQ1090E 型汽车车架相似。根据不同汽车总布置的需要，两根纵梁可平行布置，也可前窄后宽或前宽后窄，在高度方向也可向上或向下弯曲。

近代轿车为了保证良好的整车性能，尽量降低质心和有利于前后悬架的布置，把结构需要放在第一位，兼顾车架加工工艺性，所以车架形状设计得比较复杂而实用。图 8-2 所示为丰田皇冠（Crown）轿车车架和车身，图中车架 2 用阴影线画出。为了保证高速轿车的行驶稳定性，汽车的重心应尽量低；为了改善乘坐的舒适性，车身的底板也尽量低。但底板的降低

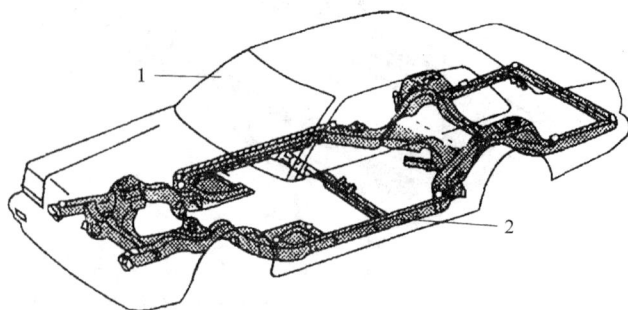

图 8-2　丰田皇冠（Crown）轿车车架和车身
1—车身；2—车架（阴影线部分）

不应防碍转向轮的偏转和悬架变形时车桥的跳动。因此轿车车架通常前部做得较窄，前后桥处向上弯曲，中间对应车身底板处比较低平的形状。

采用 X 形高断面的横梁，可以提高车架的扭转刚度，特别对于短而宽的车架，这个效果

尤为显著。故 X 形横梁一般只用于轿车车架，见图 8 – 3。

车架纵梁通常为钢板冲压成形，也有采用槽钢制成的。车架纵梁剖面形状如图 8 – 4 所示。在工作应力较大的地方常采用图 8 – 4 中的(b)、(c)所示剖面形状来加强。在有些汽车车架局部加强时，可装上加强板，或在某处槽形断面内加嵌板件。

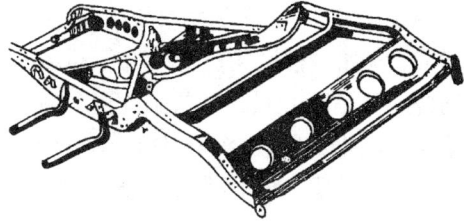

图 8 – 3　轿车(X 形高断面横梁)车架

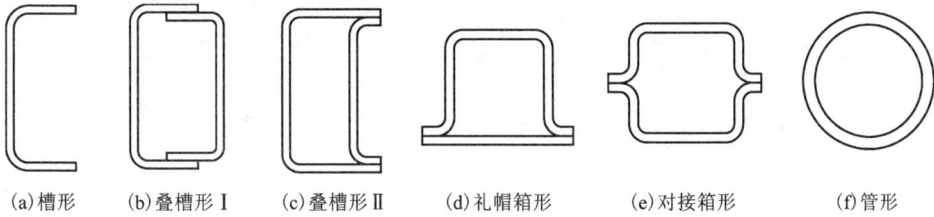

| (a)槽形 | (b)叠槽形 I | (c)叠槽形 II | (d)礼帽箱形 | (e)对接箱形 | (f)管形 |

图 8 – 4　车架纵梁的剖面形状

8.1.2　中梁式车架

中梁式车架只有一根位于中央贯穿前后的纵梁，因此亦称为脊梁式车架，如图 8 – 5 所示。中梁的断面可以做成管形或箱形。这种结构的车架有较大的扭转刚度。使车轮有较大的运动空间，因此被采用在某些轿车和货车上。

图 8 – 6 所示是具有中梁式车架的轿车底盘。中梁是管式的，传动轴装在管内。

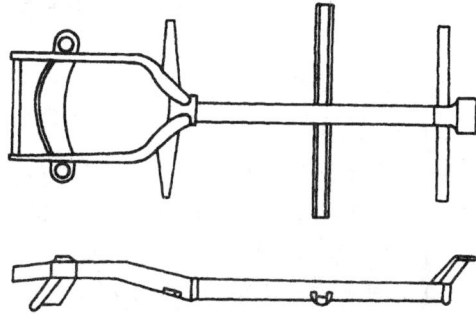

图 8 – 5　中梁式(脊梁式)车架结构

主减速器壳通常固定在中梁的尾部，形成断开式驱动桥。中梁前端做成伸出的支架，以固定发动机。

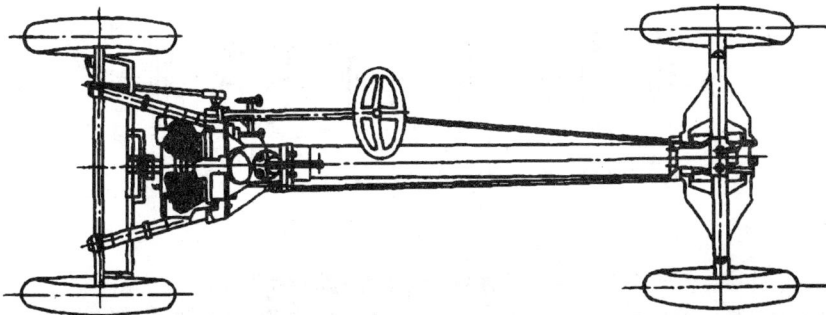

图 8 – 6　具有中梁式车架的汽车发动机及底盘示意图

如图 8 - 7 所示，脊梁式车架由一根位于汽车左右对称中心的大断面管形梁和某些悬伸托架构成，犹如一根脊梁。管梁将传动系连成一体，传动轴从其中间通过，故采用这种结构时驱动桥必须是断开式的并与独立悬架相配用。与其他类型的车架比较，其扭转刚度最大。容许车轮有较大的跳动空间，使汽车有较好的平顺性和通过性。但车架的制造工艺复杂，维修不便，仅用于某些对平顺性、通过性要求较高的汽车上。

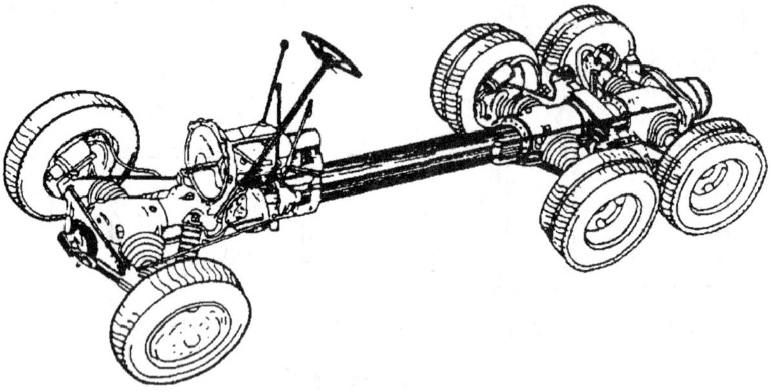

图 8 - 7　具有脊梁式车架的汽车底盘

太脱拉 138 型和 148 型越野汽车的中梁式车架是由一根纵梁和若干根横梁组成，如图 8 - 8所示。其纵梁由前桥壳 2、前脊梁 4、分动器壳 7、中央脊梁 8、中桥壳 13、后桥壳 11 及中后桥之间的连接梁 9 所组成。上述各部分的连接均通过其凸缘用螺栓紧固成一体。在前桥壳 2 的前端有托架 1，后端有托架 3(即横梁、下同)，用以支承发动机前部、驾驶室前部及转向器，同时用来安装前悬架的扭杆弹簧。托架 6 用于支承驾驶室后部及货箱前部。在托架 6、14、10 上要装连接货箱的副梁，在副梁上安装货箱(图中未示出)，因此托架 6、14、10 承受货箱的重力。在连接梁 9 的两侧设有托架用来安装后悬架的钢板弹簧 12。

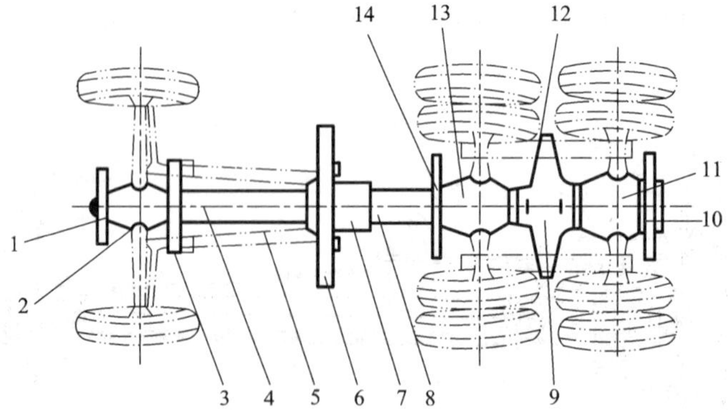

图 8 - 8　太脱拉 138 型汽车车架示意图

1—发动机前部托架；2—前桥壳；3—发动机后部及驾驶室前部托架；4—前脊梁；5—前悬架的扭杆弹簧；
6—驾驶室后部及货箱副梁前部托架；7—分动器壳；8—中央脊梁；9—连接梁；10—连接货箱副梁的托架；
11—后桥壳；12—后悬架的钢板弹簧；13—中桥壳；14—连接货箱副梁的托架

采用这种脊梁式车架的优点是：能使车轮有较大的运动空间，便于采用独立悬架，从而可提高汽车的越野性；与同吨位货车相比，其车架较轻，减少了整车质量；同时质心较低，因此行驶稳定性好，车架的强度和刚度较大，脊梁还能起封闭传动轴的防尘套作用。

8.1.3 综合式车架

如图 8-9 所示，车架前部是边梁式，而后部是中梁式，这种车架称为综合式车架(也称复合式车架)。它同时具有中梁式和边梁式车架的特点。该车架的前部和后部是边梁式，用以安装发动机和车桥，中部是中梁式，悬伸出来的支架可以固定车身。

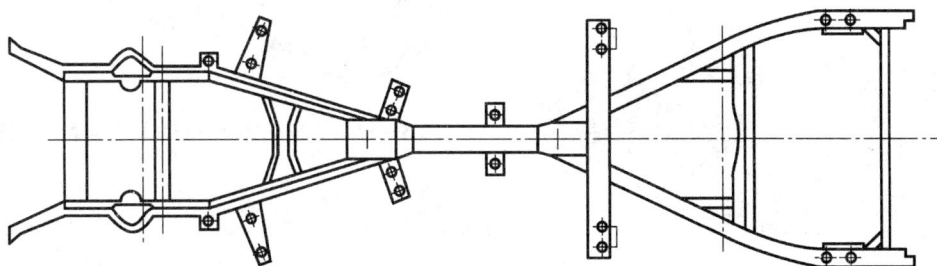

图 8-9 综合式车架

随着汽车工业的发展，近年来车架结构形式也呈现出多样化和复杂化。图 8-10 所示为桁架式车架，这种立体结构式车架主要用于竞赛汽车及特种汽车。它由钢管组合焊接而成，这种车架兼有车架和车身的作用。

图 8-11 为平台式车架。它是一种将底板从车身中分出来，而与车架组成一个整体的结构，车身通过螺栓与车架相连接。

从图 8-11 中可以看出，它是以中梁式车架为基体，在脊梁车架两侧连接车身底板而成为一个平台式车架，也可以看做是中梁式车架的一种变形。座椅的金属骨架焊接在车架上，具有较高的刚度。

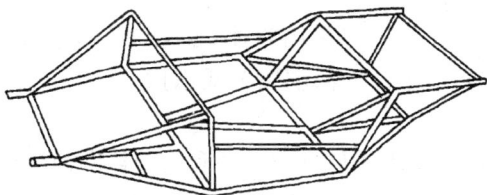

图 8-10 钢管焊接的桁架式车架结构　　　　图 8-11 平台式车架

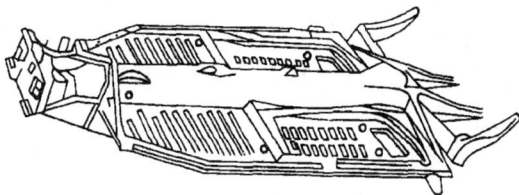

8.1.4 承载式车身

部分轿车和大型客车取消了车架，而以车身兼代车架的作用，即将所有部件固定在车身上，所有的力也由车身来承受，这种车身称为承载式车身。目前大多数轿车都是采用承载式车身。如上海桑塔纳轿车、一汽大众的捷达轿车等均为此种结构。图 8-12 所示为承载式车身零件分解图。

图 8-13 所示为桑塔纳 2000 型轿车的承载式车身。图 8-14 所示为大客车整体承载式车身骨架。承载式车身由于无车架,可以减轻整车质量,使底板高度降低,使上、下车方便。但是,传动系统和悬架的振动和噪声会直接传入车内。为此,应采取隔声和防振措施。

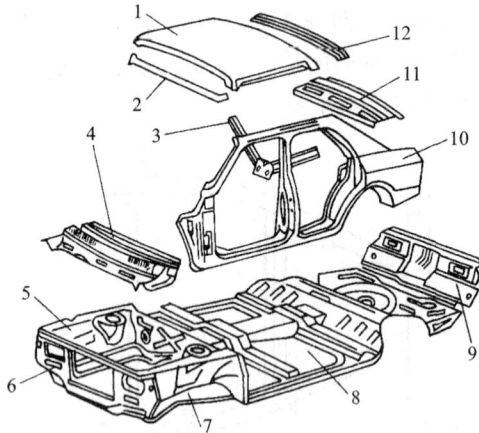

图 8-13　桑塔纳 2000 型轿车的承载式车身

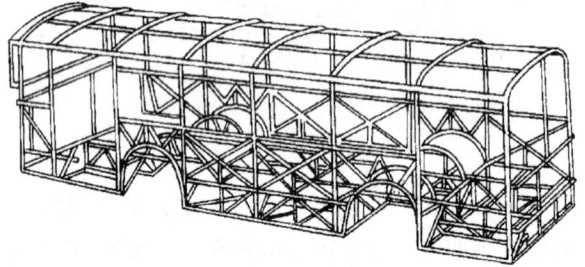

图 8-12　承载式轿车车身壳体零件分解图

1—顶盖;2—前风窗框上部;3—加强撑;
4—前围外板;5—前挡泥板;6—散热器框架;
7—底板前纵梁;8—底板部件;9—行李箱后板;
10—侧门框部件;11—后围板;12—后风窗框上部

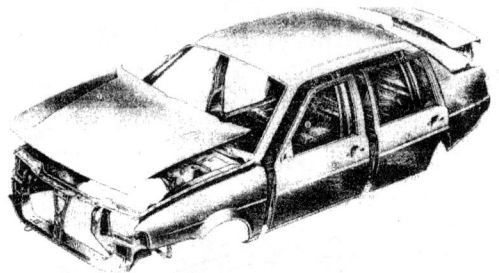

图 8-14　大客车整体承载式车身骨架

8.2　车桥

车桥(也称车轴)通过悬架和车架(或承载式车身)相连,它的两端安装车轮,其功用是传递车架(或承载式车身)与车轮之间各方向的作用力及其力矩。

根据悬架结构的不同,车桥分为整体式和断开式两种。当采用非独立悬架时,车桥中部是刚性的实心或空心梁,这种车桥即为整体式;断开式车桥为活动关节式结构,与独立悬架配用。

根据车桥上车轮的作用,车桥又可分为转向桥、驱动桥、转向驱动桥和支持桥四种类型。根据车桥的车轮是驱动车轮还是从动车轮,车桥又可以分为驱动桥和从动桥,其中,转向桥和支持桥都属于从动桥。一般汽车多以前桥为转向桥,而以后桥或中、后两桥为驱动桥。越野汽车和大部分轿车的前桥为转向驱动桥。有些前桥为转向桥的单桥驱动的三轴汽车(6×2汽车)的中桥(或后桥)为驱动桥,则后桥(或中桥)为支持桥。

驱动桥已在第 6 章介绍过,支持桥除不能转向外,其他功能和结构与转向桥相同。因此,本节主要叙述整体式和断开式的转向桥、转向驱动桥及支持桥。

156

8.2.1　转向桥

转向桥是利用车桥中的转向节使车轮可以偏转一定角度，以实现汽车的转向。它除承受垂直载荷外，还承受纵向力和侧向力及这些力造成的力矩。转向桥通常位于汽车前部，因此也常称为前桥。

各种车型的转向桥结构基本相同，主要由前梁、转向节、主销和轮毂组成。如图 8 – 15 所示。

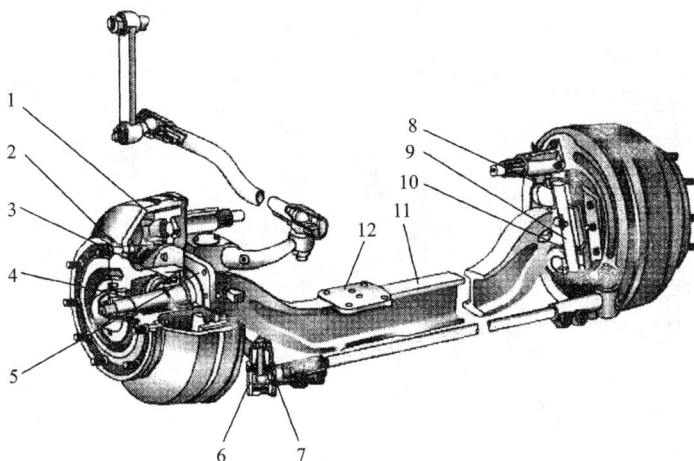

图 8 – 15　汽车转向桥

1—制动鼓；2—轮毂；3、4—轮毂轴承；5—转向节；6—转向球头销；
7—油封；8—衬套；9—主销；10—推力轴承；11—前梁；12—钢板弹簧座

下面以东风 EQ1090E 型汽车前桥（图 8 – 16）为例加以说明。

作为主体零件的前梁 12 是用钢材锻造的，其断面是工字形以提高抗弯强度。为提高抗扭强度，接近两端略成方形。中部加工出两处用以支承钢板弹簧的加宽面——弹簧座（图中未画）。中部向下弯曲，使发动机位置得以降低，从而降低汽车重心，扩展驾驶员视野，并减小传动轴与变速器输出轴之间的夹角。前梁两端各有一个加粗部分，呈拳形，其中有通孔，主销 10 即插入此孔内。用带有螺纹的楔形锁销将主销固定在拳部孔内，使之不能转动。转向节 5 上有销孔的两耳通过主销与前梁的拳部相连，使前轮可以绕主销偏转一定角度而使汽车转向。为了减小磨损，转向节销孔内压入青铜衬套 7，衬套上的润滑油槽在上面端部是切通的，用装在转向节上的滑脂嘴注入润滑脂润滑。为使转向灵活轻便，在转向节下耳与前梁拳部之间装有滚子推力轴承 11。在转向节上耳与拳部之间装有调整垫片 8，以调整其间的间隙。

在左转向节的上耳上装有与转向节臂 9 制成一体的凸缘，在下耳上则装着与转向梯形臂制成一体的凸缘，此二凸缘上均制有一矩形键。因此在左转向节的上下耳上都有与之配合的键槽。转向节通过矩形键及带有锥形套的双头螺栓与转向节臂及梯形臂相连。在键与键槽之面间装有条形的橡胶密封垫。

车轮轮毂 2 通过两个圆锥滚子轴承 3 和 4 支承在转向节外端的轴颈上。轴承的松紧度可

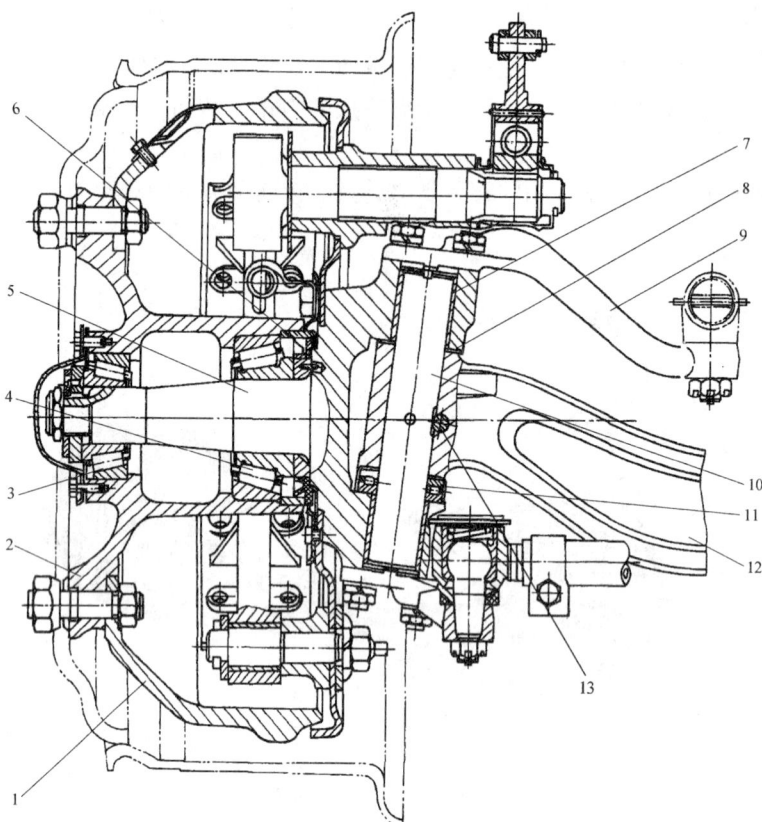

图 8 - 16 东风 EQ1090E 型汽车转向桥(前桥)

1—制动鼓；2—轮毂；3、4—轮毂轴承；5—转向节；6—油封；
7—衬套；8—调整垫片；9—转向节臂；10—主销；11—滚子推力轴承；12—前梁

用调整螺母(装于轴承外端)加以调整。轮毂外端用冲压的金属罩盖住。轮毂内侧装有油封
6。如果油封漏油，则外面的挡油盘仍足以防止润滑油进入制动器内，转向节上靠近主销孔
的一端有方形的凸缘，以固定制动底板。

图 8 - 17 所示为 BJ1040 型汽车转向桥。前梁 2 由两端拳形部分 7 与一根无缝钢管焊接
而成，这种结构不需用大型锻造设备来模锻前梁。

主销推力轴承 5 采用球轴承，可使转向操纵轻便。润滑脂可由转向节上耳滑脂嘴注入，
经主销 8 内的轴向和径向油道进入主销与衬套之间的摩擦表面，使之得到润滑。

转向节臂 3 与梯形臂连在一起，固定在转向节下耳上，这样可以使转向节结构简化。车
轮转角限位螺钉 6 用来限制车轮最大转角。

断开式转向桥在轿车和微型客车上得到广泛采用，它与独立悬架相配置组成了性能优良
了转向桥。由于它有效地减少了非簧载质量，降低了发动机的质心高度，从而提高了汽车的
行驶平顺性和操纵稳定性。

图 8 - 18 所示为 JL6360 微型客车的断开式转向桥的结构图。该断开式转向桥(前桥)主
要由车轮 1、减振器 2、上支点总成 3、缓冲弹簧 4、转向节 5、大球头销总成 6、横向稳定杆总

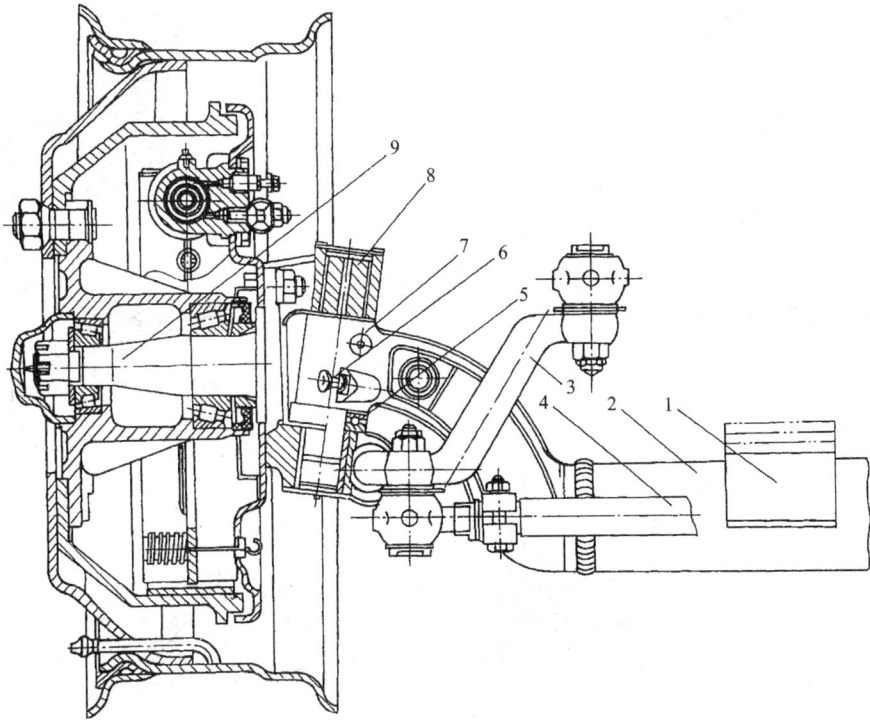

图 8 – 17　BJ1040 型汽车转向桥（前桥）

1—钢板弹簧座；2—前梁；3—转向节臂；4—转向横拉杆；5—推力轴承；

6—车轮转角限位螺钉；7– 前梁拳形部分；8—主销；9—转向节

成 7、左右梯形臂 8 和 13、主转向臂 11、中臂 15、左右横拉杆 10 和 12、悬臂总成 14 等组成。其中有些臂、悬臂均为薄钢板焊接结构，主转向臂与中臂是通过螺栓与橡胶衬套连接的，左右转向梯形臂用大球头销总成 6 与悬臂总成 14 连接。

　　该断开式转向桥和前述转向桥一样，在具有承载传力功能的同时，还应具有实现转向的功能，它与转向器配合，通过纵拉杆 16、主转向臂 11、中臂 15、左右横拉杆 10、12 和左右梯形臂 8、13，使车轮偏转以实现汽车转向。

8.2.2　转向驱动桥

　　在许多轿车和全轮驱动的越野汽车上，前桥除作为转向桥外，还具有驱动桥的作用，故称为转向驱动桥，如图 8 – 19 所示。

　　它同一般驱动桥一样，有主减速器 5 和差速器 4。但由于转向时车轮需要绕主销偏转过一个角度，故与转向轮相连的半轴必须分成内外两段（内半轴 6 和外半轴 1），其间用万向节 7（一般多用等角速万向节）连接，同时主销 3 也因而制成上下两段。转向节轴颈部分做成中空的，以便外半轴穿过其中。

　　目前，许多现代轿车采用了发动机前置前轮驱动的布置形式，其前桥既是转向桥又是驱动桥。此种类型的转向驱动桥多与麦弗逊式独立悬架配合使用，因其前轮内侧空间较大，便于布置，具有良好的接近性，维修方便。

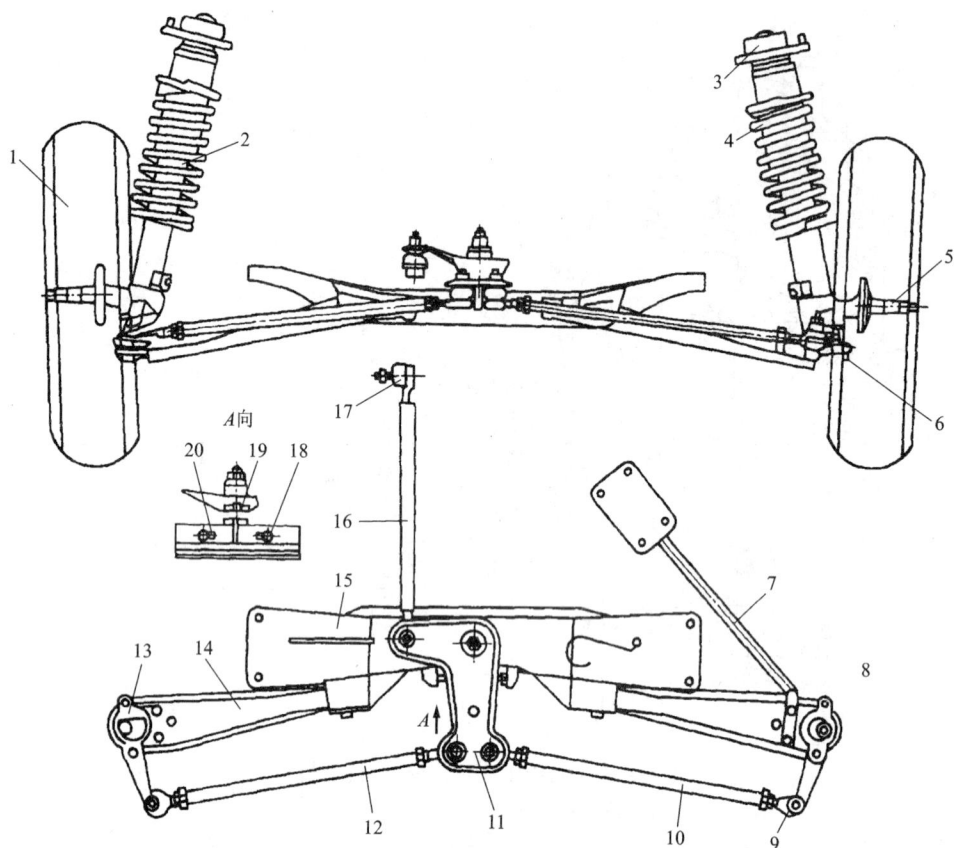

图 8-18　JL6360 型客车断开式转向桥

1—车轮；2—减振器；3—上支点总成；4—缓冲弹簧；5—转向节；6—大球头销总成；7—横向稳定杆总成；
8—左梯形臂；9—小球头销总成；10—左横拉杆；11—主转向臂；12—右横拉杆；13—右梯形臂；14—悬臂总成；
15—中臂；16—纵拉杆；17—纵拉杆球头；18—转向限位螺钉座；l9—转向限位杆；20—转向限位螺钉

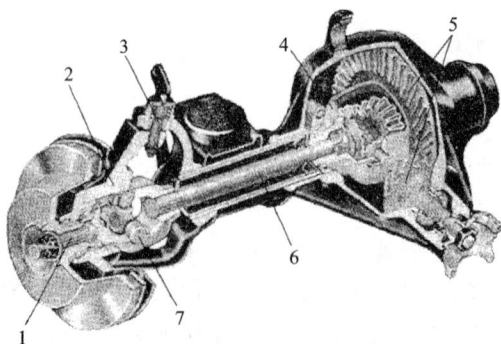

图 8-19　北京切诺基越野车的断开式转向驱动桥

1—外半轴；2—转向节；3—主销；4—差速器；5—主减速器；6—内半轴；7—万向节

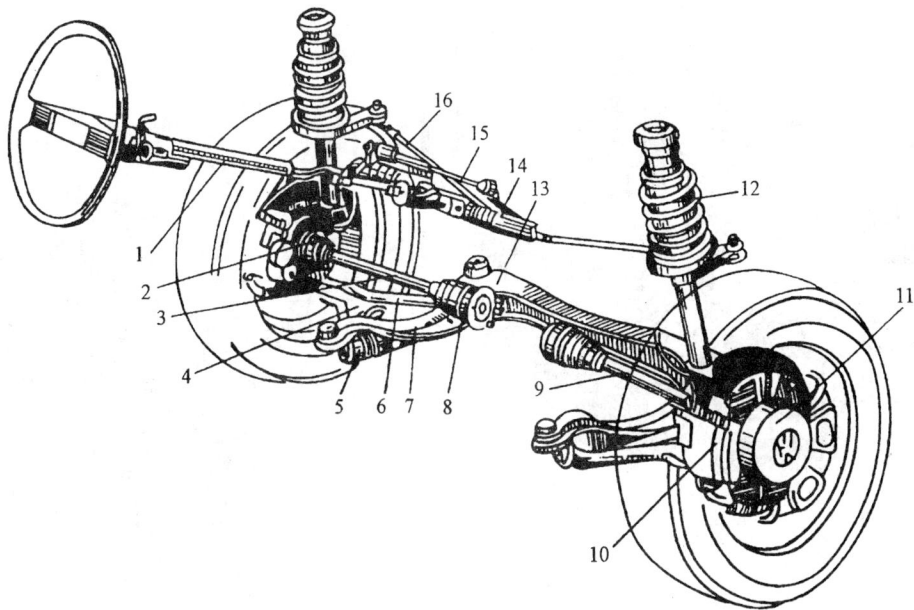

图 8 - 20 上海桑塔纳(Santana)轿车前桥(转向驱动桥)

1—转向柱；2—外等角速万向节；3—左半轴(传动轴)；4—悬架摆臂；5—悬架臂后端的橡胶金属轴；6—横向稳定杆；
7—发动机悬置；8—内等角速万向节；9—右半轴(传动轴)；10—制动钳；11—外半轴凸缘；12—减振器支柱；
13—橡胶金属支架；14—齿轮齿条式转向器；15—转向减振器；16—横拉杆

  图 8 - 20 所示为上海桑塔纳轿车前转向驱动桥总成。主减速器和差速器在图中未画出。其动力经主减速器和差速器分别传至左右内半轴(传动轴)3、9 和左右内等角速万向节，并经左右球笼式外等角速万向节和左右外半轴凸缘传到轮毂，使驱动车轮旋转。

  当转动转向盘时，通过齿轮齿条式转向器 14 和横拉杆 16 而使前轮偏转，以实现转向。捷达、奥迪、宝来、红旗 CA7220 型等轿车的前桥均是转向驱动桥，其构造与上述结构类似。

  东风 EQ2080E 型 6×6 汽车的前桥为与非独立悬架配合使用转向驱动桥，其构造见图 8 - 21。内半轴 1 与外半轴 9 通过三销轴式等角速万向节 3 连接在一起。当前轴驱动时，转矩由差速器、内半轴 1、等角速万向节 3、外半轴 9、凸缘盘 10 传到车轮轮毂 14 上。

  转向节通过两个滚针轴承和球碗及钢球支承在转向节支座 2 上，分成两段的主销 4 与转向节支座固装成一体，其上下两段的轴线必须在同一直线上。主销轴承用轴承盖 6 及 19(左边的上轴承盖与转向节臂是一体)压紧在转向节外壳 7 上。下轴承盖 6 内装有一个钢球及两个球碗，以承受主销的轴向载荷。上轴承盖内装有一个推力螺钉，并通过球碗 16 顶住主销，以防止主销轴向窜动。拧紧推力螺钉的预紧力不要太大，否则会使转向沉重。转向节支座下端面与主销下轴承座油封罩间应有一定间隙(1~2 mm)，当间隙过小(如小于 0.2 mm)时可能引起转向沉重，此时应在钢球下球碗的下面加装垫片(厚 1 mm)。转向节支座用螺钉与半轴套管 20 相连接。转向节做成转向节外壳 7 和转向节轴颈 8 两段，用螺钉连接成一体。轮毂 14 通过两个锥轴承装在转向节轴颈上，轮毂轴承用调整螺母 13、锁止垫圈 12、锁紧螺母 11 固紧。在转向轴颈内压装一个青铜衬套 15，以便支承外半轴 9。当通过转向节臂 19 推动转向节时，转向节便可绕主销转动而使前轮偏转。

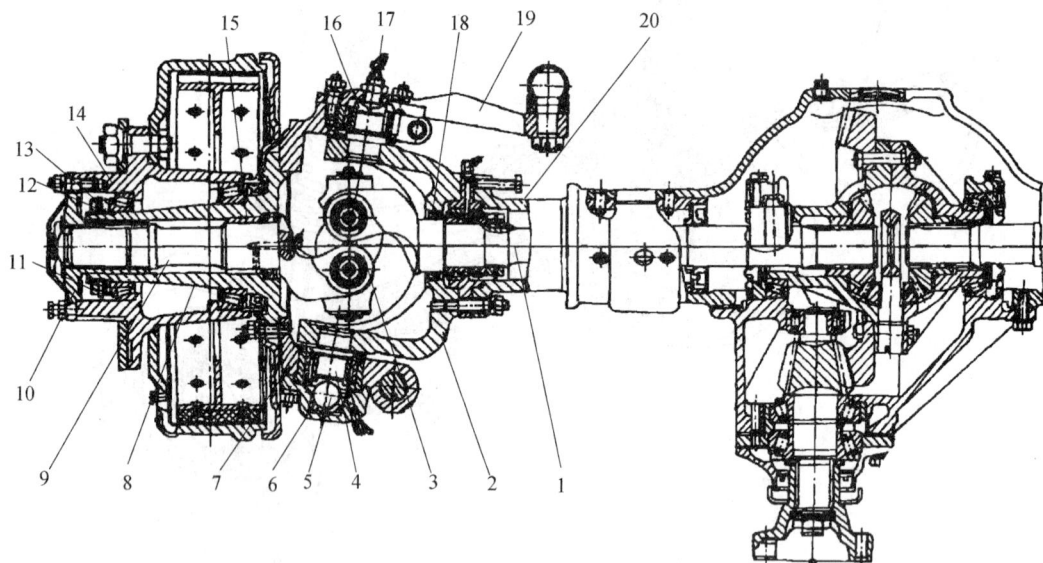

图 8 – 21 东风 EQ2080E 型 6 × 6 汽车的转向驱动桥

1—内半轴；2—转向节支座；3—三销轴式等角速万向节；4—主销；5—钢球；6—下轴承盖；7—转向节外壳；
8—转向节轴颈；9—外半轴；10—凸缘盘；11—锁紧螺母；12—锁止垫圈；13—调整螺母；14—轮毂；
15—青铜衬套；16—球碗；17—止推螺钉；18—油封；19—转向节臂；20—半轴套管

8.2.3 转向轮定位参数

为保证汽车直线行驶的稳定性、实现转向轻便性以及减少行驶中轮胎的磨损，在制造时
要求转向轮、转向节和前轴三者与车架的安装有一定精确的相对位置——转向轮定位。转向
轮的定位参数包括：主销后倾角、主销内倾角、前轮外倾角和前轮前束。

1. 主销后倾角

设计转向桥时，使主销在汽
车的纵向平面内上端有向后倾斜
一个倾角 γ（即主销轴线和地面垂
直线在汽车纵向平面内的夹角），
称为主销后倾角，如图 8 – 22
所示。

主销后倾角 γ 能形成回正的
稳定力矩，当主销具有后倾角 γ
时，主销轴线与路面交点 a 将位
于车轮与路面接触点 b 的前面，

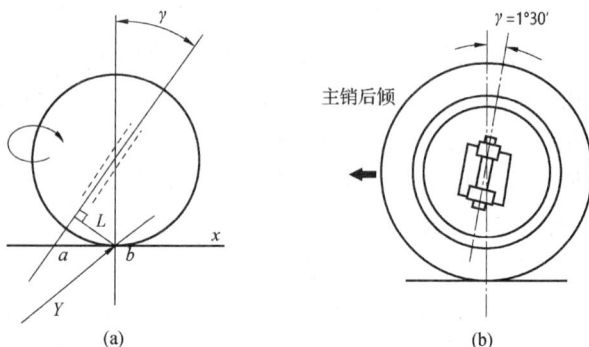

图 8 – 22 主销后倾角作用示意图

ab 之间距离称为主销后倾拖距，如图 8 – 22（a）所示。当汽车直线行驶时，若转向轮偶然受
到外力作用而稍有偏转（例如向右偏转如图中箭头所示），将使汽车行驶方向向右偏离，这时
由于汽车本身离心力的作用，在车轮与路面接触点 b 处，路面对车轮作用着一个侧向反作用

力 Y。反力 Y 对车轮形成绕主销轴线作用的力矩 YL，其方向正好与车轮偏转方向相反。在此力矩作用下，将使车轮回复到原来中间的位置，从而保证了汽车直线行驶的稳定性。故此力矩称为稳定力矩。但此力矩也不宜过大，否则在转向时为了克服此稳定力矩，驾驶员须在转向盘上施加较大的力（即所谓转向沉重）。因稳定力矩的大小取决于力臂 L 的数值，而力臂 L 又取决于后倾角 γ 的大小，现在汽车一般采用的 γ 角不超过 $2° \sim 3°$。图 8－21(b) 为解放 CA1091 型汽车的主销后倾角示意图。

现代高速汽车由于轮胎气压降低弹性增加，而引起稳定力矩增加，因此，γ 角可以减小到接近于零，甚至为负值。

2．主销内倾角

在设计转向桥时，主销在汽车的横向平面内上端向内倾斜一个 β 角（即主销轴线和地面垂直线在汽车横向断面内夹角），称为主销内倾角，见图 8－22(a)。

主销内倾角 β 也有使车轮自动回正的作用，如图 8－22(b) 所示。当转向轮在外力作用下由中间位置偏转一个角度（为了解释方便，图中画成 180° 即转到如虚线所示位置）时，车轮的最低点将陷入路面以下，但实际上车轮下边缘不可能陷入路面以下，而是将转向车轮连同整个汽车前部向上抬起一个相应的高度，这样汽车本身的重力有使转向轮回复到原来中间位置的效应。

此外，主销的内倾还使得主销轴线与路面交点到车轮中心平面与地面交线的距离 c（称转向主销偏置量）减小，见图 8－22(a)。从而可减少转向时驾驶员加在转向盘上的力，使转向操纵轻便，同时也可减少从转向轮传到转向盘上的冲击力。但 c 值也不宜过小，即内倾角不宜大，否则在转向时，车轮绕主销偏转的过程中，轮胎与路面间将产生较大的滑动，因而增加了轮胎与路面间的摩擦阻力。这不仅使转向变得很困难，而且加速了轮胎的磨损。故一般内倾角 β 不大于 $8°$，距离 c 一般为 $40 \sim 60$ mm。图 8－22(c) 所示为解放 CA1091 型汽车的主销内倾 β 和前轮外倾角 α（虚线为垂线）。

主销内倾角是在前梁设计中保证的，由机械加工来实现。加工时将前梁两端主销孔轴线上端向内倾斜就形成内倾角 β。

3．前轮外倾角

除上述主销后倾角和内倾角两个角度保证汽车稳定直线行驶外，前轮外倾角 α 也具有定位作用。前轮外倾角 α 是通过车轮中心的汽车横向平面与车轮平面的交线与地面垂线之间的夹角。见图 8－23(c)。如果空车时车轮的安装正好垂直于路面，则满载时，车桥将因承载变形，可能出现车轮内倾，这样将加速汽车轮胎的偏磨损。另外，路面对车轮的垂直反作用力沿轮毂的轴向分力将使轮毂压向轮毂外端的小轴承，加重了外端小轴承及轮毂紧固螺母的负荷，降低了它们的使用寿命。因此，为了使轮胎磨损均匀和减轻轮毂外轴承的负荷，安装车轮时应预先使车轮有一定的外倾角，以防止车轮内倾。同时，车轮有了外倾角也可以与拱形路面相适应。但是，前轮外倾角也不宜过大，否则也会使轮胎产生偏磨损。

前轮外倾角是在转向节设计中确定的。设计时使转向节轴颈的轴线与水平面成一角度，该角度即为前轮外倾角 α（一般 α 为 $1°$ 左右）。

4．前轮前束

车轮有了外倾角后，在滚动时，就类似于滚锥，从而导致两侧车轮向外滚开。由于转向横拉杆和车桥的约束使车轮不可能向外滚开，车轮将在地面上出现边滚边滑的现象，从而增

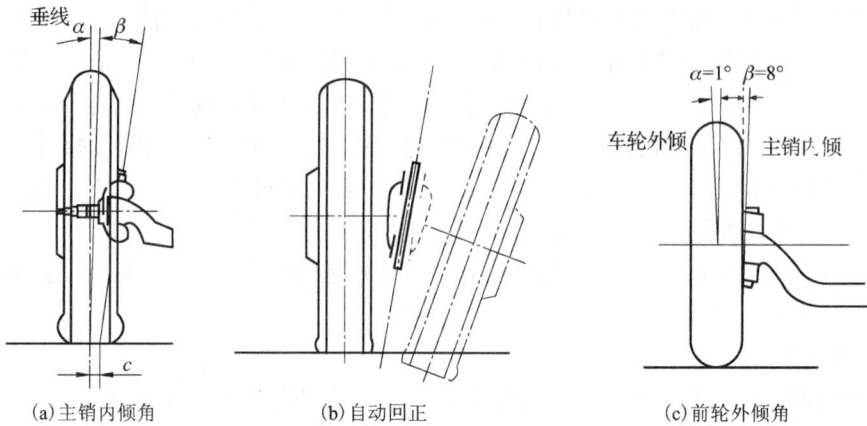

(a)主销内倾角　　　　(b)自动回正　　　　(c)前轮外倾角

图8-23　主销内倾角作用示意图及前车轮外倾角

加了轮胎的磨损。为了消除车轮外倾带来的这种不良后果，在安装车轮时，使汽车两前轮的中心面不平行，两轮前边缘距离 B 小于后边缘距离 A，A 与 B 之差称为前轮前束值。如图8-24所示。这样可使车轮在每一瞬时滚动方向接近于向着正前方，从而在很大程度上减轻和消除了由于车轮外倾而产生的不良后果。

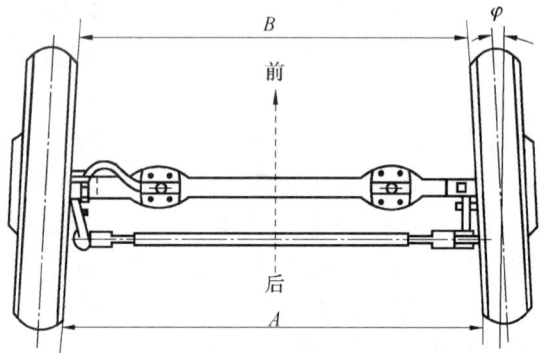

图8-24　前轮前束（俯视图）

前轮前束可通过改变转向横拉杆的长度来调整。调整时，可根据各厂家规定的测量位置，使两轮前后距离差$(A-B)$符合规定的前束值。一般前束值为 $0\sim12\,\mathrm{mm}$。测量位置除图示的位置外，还通常取两轮胎中心平面处的前后差值，也可以选取两车轮轮辋内侧面处前后差值。

车轮定位参数通常都是针对汽车的前转向轮而言。但是，现代汽车不仅前转向轮有外倾角和前束，有些汽车后轮也有外倾角和前束。如红旗CA7220型轿车，后轮设置有前束角和外倾角。该车为发动机前置前驱动形式，后轮是从动轮。汽车的驱动力 F 通过纵臂作用于后轴上（图8-25），如果车轮没有前束角，当汽车行驶时，在驱动力作用下，后轴将产生一定弯曲，使车轮出现前张现象，而预先设置的前束角就是用来抵消这种前张。后轮外倾角有两个作用：①由于外倾角是负值、可增加车轮接地点的跨度，增加汽车的横向稳定性；②负外倾角是用来抵消汽车高速行驶且驱动力 F 较大时，车轮出现的负前束（前张），以

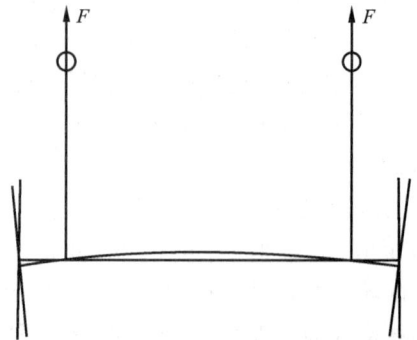

图8-25　驱动力作用在轴上的示意图

减少轮胎的磨损。该车轮前束角和外倾角均不可调整。在有些轿车上，如 Audi A4 轿车其后
轮的前束和外倾角是可以调整的。

8.2.4　支持桥

现代轿车普遍采用发动机前置前轮
驱动的布置形式。而后桥既无驱动功能
又无转向功能，这种车桥称之为支持桥。
图 8 – 26 为桑塔纳 2000 型轿车的后支持
桥。

从图 8 – 26 中可以看出，支持桥的
结构简单，它主要由若干零件组焊而成
的后桥焊接总成 2、橡胶 – 金属支承座
1、后车轮总成等组成，它起到支承和固
定悬架、制动、车身等总成的相关零部
件，传递汽车纵向和横向力，推动车轮
旋转。

轿车采用发动机前置前桥驱动的布
置方案时，其后支持桥可分为非断开式
和断开式的。图 8 – 27 为德国高尔夫汽
车的后支持桥的结构图。

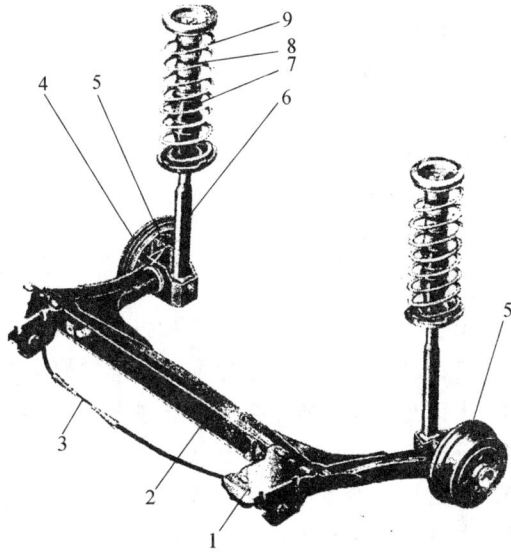

图 8 – 26　桑塔纳 2000 型轿车后支持桥

1—橡胶 – 金属支承座；2—后桥焊接总成；3—手制动拉索；
4—制动鼓；5—后制动器；6—后减振器；
7—橡胶护套；8—缓冲限位块；9—后螺旋弹簧

图 8 – 28 所示为 Lancia Y10 和 Fiat Panda 汽车采用的具有 U 形管梁的后支持桥。

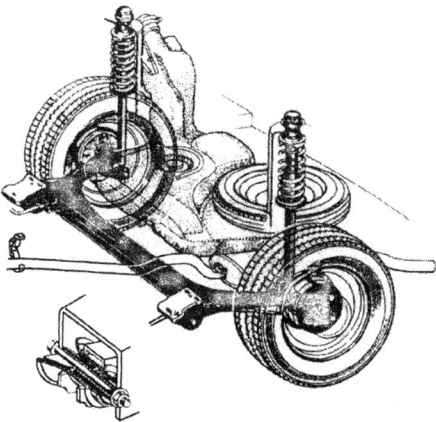

图 8 – 27　德国高尔夫轿车的后支持桥

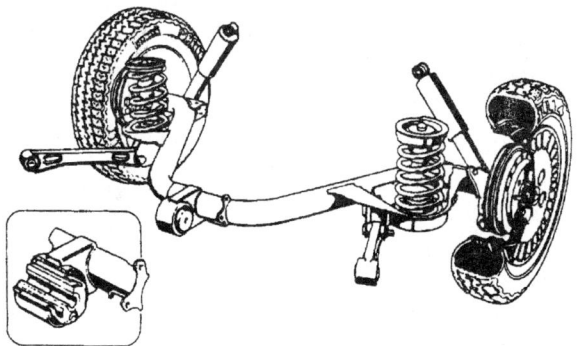

图 8 – 28　Lancia Y10 和 Fiat Panda 汽车
采用的后支持桥(U 形管梁)

复习题

一、填空题

1. 按车架纵梁、横梁结构特点，汽车车架的结构形式基本上有_____、_____和_____三种。

2. 根据车桥上车轮的作用，车桥可分为_____、_____、_____和_____四种类型。

3. 转向轮定位参数包括_____、_____、_____和_____。

二、简答题

1. 为什么说车架是整个汽车的基础？其功用和结构特点是什么？

2. 何谓边梁式车架，为什么此种结构的车架应用更广泛？

3. 丰田 Crown 轿车车架为什么更复杂？具有哪些结构特点？

4. 大客车的车架布置有什么特点？为什么？

5. 车架纵梁剖面形状主要有哪些类型？

6. 中梁式车架和边梁式车架的主要区别在哪里？脊梁式车架有什么优缺点？何谓综合式车架？钢管焊接的桁架式车架有什么结构特点？

7. 什么是承载式车身？

8. 什么是主销后倾角和主销内倾角？各起什么作用？

9. 前束如何测量和调整？

10. 转向驱动桥在结构上有什么特点？其转向和驱动两个功用主要是由哪些零部件实现的？

第 9 章　车轮与轮胎

【学习目标】

了解：车轮的总成；车轮和轮胎的功用；轮胎的花纹与各种花纹的性能与用途；

熟悉：各种类型的车轮和轮胎；轮胎的标记方法。

掌握：车轮、轮胎的类型及特点。

【主要内容】

车轮和轮胎，是汽车行驶系中的主要部件。其主要功用是：支承整车质量；缓和由路面传递来的冲击载荷；通过轮胎和路面之间存在的附着作用为汽车提供驱动力和制动力；汽车转弯行驶时产生平衡离心力的侧向力，以便顺利转向，并通过轮胎产生自动回正力矩，使汽车保持直线行驶方向。保证汽车具有一定的越过障碍的能力，提高汽车通过性。车轮与轮胎组成车轮总成。本项目主要讨论车轮和轮胎的类型及各种车轮和轮胎特点，并了解轮胎规格的表示方法。

9.1　车轮

车轮和轮胎，是汽车行驶系中的主要部件。其主要功用是：

①支承整车质量；

②缓和由路面传递来的冲击载荷；

③通过轮胎和路面之间存在的附着作用为车辆提供驱动力和制动力；

④汽车转弯行驶时产生平衡离心力的侧向力，以便顺利转向，并通过轮胎产生自动回正力矩，使汽车保持直线行驶方向。

⑤保证汽车具有一定的越过障碍的能力，提高汽车通过性。

此外，车轮和轮胎(特别是轿车轮胎)还是汽车重要的安全件。几乎所有的汽车行驶性能都与轮胎有关。

车轮与轮胎组成车轮总成，如图 9 - 1 所示。

车轮是介于轮胎和车轴之间承受负荷

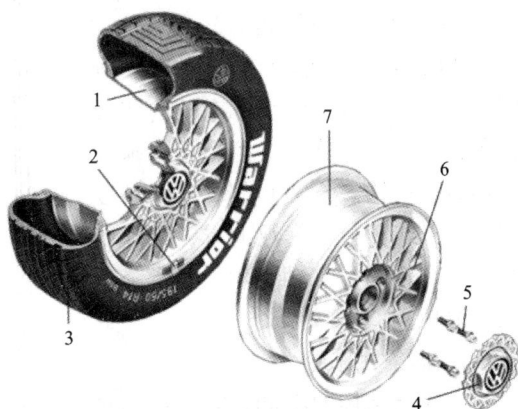

图 9 - 1　车轮总成

1—车轮；2—平衡块；3—轮胎；4—装饰罩；
5—螺栓；6—铝合金铸造辐条；7—轮辋

的旋转组件，其功用是安装轮胎，承受轮胎与车轴之间的各种载荷的作用。

车轮一般是由轮毂、轮辋和轮辐组成，如图9-2所示。轮毂通过圆锥滚子轴承装在车桥或转向节轴径上，用于连接车轮与车轴。轮辋用于安装和固定轮胎。轮辐用于将轮毂和轮辋连接起来，并通过螺栓与轮毂连接起来。

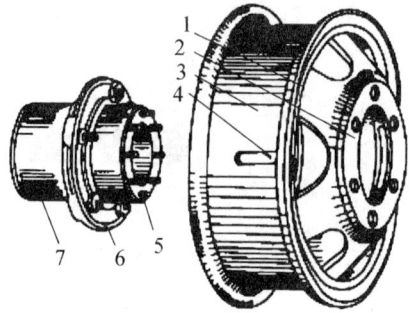

图9-2 车轮总成
1—挡圈；2—轮辐；3—轮辋；4—气门嘴；
5—螺栓；6—凸缘；7—轮毂

9.1.1 车轮的类型

按轮辐结构的不同，车轮可以分为两种形式：辐板式车轮和辐条式车轮。按照车轮一端装有一个车轮或两个车轮，车轮又分为单式车轮和双式车轮。此外，还有对开式车轮、可反装式车轮、组装轮辋式车轮和可调式车轮。

1. 辐板式车轮

目前，普通轿车和轻、中型货车普遍采用辐板式车轮，这种车轮如图9-2所示，由挡圈、轮辋、轮辐和气门嘴出口组成。车轮中用以连接轮毂和轮辋的钢质圆盘称为轮辐，大多是冲压制成的，少数是和轮毂铸成一体，后者主要用于重型汽车。

货车后桥负荷比前桥大得多，为使后轮轮胎不致过载，后桥一般装用双式车轮，在同一轮毂上安装了两套辐板和轮辋，如图9-3所示。为了防止汽车在行驶中固定辐板的螺母自行松脱，汽车两侧车轮上的辐板固定螺栓一般采用旋向不同的螺纹，左侧用左旋螺纹，右侧用右旋螺纹。

轿车的辐板所用板料较薄，常冲压成起伏多变的形状，以提高其刚度。目前广泛采用的轿车车轮为铝合金车轮，且多为整体式的，即轮辋和轮辐铸成一体。它质量轻，尺寸精度高，生产工艺好，美观大方，可以明显改善车轮的空气动力学特性，降低汽车油耗。

2. 辐条式车轮

按辐条结构的不同，辐条式车轮又分为钢丝辐条式车轮[图9-4(a)]和铸造辐条式车轮[图9-4(b)]。钢丝辐条式车轮的结构与自行车车轮完全一样，由于其价格昂贵、维修安装

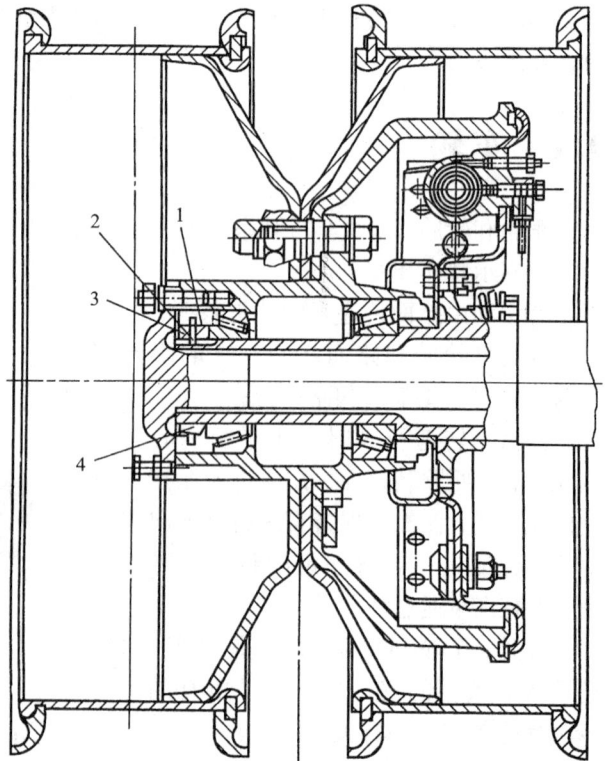

图9-3 载货汽车双开式车轮
1—调整螺母；2—锁止垫片；3—锁紧螺母；4—销钉

168

不便，故仅用于赛车和某些高级轿车上。铸造辐条式车轮常用于重型货车上，辐条与轮毂铸成一体，轮辋是用螺栓和特殊形状的衬块固定在辐条上，为了使轮辋和辐条很好地对中，在轮辋和辐条上都加工出配合锥面。

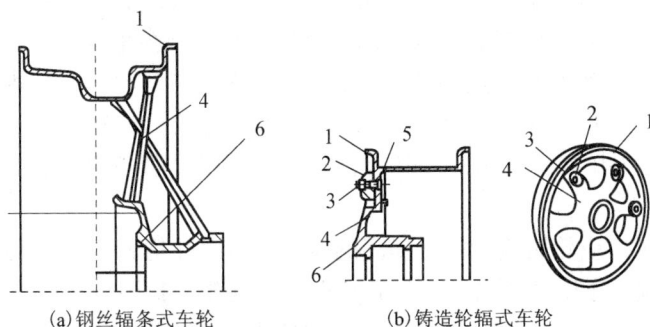

(a)钢丝辐条式车轮　　　　(b)铸造轮辐式车轮

图 9 - 4　辐条式车轮

1—轮辋；2—衬块；3—螺栓；4—辐条；5—配合锥面；6—轮毂

9.1.2　轮辋的类型

轮辋用于安装和固定轮胎。按其结构不同，轮辋的常见结构形式有：深槽轮辋、平底轮辋和对开式轮辋，如图 9 - 5 所示。此外，还有半深槽轮辋、深槽宽轮辋、平底宽轮辋、全斜底轮辋等。

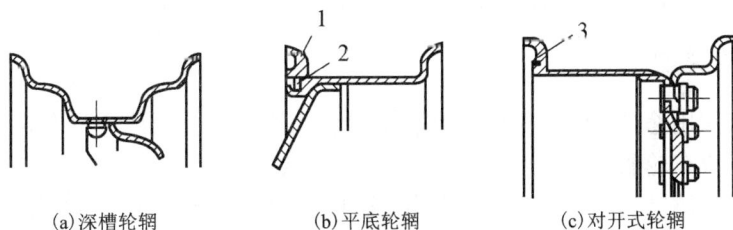

(a)深槽轮辋　　　　　(b)平底轮辋　　　　　(c)对开式轮辋

图 9 - 5　轮辋的类型

1、3—挡圈；2—锁圈

1. 深槽轮辋

如图 9 - 5(a)所示，其断面中部为一深凹槽，主要用于轿车及轻型越野车。它有带肩的凸缘，用以安放外胎的胎圈，其肩部通常略向中间倾斜，其倾角一般为 5° ±1°。倾斜部分的最大直径即称为轮胎胎圈与轮辋的着合直径。断面的中间制成深凹槽，以便于外胎的拆装。深槽轮辋的结构简单，刚度大，质量较小，对于小尺寸弹性较大的轮胎最适宜。但是尺寸较大又较硬的轮胎，则很难装进这样的整体轮辋内。

2. 平底轮辋

平底轮辋如图 9 - 5(b)所示，多用于货车。其挡圈是整体的，且用一个开口锁圈来防止挡圈脱出。在安装轮胎时，先将轮胎套在轮辋上，而后套上挡圈，并将它向内推，直至越过轮辋上的环形槽，再将开口的弹性锁圈嵌入环形槽中。东风 EQ1090E 和解放 CA1091 型汽车均采用这种形式的轮辋。

3．对开式轮辋

对开式轮辋如图 9-5(c)所示。这种轮辋由内、外两部分组成，其内、外轮辋的宽度可以相等，也可以不相等，二者用螺栓连成一体。拆装轮胎时拆卸螺栓上的螺母即可。图中所示挡圈是可拆的。有的无挡圈，而由与内轮辋制成一体的轮缘代替挡圈，使内轮辋与辐板焊接在一起。这种轮辋主要用于载重量较大的重型货车和大型客车。

由于轮辋是轮胎的装配和固定的基础，当轮胎装入不同的轮辋时，其他变形位置与大小也在发生变化。因此，每一种规格的轮胎，最好配备规定的标准轮辋，必要时也可配用规格与标准轮胎相近的轮辋(容许轮辋)。如果轮辋的选用不当，会造成轮胎的早期损坏，特别使用在过窄的轮辋上时。

近几年来，为了适应轮胎负荷能力提高的需要，国内外均朝宽轮辋的方向发展，如美国的货车已全部采用宽轮辋，欧洲各国也在积极普及宽轮辋，我国也在进行由窄轮辋向宽轮辋的过渡。实验表明，采用宽轮辋可以提高轮胎的使用寿命，并可改善汽车的通过性和行驶稳定性。

9.2 轮胎

现代汽车都采用充气式轮胎，轮胎安装在轮辋上，直接与路面接触，它的功用是：支承汽车的质量，承受路面传来的各种载荷的作用；和汽车悬架共同来缓和汽车行驶中所受到的冲击，并衰减由此而产生的振动，以保证汽车有良好的乘坐舒适性和行驶平顺性；保证车轮和路面有良好的附着性，以提高汽车的动力性、制动性和通过性。

9.2.1 轮胎的类型

汽车轮胎按照用途分，可分为载货汽车轮胎和轿车轮胎；而载货汽车轮胎又分为重型、中型和轻型载货汽车轮胎。

汽车轮胎按胎体结构不同，又分为有内胎轮胎和实心轮胎。现在汽车绝大多数采用充气轮胎。

充气轮胎按组成结构不同，又分为有内胎轮胎和无内胎轮胎两种。

充气轮胎按照胎体中帘线排列方式不同，还可分为普通斜交胎、带束斜交胎和子午线胎。

1．有内胎轮胎

有内胎轮胎由外胎、内胎和垫带等组成，使用时安装在汽车车轮的轮辋上，如图 9-6所示。内胎中充满着压缩空气；外胎是用以保护内胎使其不受外来损害的强度高而富有弹

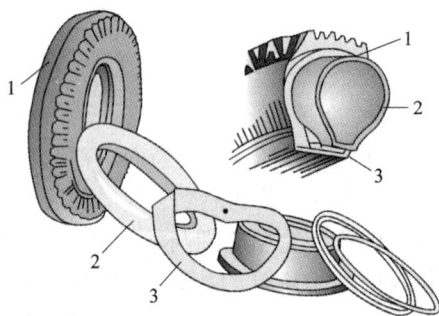

图 9-6 充气轮胎的组成
1—外胎；2—内胎；3—垫带

性的外壳；垫带放在内胎与轮辋之间，防止内胎被轮辋及外胎的胎圈擦伤和磨损。

按轮胎有无内胎，轮胎分为有内胎轮胎和无内胎轮胎(俗称真空胎)两种。目前轿车上普遍采用无内胎轮胎。

按胎体帘布层结构的不同，轮胎分为斜交轮胎和子午线轮胎。目前，子午线胎在汽车上广泛应用。下面主要介绍普通斜交轮胎和子午线轮胎。

(1)普通斜交轮胎

帘布层和缓冲层各相邻层帘线交叉，且与胎中心成 90°角排列的充气轮胎，称为普通斜交轮胎。

斜交轮胎的优点是：轮胎噪声小，外胎面柔软、制造容易，价格也较子午线轮胎便宜。

斜交轮胎的缺点是：转向行驶时，接地面积小，胎冠滑移大，抗侧向力能力差，高速行驶时稳定性差，滚动阻力较大，油耗偏高，承载能力也不如子午线轮胎。

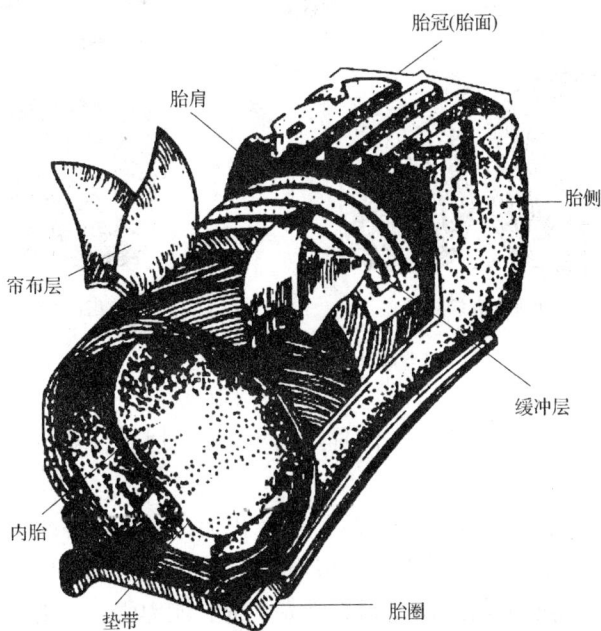

图 9 - 7　有内胎的普通斜交胎

1—外胎；2—内胎；3—垫带

(2)子午线轮胎

子午线轮胎的构造如图 9 - 8 所示。它由帘布层、带束层、胎冠、胎肩和胎圈组成，并以带束层紧箍胎体。

子午线轮胎的优点如下：

①接地面积大，附着性能好，胎面滑移小，对地面单位压力也小，因而滚动阻力小，使用寿命长。

②胎冠较厚且有坚硬的带束层，不易刺穿，行驶时变形小，可降低油耗 3% ~ 8%。

③因帘布层数少，胎侧薄，所以散热性能好。

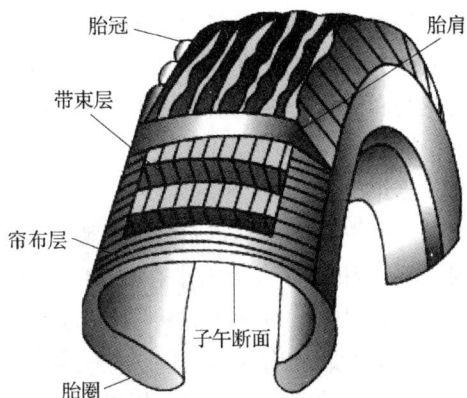

图 9 - 8　子午线轮胎

④径向弹性大，缓冲性能好，负荷能力较大。

⑤在承受侧向力时，接地面积基本不变，故在转向行驶和高速行驶时稳定性好。

子午线轮胎的缺点是：因胎侧较薄柔软，胎冠较厚，在其与胎侧过渡区易产生裂口；吸振能力弱，胎面噪声大些；制造技术要求高，成本也高。

普通花纹　　　　　　混合花纹　　　　　　越野花纹

拱形胎花纹　　　　　　　　　　低压特种花纹

图9-9　轮胎花纹

轮胎花纹对轮胎的性能影响很大。目前，轮胎花纹主要有普通花纹、混合花纹和越野花纹等，如图9-9所示。

普通花纹的特点是花纹细而浅，花纹块接地面积大，因而耐磨性和附着性较好，适用于较好的硬路面。其中，纵向花纹，轿车、货车均可用；横向花纹仅用于货车。越野花纹的特点是凹部深而宽，在软路面上与地面的附着性好，越野能力强，适用于矿山、建筑工地以及其他一些松软路面上使用的越野汽车轮胎。当安装人字形越野花纹轮胎时，驱动轮胎面的尖端与旋转方向一致，以免花纹之间被泥土所填塞。越野花纹轮胎不宜在较好硬路面上使用，否则行驶阻力加大且加速花纹的磨损。混合花纹的特点介于普通花纹与越野花纹之间，兼顾了两者的使用要求，中部为菱形、纵向为锯齿形或烟斗形花纹，两边为横向越野花纹，适用于在城市、乡村之间的路面上行驶的汽车轮胎。现代货车驱动轮胎也多采用这种花纹。拱形轮胎花纹和低压特种花纹有更宽的断面、更低的接地比压、附着性好，主要为软地面行驶的特种车辆采用。

2. 无内胎轮胎

无内胎轮胎俗称真空胎，在外观上与普通轮胎相似，但是没有内胎及垫带。它的气门嘴用橡胶垫圈和螺母直接固定在轮辋上，空气直接充入外胎中，其密封性由外胎和轮辋来保证，如图9-10(a)所示，图9-10(b)为桑塔纳轿车无内胎轮胎剖面图。

无内胎轮胎的内壁有一层橡胶密封层，有的在该层下面还有一层自粘层，能自行将刺穿的孔黏合。在胎圈外侧也有一层橡胶密封层，用以加强胎圈与轮辋之间的气密性。无内胎轮胎一旦被刺破，穿孔不会扩大，故漏气缓慢，胎压不会急剧下降，仍能继续行驶一定距离，可消除爆胎的危险。因无内胎，摩擦生热少、散热快，适用于高速行驶；此外，结构简单，质量

172

较轻，维修也方便。但密封层和自黏层易漏气，途中修理也较困难。无内胎轮胎必须配用深槽轮辋，故目前在轿车上应用较多。

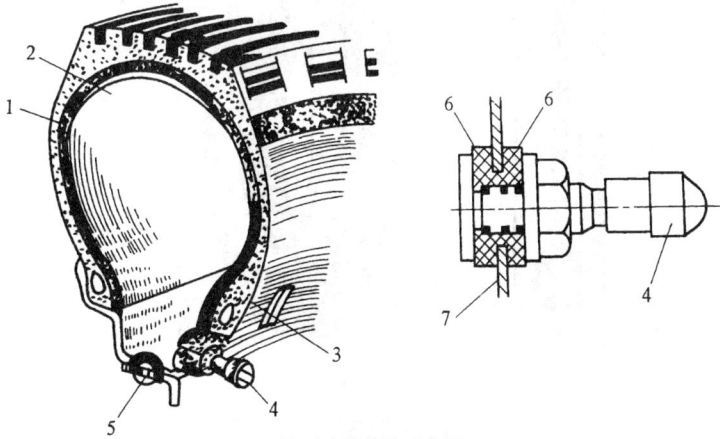

(a)无内胎轮胎示意图

1—橡胶密封层；2—子粘层；3—槽纹；4—气门嘴；5—铆钉；6—橡胶密封衬垫；7—轮辋

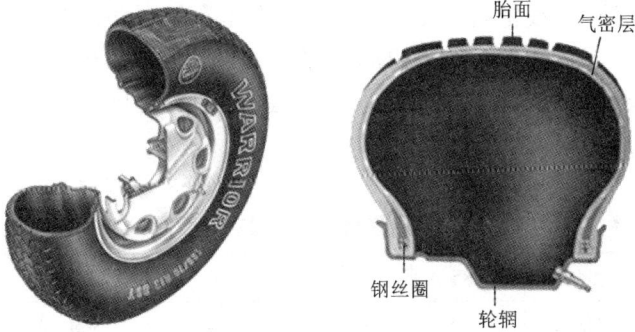

(b)桑塔纳轿车无内胎轮胎

图 9 – 10　无内胎轮胎

9.2.2　轮胎规格的表示方法

轮胎规格的标记方法有米制和英制两种，目前大多数国家包括我国在内均采用英制表示法，轮胎的尺寸标注如图 9 – 11 所示。

汽车上常采用低压胎。其尺寸标记用 $B - d$ 表示，B 为轮胎的断面宽度，d 为轮辋的直径，单位均为英寸(in)，"–"表示低压胎。例如 9.00 – 20 表示轮胎宽度为 9 英寸、轮辋直径为 20 英寸的低压胎。如果是子午线轮胎，则用 9.00R20 标记，中间的 R 表示子午线轮胎。

高压胎一般用 $D \times B$ 来表示。其中：D 为轮胎的名义直径，B 为轮胎的断面宽度，单位为英寸(in)，如图 9 – 12 所示，"×"表示高压胎。高压胎在汽车上有很多采用。

近年来，我国也采用与欧美、日本等一些国家和地区对轿车无内胎充气轮胎表示方法一样的标记，如：P195/60 R 14 85 H，其中"P"指的是轿车用轮胎，"195"表示轮胎的断面宽度

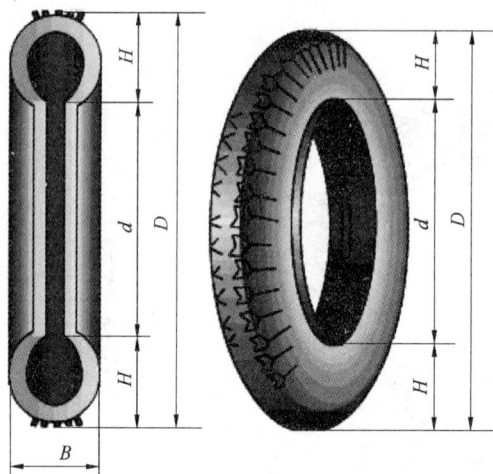

图 9 – 11　轮胎规格标记示意图

D—轮胎外径；d—轮胎外径；H—轮胎断面高度；B—轮胎断面宽度

为 195mm，"70"表示轮胎的扁平率(轮胎断面高度 H 与宽度 B 之比以百分比表示，称为轮胎的扁平率)。"R"表示子午线轮胎，"14"表示轮辋的直径为 14 in，"85"表示荷重等级，即最大载荷质量(表 9 – 1)。荷重等级为 85 的轮胎的最大载荷质量为 515 kg。

H 表示速度等级，表明轮胎能行驶的最高车速。常见的速度等级及对应的最高车速见表 9 – 2。

表 9 – 1　轮胎许用承载质量对应表(摘录)

载荷指数	84	85	86	87	88	89	90
承载质量/kg	500	515	530	546	560	580	600

表 9 – 2　速度等级及对应的最高车速

速度等级代号	R	S	T	U	H	V	W
规定承载质量下允许的最高车速/(km · h^{-1})	170	180	190	200	210	240	270

复习题

1. 汽车轮胎的作用是什么？
3. 为什么通常轮胎的表面要有花纹？
4. 轮胎表面的花纹主要有哪几种？它们各有什么特点？各适用于哪类汽车？
5. 什么是子午线轮胎？其特点是什么？

第 10 章 悬 架

【学习目标】

了解：悬架的结构与分类；各种弹性元件及其特点；独立悬架和非独立悬架的类型，主动悬架和半主动悬架；平衡悬架。

熟悉：悬架的功用。

掌握：双向作用筒式减振器的工作原理；各种弹性元件优缺点和用途；独立悬架和非独立悬架的特点。

【主要内容】

汽车悬架是车架(或车身)与车轴(或车轮)之间的一切传力连接装置的总称。它的功用是把路面作用于车轮上的垂直反力(支承力)、纵向反力(牵引力和制动力)和侧向反力以及这些反力所造成的力矩都传递到车架(或承载式车身)上，以保证汽车的正常行驶。汽车悬架一般都由弹性元件、减振器和导向机构三部分组成。本章主要讨论悬架的类型及各种悬架的特点，悬架主要构成部件的特点和性能要求。

10.1 概述

汽车悬架是车架(或车身)与车轴(或车轮)之间的一切传力连接装置的总称。它的功用是把路面作用于车轮上的垂直反力(支承力)、纵向反力(牵引力和制动力)和侧向反力以及这些反力所造成的力矩都传递到车架(或承载式车身)上，以保证汽车的正常行驶。

10.1.1 悬架功用及组成

由于汽车行驶的路面不可能绝对平坦，因此，路面作用于车轮上的垂直反力往往是冲击性的，尤其在坏路面上高速行驶时，这种冲击力将很大，可能引起汽车机件的早期损坏，还将使驾驶员感到极不舒服，或是货物受到损伤。为了缓和冲击，在汽车行驶系中，除了采用弹性的充气轮胎之外，在悬架中还必须装有弹性元件，使车架(或车身)与车桥(或车轮)之间作弹性连接。但弹性系统在受到冲击后，将产生振动，持续的振动易使乘员感到不舒服或疲劳，故悬架还应当具有减振作用，使振动迅速衰减(振幅迅速减小)。为此，在许多结构形式的汽车悬架中都有专门的减振器。

(特别是转向轮)的运动轨迹应符合一定的要求，否则对汽车的某些行驶性能(特别是操纵稳定性)有不利的影响。因此，悬架中某些传力构件同时还承担着使车轮按一定轨迹相对于车架和车身跳动的任务，因而这些传力构件还起导向作用，故称导向机构。

在多数轿车和客车上，为了防止车身在转弯行驶等情况下发生过大的倾斜，在悬架中还设有辅助弹性元件——横向稳定器。

由此可见，汽车悬架的功能是缓冲、导向和减振，然而总的功能是传力。应当指出，悬架要具备上述功能，在结构上并非一定要设置满足上述各功能的单独装置。例如常见的钢板弹簧，除了作为弹性元件起缓冲作用外，当它在汽车上纵向安置并且一端与车价作固定铰链连接时，它本身还能起到传递各向力和力矩以及决定车轮运动轨迹的作用，因而可不再另设置导向机构。此外，一般钢板弹簧是多片叠成的，本身具有一定的减振能力，在对减振要求不高的车辆上，也可以不装减振器。

10.1.2 悬架类型及组成

汽车悬架可分为两大类：非独立悬架和独立悬架。

非独立悬架[图10-1(a)]。其结构特点是两侧的车轮由一根整体式车桥相连。车轮连同车桥一起通过弹性悬架与车架（和车身）连接。当一侧车轮因道路不平而发生跳动时，必然引起另一侧车轮在汽车横向平面内发生摆动，故称为非独立悬架。

独立悬架[图10-1(b)]。其结构特点是车桥是断开的，每一侧的车轮可以单独地通过弹性悬架与车架（或车身）连接，两侧车轮可以单独跳动，互不影响，故称为独立悬架。

现代汽车的悬架尽管有各种不同的结构形式，但是一般都由弹性元件1、减振器2和导向机构（上、下摆臂4、8）三部分组成（图10-2）。

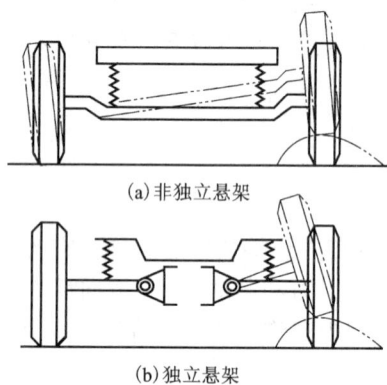

(a)非独立悬架

(b)独立悬架

图10-1 非独立悬架和独立悬架

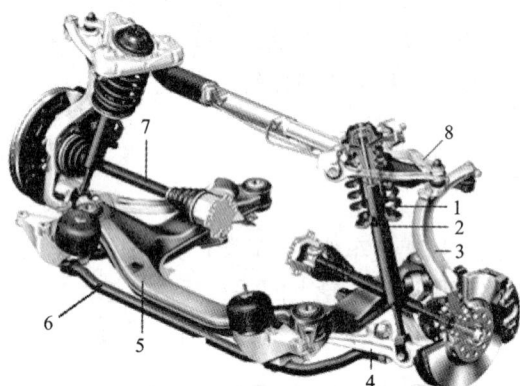

图10-2 汽车的悬架组成示意图
1—弹性元件；2—减振器；3—转向节；
4—下摆臂；5—车架前横梁；6—横向稳定器；
7—万向传动装置；8—上摆臂

10.2 弹性元件

10.2.1 钢板弹簧

钢板弹簧是汽车悬架中应用最广泛的一种弹性元件。它是由若干片等宽但不等长（厚度可以相等，也可以不相等）的合金弹簧片组合而成的一根近似等强度的弹性梁，其一般构造如图 10 - 3 所示。

钢板弹簧 3 的第一片(最长的一片)称为主片,其两端弯成卷耳 1,内装青铜或塑料、橡胶、粉末冶金制成的衬套,用弹簧销与固定在车架上的支架、或吊耳作铰链连接。钢板弹簧的中部,一般用 U 形螺栓固定在车桥上。

主片卷耳受力严重,是薄弱处。为改善主片卷耳的受力情况,常将第二片末端也弯成卷耳,包在主片卷耳朵外面(亦称包耳)。为了使得在弹簧变形时各片有相对滑动的可能,在主片卷耳和第二片包耳之间留有较大的空隙。

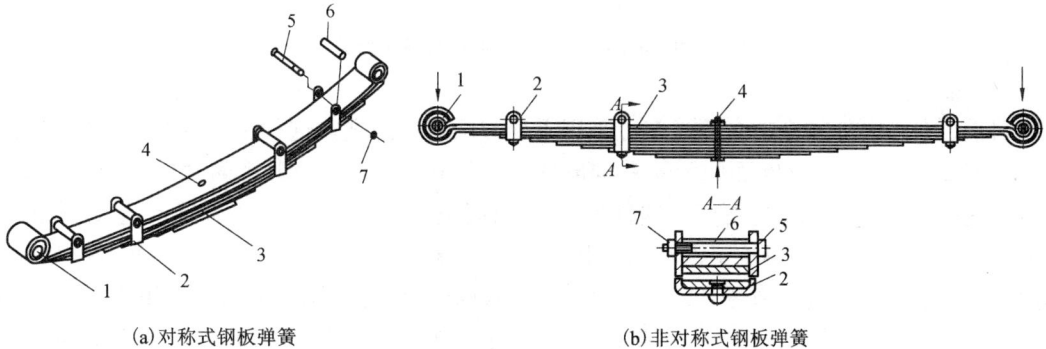

(a)对称式钢板弹簧　　　　　　　　　　　(b)非对称式钢板弹簧

图 10 - 3　钢板弹簧

1—卷耳;2—弹簧夹;3—钢板弹簧;4—中心螺栓;5—螺栓;6—套管;7—螺母

当钢板弹簧安装在汽车悬架中,所承受的垂直载荷为正向时,各个力的方向和作用点如图 10 - 3(b)中的箭头所示。各弹簧片都受力变形,有向上拱弯的趋势,这时车桥和车架便互相靠近;当车桥和车架互相远离时,钢板弹簧所受的正向垂直载荷和变形便逐渐减小,有时甚至会反向。

中心螺栓 4 用来连接各弹簧片,并保证各片装配时的相对位置。中心螺栓到两端卷耳中心的距离可以相等[称为对称式钢板弹簧,见图 10 - 3(a)],也可以不相等[称为非对称式钢板弹簧,见图 10 - 3(b)]。连接各片的构件,除中心螺栓外,还有若干个弹簧夹(亦称回弹夹)2,其主要作用是当钢板弹簧反向变形(即反跳)时,使各片不至于分开,以免主片单独承载,此外,还可防止各片横向错动。弹簧夹的两边用柳钉铆接在与之相连的最下面弹簧片的端部。弹簧夹的两边用螺栓 5 连接,在螺栓上有套管 6 顶住弹簧夹的两边,以免将弹簧片夹得过紧。在螺栓套管与弹簧片之间有一定的间隙(不小于 1.5 mm),以保证弹簧变形时,各片可以互相滑移。

钢板弹簧在载荷作用下变形时,各片之间因相对滑动而产生摩擦,可促使车架的振动衰减。但各片间的干摩擦,将使车轮所受冲击大部分传给车架,即降低了悬架缓和冲击的能力,并使弹簧各片加速磨损,这是不利的。为减少弹簧片的磨损,在装合钢板弹簧时,各片间须涂上较稠的润滑剂(石墨润滑脂),并应定期保养。为了在使用期间长期储存润滑脂和防止污染,有时将钢板弹簧装在护套内。

前已述及,钢板弹簧本身还能兼起导向机构的作用,并且由于各片之间的摩擦而起到一定的减震作用。为了保证在弹簧片间产生定值摩擦力以及消除噪声,可在弹簧片之间夹入塑料片。如某些高级轿车(例如红旗 CA7560 型轿车)的后悬架钢板弹簧,即采用这种结构。

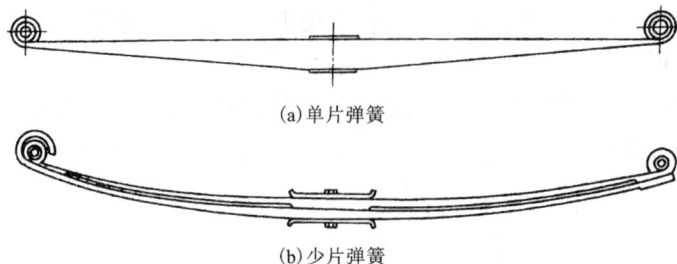

(a)单片弹簧

(b)少片弹簧

图 10 - 4　单片和少片变截面钢板弹簧

目前,在国内外越来越多的汽车上采用了变截面钢板弹簧。这种少片变截面钢板弹簧是由单片或 2 ~ 3 片变厚度断面的弹簧片构成的,如图 10 - 4 所示。其弹簧片的断面尺寸沿长度方向是变化的,片宽保持不变。这种少片变截面钢板弹簧克服了钢板弹簧质量大、性能差(由于片间摩擦的存在,影响了汽车的行驶平顺性)的缺点。据统计,在两种弹簧寿命相等的情况下,少片变截面钢板弹簧可减少质量 40% ~ 60%。因此,这种弹簧对车辆的轻量化,节约能源和节约合金弹簧钢材大为有利,故应用日渐广泛。例如,东风汽车公司生产的EQ1141G 型 8 t 货车的前簧和后副簧以及一汽集团公司生产的解放 CA1040 系列轻型货车的前后钢板弹簧,均采用了这种少片变截面钢板弹簧。

10.2.2　螺旋弹簧

螺旋弹簧广泛应用于独立悬架,特别是前轮独立悬架中。然而,在有些轿车的后轮非独立悬架中,其弹性元件也采用螺旋弹簧。螺旋弹簧和钢板弹簧比较,具有以下优点:无需润滑,不忌污泥;安置它所需的纵向空间不大;弹簧本身质量小。

螺旋弹簧本身没有减振作用,因此在螺旋弹簧悬架中必须另装减振器。此外,螺旋弹簧只能承受垂直载荷,故必须装设导向机构以传递垂直力以外的各种力和力矩。

螺旋弹簧用弹簧钢棒料卷制而成,可做成等螺距或变螺距。前者刚度不变,后者刚度是可变的。

10.2.3　扭杆弹簧

扭杆弹簧本身是一根由弹簧钢制成的扭杆 1,如图 10 - 5 所示。扭杆断面常为圆形,少数是矩形或管形,其两端形状可以做成花键、方形、六角形或带平面的圆柱形等,以便一端固定在车架上,另一端上的摆臂 2 与车轮相连。当车轮跳动时,摆臂便绕着扭杆轴线摆动,使扭杆产生扭转弹性变形,以保证车轮与车架的弹性联系。有的扭杆由一些矩形断面的薄条(扭片)组合形成,这样,弹簧更为柔软。

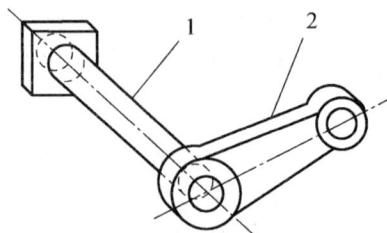

图 10 - 5　扭杆弹簧
1—扭杆;2—摆臂

扭杆弹簧系用铬钒合金弹簧钢制成,其表面经过加工后很光滑。使用中必须对扭杆表面很好地保护，通常在扭杆弹簧表面涂有环氧树脂，包一层玻璃纤维布，再涂一层环氧树脂，最后涂以沥青和防锈油漆，以防碰撞刮伤和腐蚀，从而提高扭杆弹簧的使用寿命。

扭杆弹簧在制造时，经热处理后施加一定的扭转力矩载荷，使之产生一个永久的扭转变形，而具有一定的预应力，左、右扭杆预加扭转的方向都与扭杆安装在车上后承受工作载荷时扭转的方向相同。其目的是减少工作时的实际应力，以延长扭杆弹簧的使用寿命。如果左右扭杆换位安装，则将使扭杆弹簧的预先扭转方向与工作时的扭转方向相反，导致扭杆弹簧的实际工作应力加大，而使用寿命缩短。因此，左右扭杆弹簧不能互换。为此，左右扭杆刻有不同的标记。

扭杆本身的扭转刚度虽然是常数，但采用扭杆弹簧的悬架刚度却是可变的。

扭杆弹簧单位质量的储能量是钢板弹簧的3倍，比螺旋弹簧也高。因此，采用扭杆弹簧的悬架重量较轻，结构比较简单，且不需要润滑，并且通过调整扭杆弹簧固定端的安装角度，易实现车身高度的自动调节。

此外，扭杆弹簧在汽车上的布置比较方便。它可以与汽车纵轴线平行地布置，也可以横向布置。纵向布置时，可以方便地安装满足设计要求长度的扭杆，以保证悬架具有良好的性能。

10.2.4 气体弹簧

气体弹簧是在一个密封的容器中充入压缩气体(气压力 0.5~1 MPa)，利用气体的可压缩性实现其弹簧作用。这种弹簧的刚度是可变的，因为作用在弹簧上的载荷增加时，容器内的定量气体受压缩，气压升高，则弹簧的刚度增大；反之，当载荷减小时，弹簧内的气压下降，刚度减小，故它具有比较理想的变刚度特性。

气体弹簧有空气弹簧和油气弹簧两种。空气弹簧又有囊式[图 10-6(a)、(b)]和膜式[图 10-6(c)、(d)]之别。

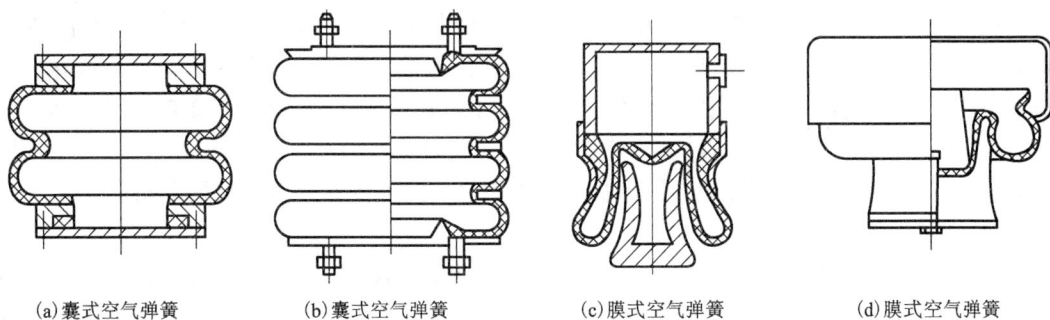

(a)囊式空气弹簧　　(b)囊式空气弹簧　　(c)膜式空气弹簧　　(d)膜式空气弹簧

图 10-6　空气弹簧

1. 囊式空气弹簧

囊式空气弹簧由夹有帘线的橡胶气囊和密闭在其中的压缩空气所组成。气囊的内层用气密性的橡胶制成，而外层则用耐油橡胶制成。气囊一般做成如图 10-6(a)所示的两节，但也有单节或多节的。节数越多，弹性越好。节与节之间围有钢制的腰环，使中间部分不致有径向扩张，并防止两节之间相互摩擦。气囊的上下盖板气囊密闭。

2．膜式空气弹簧

膜式空气弹簧的密闭气囊由橡胶膜片和金属压制件组成。与囊式的相比，其弹性特性曲线比较理想，因其刚度较囊式小，车身固有频率较低，且尺度较小，在车上便于布置，故多用在轿车上；但是制造较困难，寿命也较短。

空气弹簧与金属弹簧相比，除具有弹簧刚度随载荷变化而变化，使其振动频率变化很小的特点外，还可通过控制阀（高度阀）自动调节悬架弹簧内的气体压力来实现车身高度的自动调节，以使车身离地高度保持一定。空气弹簧还具有质量小、寿命较长等优点。但是气体弹簧高度尺寸较大，在布置上有一定的困难。此外，其密封环节多，容易漏气。空气弹簧和螺旋弹簧一样，只能承受轴向载荷，故空气弹簧悬架中必须设置纵向和横向推力杆等导向机构，还必须装有减振器。

3．油气弹簧

油气弹簧以气体（一般为惰性气体氮）作为弹性介质，而用油液作为传力介质。它一般是由气体弹簧和相当于液力减振器的液压缸所组成。

油气弹簧的形式有单气室，双气室以及两级压力式等。图 10 - 7 是单气室油气弹簧示意图。

单气室油气弹簧又分为油气分隔式[图 10 - 7(a)]和油气不分隔式[图 10 - 7(b)]两种。前者可防止油液乳化，且便于充气。

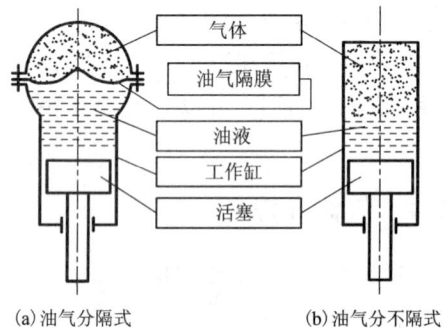

（a）油气分隔式　　　　（b）油气分不隔式

图 10 - 7　单气室油气弹簧示意图

（1）单气室油气分隔式油气弹簧

图 10 - 8 所示为一种轿车和轻型汽车上用的单气室油气分隔式油气弹簧。上、下半球室构成的球形气室固装在工作缸 10 上，球形气室的内腔用橡胶油气隔膜 5 隔开，上半球充入高压氮气，下半球通过减振器阻尼阀 9 与工作缸内腔相通，并充满了工作油液（减振器油）。油气隔膜的作用在于把作为弹性介质的高压氮气和工作油液分开，以避免工作油液乳化，同时也便于充气和保养。工作缸固定在车上（车架）上，其活塞 3 与导向杆 12 连接成一体，悬架活塞杆 1 的下端与悬架的摆臂（或车桥）相连接。当悬架摆臂（或车桥）与车身（或车桥）相对运动时，活塞和活塞导向缸便在工作缸内上下滑动，而工作油液通过减振器阻尼阀 9 来回运动，起到减振器的作用。

当载荷增加，悬架摆臂（车桥）与车身（车架）之间的距离缩短时，活塞及导向缸上移，使充满工作液的内腔容积减小，迫使工作液经压缩阀 18 进入球形气室，从而推动油气隔膜向具有一定压力的氮室移动，使气体容积减小，氮气压力升高。当活塞向上的推力（外界载荷）与氮气压力向下的反作用力相等时，活塞便停止移动。于是，车身（车架）与悬架摆臂（车桥）间的相对位置不再变化。当载荷减小，即推动活塞上移的作用力减小时，油气隔膜在高压氮气作用下向下移动，迫使工作液经伸张阀 14 流回工作缸内腔，推动活塞向下移动，车身（车架）与悬架摆臂（车桥）之间的距离变长，直到氮气室内的压力通过工作液的传递转化为作用在活塞上的力与外界减小的载荷相等时，活塞才停止移动。汽车在行驶过程中，油气弹簧所受的载荷是变化的，因此活塞便相应地在工作缸中处于不同的位置。由于氮气充满在密闭的

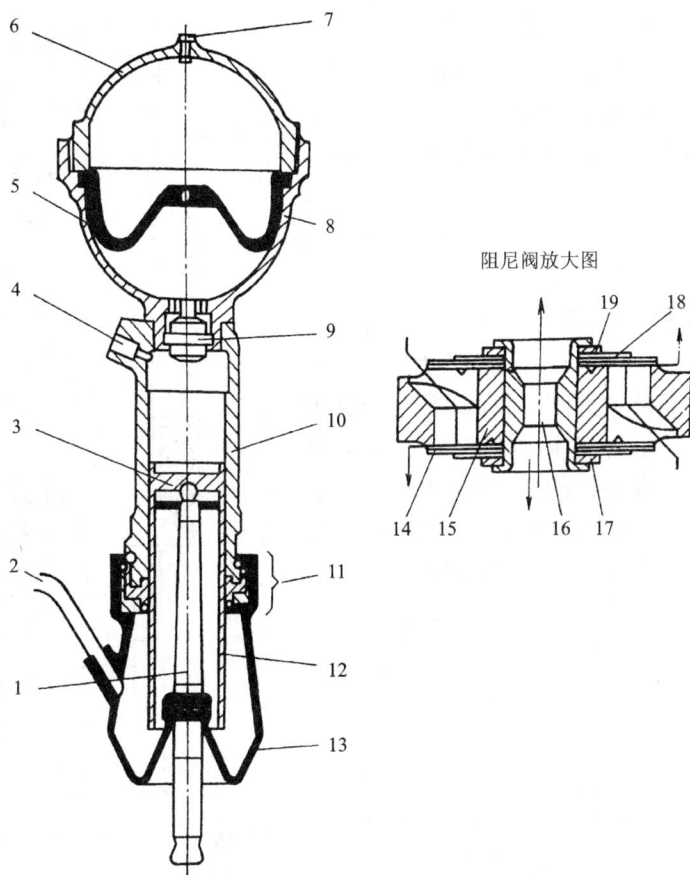

图 10 - 8　单气室油气分隔式油气弹簧

1—悬架活塞杆；2—油溢出口；3—活塞；4—加油口；5—橡胶油气隔膜；6—上半球室；7—充气活塞；
8—下半球赛；9—减振器阻尼阀；10—工作缸；11—密封装置；12—活塞导向杆；13—防护罩；
14—伸张阀；15—阀体；16—油液节流口；17—伸张阀限位挡片；18—压缩阀；19—压缩阀限位挡片

球形气室内，作用在油气隔膜上的载荷小时，气体弹簧的刚度较小，随着载荷的增加，气体弹簧的刚度变大，故它具有变刚度的特性。可见，油气弹簧是空气弹簧的一种特例，它以氮气作为弹性介质，而在气体弹簧与活塞之间引入油液作为传力介质。

（2）单气室油气不分隔式油气弹簧

图 10 - 9 所示为某国产工矿自卸汽车的前悬架所采用的单气室油气不分隔式油气弹簧，其工作缸 2 固定在车架上，管形活塞 1 的下端与转向节相连。该油气弹簧不仅是前悬架的弹性元件，而且还兼作转向主销。

管形活塞内腔以及活塞与工作缸壁间形成的环形腔 3 内，都充满着工作油液。在管形活塞头的上面有一油层，既可以润滑活塞又可以作为气室的密封。油层上方的空间即为高气压室，其中充满高压氮气。气体和油液之间没有任何隔离装置。

在悬臂压缩行程中，管形活塞在工作缸内向上移动，高压气室容积缩小，氮气被进一步压缩。此时油压升高，并迫使一部分油液经管形活塞上的常通孔 4 和推开单向球阀 5 流入容积增大的环形腔3内。当载荷减小时（伸张行程），管形活塞向下移动，高压气室的容积增大，气体压力和油压都下降，环形腔容积缩小，而此时单向球阀关闭，其内部的油液只能经过常通孔返回管形活塞内腔。因此，增加了伸张行程的阻尼力。同时，在这种结构中，它的工作缸盖上还装设了一个伸张行程限制器6（伸进管形活塞内腔），用以防止活塞与缸体底部撞击或从缸体中脱出。

单气室油气弹簧结构简单，工作可靠，加工要求较其他形式低些，维护也较方便。但是，单气室的油气弹簧在伸张行程中的刚度较低，因而悬架的伸张行程较大，将产生活塞撞击底部，甚至会发生活塞从缸体中拉脱的危险事故。因此，在该油气悬架中，采用增加伸张行程阻尼的方法予以解决，即使该油气悬架在伸张行程中安全可靠地工作。

3）双气室油气弹簧

如图10－10所示，它比单气室油气弹簧多一个作用力方向相反的反压气室 B 和一个浮动活塞2。

当弹簧处于压缩行程时，主气室 A 中的主活塞1上移，使主气室内的气压升高，弹簧的刚度增大。此时，浮动活塞下面的油液在反压气室的气体压力作用下，经通道3流入主气室的活塞下面，补充活塞上移后空出的容积，而反压气室内的压力下降。当弹簧处于伸张行程时，主活塞下移，主气室内的气压降低，主活塞下面的油压受挤压，经通道流回浮动活塞的下面，推动活塞上移，而使反压气室内的气压增高，从而提高了伸张行程的弹簧刚度。这种油气弹簧消除了活塞与缸体底部在伸张行程中发生撞击的可能性。

图10－11所示为双气室的油气弹簧（带反压气室）的构造。主工作缸1和副工作缸3连成一体。主活塞2的上腔为主气室，浮动活塞4的上腔为反压气室，此二气室皆为油气不分隔式。主活塞在主工作缸中上下移动，其下端与车桥（或车轮）相连，工作缸和车架相连。

在副工作缸下部的阻尼阀座6上设有阻尼阀，以保证油气弹簧在压缩和伸张行程中具有不同的阻尼力。

上述单气室和双气室两种油气弹簧的刚度比较小，因而当弹簧载荷变化时，悬架系统的

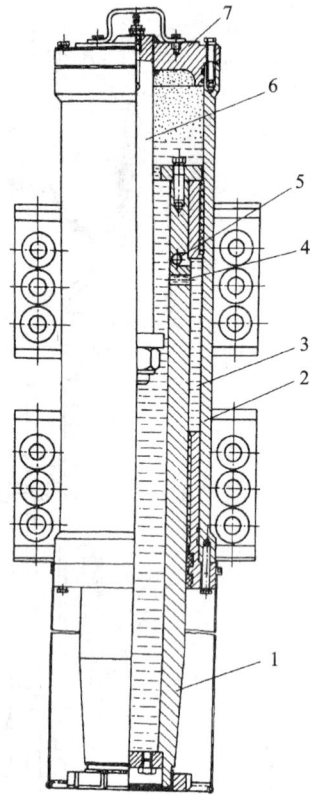

图10－9　单气室油气不分隔式油气弹簧

1—管形活塞；2—工作缸；3—环形腔；

4—常通孔；5—单向球阀；

6—伸张行程限制器；7—工作缸盖

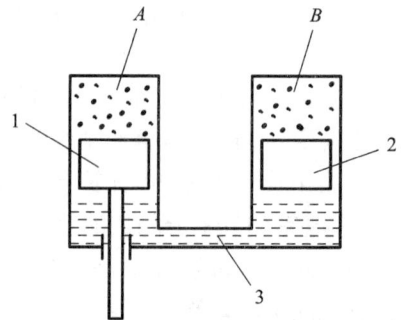

图10－10　双气室油气弹簧示意图

1—主活塞；2—浮动活塞；3—通道

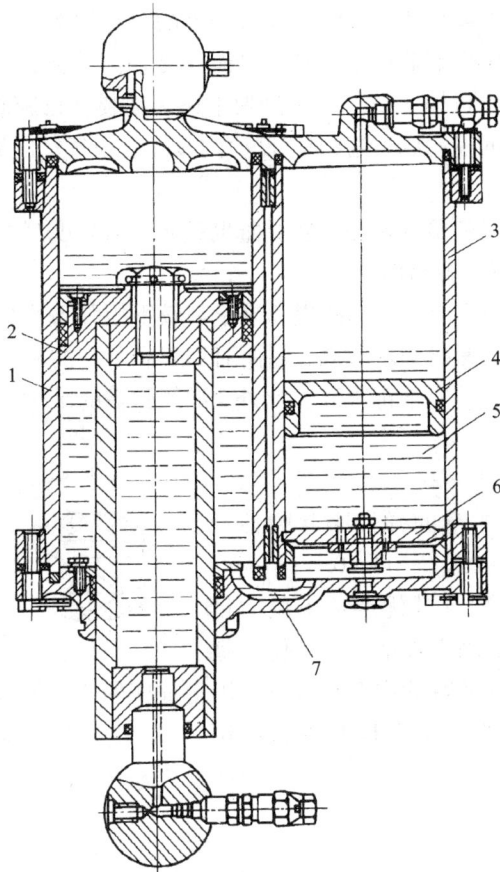

图 10 - 11 双气室(带反压气室)的油气弹簧

1—主工作缸;2—主活塞;3—副工作缸;4—浮动活塞;5—液腔;6—阻尼阀座;7—通道

自然振动频率变化幅度较大。如果要保证在汽车空载和满载时悬架都具有较低的自然振动频率,则其结构就会过大而难于在车身下布置。为此研制了刚度变化幅度较大的两级压力式油气弹簧。

(4)两级压力式油气弹簧

如图 10 - 12 所示,在工作活塞 1 的上方设有两个并列气室,但两个并列气室的工作压力不同,主气室 A 的气压与单气室油气弹簧的气压压力相近,而补偿气室 B 内的气压则较高。因此,两个气室不同时参加工作。其作用相当于钢板弹簧的主簧和副簧的作用。当弹簧载荷较小时,主气室首先参加工作,其中的气压随着载荷继续增加而逐渐升高。当油气弹簧所承受的载荷增加到使主气

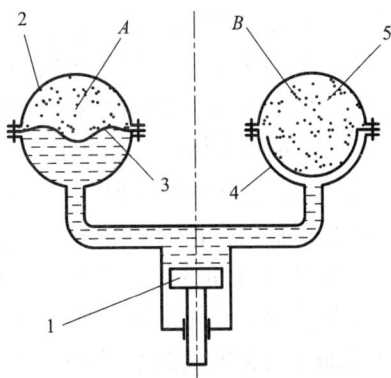

图 10 - 12 两级压力式油气弹簧示意图

1—工作活塞;2—第一级压缩缸;

3、4—橡胶油气隔膜;5—第二级压缩缸

室的气压稍超过补偿气室内的气压时,补偿气室方参加工作。此时,如果弹簧上的载荷继续增加时,补偿气室和主气室共同工作。这种结构使弹簧刚度的变化更加符合悬架性能的要

求，从而保证汽车满载和空载时悬架系统有大致相当的固有频率。

空气弹簧和油气弹簧都同螺旋弹簧一样，只能承受轴向载荷，故空气弹簧悬架中必须设置纵向和横向推力杆等导向机构。空气弹簧悬架中还必须装有减振器。

空气弹簧可以借专门的控制阀(高度阀)自动调节气囊或气室的原始充气压力，以使车身离地高度保持一定。

空气弹簧的质量比任何弹簧的都小，且寿命也较长，但高度尺寸较大，在布置上有一定困难。此外，其密封环节多，容易漏气。

油气弹簧应用于重型汽车上时，其体积和质量都较钢板弹簧小(质量可减小50%以上)。但油气弹簧对气体和油液的密封要求很高，因而对加工和装配的精度要求和对相对滑动的工作表面的表面粗糙度和耐磨性要求都很高。此外，油气弹簧的维护也较麻烦。

10.2.4 橡胶弹簧

橡胶弹簧是利用橡胶本身的弹性来起弹性元件的作用。它可以承受压缩载荷[图 10-13(a)]与扭转载荷[图 10-13(b)]。其优点是单位质量的储能量较金属弹簧的多，隔声性能好，工作无噪音，不需要润滑。由于橡胶弹簧的内摩擦较大，因此橡胶弹簧具有一定的减振能力。橡胶弹簧多用作悬架的副簧和缓冲块。

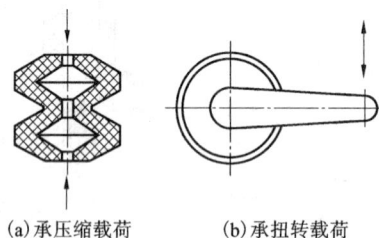

(a)承压缩载荷　　(b)承扭转载荷

图 10-13　橡胶弹簧

10.3　减振器

为加速车架与车身振动的衰减，以改善汽车的行驶平顺性，在大多数汽车的悬架系统内部装有减振器。减振器和弹性元件是并联安装的(图 10-14)。

汽车悬架系统中广泛采用液力减振器。液力减振器的作用原理是，当车架与车桥作往返相对运动而活塞在缸筒内往返移动时，减振器壳体内的油液便反复地从内腔通过一些窄小的孔隙流入另一内腔。此时孔壁与油液间的摩擦及液体分子内摩擦便形成对振动的阻尼力，使车身和车架的振动能量转化为热能被油液和减振器壳体所吸收，然后散到大气中。

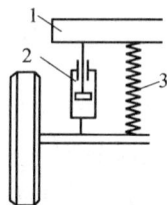

图 10-14　减振器和弹性元件安装示意图

1—车架；2—减振器；3—弹性元件

减振器阻尼力的大小随车架和车桥(或车轮)相对速度的增减而增减，并且与油液的黏度有关。要求油液的黏度受温度变化的影响尽可能小，且具有抗氧化、抗汽化及对各种金属和非金属零件不起腐蚀作用等性能。

减振器的阻尼力越大，振动消除得越快，但却使并联的弹性元件的作用不能充分发挥，同时，过大的阻尼力还可能导致减振器的连接零件及车架损坏。为解决弹性元件与减振器之间的矛盾，对减振器提出如下要求：

①在悬架压缩行程(车桥与车架相互移近的行程)内，减振器阻尼力应较小，以便充分利用弹性元件的弹性来缓和冲击。

②在悬架伸张行程(车桥与车架相互远离的行程)内,减振器的阻尼力应较大,以求迅速减振。

③当车桥(或车轮)与车架的相对速度较大时,减振器应当能自动加大液流通道截面积,使阻尼力始终保持在一定限度内,以避免承受过大的冲击载荷。

液力减振器按其结构形式不同,可分为筒式和摇臂式(在我国,这种减振器在 20 世纪 70 年代末就已被淘汰了)两种类型,按其作用方式不同,又可分为双向作用式减振器和单向作用式减振器两种。

在压缩和伸张两行程内均能起作用的减振器,称为双向作用式减振器;另有一种仅在伸张行程内起作用,称为单向作用式减振器。

10.3.1 双向作用筒式减振器

双向作用筒式减振器一般都具有四个阀(图 10 - 15),即压缩阀 6、伸张阀 4、流通阀 8 和补偿阀 7。流通阀和补偿阀是一般的单向阀,其弹簧很弱,当阀上的油压作用力与弹簧力同向时,阀处于关闭状态,完全不通液流;而当油压作用力与弹簧力反向时,只要有很小的油压,阀便能开启,压缩阀与伸张阀是卸载阀,其弹簧较强,预紧力较大,只有当油压升高到一定程度时,阀才能开启,而当油压降低到一定程度时,阀即自行关闭。

双向作用筒式减振器的工作原理可按图 10 - 15,分为压缩和伸张两个行程加以说明。

1. 压缩行程

当汽车车轮滚上凸起物和滚出凹坑时,车轮移近车架(或车身),减振器受压缩,减振器活塞 3 下移。活塞下面的腔室(下腔)容积减小,油压升高,油液经流通阀 8 流到活塞上面的腔室(上腔)。由于上腔被活塞杆占去一部分空间,上腔内增加的容积小于下腔减小的容积,故还有一部分油液推开压缩阀 6,流回贮油缸 5。这些阀对油液的节流便造成对悬架压缩运动的阻尼力。

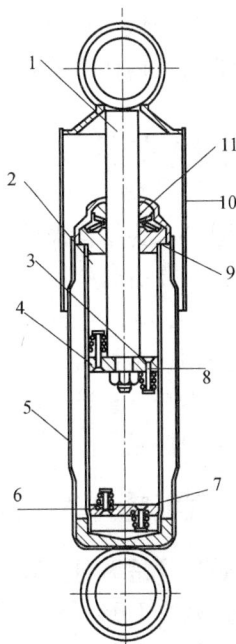

图 10 - 15 双向作用筒式减振器示意图
1—活塞杆;2—工作缸;3—活塞;
4—伸张阀;5—贮油缸;6—压缩阀;
7—补偿阀;8—流通阀;9—导向座;
10—防尘罩;11—油封

2. 伸张行程

当车轮滚进凹坑或滚离凸起时,车轮相对车身移开,减振器受拉伸。此时减振器活塞向上移动。活塞上腔油压升高,流通阀 8 关闭。上腔内的油液便推开伸张阀 4 流入下腔。同样,由于活塞杆的存在,自上腔流来的油液还不足以充满下腔所增加的容积,下腔内产生一定的真空度,这时贮油缸中的油液便推开补偿阀 7 流入下腔进行补充。此时,这些阀的节流作用即造成对悬架伸张运动的阻尼力。

压缩阀的节流阻力应设计成随活塞运动速度而变化。例如,当车架或车身振动缓慢(即活塞向下的运动速度低)时,油压不足以克服压缩阀弹簧的预紧力而推开阀门。此时,多余部分的油液便经一些常通的缝隙（图上末画出）流回贮油腔。当车身振动剧烈，即活塞向下运动的速度高时，则活塞在很短的时间内通过较大的通道流回贮油缸。这样，油压和阻尼力都不致超过一定限度，以保证压缩行程中弹性元件的缓冲作用得到充分发挥。

同样，伸张行程中减振器的阻尼力也应设计成随活塞运动速度而变化的。当车轮向下运动速度不大（即活塞向上的运动速度不大）时，油液经伸张阀的常通孔隙（图 10 – 15 中未画出）流入下腔，由于通道截面积很小，便产生较大的阻尼力，从而消耗了振动能量，使振动迅速衰减。当车身振动剧烈时，活塞上移速度增大到使油压足以克服伸张阀弹簧的预紧力时，伸张阀开启，通道截面积增大，使油压和阻尼保持在一定限度以内。这样，可使减振器及悬架系统的某些零件不会因超载而损坏。

由于伸张阀弹簧的刚度和预紧力比压缩阀的大，在同样的油压力作用下，伸张阀及相应的常通缝隙的通道截面积总和小于压缩阀及相应的常通缝隙的通道截面积总和，这就保证了减振器在伸张行程内产生的阻尼力比压缩行程内产生的阻尼力大得多。

10.4　非独立悬架

非独立悬架因为结构简单，工作可靠，被广泛应用于货车的前、后悬架。在少数轿车中，非独立悬架仅用作后悬架。

悬架的结构，特别是导向机构的结构，随所采用的弹性元件的不同而有差异，而且有时差别很大。采用螺旋弹簧、气体弹簧时，需要有效的复杂的导向机构。而采用钢板弹簧时，由于钢板弹簧本身可起导向作用，使得悬架结构大为简化，因而在非独立悬架中大多数采用钢板弹簧作为弹性元件。

10.4.1　纵置板簧式非独立悬架

钢板弹簧通常是纵向安置的。图 10 – 16 所示为解放 CA1091 型汽车的前悬架。前钢板弹簧 2 中部用两个 U 形螺栓固定在前轴的工字梁上。弹簧两端的卷耳孔中压入衬套。前端卷耳用钢板弹簧销 15 与前支架 1 相连，形成固定的铰接支点；而后端卷耳则通过前板簧吊耳销 14 与用铰链挂在吊耳支架 10 上可以自由摆动的吊耳 9 相连接，从而保证了弹簧变形的两卷耳中线间的距离有改变的可能。这种用铰链和吊耳将钢板弹簧两端固定在车架上的结构，是目前广泛采用的一种连接形式。

解放 CA1091 型汽车的钢板弹簧销钻有轴向油道。通过油嘴将锂基润滑油脂 2 号加至衬套处，以资润滑。使用时，应注意定期加滑脂，以免磨损加剧。

为加速振动的衰减，以改善驾驶员的乘坐舒适性，在货车的前悬架中一般都装有减振器，而货车后悬架则不一定装减振器。

解放 CA1091 型汽车的前悬架装设的是双向作用式减振器 8，减振器的上下吊环通过橡胶衬套和减振器连接销 13，分别与固定在车架和车桥上、下支架 7、12 相连接。

在前板簧盖板 4 上装有橡胶缓冲块 5，以限制弹簧的最大变形并防止弹簧直接撞击车架。

货车后悬架所承受的载荷因汽车行驶时实际装载质量不同而在很大范围内变化，因而为保持车身前固有频率不变或变化很小，悬架刚度应该是可变的，而且变化幅度应较前悬架为大，一般措施是在后悬架中加副簧。

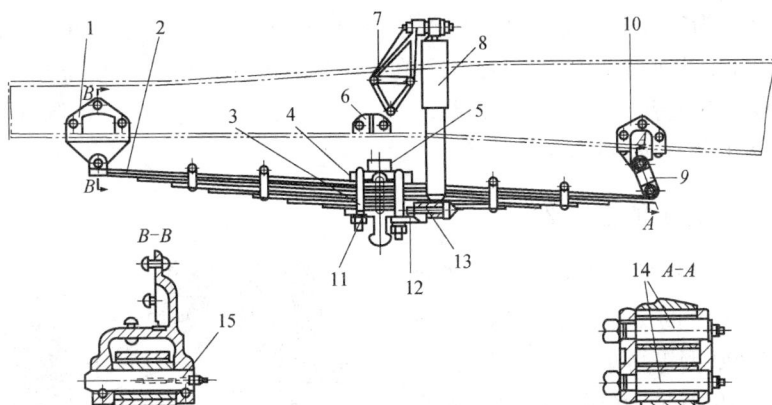

图 10-16 钢板弹簧

1—钢板弹簧前支架；2—前钢板弹簧；3—U 型螺栓；4—前板簧盖板；5—缓冲块；6—限位块；
7—减振器上支架；8—减振器；9—吊耳；10—吊耳支架；11—中心螺栓；12—减振器下支架；
13—减振器连接销；14—前板簧吊耳销；15—钢板弹簧销

图 10-17 所示为东风 EQ1090E 型汽车后悬架。它由主钢板弹簧和副钢板弹簧叠合而成，是中型货车后悬架常用的结构形式。从受力情况而言，主、副钢板弹簧是并联的。

当汽车空载或实际装载质量不大时，副簧不承受载荷而由主簧单独工作。在重载荷和满载情况下，车架相对车桥下移，使车架上的副簧滑板式支座与副簧接触，即主、副簧共同参加工作，一起承受载荷而使悬架刚度增大，以保证车身振动频率不致因载荷增大而变化过大。

这种结构形式悬架是主要缺点是刚度的增加很突然，对汽车行驶平顺性不利。

为提高汽车的平顺性，有的轻型货车上采用将副簧置于主簧下面的渐变刚度钢板弹簧。我国南京汽车工业联营公司引进的依维柯轻型货车的后悬架，就是渐变刚度钢板弹簧，如图 10-18 所示。其主簧由厚度 9 mm 的 4 片（或 3 片）和副簧由厚度为 15 mm 的 2 片（或 3 片）组成钢板弹簧组件，它们用中心螺栓固定在一起。在小载荷时，仅主簧起作用，而当载荷加到一定值时，副

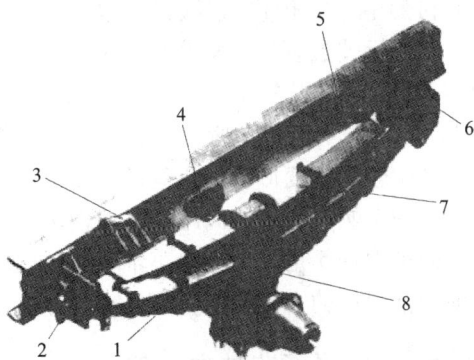

图 10-17 东风 EQ1090E 型汽车后悬架

1—主钢板弹簧；2—前支架总成；3—前滑板式支座；
4—缓冲块总成；5—后滑板式支座；6—吊耳总成；
7—副弹簧总成；8—U 形螺栓

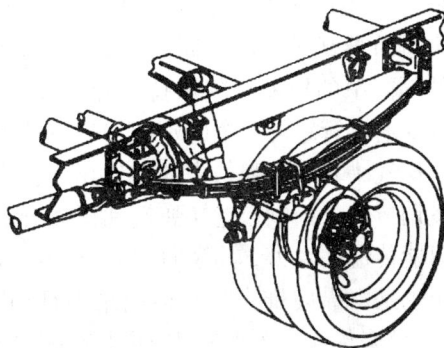

图 10-18 依维柯轻型货车后悬架

187

弹簧开始与主弹簧接触，悬架刚度随之相应提高，弹簧特性变为非线性。当副簧全部接触后，弹簧特性又变为线性的。这种渐变刚度钢板弹簧的特点是副簧逐渐起作用，因此悬架刚度的变化比较平稳，从而改善了汽车行驶平顺性。但在使用中因主簧和副簧之间容易存积泥垢，对悬架刚度的渐变有一定影响。如果在主、副簧外装上护套，则可消除此缺点。它的卷耳与弹簧销之间也装有橡胶衬套。

10.4.2　螺旋弹簧非独立悬架

　　螺旋弹簧非独立悬架一般只用作轿车的后悬架，如我国生产的桑塔纳、捷达、奥迪100和红旗CA7200型等轿车的后悬架皆为这种形式。图10-19所示为红旗CA7220和奥迪100型轿车后悬架。

　　两端车轮用一根整体后轴3相连，纵向推力杆1的一端和车轴固定在一起，另一端头部有孔，里边装有橡胶衬套，连接螺栓穿过橡胶衬套中间的孔和车身连接，并形成铰链点，汽车行驶过程中，整个后轴可以通过

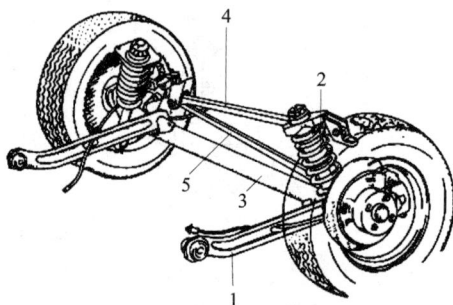

图10-19　螺旋弹簧非独立悬架
1—纵向推力杆；2—螺旋弹簧和减振器总成；
3—后轴；4—加强杆；5—横向推力杆

纵向推力杆和车身连接的铰链点进行纵向摆动。由于铰链点处的橡胶衬套有一定的厚度和长度，橡胶本身又有弹性，所以后轴在铰链点摆动时，根据受力方向不同，橡胶衬套可以在各个方向产生较小的变形以防止运动干涉。

　　左右两个螺旋弹簧的间距应尽可能大，以提高悬架的横向角刚度。

　　横向推力杆5是用来传递车轴和车身之间的横向作用力及其力矩的，加强杆4的作用是加强横向推力杆的安装强度，并可使车身受力均匀。

10.4.3　空气弹簧非独立悬架

　　图10-20所示为空气弹簧非独立悬架示意图。囊式空气弹簧5的上下端分别固定在车架和车桥(或与车桥相连的支架)上，从压气机1产生的压缩空气经油水分离器10和压力调节器9进入储气筒8。压力调节器可使储气筒中的压缩空气保持一定的压力。储气罐6通过管路与两个(或几个)空气弹簧相通。储气罐和空气弹簧中的空气压力由车身高度调节阀3控制，空气弹簧和螺旋弹簧一样只能传递垂直力，其纵向力和横向力及其力矩也是由纵向推力杆和横向推力杆(图

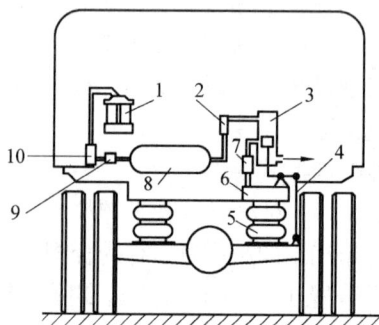

图10-20　空气弹簧非独立悬架示意图
1—压气机；2、7—空气滤清器；3—车身高度控制阀；
4—控制杆；5—空气弹簧；6—储气罐；
8—储气筒；9—压力调节器；10—油水分离器

中未画出)来传递，这种悬架中也装有减振器(图中未画出)。

　　采用空气弹簧悬架时，容易实现车身高度的自动调节。在装有压气机的汽车上，一般用随载荷不同而改变空气弹簧内的空气压力的方法来达到这个目的。图10-20所示的车身高

度控制阀 3 即起这个作用。高度阀固定在车架上,通过控制杆 4 与车桥相连,高度阀体内有两个阀:通气源的进气阀和通大气的放气阀,这两个阀均有控制杆操纵。当汽车载荷增加。车桥移近车架时,控制杆上升,通过摇臂机构打开充气阀,压缩空气便进入空气弹簧,使车架和车身升高,直到恢复车身与车桥的原定距离为止;而当载荷减小,车桥远离车架时,控制杆下移,打开放气阀,则空气弹簧内的空气排入大气,车身和车架随即降低至原定数值。

10.5 独立悬架

随着汽车速度的不断提高,非独立悬架已不能满足行驶平顺性和操纵稳定性等方面提出的要求。因此,独立悬架获得了很大的发展。

独立悬架的结构特点是两侧的车轮各自独立地与车架或车身弹性连接,因而具有以下优点:

①在悬架弹性元件一定的变形范围内,两侧车轮可以单独运动而互不影响,这样在不平道路上可减少车架和车身的振动,而且有助于消除转向轮不断偏摆的不良现象。

②减少了汽车的非簧载质量(即不由弹簧支承的质量)。在非独立悬架的情况下,整个车桥和车轮都属于非簧载质量部分。在采用独立悬架时,对驱动桥而言,由于主减速器、差速器及外壳固定在车架上,成了簧载质量;对转向轴而言,它仅具有转向主销和转向节,而中部的整体梁不再存在,所以在采用独立悬架时,非簧载质量只包括车轮质量和悬架系统中的一部分零件的全部或部分质量,显然比用非独立悬架时的非簧载质量要小得多。在道路条件和车速相同时,非簧载质量越小,则悬架所受到的冲击载荷也越小,故采用独立悬架可以提高汽车的平均行驶速度。

③采用断开式车桥,发动机总成的位置可以降低和前移,使汽车重心下降,提高了汽车行驶稳定性;同时给予车轮较大的上下运动的空间,因而可以将悬架刚度设计得较小,使车身振动频率降低,以改善行驶平顺性。

以上优点使独立悬架被广泛地采用在现代汽车上,特别是轿车的转向轮普遍采用了独立悬架。但是,独立悬架结构复杂,制造成本高;保养维修不便;在一般情况下,车轮跳动时,由于车轮外倾角与轮距变化较大,轮胎磨损较严重。

某些具有特殊要求的越野汽车全部车轮采用独立悬架还是合理的,因为除上述优点外,可保证汽车在不平道路上行驶时,所有车轮和路面有良好的接触,从而增大牵引力;此外,可增大汽车的离地间隙,因而大大提高越野汽车的通过性能。

独立悬架中多采用螺旋弹簧和扭杆弹簧作为弹性元件,钢板弹簧和其他形式的弹簧用得较少。

独立悬架的结构类型很多,主要可按车轮运动形式分成三类(图 10-21)。

①车轮在汽车横向平面内摆动的悬架[横臂式独立悬架,图 10-21(a)]。

②车轮在汽车纵向平面内摆动的悬架[纵臂式独立悬架,图 10-21(b)]。

③车轮沿主销移动的悬架,其中包括烛式悬架[图 10-21(c)]和麦弗逊式悬架[滑柱连杆式悬架,图 10-21(d)]。

在有的独立悬架中,车轮是在汽车的斜向平面内摆动的。

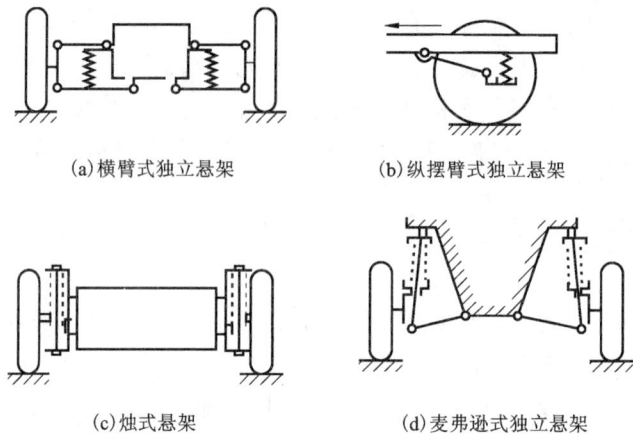

(a)横臂式独立悬架　　　　　　　(b)纵摆臂式独立悬架

(c)烛式悬架　　　　　　　　　　(d)麦弗逊式独立悬架

图 10 - 21　三种基本类型的独立悬架示意图

10.5.1　横臂式独立悬架

横臂式独立悬架可分为双横臂式和单横臂式两种。

1. 单横臂式独立悬架

这种独立悬架的特点是当悬架变形时，车轮平面将产生倾斜而改变两侧车轮与路面接触点间的距离(轮距)(图 10 - 22)，致使轮胎相对地面侧向滑移，破坏轮胎和地面的附着，且轮胎磨损较严重。此外，这种悬架用于转向轮时，会使主销内侧倾角和车轮外倾角发生较大的变化，对于转向操纵有一定的影响，故目前很少采用。但是，由于结构简单、紧凑、布置方便，在车速不高的重型越野汽车上也有采用的。例如，太脱拉 138 型和 148 型越野汽车的前悬架，就是这种单横臂独立悬架，其弹性元件是扭杆弹簧。

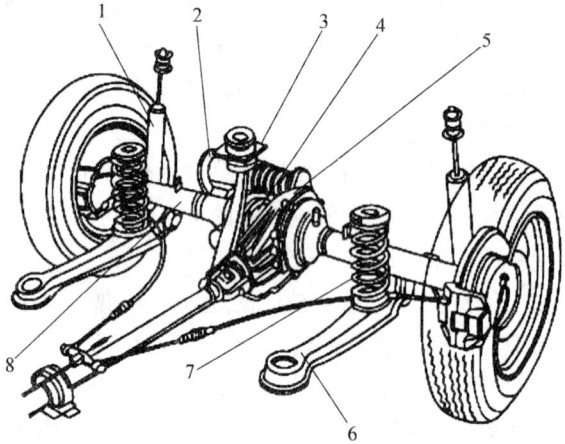

图 10 - 22　单横臂式后独立悬架示意图

1—减振器；2—油气弹性元件；3—中间支承；
4—单铰链；5—主减器壳；6—纵向推力杆；
7—螺旋弹簧；8—半轴套管

图 10 - 22 所示为戴姆勒 – 奔驰轿车单横臂后独立悬架示意图。在该结构中，后桥半轴套管是断开的，主减速器的右面有一个单铰链 4，半轴可绕其摆动。在主减速器上面安置着可调节车身水平作用的油气弹性元件 2，它和螺旋弹簧 7 一起承受并传递垂直力。作用在车轮上的纵向力主要由推力杆 6 承受。中间支承 3 不仅可以承受侧向力，而且还可以部分地承受纵向力。当车轮上下跳动时，为避免运动干涉，其纵向推力杆的前端用球铰链与车身连接。

2．双横臂式独立悬架

在两臂等长的悬架[图 10 – 23 (a)]中，当车轮上下跳动时，车轮平面没有倾斜，但轮距却发生了较大的变化，这将增加车轮侧向滑移的可能性。在两摆臂不等长的悬架中[图 10 –23（b）]，如两臂长度选择适当，可以使车轮和主销的角度以及轮距的变化都不太大。不大的轮距变化在轮胎较软时可以由轮胎变形来适应，目前轿车的轮胎可容许轮距上的

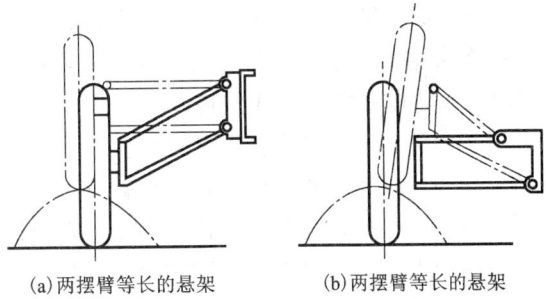

(a)两摆臂等长的悬架　　　　(b)两摆臂等长的悬架

图 10 – 23 双横臂式后独立悬架示意图

改变在每个车轮上达到 4～5 mm 而不致沿路面滑移。因此，不等长的双横臂式独立悬架在轿车前轮上的应用较为广泛。我国生产的 CA7560 型轿车的前轮就采用这种不等长的双横臂式螺旋弹簧独立悬架，其构造如图 10 – 24 所示。

上摆臂 11 和下摆臂 4 的内端分别通过摆臂轴 15 和 1 与车架作铰链连接，二者的外端则分别通过上球头销 14 和下球头销 3 与转向节 9 相连。螺旋弹簧 5 的上下端分别通过橡胶垫圈 7 支于车架横梁上的支承座和下摆臂上的支承盘内。双向作用筒式减振器 6 的上、下两端，同样分别通过橡胶衬垫与车架和下摆臂的支承盘相连。

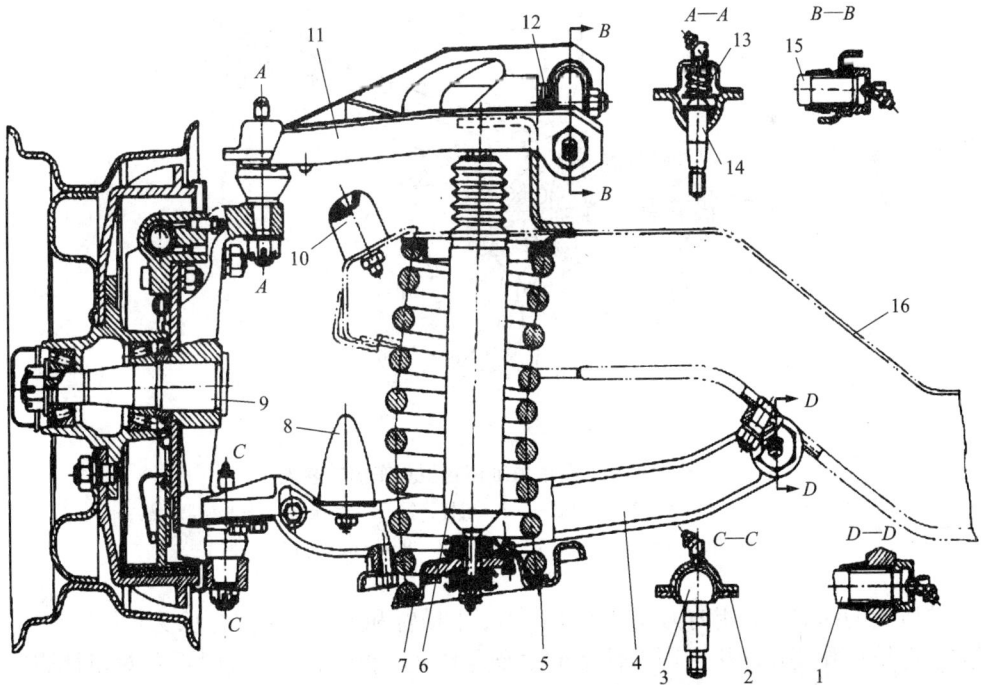

图 10 – 24　红旗 CA7560 型轿车的前悬架

1—下摆臂轴；2—垫片；3—下球头销；4—下摆臂；5—螺旋弹簧；6—筒式减振器；7—橡胶垫圈；8—下缓冲块；
9—转向节；10—上缓冲块；11—上摆臂；12—调整垫片；13—弹簧；14—上球头销；15—上摆臂轴；16—车架横梁

上摆臂与上球头销是铆接不可拆式，其中装有弹簧13，保证当球头销与销座有磨损时，自动消除二者之间的间隙。下摆臂和下球头销之间是可拆的。下球头销如有松动出现间隙时，可以拆开球头销，适当减少垫片2以消除间隙。

该轿车采用球头结构代替主销，属于无主销式，即上、下球头销的连心线相当于主销轴线，转向时车轮即围绕此轴线偏转。

主销后倾角通过移动上摆臂在摆臂轴上的位置来调整，而上摆臂的移动是通过上摆臂轴的转动实现的。前轮外倾角由加在上摆臂轴与固定支架间的垫片12调整。主销内倾角和车轮外倾角的关系已被转向节的结构所确定，故调整车轮外倾角以后，主销内倾角自然正确。

悬架的最大变形由上下分置的两个缓冲块10和8限制。

路面对车轮的垂直力依次通过转向节、下球头销、下摆臂和螺旋弹簧传到车架。纵向力、侧向力及其力矩均由转向节及导向机构——上、下摆臂及上、下球头销来传递。为了可靠地传递纵向力、侧向力及其力矩，必须使悬架具有足够的纵向和侧向刚度。为此，上、下两摆臂都是叉形的刚性架，其内端为宽端，外端为窄端。

南京汽车工业联营公司生产的依维柯轻型货车的前悬架是不等长双横臂式扭杆弹簧独立悬架，其结构如图10-25所示。扭杆弹簧3纵向布置在车架纵梁的外侧，其前端借花键与上横臂6相连，后端通过花键固定在扭杆弹簧固定支架1的花键套中。简式减振器的上端与焊接在车架上的减振器上支架5相连。当车轮上下跳动时，作用在轮上的垂直载荷经转向节10和上横臂6传给扭杆弹簧，使扭杆产生扭杆转变形，因而缓和了由不平路面产生的冲击载荷。

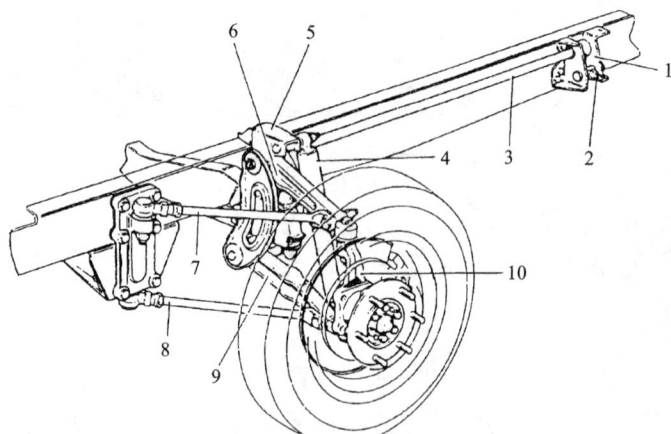

图10-25　南京依维柯轻型货车的前悬架
1—扭杆弹簧固定支架；2—调整螺栓；3—扭杆弹簧；4—减振器；5—减振器上架；
6—上横臂；7—上支撑架；8—下支撑架；9—下横臂；10—转向节

车轮所受的纵向力，侧向力及其力矩由上、下横臂和上、下支撑杆承受并传给车架。

为消除扭杆弹簧在使用中因塑性变形对车身高度的影响，在安装时需要对扭杆施以预加载荷。预加载荷的大小可用调整螺栓2来调整。施预加载荷的机构如图10-26所示。带有花键套的调整臂4借花键与扭杆弹簧相连，将扭杆插入花键套调整臂时，需将配合标记B对准。调整螺栓2旋入固定在支架上的螺母中，当旋紧调整螺栓2时，螺栓的前端顶推调整臂，使扭杆产生逆时针扭转，上横臂1的外端下移。因上横臂外端与转向节相连，被其抵住不能下移,则扭杆本身不仅产生预加载荷,而且车身还被抬高。因此,用此机构还可以调整车身的高度,调整后将锁紧螺母 3 锁紧。

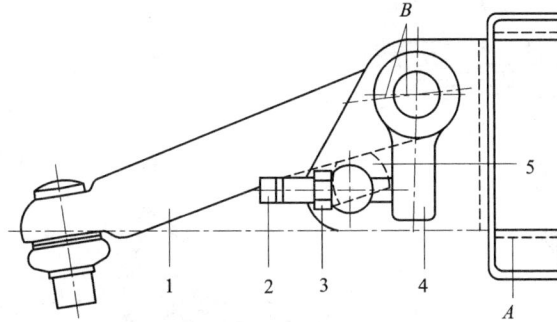

图 10 - 26 扭杆弹簧施预加载机构示意图
1—上横臂;2—调整螺栓;3—调整螺母;4—调整臂;5—上缓冲块;A—基准面;B—配合标记

10.5.2 纵臂式独立悬架

纵臂式独立悬架有单横臂和双横臂两种,如图 10 - 27 所示。

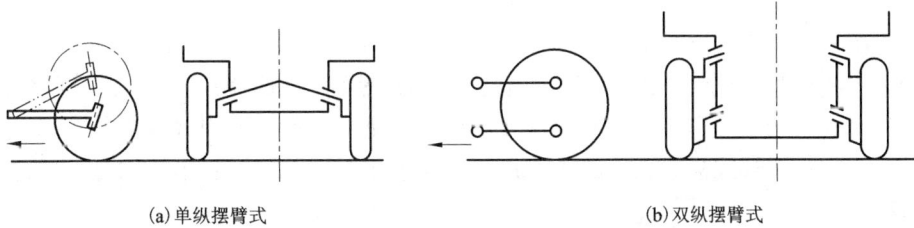

(a)单纵摆臂式   (b)双纵摆臂式

图 10 - 27 纵臂式独立悬架示意图

1. 单纵臂式独立悬架

转向轮采用单纵臂独立悬架时,车轮上下跳动将使主销的后倾角产生很大变化。因此,单纵臂式独立悬架一般不用于转向轮。

雷诺 - 5 型轿车的后悬架是单纵臂式独立悬架,如图 10 - 28 所示。其悬架的纵臂 4 是一箱形构件,一端用花键与车轮的心轴 5 相连,而另一端与套管 1 固装成一体。扭杆弹簧 2 装在套管内,其外端用花键固定在套管内的花键套中,扭杆的另一端借花键与车架的另一端纵梁连接。套管 1 的两端用宽橡胶衬套 3 支承在车架上的套筒中,并以此为活动铰链。当其车轮上下跳动时,纵臂以套管的轴线为中心摆动,使扭杆弹簧产生扭转形变,以缓和不平路面产生的冲击。

在图 10 - 28(b)中,图形上面的局部大图是该悬架的机械调整车身高度装置。它是用偏心转轮转动扭杆弹簧,使扭杆本身增加或减少预加载荷来实现车身高度的调节。

2. 双纵臂式独立悬架

这种悬架的两个纵臂长度一般相等,形成平行四连杆机构。这样,在车轮上下跳动时,

193

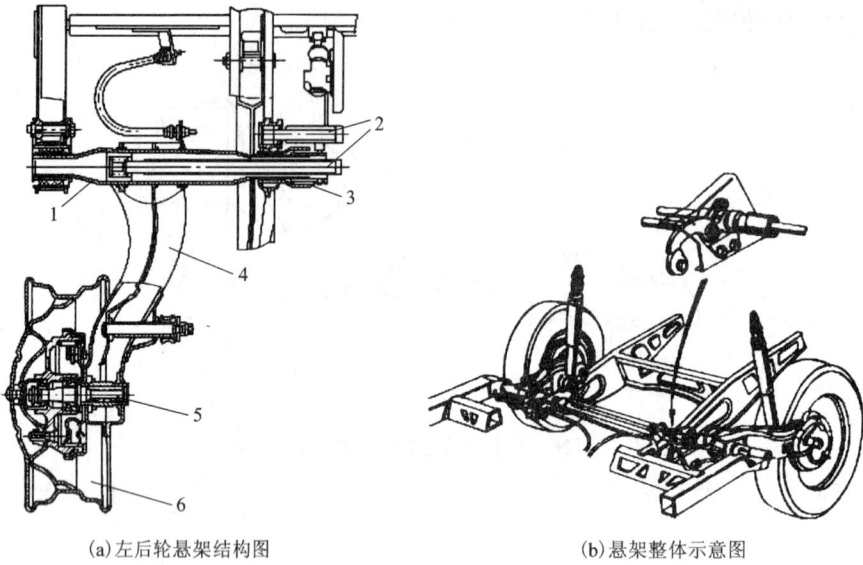

(a)左后轮悬架结构图　　　　　　　　(b)悬架整体示意图

图 10-28　雷诺-5 型轿车的后悬架
1—套管；2—扭杆；3—橡胶衬套；4—纵臂；5—心轴；6—车轮

主销的后倾角保持不变，故这种类型的悬架适用于转向轮。

　　双纵臂扭杆弹簧前独立悬架如图 10-29 所示。转向节和两个等长的纵臂 1 作铰链式连接。在车架的两根管式横梁 4 内部都装有若干层矩形断面的薄弹簧刚片叠成的扭杆弹簧 6。两根扭杆弹簧的内端用螺钉 5 固定在横梁 4 的中部，而外端则插入摆臂轴 2 的矩形孔内。摆臂轴用衬套 3 支承在管式横梁内。摆臂轴和纵臂为刚性连接。另一侧车轮的悬架与之完全相同而且对称。

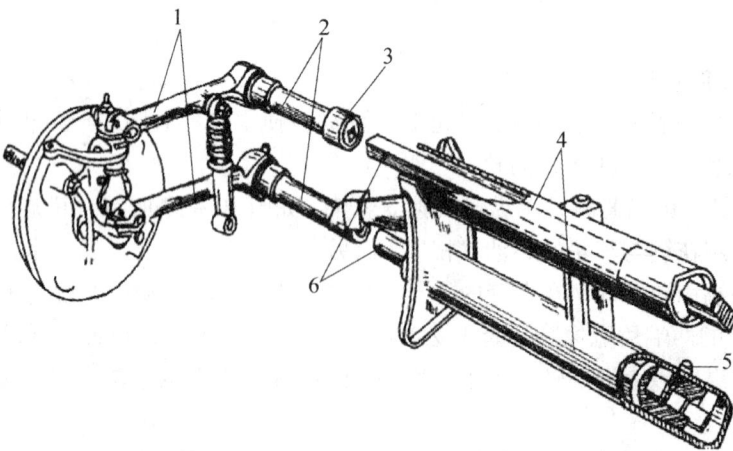

图 10-29　双纵臂式扭杆弹簧独立悬架
1—纵臂；2—摆臂轴；3—衬套；4—横梁；5—螺钉；6—扭杆弹簧

10.5.3 车轮沿直销移动的悬架

车轮沿主销移动的悬架目前可大致分为两种类型，一类是车轮沿固定不动的主销轴线移动的烛式悬架，另一类是车轮沿摆动的主销轴线移动的麦弗逊式悬架。

1. 烛式悬架

烛式悬架如图 10－30 所示，主销刚性地固定在悬架上，转向节与套筒 4 连接在一起。当车轮跳动时，主销的定位角不会发生变化，仅轮距、轴距稍有改变，因此有利于汽车的转向操纵和行驶稳定性。但是侧向力全部由套在主销 1 上的长套筒 4 和主销承受，则套筒与主销之间的摩擦阻力大，磨损严重。

2. 麦弗逊式悬架

图 10－31 所示为某轿车的麦弗逊式悬架。筒式减振器 2 的上端用螺栓和橡胶垫圈与车身连接，减振器下端固定在转向节 3 上，而转向节通过球铰链与下摆臂 4 连接。车轮所受的侧向力通过转向节大部分由下摆臂承受，其余部分由减振器承受。因此，这种结构形式较烛式悬架在一定程度上减少了滑动磨损。

螺旋弹簧 1 套在筒式减振器的外面。主销的轴线为上卜铰链中心的连线。当车轮上下跳动时，因减振器的下支点随下摆臂摆动，故主销轴线的角度是变化的。这说明车轮是沿着摆动的主销轴线而运动的。因此，这种悬架在变形时，使得主销的定位角和轮距都有些变化。然而，如果适当调整杆系的位置，可使车轮的这些定位参数变化极小。该悬架突出的优点是增大了两前轮内侧的空间，便于发动机和其他一些部件的布置，因此多用在前置、前驱动的轿车和微型汽车上。

一汽大众的捷达、上海桑塔纳和红旗 CA7220 型等轿车的前悬架，都是这种麦弗逊式独立悬架。

10.5.4 横向稳定器

近代轿车的悬架一般都很软，在高速行驶中转向时，车身会产生很大的横向倾斜和纵向角振动。为减少这种横向倾斜，往往在悬架中加设横

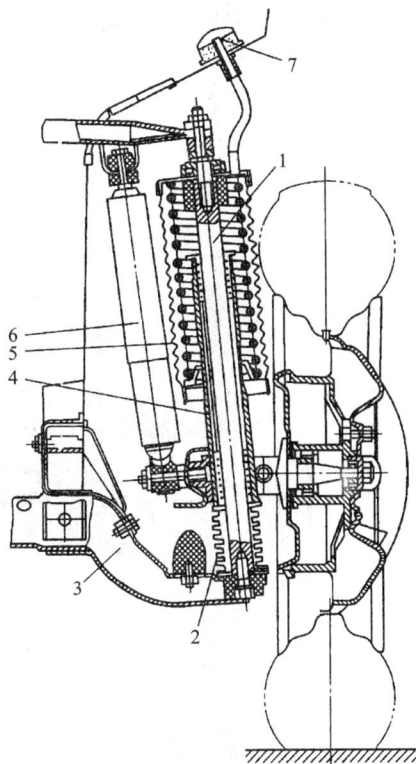

图 10－30 烛式悬架示意图
1—主销；2、5—防尘罩；3—车架；4—套筒；6—减振器；7—通气管

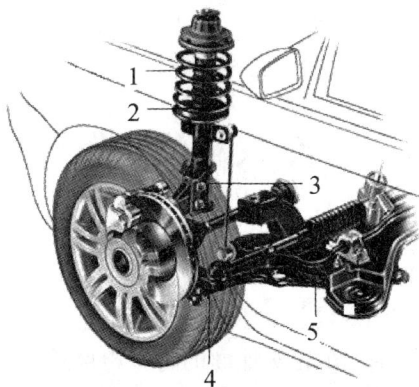

图 10－31 麦弗逊式悬架
1—螺旋弹簧；2—减振器；3—转向节；4—下摆臂；5—横向稳定器

向稳定器。用得最多的是杆式横向稳定器。

杆式横向稳定器在汽车上的安装如图 10 – 32 所示,横向稳定杆 3 呈扁平的 U 形,横向地安装在汽车的前端或后端(也有的轿车前后都有)。稳定杆 3 中部的两端自由地支承在两个橡胶套筒 2 内,而套筒 2 则固定在车架上。横向稳定杆的两侧纵向部分的末端通过支杆 1 与悬架下摆臂上的弹簧支座 4 相连。

图 10 – 32 横向稳定器的安装
1—支架;2—套筒;3—横向稳定杆;4—弹簧支座

当车身只做垂直移动而两侧悬架变形相等时,横向稳定杆在套筒内自由转动,横向稳定杆不起作用。当两侧悬架变形不等而车身相对于路面横向倾斜时,车架的一侧移进弹簧支座,稳定杆的该侧末端就相对车架向上移;而车架的另一侧远离弹簧支座,相应的稳定杆的末端则相对于车架向下移。然而,在车身和车架倾斜时,横向稳定杆的中部对于车架并无相对运动。这样在车身倾斜时,稳定杆的纵向部分向不同方向偏转,于是稳定杆便被扭转。弹性的稳定杆扭转所产生的内力矩妨碍了悬架弹簧的变形,起到了阻止车身倾斜的作用,因而减小了车身的横向倾斜和横向角振动。

10.6 多轴汽车的平衡悬架

任何多轴汽车的全部车轮如果都是单独地刚性悬挂在车架上,则在不平道路上行驶时将不能保证所有车轮同时接触地面。当有弹性悬架而道路不平度较小时,虽然不一定会出现车轮悬空的现象,但各个车轮间的垂直载荷分配比例会有很大的改变。在车轮垂直载荷变小甚至为零时,车轮对地面的附着力也随之变小甚至等于零,转向车轮遇此情况将使汽车操纵能力大大降低,以致失去操纵(即驾驶员无法控制汽车的行驶方向)稳定性;驱动车轮遇此情况将不能产生足够的(甚至没有)牵引力。此外,还会使其他车桥及车轮有超载的危险。

如上节所述,全部车轮采用独立悬架,可以保证所有与地面的良好接触,但将使汽车结构变得复杂,对于全部驱动的多轴汽车尤其是如此。

若将两个车桥(如三轴汽车的中桥和后桥)装在平衡杆的两端,而将平衡杆中部与车架作铰链式的连接[图 10-33(b)],则一个车桥抬高将使另一个车桥下降。而且,由于平衡杆两臂等长,两个车桥的垂直载荷在任何情况下都相等,不会产生如图 10-33(a)所示的情况。这种能保证中、后桥车轮垂直载荷相等的悬架,称为平衡悬架。

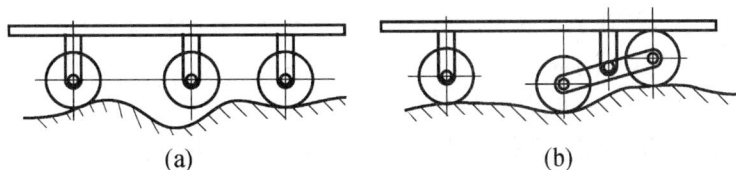

(a)   (b)

图 10-33   三轴汽车在不平路面上行驶情况示意图

图 10-34 所示为一种常见的三轴汽车中、后桥平衡悬架的外观图。这种钢板弹簧平衡悬架在多轴驱动的越野汽车中得到了较普遍的应用。

钢板弹簧 8 为等长臂的平衡杆,中部借助毂 7 与车架相连,钢板弹簧 8 的两端分别插入中、后桥左右的弹簧支座内,用这种连接传递侧向力。为传纵向力并平衡因纵向力产生的力矩,在中、后桥的上下还分别装有导向杆 1、3 和 6、9。二汽生产的 EQ2080 型汽车的中、后桥即采用这种类型的平衡悬架。

图 10-35 所示为摆臂式平衡悬架示意图。这种悬架主要用于 6×2 型载货汽车上。这种车型的结构特点是前桥为转向桥,中桥为驱动桥,后桥为支持桥(可设计成举升式)。

当汽车在轻载或空载行驶时,可操纵举升液压缸 4,通过杠杆机构将后轮(支持桥)举起,使 6×2 汽车变成 4×2 汽车。这不仅减少了轮胎的磨损和降低了油耗,同时还可以增加空车行驶时驱动轮上的附着力,以免由于牵引力不足而使驱动轮

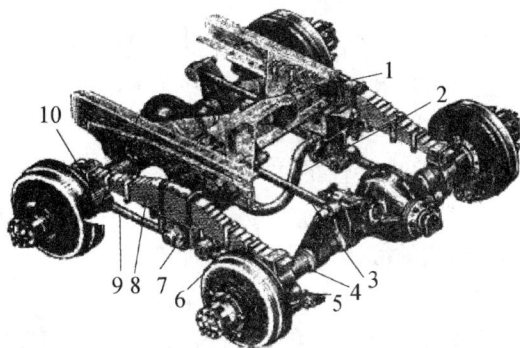

图 10-34   三轴汽车中、后桥平衡悬架的外观

1、3、6、9—导向杆;2—平衡悬架心轴;

4—中桥;5—弹簧支座;7—毂;8—钢板弹簧;10—后桥

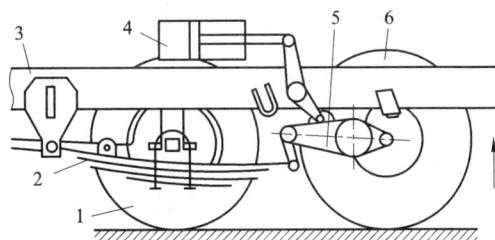

图 10-35   摆臂式平衡悬架示意图

1—驱动轮;2—钢板弹簧;3—车架;

4—液压缸;5—摆臂;6—支持轮

发生滑转的现象。为适应这种汽车总布置的需要,中(驱动)桥和后(支持)桥就有必要采用图示的摆臂式平衡悬架。中桥的悬架采用普通纵置半椭圆钢板弹簧,后吊耳不与车架链接,而是与摆臂 5 的前端相连。摆臂轴支架固定在车架上。摆臂的后端与汽车的后桥(支持桥)相连。左、右后支持轮之间没有整轴关系。摆臂相当于一个杠杆,中、后桥上垂直载荷的分

配比例,取决于摆臂的杠杆比及钢板弹簧前、后端长度之比。

这种平衡悬架结构简单,多数零部件还能与原4×2汽车通用。

10.7　主动悬架和半主动悬架

车辆主动悬架系统是在悬架系统(弹性元件、减振器、导向装置)中附加一个可控制作用力装置,通常由执行机构、测量系统、反馈控制系统和能源系统四部分组成。执行机构的作用是执行控制系统的指令,一般为力发生器或转矩发生器(液压缸、汽缸、伺服电动机、电磁铁等)。测量系统的作用是测量系统各状态,为控制系统提供依据,包括各种传感器。控制系统的作用是处理数据和发出各种控制指令,其核心部件是电子计算机。能源系统的作用是为以上各部分提供能量。

主动悬架系统按其是否包含动力源可分为全主动悬架(有源主动悬架)和半主动悬架(无源主动悬架)系统两大类。

全主动悬架就是根据汽车的运动状态和路面状况,适时地调节悬架的刚度和阻尼,使其处于最佳减振状态。半主动悬架不考虑改变悬架的刚度,而只考虑改变悬架的阻尼。

瑞典的沃尔沃在 Volvo740 轿车上开发了试验性的主动悬架系统,如图 10-36 所示。它采用了计算机控制的液压伺服系统。计算机接收并处理传感器测得的汽车操纵信息及车身和车轮的状态信息,不仅能控制液压缸的动作,而且还可以根据需要改变悬架的刚度,对各车轮进行单独控制,实现任意需要的运动。在不良路面上进行高速行驶实验时,车身非常平稳,轮胎噪声较小,转向和制动时车身能保持水平。

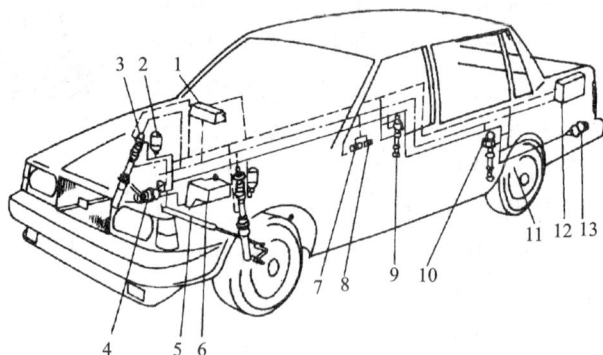

图 10-36　Volvo740 轿车主动悬架系统
1—控制面板;2、13—储能器;3、9—前、后做动器液压缸;
4—液压缸;5—转向角传感器;6—油箱;
7—横摆陀螺仪;8—纵向加速度传感器;10—伺服机构;
11—轮毂加速度传感器;12—控制计算机

在英国城市客车上用的一种以油气弹簧为弹性元件的主动式悬架,如图 10-37 所示。四个车轮上的油气弹簧通过油路相连形成全封闭式环路控制系统。它将车身或车轮的振动量经传感器变换成一种信息传给控制阀,使控制阀调整弹性元件的高度和刚度,以达到调节车身高度、保证良好行驶平顺性的目的。当车身发生倾斜时,布置在前、后轴上的四个控制阀控制油路系统,保持车身高度不变,使汽车具有抗侧倾、抗纵倾的作用。

主动悬架尽管性能优越,但结构复杂,造价昂贵;而介于主动悬架和从动悬架之间的半主动悬架,由于其性能接近于主动悬架,又能在工作时几乎不消耗车辆的动力,结构较简单,故有较大的应用前景。

图 10-38 所示为一种无级式半主动悬架示意图。微处理机 3 从速度、位移、加速度等传

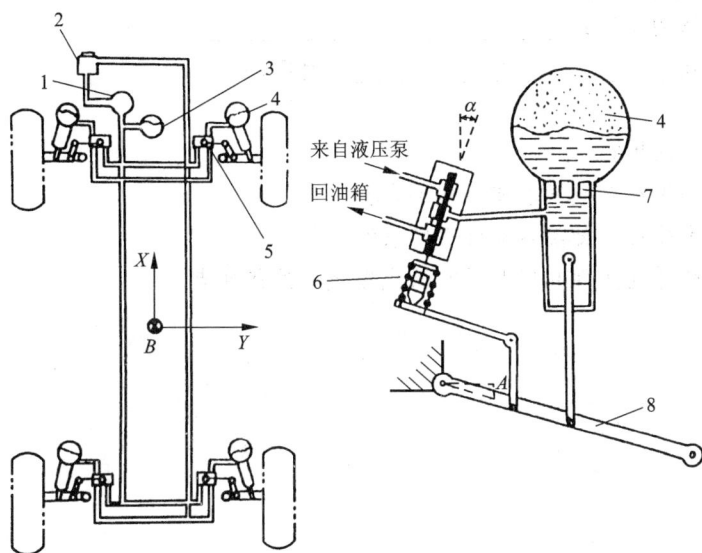

图 10 - 37 主动悬架的工作原理简图

1—液压泵；2—贮油箱；3—贮压器；4—油气弹簧；5—控制阀；6—传感器；7—减振器；8—摆臂

感器处接收信号，计算出系统相应的阻尼值，并发出控制指令到步进电动机 2，经阀杆 4 调节阀门 5，使其改变节流孔的通道截面积，从而改变系统的阻尼。该系统虽不必外加能量装置，但所需传感器较多，故成本仍较高。

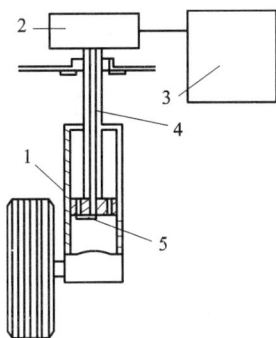

图 10 - 38 半主动悬架系统示意图

1—节流孔；2—步进电动机；3—微处理器；4—阀杆；5—阀门

复习题

一、填空题

1. 悬架一般由_____、_____和_____等三部分组成。

2. 汽车悬架可分为_____和_____两大类。

3. 钢板弹簧的第一片是(最长的一片)称为_____，两端弯成卷耳，包在第一片卷耳的外面,称为_____。

    4. 横向稳定器的作用是_____。

    5. 减振器装在_____与_____之间。

二、简答题

    1. 汽车悬架的功用?

    2. 减振器的作用? 对减振器有哪些要求?

    3. 独立悬架和非独立悬架各有什么特点?

    4. 汽车常用的弹性元件有哪几种? 试比较他们的优缺点。

第 11 章　汽车转向系

【任务目标】

了解：电子控制动力转向装置及四轮转向。

熟悉：转向系的类型。

掌握：机械转向器和动力转向器的结构特点。

学会：机械转向器调整过程。

【主要内容】

转向系：转向系不仅可以改变汽车的行驶方向，使其按照驾驶员规定的方向行驶，而且还可以克服由于路面侧向干扰力使车轮自行产生的转向，恢复汽车原来的行驶方向。本章主要讨论机械转向系和动力转向系的组成及工作原理。

11.1　概述

11.1.1　转向系功用

汽车在行驶过程中，需按照驾驶员的意志经常改变其行使方向，即所谓汽车转向。用来改变或恢复汽车行驶方向的专设机构，即称为汽车转向系统。汽车转向系统的功用是，保证汽车能按照驾驶员的意志而进行转向行使。

11.1.2　转向系类型及组成

汽车转向系根据其转向能源的不同，可以分为机械转向系和动力转向系两大类型。

1. 机械转向系

机械转向系以驾驶员的体力作为转向能源，其中所有传力件都是机械的。与非独立悬架配合工作的机械转向系统的组成和布置示意图如图 11 - 1 所示。

当汽车转向时，驾驶员对转向盘 1 施加一个转向力矩。该力矩通过转向轴 2、转向万向节 3 和转向传动轴 4 输入转向器 5。经转向器放大后的力矩和减速后的运动传到转向摇臂 6，再经过转向直拉杆 7 传给固定于左转向节上的转向节臂 8，使左转向节 9 和它所支承的左转向轮偏转。为使右转向节 13 及其支承的右转向轮随之偏转相应角度，还设置转向梯形。转向梯形由固定在左、右转向节上的梯形臂 10、12 和两端与梯形臂作球铰链连接的转向横拉杆 11 组成。其中，转向盘到转向传动轴间的零部件属转向操纵机构；转向摇臂到转向梯形间的零部件属转向传动机构。所以，机械转向系统由转向操纵机构、转向器和转向传动机构三大

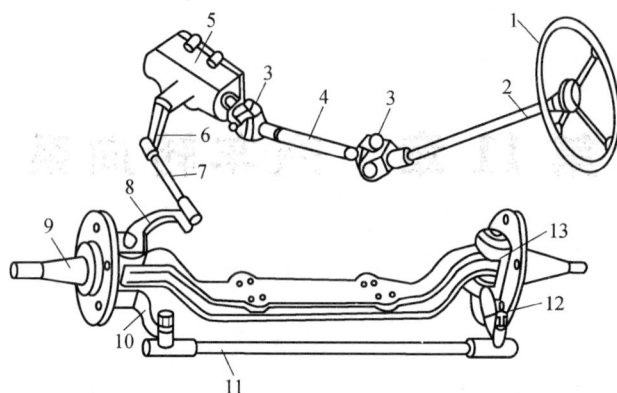

图 11-1　机械转向系统示意图

1—转向盘；2—转向轴；3—转向万向节；4—转向传动轴；5—转向器；6—转向摇臂；7—转向直拉杆；
8—转向节臂；9—左转向节；10、12—梯形臂；13—转向横拉杆；13—右转向节

部分组成。

转向盘在驾驶室内安放的位置与各国的交通法规有关。在一些规定车辆左侧通行的国家使用的汽车上，转向盘应安置在驾驶室右侧，这样，驾驶员左方的视野较宽阔，有利于两车安全交会。相反，包括我国在内的大多数国家规定车辆右侧通行，相应地将方向盘安置在左侧。

2．动力转向系

动力转向系统是兼用驾驶员体力和发动机动力为转向能源，是在机械转向系基础上加设一套转向加力装置而形成的，动力失效后，仍能用机械转向系转向。

液压式动力转向系组成如图 11-2 所示，其中属于动力转向装置的部件为：转向油泵10、转向控制阀5、转向动力缸12、转向油罐9。当驾驶员向左转动转向盘1时，转向摇臂7带动转向直拉杆6前移。直拉杆的拉力作用于转向节臂4，并依次传到梯形臂3和转向横拉杆11，使之右移。与此同时，转向直拉杆还带动转向控制阀5中的滑阀移动，转向动力缸12的右腔通过控制阀与液面压力为零的转向油罐相通，转向动力缸12的左腔与转向油泵10的

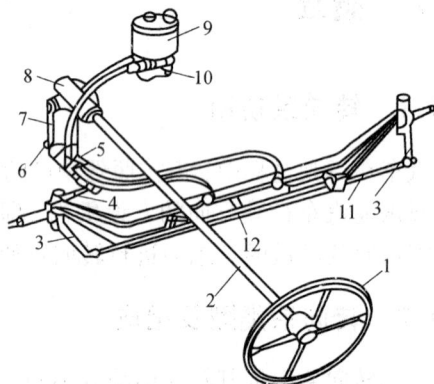

图 11-2　液压动力转向示意图

1—转向盘；2—转向轴；3—梯形臂；
4—转向节臂；5—转向控制阀；6—转向直拉杆；
7—转向摇臂；8—机械转向器；9—转向油罐；
10—转向油泵；11—转向横拉杆；12—转向动力缸

高压油相通，于是转向动力缸的活塞上受到向右的液压作用力便经推杆施加在转向横拉杆11上，也使之右移。由于液压作用力较大，便在很大程度上减轻了驾驶员的操纵力。

3．对转向系的要求

①工作可靠，其零件应有足够的强度和刚度(以防止因零件损坏和变形而导致汽车失去控制)，保证汽车行驶的安全。

②操纵灵活,以减轻驾驶员的劳动强度和保证安全行驶。

汽车直线行驶时,转向盘应稳定,无抖动和摆动现象,转向轮在偶然的因素下发生偏转时,能立即自动回到相应于汽车直线行驶的中间位置(自动回正作用)。在总体布置上应与行驶系的运动规律相协调,使驾驶员易于掌握。

③车轮转向时,车轮应有正确的运动规律,保证车轮在转向时是纯滚动而没有滑动。为此,应有合理的梯形机构。

④既要尽量减少转向轮受到的道路冲击反传到转向盘上,又要保证驾驶员有一定的路感。因此要求适当地控制转向器的可逆程度。

⑤转向系的调整应尽量少而简单。

4. 内外轮的关系及最小转弯半径

(1)内、外轮转角关系

如图 11 - 3 所示,为了避免在汽车转向时产生路面对汽车行驶的附加阻力和轮胎过快磨损,要求转向系能保证在汽车转向时,所有车轮均作纯滚动。显然,这只有在所有车轮的轴线都相交于一点时方能实现。此交点称为理想的汽车转向中心。在确定传动机构的转向梯形参数后,只能在一定的转角范围内近似满足转向理想关系式:

$$\cot\alpha = \cot\beta + \frac{B}{L} \quad (\beta > \alpha)$$

式中:α 为外转向轮偏转角;β 为内转向轮偏转角;B 为两侧转向轮主销轴线与地面交点间距离;L 为轴距。

(2)转弯半径

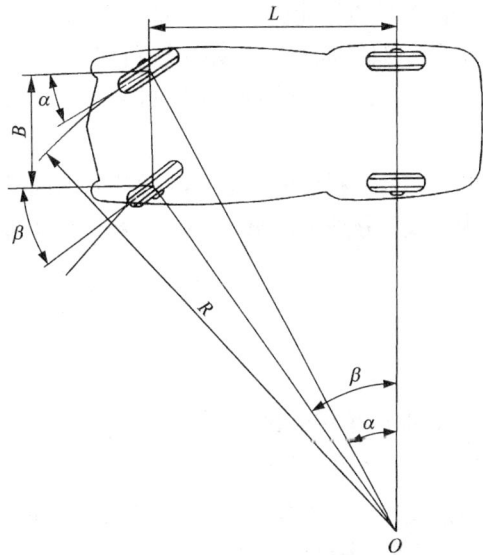

图 11 - 3　双轴汽车转向示意图

转向中心到外转向轮与地面接触点的距离称为转弯半径。当外转向轮偏转角 α 达到最大值 α_{max} 时,转向半径最小为 R_{min},在图 11 - 3 的理想情况下,R_{min} 和外转向轮最大转角的关系式为:

$$R_{min} = \frac{L}{\sin\alpha_{max}}$$

汽车最小转向半径越小,汽车活动的面积也可以越小,汽车的机动性能就越好。

上面是两轴汽车转向的情况,但有些汽车是三轴或四轴的,其转向时,情况与此类似。

对于只用前桥转向的三轴汽车,中轴和后轴的轴线总是平行的,所以不存在理想的转向中心。计算转弯半径时,可以用一根与中后轴线等距的平行线作为假想的与原三轴汽车相当的双轴汽车的后轮轴线。

对于全轮转向的两轴汽车,可保证转向时所有车轮纯滚动而无滑动,其转角关系式为:

$$\cot\alpha = \cot\beta + \frac{2B}{L}$$

最小转弯半径为：

$$R_{\min} = \frac{L}{2\sin\alpha_{\max}}$$

从式中可以看出，当轴距不变，采用全轮转向的方案时，可减小转向半径 $R_{\min}$，提高汽车的机动性。

现代汽车向大型化和重型化发展，前桥轴荷相应增加，如采用并列双轮胎，势必增加转向阻力和轮胎磨损；若加大轮胎尺寸，又会使车架提高，影响汽车的稳定性。所以部分重型汽车采用双转向桥，而且一般利用第一、第二（双前桥）转向，如图 11 - 4 所示。

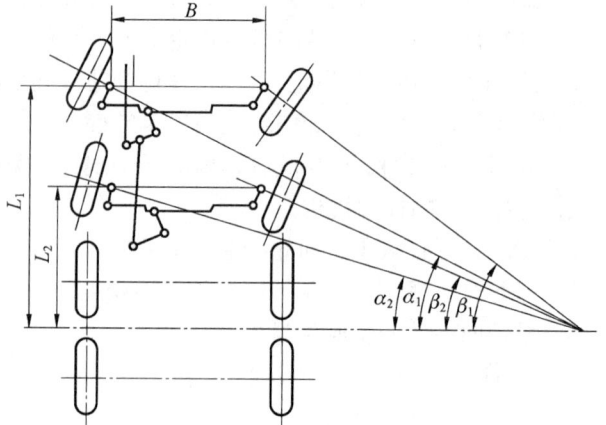

图 11 - 4　四轴汽车转向

同理，对于利用第一第二两桥转向的四轴汽车，可以第三、第四两桥轴线之间的中间平行线为基线，分别求出第一、第二转向桥两侧车轮偏转角的近似理想关系。

$$\cot\alpha_1 = \cot\beta_1 + \frac{B}{L_1}$$

$$\cot\alpha_2 = \cot\beta_2 + \frac{B}{L_2}$$

5．转向系角传动比

（1）转向器角传动比 i_{w1}

转向盘的转角增量与转向摇臂转角的相应增量之比称为转向器角传动比。货车一般为 16～32，轿车一般为 12～20。

（2）转向传动机构角传动比 i_{w2}

转向摇臂转角增量与转向盘所在一侧的转向节的转角相应增量之比称为转向传动机构角传动比。对于一般汽车而言，转向传动机构角传动比 i_{w2} 大约为 1。

（3）转向系角传动比 i_w

转向盘转角增量与同侧转向节相应转角增量之比则为转向系角传动比，以 i_w 表示。显然 $i_w = i_{w1} \times i_{w2}$。从式中可以看出，转向系角传动比 i_w 越大，则为了克服一定的地面转向阻力矩所需的转向盘上的转向力矩便越小，从而在转向盘直径一定时，驾驶员施加于转向盘上的手力也越小。但 i_w 过大，将导致转向操纵不够灵敏，即为了得到一定的转向节偏转角，所需的转向盘转角过大。所以，选取 i_w 时应兼顾转向省力和有限的转向灵敏的要求，可采用动力转向。

11.2　转向操纵机构

汽车转向操纵机构包括转向盘、转向轴、转向管柱等。它的作用是将驾驶员的操纵力传给转向器。为了方便不同体形驾驶员的操纵及保护驾驶员的安全，现代汽车转向操纵机构还带有各种调整机构及安全保护装置。

11.2.1 转向盘的自由行程

单从转向操纵灵敏度而言，最好是转向盘和转向节的运动能同步开始并同步终止。然而，这在实际上是不可能的。因为在整个转向系中，各传动件之间都必然存在着装配间隙，而且这些间隙将随着零件的磨损而增大。在转向盘转动过程的开始阶段，驾驶员对转向盘所施加的力矩很小，因为只是用来克服转向系内部的摩擦，使各传动件运动到其间的间隙完全消除，故可以认为这一阶段是转向盘空转阶段。此后，才需要对转向盘施加更大的转向力矩以克服经车轮传到转向节上的转向阻力矩，从而实现使各转向轮偏转的目的。转向盘在空转阶段中的角行程，称为转向盘自由行程。转向盘自由行程对于缓和路面冲击及避免使驾驶员过度紧张是有利的，但不宜过大，以免过分影响灵敏性。一般说来，转向盘从相应于汽车直线行驶的中间位置向任一方向的自由行程最好不超过10°～15°。当零件磨损严重到使转向盘自由行程超过25°～30°时，必须进行调整。

11.2.2 转向操纵机构的组成和布置

如图 11 – 5 所示转向操纵机构主要包括转向盘1、安全转向柱2、转向柱转换器、转向角限制器等。转向操纵机构的作用与前述的相同。在大多数与独立悬架配用的机械转向系中都设有安全转向柱，如图 11 – 6 所示。它分为上、下转向柱两段，中间用过渡法兰连接。这样如果发生撞车，上下法兰上的销和孔脱开，使得转向盘和上转向柱后移，从而有效地保护驾驶员和安全员的安全。也有采用可伸缩式转向柱，上、下两段转向柱套装在一起，在发生碰撞时，上段或下段可缩进，避免对驾驶员造成伤害。

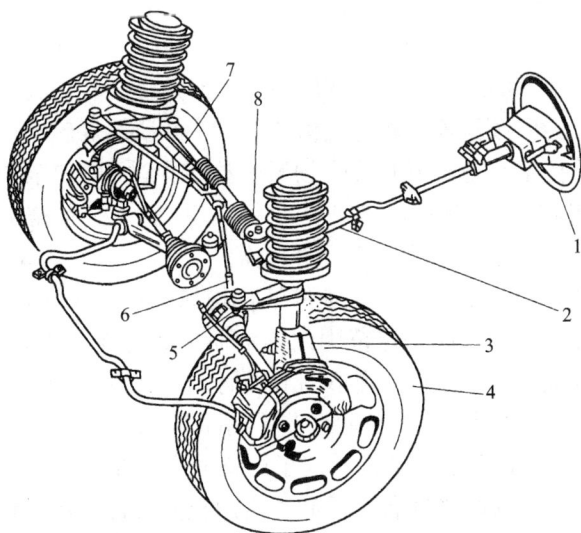

图 11 –5 轿车转向系

1—转向盘；2—安全转向柱；3—转向节；4—车轮；
5—转向节臂；6—左、右横拉杆；7—转向减振器；8—转向器

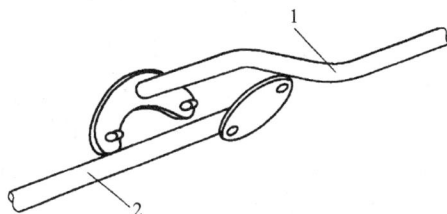

图 11 –6 安全转向柱

1—上转向柱；2—下转向柱

11.2.3 转向盘

转向盘由轮缘、轮辐、轮毂三部分组成。如图 11 – 7 所示。轮辐一般为三根辐条[图 11 –7(a)]或四根辐条[图 11 –7(b)],也有两根辐条的。转向盘轮毂孔具有细牙内花健,与转向轴的外花键相连接。转向盘内部由成型的金属骨架构成。骨架外面一般包有柔软的合成橡胶或树脂,也有包皮革的[图 11 –7(b)],这样手感良好,还可防止手心出汗时握转向盘的手打滑。

转向盘上还安装有汽车喇叭开关按钮及控制转向灯等开关以方便驾驶员操作。

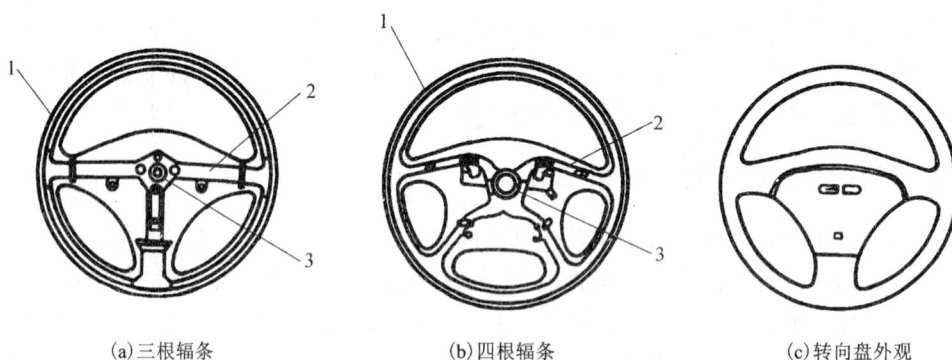

(a)三根辐条　　　　　　　　　(b)四根辐条　　　　　　　　　(c)转向盘外观

图 11 – 7　转向盘的构造

1—轮缘;2—轮辐;3—轮毂

11.2.4 转向轴和转向柱管的吸能装置

现代汽车的转向轴除装有柔性万向节外,有的还装有能改变转向盘工作角度和转向盘高度的机构,以方便不同体形驾驶员的操纵。转向倾斜角度调整机构如图 11 – 8 所示。转向管柱 2 上、下端分别通过倾斜调整支架 7 和下托架 6 与车身相连。锁紧螺栓 5 穿过调整支架 7 上的长孔 3 和转向管柱 2 上的圆孔将后二者相连。调整时,向下扳手柄 4,拧松锁紧螺栓 5,转向管柱 2 可在调整支架上的长孔中移动,转向柱管以下托架上的枢轴 1 为中心上下移动。确定了合适位置后,向上板起调整手柄,将转向盘定位。转向轴伸缩机构如图 11 – 9 所示。转向轴分为上、下两段,二者通过花键连接,可沿轴向一定范围内移动而仍保持连接关系。上转向轴 2 由调节螺栓 4 通过楔状限位块 5 夹紧。调整时,推下调节手柄 3,调节螺栓转动,使限位块松开,再轴向移动转向盘,调到合适位置后,向上拉起调节手柄固定。

近年来,由于公路的改善,汽车车速的提高,许多国家都制定了严格的安全法规。对于轿车,除要求装有吸能式转向盘外,还要求转向柱管必须备有缓和冲击的吸能装置。转向轴和转向柱管的吸能装置有多种形式。其基本结构原理是,当转向轴受到巨大冲击时,转向轴产生轴向位移,使支架或某些支撑件产生塑性变形,而吸收冲击能量。如图 11 – 10 所示为网格状波纹管式转向柱吸能装置示意图。

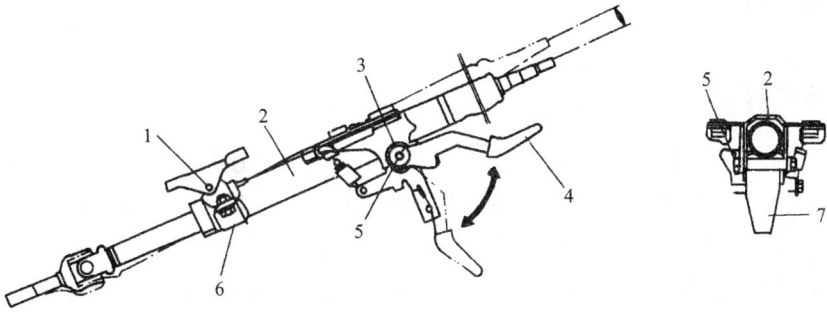

图 11 - 8　转向轴倾斜调整机构

1—枢轴；2—转向管柱；3—长孔；4—调整手柄；5—锁紧螺栓；6—下托架；7—调整支架

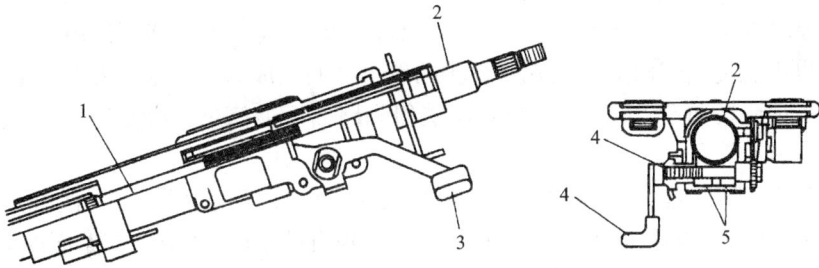

图 11 - 9　转向轴伸缩机构

1—下转向轴；2—上转向轴；3—调节手柄；4—调节螺栓；5—楔状限位块

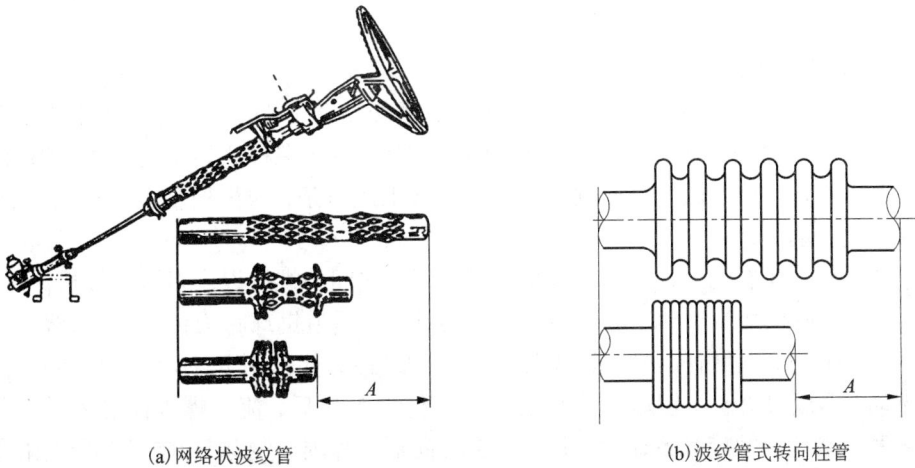

(a)网络状波纹管　　　　　　　　(b)波纹管式转向柱管

图 11 - 10　网格状波纹管式转向柱吸能装置示意图

11.3 转向器

11.3.1 转向器效率

转向器的输出功率与输入功率之比,称为转向器的传动效率。在由转向轴输入,由转向横拉杆或转向摇臂输出的情况下求得的传动效率,称为正效率。而在传动方向与上述相反时求得的为逆效率。显然,转向器的正效率越高,转向操纵越轻便灵活。

逆效率很高的转向器称可逆式转向器。可逆式转向器很容易将路面反力传到转向轴和转向盘上,有利于汽车转向结束后转向轮和转向盘的自动回正,但也能将坏路对车轮的冲击传到转向盘上,发生"打手"情况。经常行驶在良好路面上的汽车,多采用可逆式转向器。装有液压转向助力器的重型汽车,由于液体具有良好的阻尼减振和缓和冲击作用,因此也多采用可逆式转向器。

逆效率很低的转向器称不可逆式转向器。不平路面对转向轮的冲击载荷输入到这种转向器,即由各传动零件(主要是传动副)承受,而不会传到转向盘上。路面作用于转向轮上的回正力矩同样也不能传到转向盘。这就使得转向轮自动回正成为不可能。此外,道路的转向阻力矩也不能反馈到转向盘上,使得驾驶员不能得到路面反馈信息,丧失"路感",无法据此调节转向力矩。

逆效率略高于不可逆式的转向器,称为极限可逆式转向器。其反向传力性能介于可逆式和不可逆式之间,驾驶员有一定的路感,转向轮也可实现自动回正,而且只有路面冲击很大时,才能部分地传到转向盘。中型以上的越野车和工矿自卸汽车一般采用极限可逆式转向器。

11.3.2 转向器

转向器是转向系中的减速增矩装置,并不改变转向力矩的传动方向。目前应用广泛、技术成熟的机械转向器有齿轮齿条式转向器、循环球式转向器和蜗杆曲柄指销式转向器等几种。

1. 循环球式转向器

如图 11-11 为循环球式转向器的结构图。有两级传动副:第一级为螺杆螺母传动副;第二级是齿条齿扇传动副。通过转向盘和转向轴 12 带动转向螺杆 3 转动时,转向螺母 4 不能转动只能轴向移动,转向螺母 4 外侧的下平面上加工成齿条,与齿扇轴上的齿扇啮合,并驱动齿扇轴 15 转动。

为了减少转向螺杆与转向螺母之间的摩擦,两者之间的螺纹以许多沿螺旋槽滚动的钢球代之,以将滑动摩擦变为滚动摩擦。转向螺杆转动时,通道钢球将力传给转向螺母。螺母即沿轴向移动。同时,在螺杆与螺母两者和钢球间的摩擦力偶作用下,所有钢球便在螺旋管状通道内滚动,形成"球流"。钢球在管状通道内绕行 1.5 周后,流出螺母而进入导管的一端,再由导管另一端流回螺旋管状通道。因此,在转向器工作时,钢球只在封闭通道内循环,而不致脱落。

循环球式转向器中有两处配合需要调整:

①支承转向螺杆的轴承 2 为一对推力角接触球轴承,其预紧度通过调整垫片 9 加以调整。

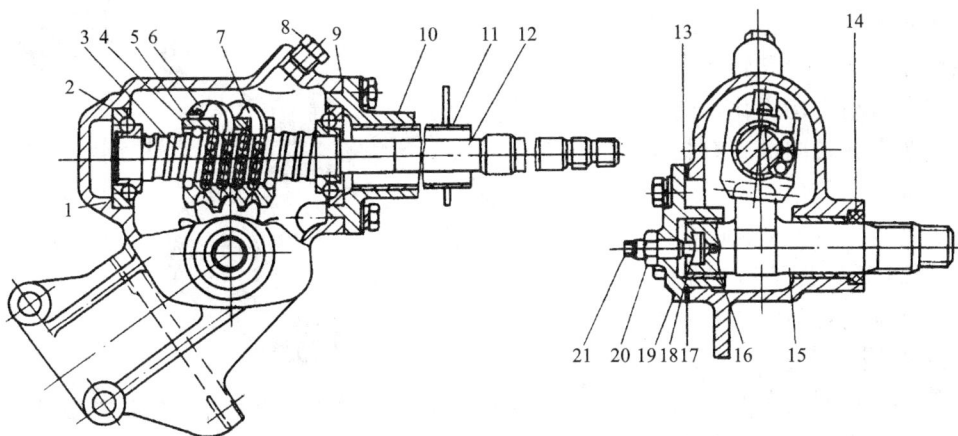

图 11-11　循环球式转向器

1—转向器壳体；2—推力角接触球轴承；3—转向螺杆；4—转向螺母；5—钢球；6—钢球导向卡；7—钢球导管；
8—六角头锥形螺塞；9—调整垫片；10—上盖；11—转向柱管；12—转向轴；13—转向器侧盖衬垫；14—油封；
15—齿扇轴；16—摇臂轴衬套；17—垫片；18—孔用弹性挡圈；19—侧盖；20—螺母；21—调整螺钉

②齿条齿扇的啮合间隙。齿扇的齿是变厚度的，沿轴向移动齿扇轴 15，即可调整齿条齿扇的啮合间隙。调整螺钉 21 旋装在侧盖 19 上。齿扇轴内侧端部有切槽，调整螺钉的圆柱形端头嵌入此切槽中。将调整螺钉旋入，啮合间隙减小；反之，啮合间隙增大。

循环球式转向器正传动效率很高，可达 90% ~ 95%，故操纵轻便，使用寿命长，工作平稳可靠，但其逆效率也很高，容易将路面冲击力传到转向盘。不过，对于前轴轴载质量不大而又经常在平坦路面上行驶的轻、中型汽车而言，影响不大。因此，循环球式转向器广泛应用于各类各级汽车中。

2．齿轮齿条式转向器

与独立悬架配用的机械转向系多采用齿轮齿条式转向器。其原理如图 11-12 所示。当转向柱带动齿轮 2 旋转时，则齿轮又带动齿条 1 运动。转向盘转动一圈，齿条移动一定距离。齿轮齿条式转向器的使用，使转向系重量轻、制造容易，且成本低、刚度大，使汽车具有良好的操纵稳定性。转向器磨损后出现间隙，可通过调整螺钉 4 进行调整。

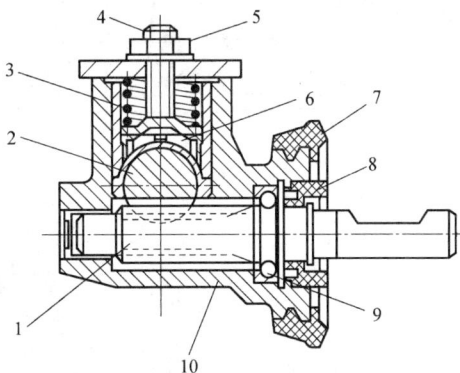

图 11-12　齿轮齿条式转向器

1—齿条；2—齿轮；3—弹簧；4—调整螺钉；5—螺母；
6—压板；7—防尘罩；8—油封；9—轴承；10—壳体

如图 11-13 为红旗 CA7220 型轿车齿轮齿条式转向器的布置。在转向齿条的中部用螺栓（图中未示出）与转向拉杆的托架 10 连接，转向左、右横拉杆 11、9 的外端与转向节臂 13 相连（右转向节臂图中未示出）。当转动转向盘时，转向齿轮转动，使与之啮合的转向齿条沿轴向移动，从而使左、右横拉杆带动左、右转向节转动，使转向轮偏转，实现汽车转向。为了避免转向轮摆振，在该结构中装有转向减振器8。

由上述可见,齿轮齿条式转向器省略了转向摇臂和转向直拉杆,使转向传动机构简化。同时由于齿轮齿条式转向器具有结构简单、紧凑,质量轻,刚性大,转向灵敏,制造容易,成本低,正、逆效率都高以及便于布置等优点,而且特别适合与烛式和麦弗逊式悬架配用,因此,目前它在轿车和微型、轻型货车上得到了广泛的应用。这也是目前在轿车和微、轻型载货汽车上应用日趋广泛的原因之一。

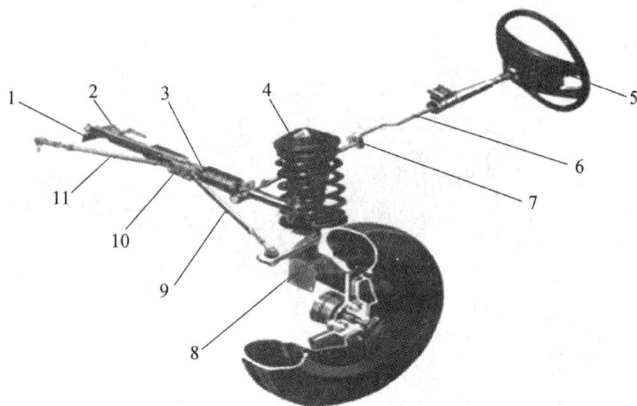

图 11-13 红旗 CA7220 型轿车转向器的布置

1—转向盘;2—转向柱管;3—转向轴;4—柔性联轴器;5—悬架总成;6—转向器;7—支架;8—转向减振器;9—右横拉杆;10—托架;11—左横拉杆;12—球铰链;13—转向节臂;14—转向节

3. 蜗杆曲柄指销式

如图 11-14 所示为东风 EQ1090E 型汽车的为螺杆曲柄指销式转向器。

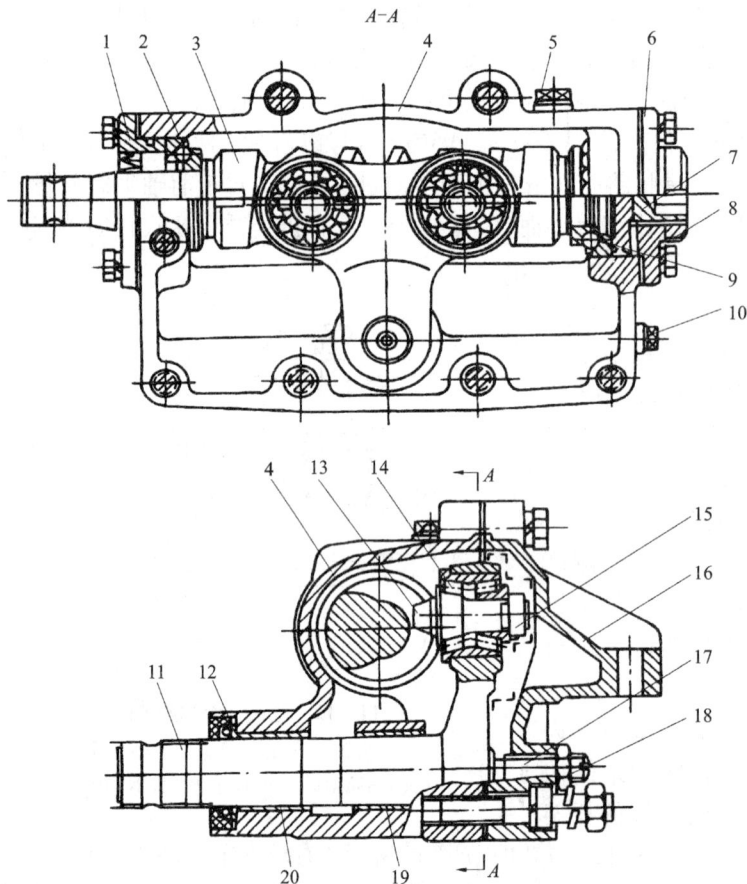

1—上盖;
2、9—角接触球轴承;
3—转向蜗杆;
4—转向器壳体;
5—加油螺塞;
6—下盖;
7—调整螺塞;
8—锁紧螺母;
15、18—螺母;
10—放油螺塞;
11—摇臂轴;
12—油封;
13—指销;
14—双列圆锥滚子轴承;
16—侧盖;
17—调整螺钉;
19、20—衬套

图 11-14 东风 EQ1090E 型汽车转向器

转向蜗杆 3 通过角接触球轴承 2、9 支承在壳体上,轴承预紧力由调整螺塞 7 在外部调整,调整后用锁紧螺母 8 锁紧。蜗杆上梯形截面螺纹与两个锥形指销啮合,其啮合间隙通过侧盖 16 上的调整螺钉 17 在外部调整,调整后用螺母 18 锁紧。两个指销 13 通过双列圆锥滚子轴承 14 支于摇臂轴 11 内端的曲柄上。其预紧度在装配时由螺母 15 调整。

双指销式转向器在中间及附近位置时,其两指销均与蜗杆啮合,故每个指销较单指销式转向器的指销所受载荷的力较小,因而其工作寿命较长。当摇臂轴转角相当大时,一个指销与蜗杆脱离啮合,另一个指销仍保持啮合,因此,双指销式转向器摇臂转角较单指销式大。但双指销式结构较复杂,对蜗杆的加工精度要求也较高。

11.4　转向传动机构

11.4.1　功用

转向传动机构的功用是将转向器输出的力和运动传到转向桥两侧的转向节,使两侧转向轮偏转,并使两转向轮偏转角按一定关系变化,以保证汽车转向时车轮与地面的相对滑动尽可能小。转向传动机构的组成和布置因转向器位置和转向轮悬架类型不同而异。

11.4.2　与非独立悬架配用的转向传动机构

1. 组成与布置

以图 11 - 15(a)为例,转向传动机构主要由转向摇臂 2、转向直拉杆 3、转向节臂 4、转向梯形臂 5 和转向横拉杆 6 等组成。由转向器输出的力矩经上述各组件传到两轮的转向节,并由转向梯形臂和转向横拉杆组成的转向梯形机构保证左右两转向轮的偏转角接近满足转向运动关系。

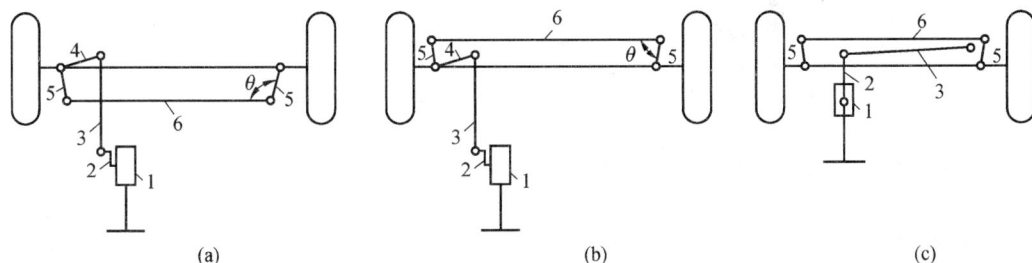

图 11 - 15　与非独立悬架配用的转向传动机构示意图

1—转向器;2—转向摇臂;3—转向直拉杆;4—转向节臂;5—梯形臂;6—转向横拉杆

在前桥仅为转向桥的情况下,转向梯形臂一般布置在前桥之后[图 11 - 15(a)]。当转向轮处于与汽车直线行驶相应的中间位置时,梯形臂与横拉杆在与道路平行的平面(水平平面)内的交角 $\theta > 90°$。在发动机位置较低或转向桥兼充驱动桥的情况下,为避免运动干涉,往往将转向梯形布置在前桥之前。此时,上述交角 $\theta < 90°$[图 11 - 15(b)]。若转向摇臂不是在汽车纵向平面内前后摆动,而是在与道路平行的平面内左右摆动(如北京 BJ2020N 型汽车),则可将转向直拉杆 3 横置,并借球头销直接带动转向横拉杆 6,使两侧梯形臂转动[图 11 - 15(c)]。

2. 转向传动机构零部件结构

（1）转向摇臂

其功用是把转向器输出的力和运动传给直拉杆。转向摇臂的典型结构如图 11-16 所示。转向摇臂 2 上端有带细齿花键的锥孔，转向摇臂轴 4 利用花键 1 与转向器的输出端连接。摇臂轴外端面和转向摇臂上端孔的外端面刻有短线等装配标志，以保证正确装配，当转向摇臂轴在中间位置时，汽车处于直线行驶状态。转向摇臂下端通过球头销 3 与直拉杆连接。球头销球面经过强化和硬化处理。

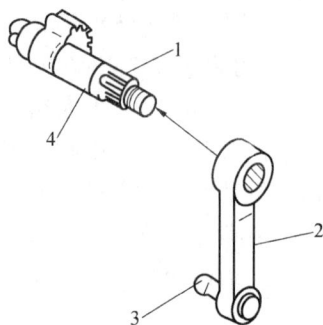

图 11-16　转向摇臂和摇臂轴

1—带锥度的细齿花键；2—转向摇臂；
3—球头销；4—摇臂轴

（2）转向直拉杆

其功用是将转向摇臂传来的力和运动传给转向梯形臂或转向节臂。结构如图 11-17 所示。直拉杆体 9 是一段两端扩大的钢管。直拉杆前端是球头销，后端是球头销座，分别与转向节臂（或梯形臂）、转向摇臂球形铰相连，以保证三者在相对的空间运动中不发生干涉。前、后球形铰链结构中都有压缩弹簧，以补偿机械磨损，并具有缓和经车轮和转向节传来的路面冲击。弹簧预紧力可用端部螺塞 4 调节。

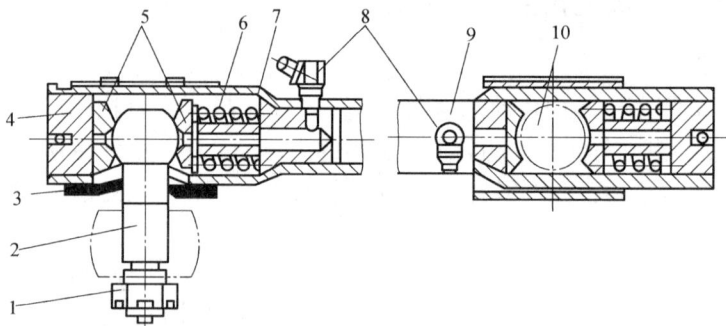

图 11-17　解放 CA1091 型汽车转向直拉杆构造图

1—螺母；2—球头销；3—橡胶防尘垫；4—端部螺塞；5—球头座；
6—压缩弹簧；7—弹簧座；8—油嘴；9—直拉杆体；10—转向摇臂球头销

（3）转向横拉杆

如图 11-18 所示，转向横拉杆由横拉杆体 2 与旋装在两端的接头 1 组成。横拉杆体用钢管或钢钎制成，它的两端切制有正、反螺纹与横拉杆接头连接。由于横拉杆体两端是正反螺纹，所以当放松夹紧螺栓 3 时，旋转横拉杆体即可改变转向横拉杆的有效长度，以调整前轮的前束值。调妥后应将夹紧螺栓拧紧。在横拉杆接头上装有球头销等零件组成球形铰接，分别与两侧的转向梯形臂相连接。球头销的球头部分夹紧在球头销座 9 内。上、下球头销座常用尼龙或聚甲醛制成，具有较好的耐磨性。弹簧 12 将球头座压在球头上，这样在球头和球头座磨损时能自动消除间隙，既可减小转向盘自由行程，也可防止左、右两球头中心距发生改变。球头节上部设有防尘套 8，以防尘土侵入。

有些越野汽车转向传动机构的横拉杆，由于转向驱动桥主减速器尺寸的限制，前置式横

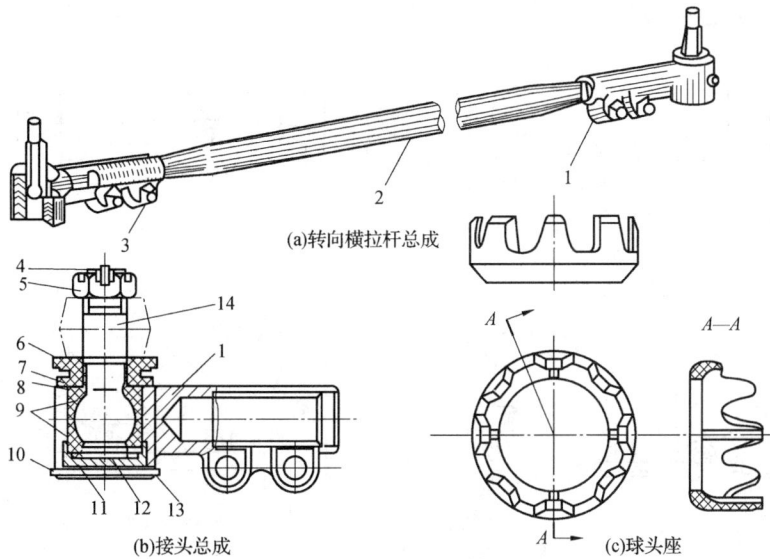

图 11-18　解放 CA1091 型汽车转向横拉杆

1—横拉杆接头；2—横拉杆体；3—夹紧螺栓；4—开口销；5—槽形螺母；6—防尘垫座；7—防尘垫；
8—防尘套；9—球头销座；10—限位销；11—螺塞；12—弹簧；13—弹簧座；14—球头销

拉杆的中部必须弯曲，因而就不能通过它本身的转动来调整前轮前束。通常在横拉杆的一端附加一个可调的短接杆，或将横拉杆的两端用螺纹连接的接头制成叉形，用直销和梯形臂连接，见图 11-19。若需改变横拉杆的长度时，需将接头销拔下，转动叉形接头来进行调整。因每次转动接头只能是旋转 180°或 360°才能将接头销装好，所以两端接头的螺纹有粗细牙之分，用来互相补偿，以保证获得所需的长度。

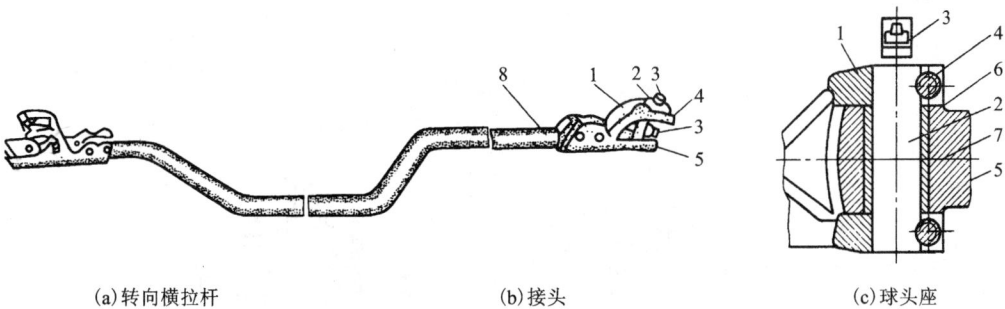

(a)转向横拉杆　　　　　　　　(b)接头　　　　　　　　(c)球头座

图 11-19　转向横拉杆

1—横拉杆接头；2—横拉杆体；；3—夹紧螺栓；4—开口销；5—槽形螺母；6—防尘垫座；7—防尘垫；8—防尘套

11.4.3　与独立悬架配用的转向传动机构

当转向轮独立悬挂时，每个转向轮分别于车架作独立运动，因而转向桥是断开的。与此相应，转向传动机构中的转向梯形也必须是断开式的，分成几段。

图 11-21 为几种与独立悬架配用的转向传动机构示意图。其中图 11-21(a)、(b)所示

213

为与循环球式转向器配用的转向机构布置方案, 图 11-21(c)、(d)所示为与齿轮齿条式转向器配用的转向机构布置方案。

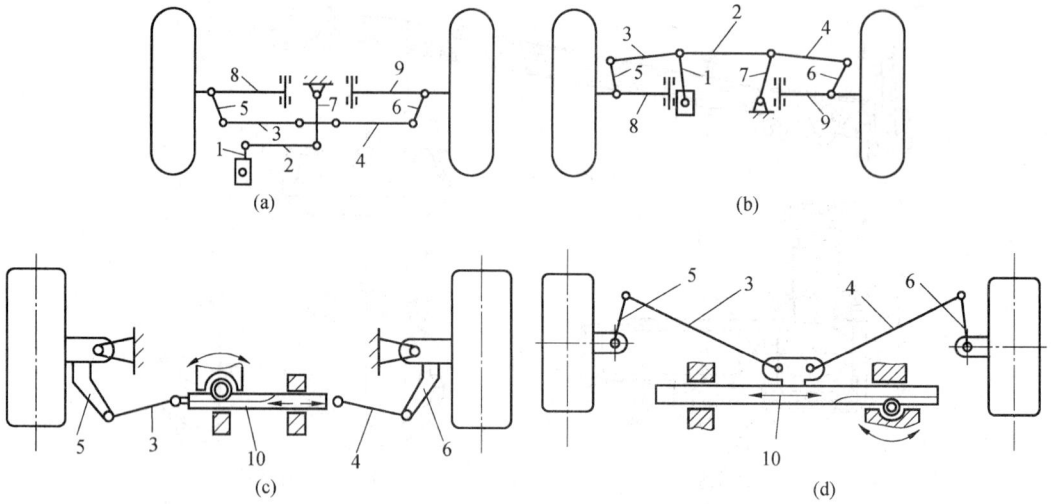

图 11-20　与独立悬架配用的转向传动机构示意图

1—转向摇臂；2—转向直拉杆；3—左转向横拉杆；4—右转向横拉杆；5—左梯形臂；
6—右梯形臂；7—摇杆；8—悬架左摆臂；9—悬架右摆臂；10—齿轮-齿条式转向器

红旗 CA7560 转向传动机构即采用了图 11-20(a)所示的结构方案(结构如图 11-21 所示)。摇杆 3 前端固定于车架横梁中部, 后端借球头销与转向直拉杆 1 和左、右横拉杆 6、5 连接。左、右横拉杆外端用球头销分别与梯形臂 7、4 铰接, 故能随同侧车轮相对车架和摇杆在横向平面内上、下摆动。转向直拉杆 1 与转向摇臂球头销 2 相连。球头座两背面各设一个压缩弹簧, 用于分别吸收由横拉杆 5 和 6 传来的两个方向上的路面冲击, 并自动消除球头与座之间的间隙。

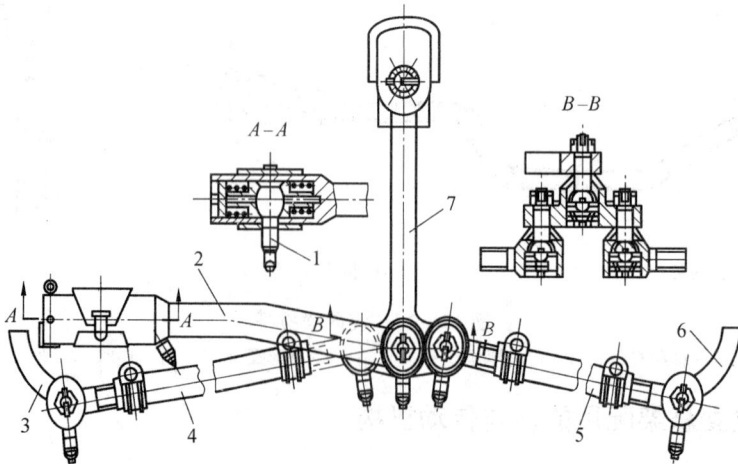

图 11-21　红旗 CA7560 型轿车转向传动机构

1—转向直拉杆；2—转向摇臂球头销；3—摇杆；4—右梯形臂；5—右转向横拉杆；6—左转向横拉杆；7—左梯形臂

11.5　动力转向装置

用以将发动机输出的部分机械能转化为压力能(液压能或气压能),并在驾驶员控制下,对转向传动装置或转向器中某一传动件施加不同方向的液压或气压作用力,以弥补因驾驶员施力不足的一系列零部件,总称为动力转向装置。动力转向装置是由机械转向器、转向动力缸和转向控制阀三大部分组成。

11.5.1　动力转向装置类型

1. 按传能介质不同来分

按传能介质不同,转向加力装置有气压式和液压式两种。气压转向加力装置主要应用于一部分前轴最大轴载质量为 3～7 t 并采用气压制动系统的货车和客车。装载质量特大的货车也不宜采用气压转向加力装置,因为气压系统的工作压力较低(一般不高于 0.7 MPa),用于这种重型汽车上时,其部件尺寸将过于庞大。液压转向加力装置的工作压力可达 10 MPa 以上,故其部件尺寸很小。液压系统工作时无噪声,工作滞后时间短,而且能吸收来自不平路面的冲击。因此,液压转向加力装置已在各类各级汽车上获得广泛应用。本节所讨论的转向加力装置和动力转向装置也只限于液压式的。

2. 按所用转向控制阀来分

按所用转向控制阀来分,有滑阀式(图 11 - 22)和转阀式(图 11 - 23)两种。

阀体沿轴向移动来控制油液流量的转向控制阀,称为滑阀式转向控制阀,如图 11 - 22 所示。其中图 11 - 22(a)为常流式滑阀,图 11 - 22(b)为常压式滑阀。常流式与常压式转向阀的不同之处在于:当汽车转向盘处于中立位置时,常压式液压系统中的工作管路保持高压;而常流式则只在转向时管路提供高压。常流式的优点是结构简单、液压泵寿命长、消耗功率少,广泛应用于各种汽车。常压式的优点在于有储能器积蓄液压能,可以

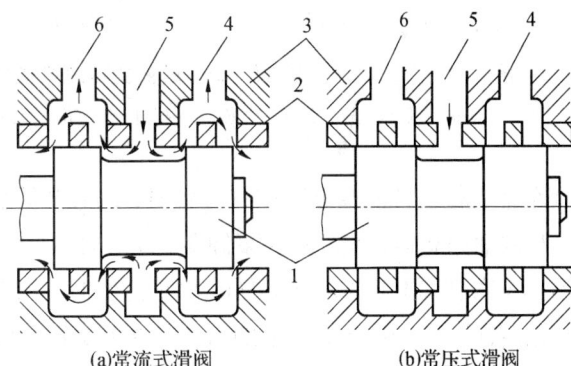

图 11 - 22　滑阀式转向控制阀的结构和工作原理
1—阀体;2—阀套;3—壳体;
4、6—通动力缸左、右腔的通道;5—通液压泵输出管路的通道

使用较小的液压泵,并可以在液压泵不运转的情况下保持一定的转向助力能力,一些重型汽车上采用这种结构。

对于常流式滑阀,当阀体 1 处于中间位置时,其两个凸棱边与阀套环槽形成四条缝隙。中间的两个缝隙分别与动力缸两腔的油道相通,而两边的两个缝隙与回油道相通。当阀体向

右移动很小的一个距离时,右凸棱将右外侧的缝隙堵住,左凸棱将中间的左缝隙堵住,则来自液压泵的高压油经通道 5 和中间的右缝隙流入通道 4,继而进入动力缸的一个腔;而动力缸另一腔的低压油被活塞推出,经由通道 6 和左凸棱外侧的缝隙流回储油罐。

阀体绕其轴线转动来控制油液流量的转向控制阀,称为转阀式转向控制阀,如图 11 - 23 所示。阀套 2 上有四个互相连通的进油口 P,与油泵 6 动力油路接通;四个互相连通的出油孔 A,与动力缸 1 左腔 L 相通;四个互相连通的出油口 B,与动力缸 1 的右腔 R 相通。阀芯 3 的内腔与低压回油路 O 相通。阀芯与阀套的相对位置不同,油路的流通情况不同。

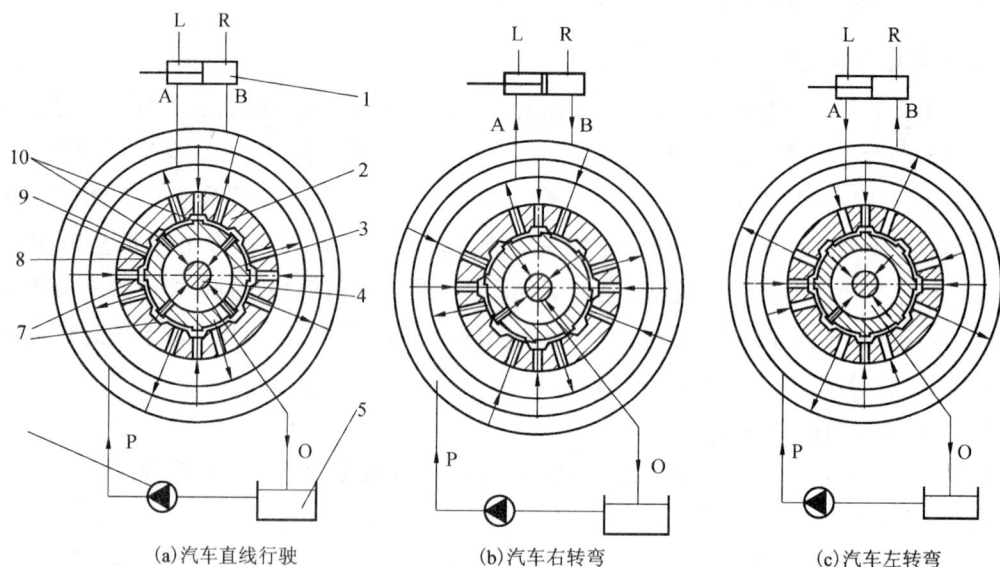

(a)汽车直线行驶   (b)汽车右转弯   (c)汽车左转弯

图 11 - 23　转阀式转向控制阀工作原理图

1—动力缸;2—阀套;3—阀芯;4—扭杆;5—储油罐;6—油泵;7、9—纵槽;8、10—槽肩

汽车直线行驶转向盘处于中立位置时,阀芯和筒套的相对位置如图 11 - 23(a)所示。P、O、A、B 四油路相通,此时转向泵卸荷,动力缸 R、L 两腔无压力,无助力作用。

当汽车右转弯时,阀芯向右转动很小位置时,如图 11 - 23(b)所示,P→A→动力缸左腔 L,动力缸右腔 R →B→O,产生助力;当汽车左转弯时,阀芯向左移动很小位置,如图 11 - 25(c)所示,P→B→动力缸右腔 R,动力缸左腔 L→A→0,产生相反方向助力。

3. 按动力缸、控制阀及转向器的相对位置来分

按动力缸、控制阀及转向器的相对位置来分,有整体式、半整体式和转向加力器三种。在图 11 - 24(a)中,机械转向器 9 和转向动力缸 10 设计成一体,并与转向控制阀 8 组装在一起。这种三合一的部件,称为整体式动力转向器。另一种方案是,只将转向控制阀同机械转向器组合成一个部件,该部件称为半整体式动力转向器,转向动力缸则作为独立的部件[图 11 - 24(b)]。第三种方案是[图 11 - 24(c)],将机械转向器作为独立部件,而将转向控制阀和转向动力缸组合成一个部件,称为转向加力器。

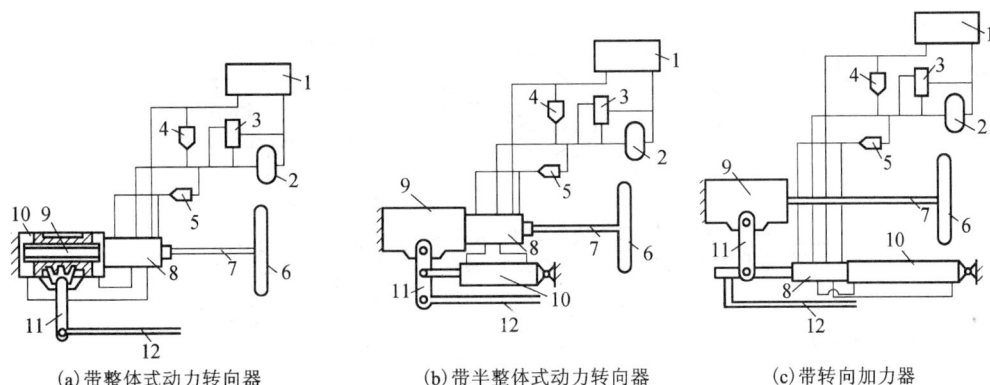

图 11 – 24　常流式液压转向加力装置结构布置方案示意图

(a)带整体式动力转向器　　(b)带半整体式动力转向器　　(c)带转向加力器

1—转向油罐；2—转向液压泵；3—流量控制阀；4—溢流阀；5—单向阀；6—转向盘；
7—转向轴；8—转向控制阀；9—机械转向器；10—转向动力缸；11—转向摇臂；12—转向直拉杆

11.5.2　整体式动力转向装置

1. 齿轮齿条式整体动力转向器

目前，国产轿车上几乎毫无例外地采用了转阀式的整体式动力转向器。图 11 – 25 所示为捷达轿车上采用的带整体式动力转向器的转向加力装置示意图。

控制阀为转阀，如图 11 – 25(c)所示，与齿轮齿条式机械转向器和转向动力缸设计成一体，组成整体式动力转向器。其转向动力缸活塞 12 与转向齿条 10 制成一体。活塞 12 将转向动力缸 13 分成左、右两腔。扭杆 4 的前端用销 18 与阀芯 2 相连，后端用销 15 与转向齿轮连接，转向阀套 1 与转向齿轮 11 制成一体，因而转向轴可通过扭杆带动转向齿轮转动。

转向控制阀(转阀)处于中立位置时[图 11 – 25(a)]，由转向油罐 7、转向液压泵(叶片泵)8、流量控制阀(带溢流阀)9 组成的供能装置输出的油液，流入转阀进油口 P[图 11 – 25(c)所示]进入阀腔。由于转阀处于中立位置，它使动力缸的两腔相通，则油液经回油管路 6流回转向油罐 7。故转向动力缸完全不起作用，该转向加力装置为常流式转阀整体式动力转向器。

工作过程及原理分析以右转向盘为例，如图 11 – 25(b)所示。当刚开始向右转动转向盘时，转向轴连同阀芯顺时针转动，因为受到转向节臂传来的路面转向阻力，动力缸活塞和转向齿条暂时都不能运动，所以转向齿轮暂时也不能随转向轴转动。这样，由转向轴传到转向齿轮的转矩只能使扭杆 4 产生少许扭转变形，使转向轴(即阀芯)得以相对转向齿轮(即阀套)转过不大的角度，从而转阀使动力缸左腔成为高压的进油腔，右腔则成为低压的回油腔。作用在动力缸活塞上向右的液压作用力，帮助转向齿轮迫使转向齿条开始右移，转向轮开始向右偏转。同时，转向齿轮本身也开始与转向轴同向转动。只要转向盘继续转动，扭杆的扭转变形便一直保持不变，转向控制阀所处的右转向位置也不变。

一旦转向盘停止转动，动力缸暂时还继续工作，导致转向齿轮继续转动，使扭杆的扭转变形减小，直到扭杆恢复自由状态，控制阀(转阀)回到中立位置，动力缸停止工作为止。此时，转向盘即停驻在某一位置上不动，则车轮转角也就保持一定。

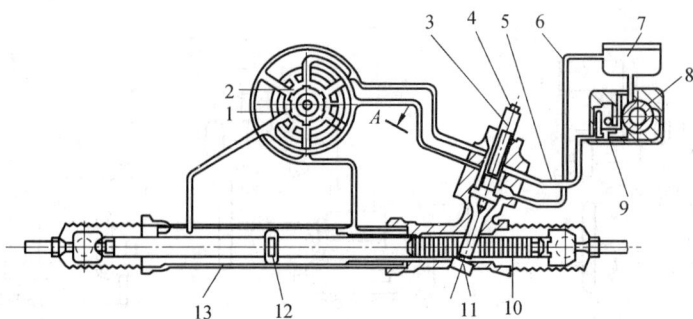

(a)汽车直线行驶时

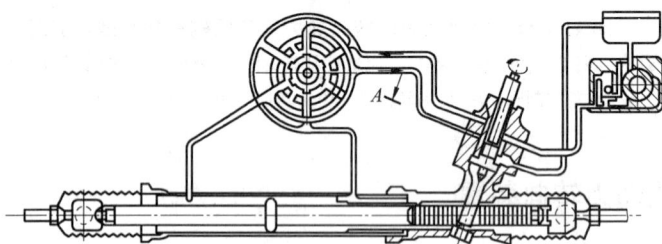

(b)汽车向右转弯行驶时

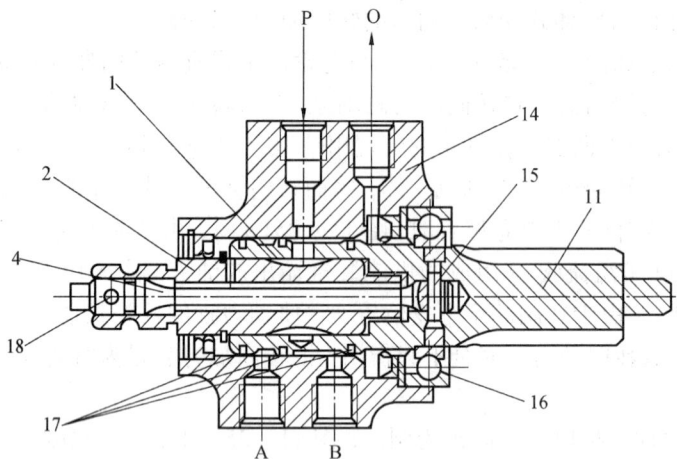

(c)转阀的构造

图 11-25 捷达轿车整体式动力转向器的转向加力装置示意图

1—阀套;2—阀芯;3—转向轴;4—扭杆;5—进油管路;6—回油管路;7—转向油罐;
8—转向液压泵(叶片泵);9—流量控制阀(带安全阀);10—转向齿条;11—转向齿轮;
12—动力缸活塞;13—转向动力缸;14—阀体;15、18—销;16—轴承;17—密封圈
A—通动力缸左腔油道;B—通动力缸右腔油道;P—通液压泵输出管路的油道;O—通低压回油油道

转向过程中,若转向盘转动的速度快,阀体与阀芯的相对角位移量也大,动力缸两腔压力差增大,转向助力也随之增大,车轮偏转的速度也快;若转向盘转动为速度慢,助力小,车轮偏转的速度就慢;转向盘不动时,转向轮也转到某一相应的位置不动,这称之为转向控制

阀的"渐进随动原理"。转向后回正时，若驾驶员放松方向盘，阀芯回到中间位置，就失去助力作用，此时，车轮在回正力矩的作用下回位。若驾驶员同时逆时针回转转向盘，动力转向器反向助力，可帮助车轮回正。

若汽车行驶偶遇外界阻力使车轮发生偏转，则阻力矩通过转向传动机构、转向齿条齿轮作用在阀套上，使阀套阀芯产生相对角位移，动力缸产生与车轮偏转方向相反的助力作用。在此力的作用下，车轮迅速回正，保证了汽车直线行驶的稳定性。

一旦液压助力装置失效，助力缸不起作用，驾驶员需转动转向盘以较大的角度，使扭杆产生更大变形，传递更大的转矩，以驱动转向齿轮旋转。此时，该动力转向器变成机械转向器。驾驶员需施加更大的力，转向盘的自由行程更大。

2．循环球式整体液压动力转向器

如图 11－26 所示为中型货车所采用的循环球式整体式动力转向器，控制阀也为转阀式，机械转向器为循环球 – 齿条齿扇式。转向螺杆 8 的前端用销 10 与扭杆 1 连接，后端制成圆筒形，其内圆面上加工有油道，并用轴承 14 支承在转向器前端盖 4 上。扭杆的前端用销 3 与转阀阀芯 2 连接。阀芯 2 与转阀阀体 5 用销 7 连成一体。阀芯 2 用花键与转向轴连接。转向器壳体 11，同时也是转向动力缸的缸体。转向螺母 9 也是动力缸的活塞，其上加工有齿条与摇臂轴 13 上的齿扇相啮合。转向螺母的后端用密封圈 12 将动力缸分成前后两腔。其工作原理与前述的轿车的整体式动力转向相同，在此不再介绍。

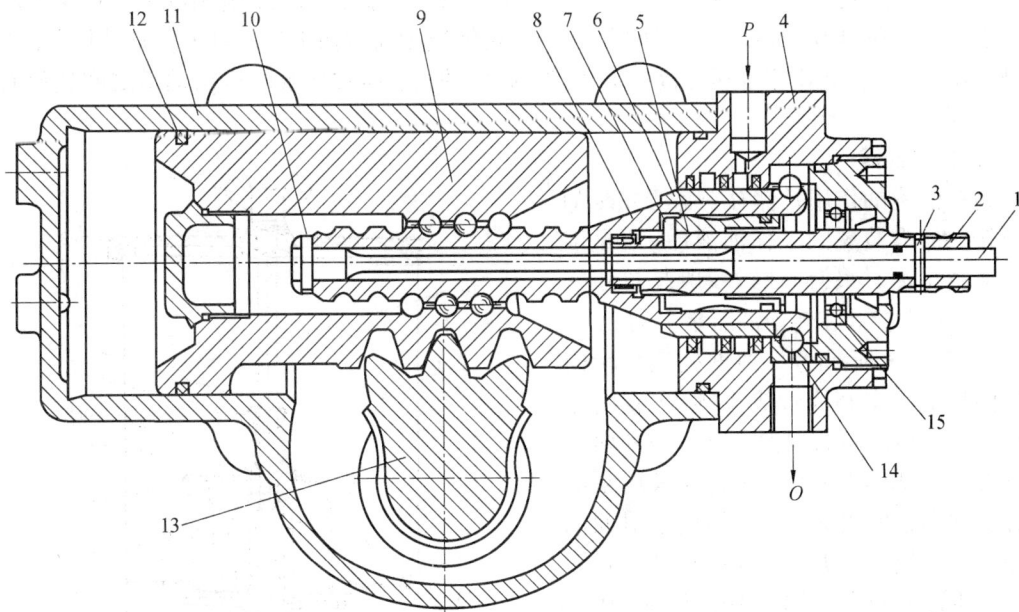

图 11－26　解放 CA1120PK2L2 型汽车的整体式动力转向器

1—扭杆；2—阀芯；3、7、10—销；4—转向器前端盖；5—转阀阀体；6—转阀隔套；8—转向螺杆；
9—转向螺母；11—转向器壳体；12—密封圈；13—齿扇轴(摇臂轴)；14、15—轴承
P—转阀进油道；O—转阀回油道

11.5.3 转向油泵与油罐

1. 转向油泵

是动力转向中的主要能源,其作用是将发动机输入的机械能转化为液压能向外输出。转向油泵有齿轮式、转子式和叶片式等数种。图 11-27 为一叶片式油泵示意图,它主要由定子 1、转子 2 及叶片 3 等组成。定子具有圆柱形内表面,转子上均布径向切槽。矩形叶片安装在转子槽内,并可在槽内滑动。矩形叶片两端与配油盘端面滑动配合,形成由转子外表面、定子内表面、叶片和配油盘组成的密封工作容积。转子和定子不同心,有一个偏心距 e,当转子旋转时,叶片靠自身的离心力贴紧定子的内表面,并在转子槽内作往复运动,使上述的工作容积由小到大,由大到小不断变化。容积增大,产生真空吸力将工作液从油罐中吸入工作腔,容积变小时,产生油压,将油压出。

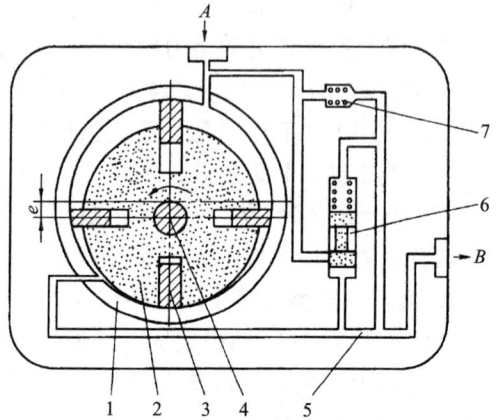

图 11-27　叶片式转向油泵示意图
1—定子; 2—转子; 3—叶片; 4—转子轴;
5—节流孔; 6—流量控制阀; 7—限压阀;
A—进油口; B—出油口

叶片式油泵是容积式油泵,其输出油量随转子转速升高而增大,输出的油压取决于动力转向系统的负荷(即流通阻力)。为了防止发动机转速较高时输出油量过大,油温升高,以及限制输出油压,防止由于油压过高损坏机件、破坏油封,通常在泵的进出油道之间还设有流量控制阀 6 和限压阀 7。

2. 转向油罐

转向油罐的作用是储存、滤清并冷却液压转向加力装置的工作油液(一般是锭子油或透平油)。转向油罐一般是单独安装,但也有直接装在转向液压泵上的。

图 11-28 所示为一种重型汽车转向油罐的构造。中心油管接头座 13 专门用以装接转向控制阀的回油管路。另外两个油管接头座 12 则分别装接转向液压泵的进油管和半整体式动力转向器的漏泄回油管路。中心油管接头座下部有滤芯密封圈 11,上部旋装着中心螺栓 16。滤芯 10 套装在中心螺栓上,而且由锁销 5 限位的弹簧 7 压住。罐盖 3 靠翼形螺母压紧。

由转向控制阀和转向动力缸流回来的油液,通过中心油管接头座的径向油孔流入滤芯内部的空腔,经滤清后进入储液腔,准备供入转向液压泵。滤芯弹簧 7 的

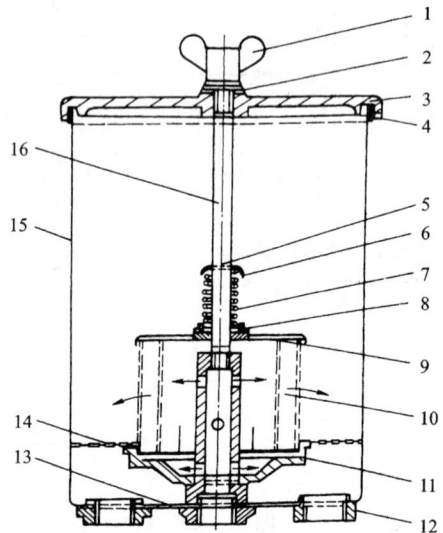

图 11-28　转向油罐
1—翼形螺母; 2—垫圈; 3—罐盖; 4—罐盖密封环;
5—锁销; 6、8—弹簧座; 7—弹簧; 9—橡胶密封垫圈;
10—滤芯; 11—滤芯密封圈; 12—油管接头座;
13—中心油管接头座; 14—滤网片; 15—罐体; 16—中心螺栓

预紧力不大，故当滤芯堵塞而回油压力略有增高时，便在液压作用下升起，让油液不经过滤清便进入储液腔，以免液压泵进油不足。滤网片 14 用以防止油液乳化。

11.6　电子控制动力转向装置

11.6.1　电子控制动力转向装置概述

电动助力转向(electric power aided Steering，EPAS)系统是一种直接依靠电动机提供辅助转矩的动力转向系统，是为了满足人们对驾驶轻便性的要求而产生的。它可以根据不同的使用工况控制电动机提供不同的辅助动力，这也符合当前电控技术与汽车技术相结合的趋势。

电动助力转向系统主要包括机械式转向器、转矩传感器、减速机构、离合器、电动机、电子控制单元(ECU)和车速传感器等。图 11 - 29 所示为电动助力转向系统示意图。转矩传感器 1 通过扭杆连接在转向轴 2 中间。当转向轴转动时，转矩传感器开始工作，把两段转向轴在扭杆作用下产生的相对转角转变成电信号传给电子控制单元(ECU)7，ECU 根据车速传感器和转矩传感器的信号决定电动机 6 的旋转方向和助力电流的大小，并将指令传递给电动机，

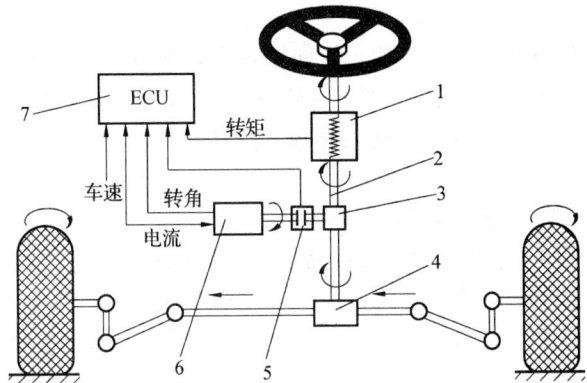

图 11 - 29　电动助力转向系统示意图
1—转矩传感器；2—转向轴；3—减速机构；4—齿轮齿条式转向器；
5—离合器；6—电动机；7—电子控制单元(ECU)

通过离合器 5 和减速机构 3 将辅助动力施加到转向系统(转向轴)中，从而完成实时控制的助力转向。它可以方便地实现在不同车速下提供不同的助力效果，保证汽车在低速转向行驶时轻便灵活，高速转向行驶时稳定可靠。因此，EPAS 系统助力特性的设置较高。

EPAS 系统与传统的液压助力转向系统相比较，具有以下优点：

①节省动力。因为设计的控制电路使电动机只在需要时才工作，而省去了不断工作的液压泵。

②节省空间。因为电动机和减速机构集成在转向柱或者转向器壳体中，此外也省略了液压泵和辅助管路。

③质量小。因为仅仅是在机械转向系统的基础上增加了一套电动机和减速机构。

④因为部件更少且不需要充入液体或滤清空气，所以更加容易集成。

但是，由于使用了电动机和减速机构等部件，增加了系统的成本；另外，减速机构、电动机等部件产生的摩擦力和惯性力可能会影响转向特性(如产生过多转向)，或者改变了转向盘的自动回正作用以及它的阻尼特性等。因此，正确匹配整车性能至关重要。

由此可见，EPAS 系统尤其适合使用在对空间、重量要求更高的使用小排量发动机的微型汽车上。自从 1988 年 2 月日本铃木公司的 Cervo 轿车装备了 EPAS 系统之后，其他一些微型汽车(如大发公司的 Mira 汽车、铃木公司的 Alto 汽车和三菱公司的 Minica 汽车)也开始装

备 EPAS 系统。

11.6.2　EPAS 系统的关键部件

1. 转矩传感器

它是通过测定转向盘施加于转向器上的转矩作为电动助力依据之一。

图 11-30 为电磁式转矩传感器原理图。转子 1 与转向轴一起转动，只要测出定子 2 和转子之间的相对角位移即转向轴的扭转角，就可间接地计算出转向转矩的大小。

定子和转子都是用磁性材料做成，线圈 A、B、C、D 分别绕在定子的极靴上，在四个中点 U，V，W，T 引出接线，接成一个桥式电路。在线圈 U，T 两端施加连续的脉冲电压信号，当转向轴上的转矩为零时，定子与转子的相对转角为零，这时转子处于定子 AC，BD 的对称面上，每个极靴上的磁通量是相同的，因此电桥是平衡的，V，W 两端的电位差为 0，即为输出信号。

驾驶员转动转向盘，转向轴发生扭转变形，定子与转子的相对转角不为零，产生相对转角，极靴 A，D 间磁阻增加，B，C 间磁阻减少，电桥失去平衡，V，W 之间出现电位差。这个电位差与转向轴的扭转角和输入电压成正比，即

$$U_0 = kUi\theta$$

式中：k 为比例常数。

图 11-31 所示为装在转向器内转向扭杆上的电位计式转向传感器。当扭杆 2 扭转变形时，引起电位计 5 内的触点位置发生变化，进而引起电阻值发生改变，由输出端 3 输出的电位发生变化。根据输出端的电位值可计算出转向角和转向转矩。

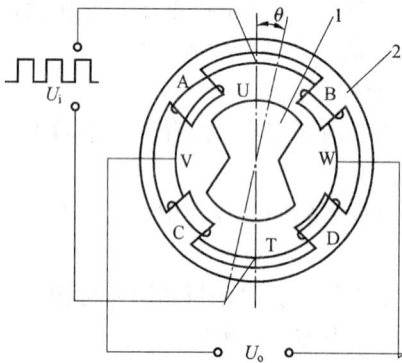

图 11-30　电磁式转向转矩传感器原理图
1—转子；2—定子

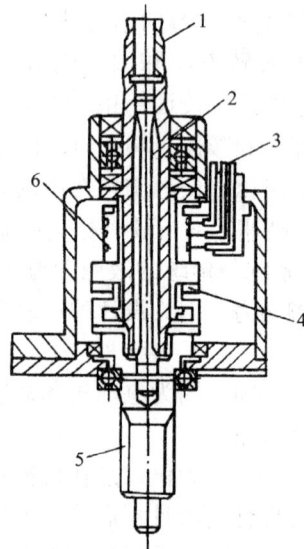

图 11-31　电位计式扭矩传感器
1—轴；2—扭杆；3—输出端；4—电位计；
5—转向器主动齿轮电位计；6—滑环

2. 电动机

电动机是 EPAS 系统的动力源，其功能是根据电子控制单元的指令输出适当的辅助转矩。目前采用较多的是永磁式直流电动机，分为有刷式和无刷式两种。电动机对 EPAS 系统的性能有很大影响，所以 EPAS 系统对电动机有很高的要求。不仅要求其转矩大、转矩波动小、转动惯量小、尺寸小、质量轻，而且要求其可靠性高、易控制。为此，设计时常针对 EPAS 系统的特点，对电动机的结构做一些特殊的处理，如沿转子的表面开出斜槽或螺旋槽，定子磁铁设计成不等厚等。

3. 电磁离合器

电动助力转向系一般采用单片电位计式扭矩传感器式电磁离合器，其工作原理如图 11-32 所示。当电流通过滑环 1 进入离合器线圈 2 时，在主动轮 6 上产生电磁吸引力，带花键的压板 3 被吸引与主动轮压紧，电动机的动力经过电动机输出轴、主动轮、压板、花键、从动轴传给减速机构。离合器在微机控制下结合或者分离。

4. 电动机减速机构

助力电动机转速高、转矩小，必须经由减速机构减速增矩后驱动转向器。常用的减速机构有蜗杆蜗轮传动、螺杆螺母传动、行星齿轮减速机构等多种形式。

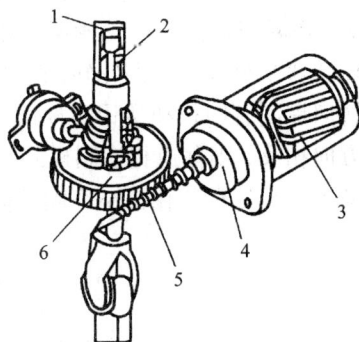

图 11-33 所示蜗轮蜗杆减速机构中，蜗杆 5 与电动机 3 的输出轴相连，通过蜗轮 6 和蜗杆的啮合传动将电动机的转矩作用到转向轴 1 上，以实现转向助力。

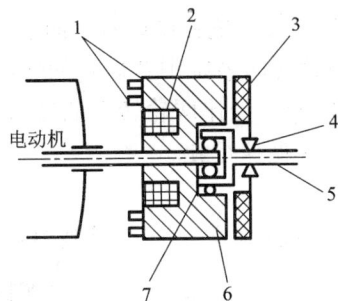

图 11-32　电磁离合器工作原理示意图

1—滑环；2—离合器线圈；3—压板；4—花键；

5—从动轴；6—主动轮；7—球轴承

图 11-33　蜗轮蜗杆减速机构

1—转向轴；2—扭杆；3—电动机；

4—离合器；5—蜗杆；6—蜗轮

5. 电子控制装置

电子控制装置是以微机为中心的包括车速传感器、转向转矩传感器、转角传感器和驱动电路的电子控制系统。电动转向控制框图如图 11-34 所示。其完成的功能如下：

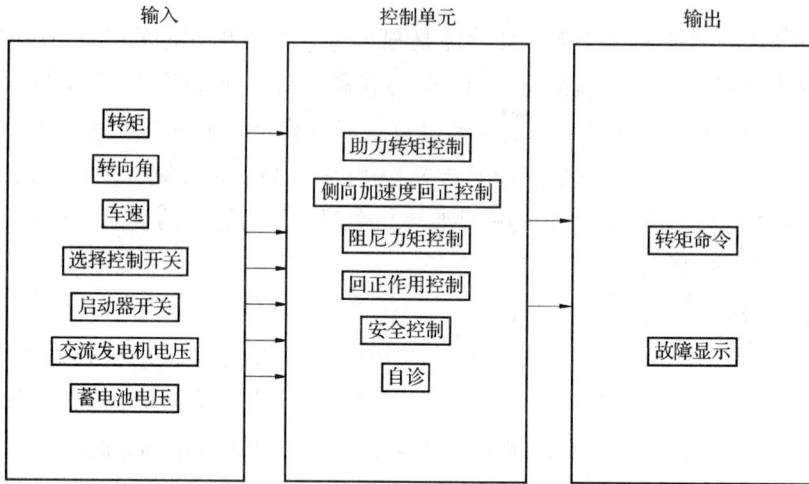

图 11-34　电动转向控制框图

11.7　四轮转向系统

11.7.1　四轮转向概述

　　具有四轮转向装置的汽车,在十分狭小拥挤的地方,能够非常方便地驶出停车位置、转向或掉头,后轮可以按与前轮相反或相同的方向行驶。四轮转向的汽车与常规的前轮转向的汽车相比转弯半径较小。四轮转向系统中的后轮转向可以根据车辆速度或者转向盘的转角来控制。转向控制有同相和逆相两种情况(图11-35)。四轮转向系统中若后轮的转向与前轮的转向方向相反,则称逆相控制模式[图11-35(a)]其转弯半径比两轮转向的转弯半径小,这就提高了汽车停车或在狭小空间转向的机动性,适于汽车低速行驶。

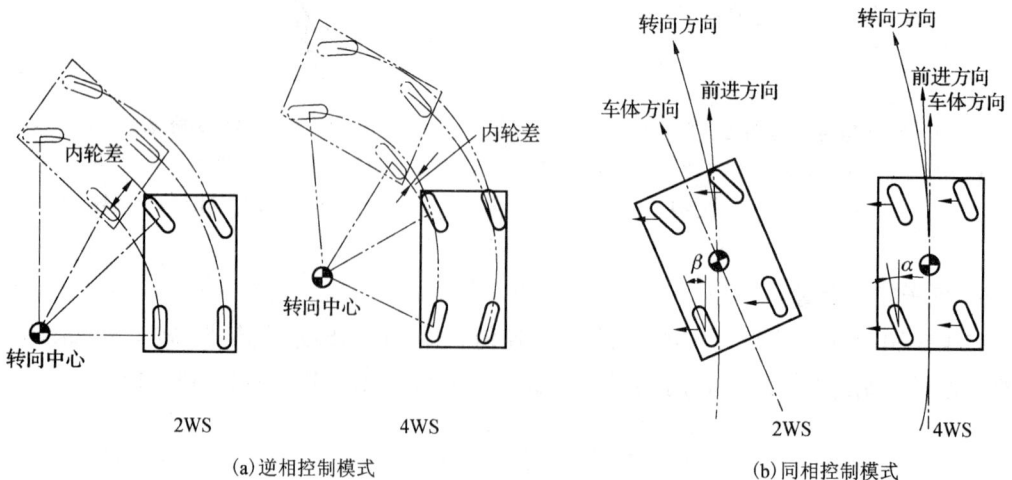

(a)逆相控制模式　　　　　　　　　(b)同相控制模式

图 11-35　四轮转向与二轮转向比较

若后轮的转向与前轮的转向方向相同，则称同相控制模式[图 11 -35(b)]。其转弯半径比两轮转向的转弯半径大，但汽车在转向时车身相对行驶方向的偏转角小，这样，减小了汽车调整行驶转向时的旋转和侧滑，提高了操纵稳定性，适于汽车的高速行驶。

11.7.2　电控四轮转向

1. 组成

在电子控制的四轮转向系统中，前轮转向器和后轮转向执行器之间没有任何机械连接装置，后轮转向执行器由转向电子控制模块来控制。电子控制系统中的四轮转向系统利用转向盘转动速度、车辆行驶速度和前轮转角的信息来计算并控制后轮转角。

图 11 -36 所示为本田序曲汽车采用的电控四轮转向系统。前后轮转向器均为电动助力，两转向器之间无任何机械连接装置。它由微机控制单元、前后轮转向执行器、主副前轮转向传感器，主、副后轮转向传感器、后轮转速传感器、车速传感器等组成。

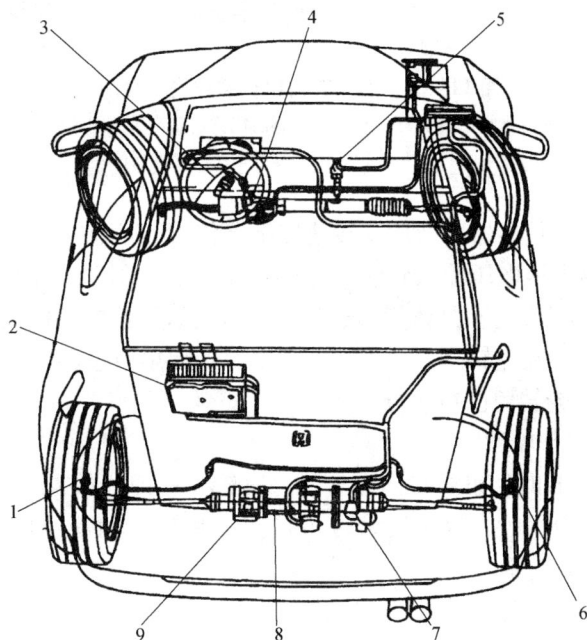

图 11 -36　本田序曲电控四轮转向系统

1、6—后轮转速传感器；2—四轮转向控制单元；3—主前轮转角传感器；4—副前轮转角传感器；
5—车辆速度传感器(VSS)；7—副后转角传感器；8—后轮转向执行器；9—主后转角传感器

后轮转向执行器如图 11 -37 所示。执行器包含一个通过循环球螺杆机构驱动转向齿条的电动机。转向横拉杆从转向执行器连接到后轮转向臂和转向节处，执行器内的回位弹簧在点火开关断开，或四轮转向系统失效时将后轮推回直线行驶位置。一个后轮转角主传感器和一个后轮转角副传感器安装在后轮转向执行器的顶端。

2. 四轮转向系统工作原理

发动机工作时，四轮转向控制单元不断地从所有的传感器收集信息。如果转向盘转动，四轮转向控制单元就会对车辆速度传感器、主前轮转角传感器、副前轮角传感器、主后轮转

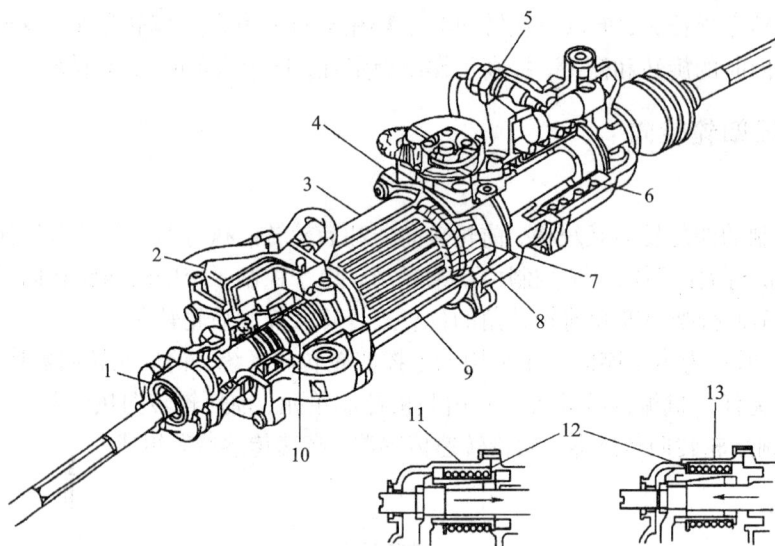

图 11-37 后轮转向执行器结构示意图

1—转向轴螺杆；2—后轮转角主传感器；3—定子；4—执行器壳体；5—后轮转角副传感器；6—回位弹簧；7—换向器；
8—电刷；9—转子；10—循环球螺杆；11—左转时同位弹簧的情况；12—同位弹簧；13—右转时同位弹簧的情况

角传感器、副主后轮转角传感器以及后轮转速传感器传来的信息进行分析，并计算出适当的后轮转向角，然后将蓄电池电压输入到前、后轮转向执行电动机，使前、后轮转向。

蓄电池电压通过两只大功率晶体管输送到后轮转向执行器电动机处。其中一只晶体管在右转弯时导通，而另一只在左转弯时导通。主、副后轮转角传感器将反馈信号送到四轮转向驱动控制单元以显示后轮转角已被执行。

3．四轮转向系统工作特性

当车速低于 29 km/h 时，如果转向盘转动，后轮会立即开始向与前轮相反的方向转动（图 11-38），在车速为零时，后轮最大转角是 6°。后轮转角减小的程度随车速变化，在 29 km/h 时后轮转角几乎是零。

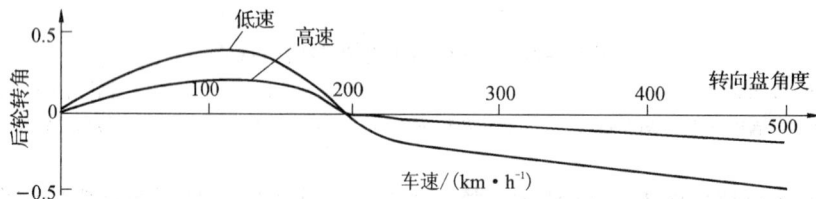

图 11-38 车速、转向盘角度确定后轮的转角

当车速增至大于 29 km/h 时，转向盘在最初 200°转角内后轮转向与前轮方向一致。在这个车速范围内，转向盘转角大于 200°时，后轮会转向相反的方向。当车速提高到 96 km/h 并且转向盘转角是 100°时，那么后轮将会向与前轮相同的方向转动大约 1°。在这个车速下，如果转向盘转动 500°，后轮将会向与前轮相反的方向转动大约 1°。

11.7.3　电子控制、液压驱动的四轮转向

1．系统的基本结构原理

一部马自达轿车装有电子控制、液压驱动的四轮转向系统。有一根转向传动轴连接在前轮转向器齿条和后轮转向系统的"相位控制单元"（前轮和后轮转向相同称为相位同向，前轮和后轮转向方向相反称为相位反向）之间，这根转向传动轴由前轮动力齿轮齿条转向器的齿条驱动。后轮相位控制单元包括一个步进电机、控制接头、摇臂、小伞齿轮、主伞齿轮、控制杆和控制阀等（图 11 – 39）。

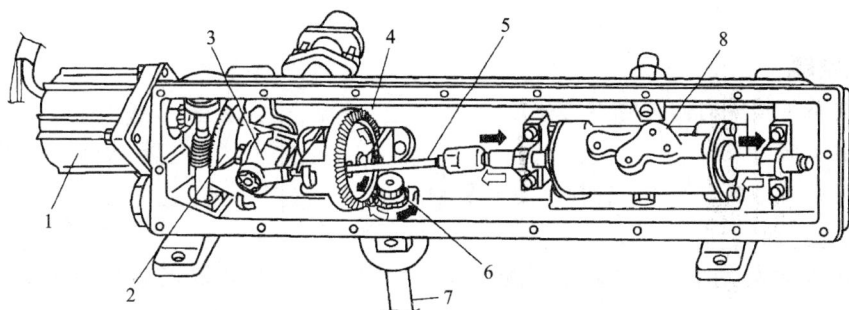

图 11 – 39　转向盘角度确定后轮转角示意图

1—步进电机；2—控制接头；3—摇臂；4—主伞齿轮；5—控制杆；6—小伞齿轮；7—削转角输入轴；8—控制阀

步进电机由电子控制单元操纵，它由两只速度传感器处得到输入信号。在相位控制单元中，有一只小伞齿轮与主伞齿轮啮合。由前桥转向器伸出的转向传动轴与小伞齿轮相连。摇臂和控制杆连在转向器齿轮轴、控制接头之间，而且它穿过主伞齿轮上开的一个孔。当转向盘向任何一方转动时，小伞齿轮使主伞齿轮转动，并带动控制杆做弧线运动。步进电机上的小伞齿轮与驱动短轴上相应的伞齿轮啮合。这根短轴上的蜗杆与蜗轮轮齿啮合。

步进电机的转动使短轴伞齿轮及蜗杆转动，蜗杆带动蜗轮转动，蜗轮转动使摇臂左右横动，这样摇臂转动的同时，拉或推控制杆移动，改变液压控制阀的油液流经的量孔。当主伞齿轮沿摆过的弧线推动控制杆时，调整控制杆和控制阀的位置，以便准确地调节液体流量。控制杆的移动（液压控制阀的开度）受到主伞齿轮（前轮转向角度）摆动的控制，同时也受步进电机（与蜗轮联动摇臂的拉动）的控制。从动力转向泵传来的液压通过控制阀到达动力液压缸，液压缸的输出控制后转向轮。

2．后轮转向相位相同

当车辆以 35km/h 以上的速度行驶时，电子控制模块驱动步进电机和控制接头调整控制杆和阀的位置，使液体向控制阀的右段量孔流动。

当前轮转向时，后轮转向传动轴使主伞齿轮和控制杆沿圆弧运动，这也使水平的控制阀横向运动。控制阀向动力液压缸提供精确的压力以控制后轮转向的角度。在这种工作方式下，后轮与前轮的转向相同。如果后轮转向系统出现电气或液压故障，复位弹簧将会把后轮锁定在直驶位置。

3．后轮转向相位反向

当车速在 35 km/h 以下时，相位电子控制模块和动力液压缸使后轮的转向与前轮相反。

在这种情况下，步进电机和控制接头调整控制杆位置，使动力转向液体压力由控制阀左端的量孔控制。

当前轮转向时，后轮转向传动轴使主伞齿轮和摆臂沿弧线运动，这使得水平的控制杆和控制阀横向运动，并且控制阀调节流向动力液压缸的液压以控制后轮转向。当后轮转向与前轮相反时，最大转角是5°，此时车速为15 km/h。相位相反的后轮转向使车辆转弯半径减小，提高了低速时的机动性。在35 km/h时，步进电机调整控制接头、摆臂的位置，使得控制阀不再向动力油缸输油，使车轮保持直驶位置。

复习题

一、填空题

1. 转向系可按转向能源的不同分为＿＿＿＿＿＿和＿＿＿＿＿＿两大类。

2. 机械式转向系由＿＿＿＿＿＿、＿＿＿＿＿＿和＿＿＿＿＿＿三大部分组成。

3. 液压式动力转向系中，转向加力装置由＿＿＿＿＿＿、＿＿＿＿＿＿、＿＿＿＿＿＿和＿＿＿＿＿＿组成。

4. 循环球式转向器中一般有两级传动副，第一级是螺杆螺母传动副，第二级是＿＿＿＿＿＿或＿＿＿＿＿＿传动副。

5. 齿轮齿条式转向器传动副的主动件是＿＿＿＿＿＿，从动件是＿＿＿＿＿＿。

6. 蜗杆曲柄指销式转向器传动副的主动件是＿＿＿＿＿＿，从动件是装在摇臂轴曲柄端部的＿＿＿＿＿＿。

7. 与非独立悬架配用的转向传动机构主要包括转向摇臂、转向直拉杆、转向节臂和转向梯形。

8. 按传能介质的不同，转向传力装置分为＿＿＿＿＿＿和＿＿＿＿＿＿两种。

9. 动力转向器由＿＿＿＿＿＿、＿＿＿＿＿＿和＿＿＿＿＿＿等三部分组成。

10. 在转向传动机构中，为了防止运动干涉，各个横纵拉杆均采用＿＿＿＿＿＿进行连接

二、简答题

1. 什么是转向梯形？它的作用是什么？

2. 在汽车转向系中，怎样同时满足转向灵敏和转向轻便的要求？

3. 什么是可逆式转向器、不可逆式转向器和极限可逆式转向器？它们各有何优缺点？各用于哪类汽车？

4. 什么是转向盘的自由行程？为什么转向盘会留有自由行程？自由行程过大或过小对汽车转向操纵性能会有何影响？一般范围应是多少？

5. 为什么在装配曲柄指销式转向器时，摇臂轴外端面和转向摇臂上孔外端面的刻印应对齐？

6. 为什么循环球式转向器广泛应用于各类汽车上？

7. 为什么转向直拉杆与转向摇臂及转向节臂三者之间的连接件都是球形铰链？

8. 为什么转向直拉杆两端的压缩弹簧均装于球头销的后方？可否一前一后？

9. 为什么液压转向加力装置广泛应用于各类各级汽车？

第 12 章　汽车制动系

【任务目标】

了解：制动系的功用、基本组成、分类及工作原理。

熟悉：车轮制动器及驻车制动器的构造及工作原理。

掌握：制动系统的结构特点和主要部件的工作原理。

学会：驻车制动器的调整过程和车轮制动器的拆装。

【主要内容】

制动系统的功用是使行驶中的汽车按照驾驶员的要求进行强制减速甚至停车；使已停驶的汽车在各种道路条件下稳定驻车；使下坡行驶的汽车速度保持稳定。本章主要讨论制动系及主要部件的构造组成与工作原理。

12.1　概述

12.1.1　制动系功用

制动系统的功用是使行驶中的汽车按照驾驶员的要求进行强制减速甚至停车；使已停驶的汽车在各种道路条件下(包括在坡道上)稳定驻车；使下坡行驶的汽车速度保持稳定。对汽车起制动作用的是作用在汽车上，方向与汽车行驶方向相反的外力。运行中的汽车所受到的滚动阻力、坡道阻力、空气阻力、加速阻力等都与汽车的行驶方向相反，但是这些力的大小都是随机的且很难控制。因此，汽车上必须装设一系列专门装置，以便驾驶员能根据道路和交通等情况，使外界(主要是路面)对汽车某些部分(主要是车轮)施加一定的力，对汽车进行一定程度的强制制动。这种可控制的对汽车进行制动的外力称为制动力。由一系列相应的专门装置组成制动系统。汽车行驶的安全性在很大程度上取决于汽车制动装置工作的可靠性。

12.1.2　制动系类型

1. 按功用分类

①行车制动装置。行车制动装置是行车时，驾驶员常使用的制动装置，它一般用脚操纵，能产生较大的制动力。

②驻车制动装置。驻车制动装置是驾驶员在停车时使用的制动装置，它一般用手操纵，主要用于停车后防止汽车滑溜。它的制动器可装在变速器或分动器之后的传动轴上，称为中

央制动装置。也可利用后桥车轮制动器兼充驻车制动器,此种形式称为复合式制动器。

上述两套制动装置是各种汽车应具备的基本制动装置。

③第二制动系统。第二制动系统是当行车制动系统失效时仍然能够保证汽车实现减速或停车的装置。

④辅助制动系统。辅助制动系统是在汽车下长坡时用以稳定车速的装置。经常行驶在山区的汽车,仅靠行车制动系统来达到连续下长坡时稳定车速的目的,可能会致使车轮制动器过热而降低制动效能,甚至会完全失效。

2.按制动系统的制动能源分类

①人力制动系统。人力制动系统指仅靠驾驶员施加于制动踏板或手柄上的力作为制动的动力源的制动系统,其中又分液压式和机械式两种。机械式仅用于驻车制动。

②伺服制动系统。伺服制动系统指兼用人力和发动机动力进行制动的制动系统。

③动力制动系统。动力制动系统指利用发动机的动力作为制动的动力源,由驾驶员通过制动踏板或手柄控制制动时刻与制动强度的制动系统。其中按传力介质不同又分气压式,全液压式,气顶液式。

3.按制动能量的传输方式分类

按制动系统使用的能源可分为:以驾驶员的肌体作为唯一制动能源的人力制动系统;依靠发动机动力形成的气压能或液压能进行制动的动力制动系统;兼用人力和发动机动力进行制动的伺服制动系统等。

4.按回路分类

按制动系统使用的回路可分为:传动装置采用单一的气压或液压回路的单回路制动系统;行车制动系统的气压或液压管路分属于两个彼此隔绝的双回路制动系统。在单回路制动系统中,只要有一处损坏而漏气(油),整个系统立即失效。我国规定所有汽车必须采用双回路制动系统。在双回路制动系统中,即使其中一个回路失效,还能利用另一回路获得一定的制动力。

12.1.2 制动系统组成与工作原理

1.制动系统工作原理

各种类型的制动系统的工作原理类似,故可用一种简单的液压制动系统来说明(图12-1)制动踏板13通常安装在驾驶室里,踩下踏板可使推杆12的一端移动,推杆的另一端支承在制动主缸活塞1上,制动主缸活塞安装在制动主缸2里。制动主缸2、油管3及制动轮缸4里充满了制动液。制动轮缸固定在制动底板9上,制动底板用螺钉与转向节凸缘(前轮)或桥壳凸缘(后轮)固定在一起。制动鼓6固定在轮毂上,和车轮一起旋转。因此制动时制动鼓减速甚至停止旋转,即为制动车轮,使车轮停止旋转而使汽车制动。制动蹄8上铆有摩擦衬片7,蹄的下端松套在支承销10上,制动蹄上端用复位弹簧11拉紧压靠在轮缸活塞5上,支承销固定在制动底板9上。制动蹄可在轮缸活塞的推力作用下,绕支承销转动压靠到制动鼓上,蹄、鼓接触产生摩擦力,使车轮停止旋转产生制动,使汽车减速或停车。

制动系统不工作时,制动鼓的内圆柱面与制动蹄摩擦片的外圆柱面之间保持一定的间隙,使车轮和制动鼓可以自由旋转。

制动时,驾驶员踩下制动踏板13,推杆12将推动主缸活塞移动,迫使制动液经管路进入

制动轮缸 4，推动轮缸活塞 5 移动，驱动两制动蹄 8
张开，与制动鼓 6 贴合压紧。此时，不旋转的制动
蹄对旋转的制动鼓将产生一个摩擦力矩 M_μ，其方
向与车轮的旋转方向相反，大小决定于轮缸的张
力、摩擦系数和制动鼓及制动蹄的尺寸。制动鼓将
该力矩 M_μ 传到车轮后，由于车轮与路面间有附着
作用，车轮即对路面作用一个向前的周缘力 F_μ。
与此相反，路面会给车轮一个向后的反作用力 F_B。
它的大小等于 M_μ 与车轮半径之比值，方向与汽车
行驶方向相反，这个力就是车轮受到的制动力 F_B，
各轮上制动力之和就是汽车受到的总制动力。制动
力由车轮经车桥和悬架传给车架及车身，迫使整个
汽车产生一定的减速度，甚至停车。制动力越大。
则汽车减速度也越大。放松制动踏板，制动蹄在复
位弹簧 11 的作用下向中央收拢，制动蹄与制动鼓
的间隙又恢复，因而制动解除。制动鼓 6、摩擦衬

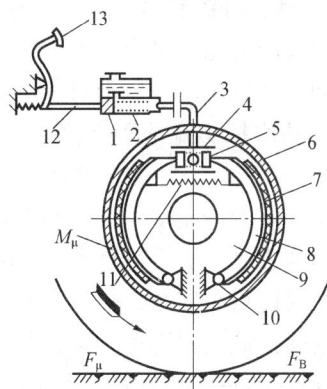

图 12 –1　制动系统工作原理图
1—制动主缸活塞；2—制动主缸；3—油管；
4—制动轮缸；5—制动轮缸活塞；6—制动鼓；
7—摩擦衬片；8—制动蹄；9—制动底板；
10—支承销；11—复位弹簧；
12—推杆；13—制动踏板

片 7 的制动蹄等部件称为制动器。阻碍汽车运动的制动力 F_B 不仅取决于制动力矩 M_μ，还取
决于轮胎与路面间的附着条件（$F_B \leqslant \mu G$，G 为轴载荷，μ 为附着系数）。如果无附着作用，则
制动系统不可能产生制动汽车的作用。一般在讨论制动系统的结构问题时，都假定具备良好
的附着条件。

2. 制动系组成

制动系统是由制动器和制动驱动机构组成的。制动器是指产生阻碍车辆运动或运动趋势
的力（制动力）的部件，其中也包括辅助制动系统中的缓速装置。制动驱动机构包括供能装
置、控制装置、传动装置、制动力调节装置、报警装置以及压力保护装置等附加装置。供能
装置供给、调节制动所需能量并改善传能介质状态。其中，能产生制动能量的部分称为制动
能源。人的肌体也可作为制动能源。控制装置产生制动动作并控制制动效果，图 12 –1 中的
制动踏板机构是一种最简单的控制装置。传动装置将制动能量传输到制动器，如图 12 –1 中
的制动主缸 2 和制动轮缸 4。

12.1.3　制动系统的要求

为了保证汽车能在行驶安全的条件下发挥出高速行驶的能力，制动系统必须满足以下
要求：

1. 具有良好的制动效能

制动效能的评价指标有制动距离、制动减速度、制动力及制动时间。良好的制动效能可
以有效地保证行车安全，充分发挥汽车的动力性。制动效能可以用制动试验仪来检验。在实
际使用过程中，路上试验常以制动距离来间接衡量整车的制动效能。制动距离是以某一速度
开始紧急制动（如 30 km/h 或 5030 km/h），从驾驶员踩上制动踏板起，直到停车为止汽车所
走过的距离。室内试验通常是使用反力式制动试验台试验，测定制动力。

231

2．具有良好的制动效能稳定性

制动效能的指标是指：在冷制动情况下，即制动器工作温度在100℃以下讨论的。汽车下长坡制动及汽车高速制动时，制动器工作温度常在300℃以上，有时高达600～700℃，这时制动器的摩擦力矩显著下降，汽车的制动效能显著降低，这种现象称为制动效能的热衰退。例如，要求以一定的车速连续制动15次，每次制动减加速度为3 m/s²，最后的制动效能不得低于规定的冷制动情况下制动效能的60%。

汽车涉水后，由于制动器被水浸湿，制动效能也会降低，这种现象称为制动效能的水衰退。为了保证行车安全，汽车涉水后应踩几次制动踏板，使制动蹄和制动鼓发生摩擦，用摩擦产生的热使制动器迅速干燥，恢复原有的制动效能。

3．具有良好的制动方向稳定性

制动过程中，汽车维持原来直线行驶的能力及按预定弯道行驶的能力，称为汽车制动时的方向稳定性。汽车制动方向稳定性差，如制动时跑偏或侧滑，汽车将失去控制，常常会引起严重的车祸。其中后轴侧滑最危险，严重时能使汽车掉头180°。

4．操纵轻便

操纵制动系统所需的力不应过大，以减少驾驶疲劳。人力液压制动系统最大踏板力：轿车不大于500 N，货车不大于700 N。对于踏板行程：商用车不大于150 mm，乘用车不大于120 mm。

5．具有良好的制动平顺性

要求制动力矩既能迅速而平稳地增加，也能迅速而彻底地解除。另外，对挂车的制动系统除了要求具有上述的良好性能外，还要求挂车的制动作用时间应略早于主车，避免在制动时挂车撞击主车，影响制动时的方向稳定性

12.2 制动器

目前，各类汽车上均采用摩擦式制动器。它是通过固定元件对旋转元件施加制动力矩，使其旋转角速度降低，依靠车轮与路面的附着作用产生制动力，达到减速的目的。这种制动器称为摩擦制动器。

按旋转元件形状的不同，汽车制动器可分为鼓式和盘式两大类。鼓式制动器的摩擦副中的旋转元件为制动鼓，其工作表面为圆柱面；盘式制动器的旋转元件为盘状的制动盘，以两端面为工作表面。

按旋转元件安装位置，汽车制动器有中央制动器和车轮制动器两类。旋转元件固装在传动系统的传动轴上的制动器则称为中央制动器。中央制动器一般只用于驻车制动和缓速制动。车轮制动器一般用于行车制动，也可兼用于第二制动(或应急制动)和驻车制动。

12.2.1 鼓式制动器

鼓式制动器按工作的表面分有内张型和外束型两种。前者的制动鼓以内圆柱面为工作表面，在现代汽车上使用广泛；后者制动鼓的工作表面则是外圆柱面，目前只有极少数汽车用作驻车制动器。内张型鼓制动器都采用带摩擦衬片的制动蹄作为固定元件(图12-1)。位于制动鼓内部的制动蹄在一端承受促动力时，可绕其另一端的支点向外旋转，压靠到制动鼓内

圆面(旋转元件)上,产生摩擦力矩(制动力矩)。对蹄端加力使蹄转动的装置称为制动蹄促动装置。图 12 - 1 所示的制动器以液压制动轮缸作为制动蹄促动装置,故称为轮缸式制动器。此外,还有用凸轮促动装置的凸轮制动器和用楔促动装置的楔式制动器等。

1. 轮缸式制动器

按制动器的前、后制动蹄在制动时的受力不同,轮缸式制动器可分为简单非平衡式(领从蹄式)、平衡式(双领蹄式和双向双领蹄式)和自增力式三种类型。

(1)领从蹄式制动器

图 12 - 2 所示为北京 BJ2020N 汽车的后轮制动器,为领从蹄式制动器。它由旋转部分,固定部分,促动装置和定位调整装置组成。作为旋转部分的制动鼓 18 多用灰铸铁制成,通过螺栓固装在车轮毂的凸缘上,随车轮一同旋转。制动鼓的边缘有一个用于检查蹄与鼓间隙的检查孔。作为固定部分零件装配基体的制动底板 3,用螺栓与后驱动桥壳半轴套管上的凸缘连接(若是前轮制动器,制动底板则应与前桥转向节的凸缘连接)。两制动蹄 1 和 9 下端的孔分别同两支承销 11 上的偏心轴颈作动配合。制动蹄的外圆面上,用埋头铆钉铆接着摩擦片 2。铆钉头顶端埋入深度约为新摩擦片厚度的一半。为了提高摩擦片的利用率,有些轻型车采用了树脂胶黏结剂将其与蹄黏结。作为制动蹄促动装置的制动轮缸 19,也用螺钉固定在制动底板上。因而在结构上它又成为制动器不可分割的组成部分。两制动蹄上端松嵌入压合在制动轮缸活塞 5 上活塞顶块 6 的直槽中,并由复位弹簧 4 和 10 拉拢,定位调整装置用来保

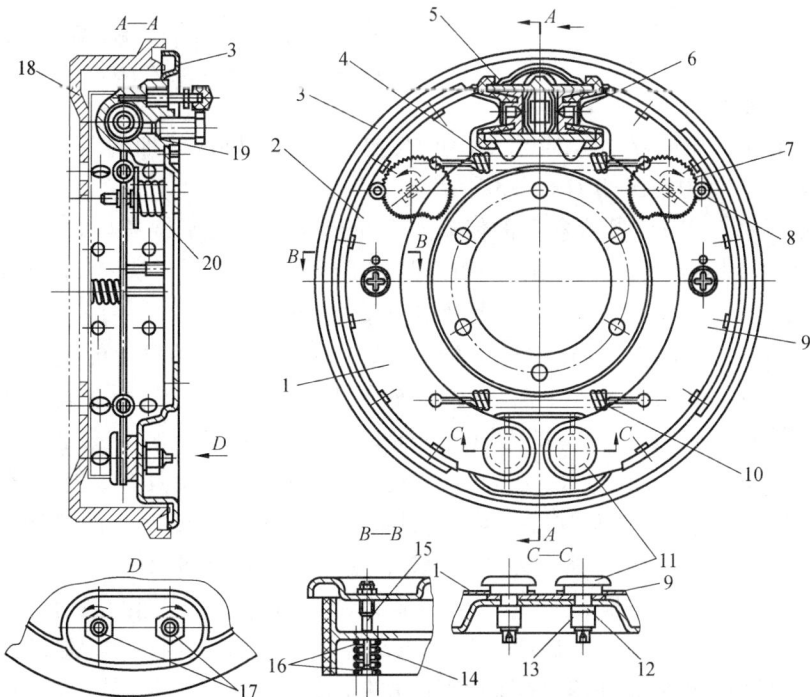

图 12 - 2　北京 BJ2020N 汽车的领从蹄式制动器

1—前制动蹄;2—摩擦片;3—制动底板;4,10—制动蹄复位弹簧;5—制动轮缸活塞;6—活塞顶块;
7—调整凸轮;8—调整凸轮锁销;9—后制动蹄;11—支承销;12—弹簧垫圈;13—螺母;14—制动蹄限位弹簧;
15—制动蹄限位杆;16—弹簧盘;17—支承销内端面上的标记;18—制动鼓;19—制动轮缸;20—调整凸轮压紧弹簧

持和调整制动蹄和鼓正确的相对位置。调整凸轮 7 装在制动底板上，与焊在腹板上的调整凸轮锁销 8 紧靠，在复位弹簧 4 和 10 作用下，保持凸轮的正确位置和蹄鼓间隙。制动蹄限位杆 15 借螺纹旋装在制动底板上。制动蹄限位弹簧 14 使制动蹄腹板紧靠着制动蹄限位杆 15 中部的台肩，借以防止制动蹄的轴向窜动。

制动时，两蹄在轮缸中液压的作用下，各自绕其支承销偏心轴颈的轴线向外旋转，紧压到制动鼓上。解除制动时，撤除液压，两蹄便在复位弹簧 4 和 10 的作用下复位。

设汽车前进时制动鼓旋转方向如图 12-3 中箭头所示(制动鼓逆时针旋转)。沿箭头方向看去，前制动蹄 1 的支承点在其前端，轮缸所施加的促动力作用于其后端，故制动蹄张开时的旋转方向与制动鼓的旋转方向相同。具有这种属性的制动蹄称为领蹄。反之，后制动蹄 9 张开时的旋转方向与制动鼓的旋转方向相反，称为从蹄。当汽车后退时，制动鼓旋转方向相反，蹄 1 变为从蹄，蹄 9 则为领蹄。这种制动鼓正向和反向旋转时都有一个领蹄和一个从蹄的制动器称为领从蹄制动器。

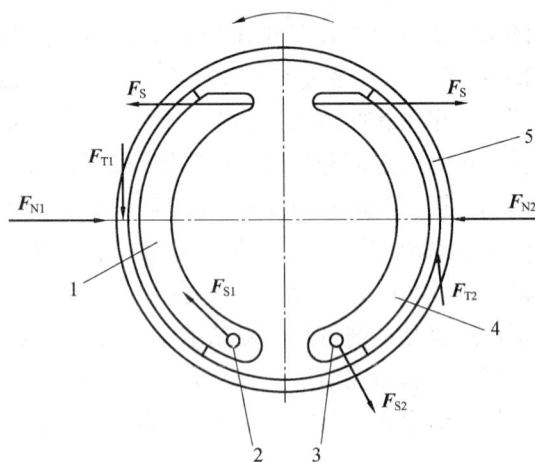

图 12-3　领从蹄式制动器制动蹄受力示意图
1—领蹄；2，3—支承销；4—从蹄；5—制动鼓

同时，由于轮缸中的两活塞直径相同，都可在轮缸内轴向浮动。因此，制动时轮缸对两制动蹄所施加的促动力相等，也称为等促动力制动器。受力情况如图 12-3 所示。

制动时，领蹄 1 和从蹄 2 在相等的促动力 F_S 的作用下，分别绕各自的支承点(支承销 2 和 3)旋转紧压在制动 5 上。制动鼓即对两制动蹄分别作用着微元法向反力的等效合力(以下简称法向反力)F_{N1} 和 F_{N2} 以及相应的微元切向反力(即微元摩擦力)的等效合力(以下简称切向反力)F_{T1} 和 F_{T2}。这些力的作用点和方向如图 12-3 所示。两蹄上的这些力分别与各自的支点的支反力 F_{S1} 和 F_{S2} 相平衡。由图可见，领蹄上的切向合力 F_{T1} 所造成的绕支点的力矩与促动力 F_S 所造成的绕同一支点的力矩是同向的，所以力 F_{T1} 的作用结果是使领蹄 1 在制动鼓上压得更紧，即力 F_{N1} 变得更大，从而力 F_{T1} 也更大，这表明领蹄具有"增势"作用。与此相反，切向合力 F_{T2} 则使从蹄 2 有放松制动鼓，即有使 F_{N2} 和 F_{T2} 本身减小的趋势，故从蹄具有"减势"作用。虽然领蹄和从蹄所受促动力相等，但前、后两制动鼓所受法向反力 F_{N1} 和 F_{N2} 却不相等，且 $F_{N1} > F_{N2}$。相应地 $F_{T1} > F_{T2}$。故二制动蹄对制动鼓所施加的制动力矩不相等。一般说来，领蹄制动力矩为从蹄制动力矩的 2~2.5 倍，同前进制动时一样。制动鼓所受力与两蹄的法向力不互相平衡的制动器，属于非平衡式制动器。

显然，由于领蹄和从蹄所受法向反力不等，在两蹄摩擦片工作面积相等的情况下，领蹄摩擦片上的单位压力较大，因而磨损较严重。为了使领蹄与从蹄的摩擦片寿命相近，有些领从蹄式制动器的领蹄摩擦片设计得较大，但是这样将使得两蹄摩擦片不能互换，从而增加了零件种数和制造成本。

此外，领从蹄式制动器的制动鼓所受到的来自两蹄的法向力（数值上分别等于力 F_{N1} 和 F_{N2}）不相平衡，则此二法向力之和只能由车轮的轮毂轴承的反力来平衡，这就对轮毂轴承造成了附加径向载荷，使其寿命缩短。

上海桑塔纳 2000 型轿车的后轮制动器也是领从蹄式制动器，如图 12-4 所示。其结构特点在于制动蹄采用了浮式支承。制动蹄 7 与 18 的上、下支承面均加工成弧面，下方支承在固定于制动底板上的止挡板 20 上。轮缸活塞通过支承块对制动蹄的上端施加促动力。这种支承结构可使整个制动蹄沿支承平面有一定的浮动量，制动蹄可以自动定心，保证能够与制动鼓全面接触。这种结构的另一特点是，该行车制动器可兼驻车制动器，因此在制动器中还装设了驻车制动机械传动装置。

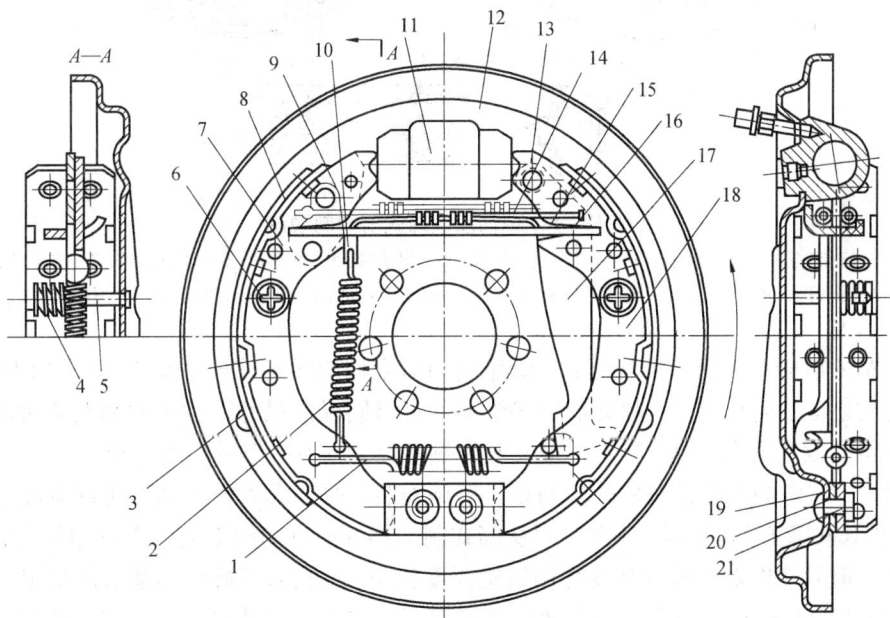

图 12-4　上海桑塔纳 2000 型轿车后轮鼓———蹄式制动器总成（左）

1，2，14，15—复位弹簧；3—检测孔；4—压簧；5—夹紧销；6—弹簧座；7—带楔形支承的制动蹄；
8—摩擦衬片；9—楔形支承；10—楔形块；11—制动分泵（轮缸）；12—制动底板；13—销轴；16—压杆；
17—驻车制动拉杆；18—带有杠杆的制动蹄；19—支架；20—止挡板；22—铆钉

（2）双领蹄式和双向双领蹄式制动器

北京 BJ2020N 型汽车前轮制动器即采用单向双领蹄式前轮制动器，如图 12-5 所示。两制动蹄各用一个单活塞式制动轮缸 2，且两套制动蹄、轮缸、支承销和调整凸轮等，在制动底板上的布置是中心对称的，以代替领从蹄式制动器中的轴对称布置。两个轮缸可借轮缸连接油管 13 连通，使其中油压相等。这样，在前进制动时，两蹄都是领蹄，制动器的效能因而得到提高。但也必须看到，在倒车制动时，两蹄都将变成从蹄。可以设想，在倒车制动时，如果能使上述制动器的两个制动蹄的支撑点和促动力作用点互换位置，就可以得到与前进制动时相同的制动效能。

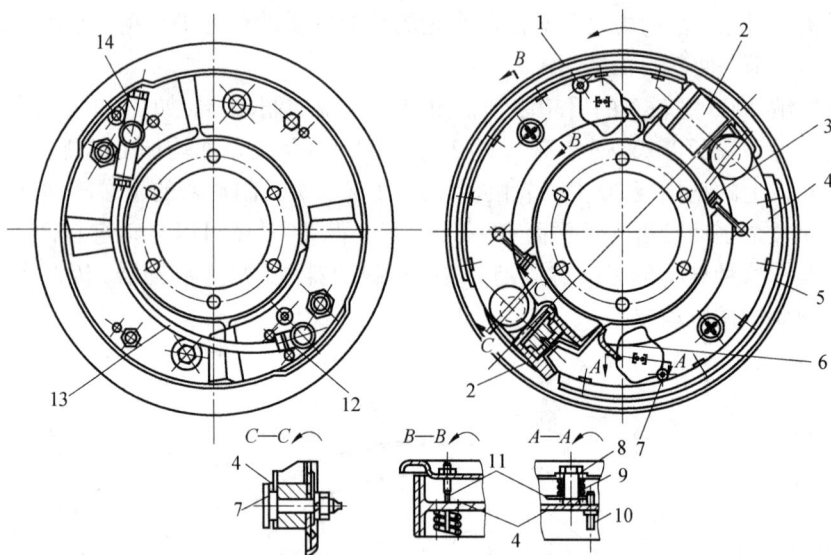

图 12 - 5 单向双领蹄式前轮制动器

1—制动底板；2—制动轮缸；3—制动蹄复位弹簧；4—制动蹄；5—摩擦片；6—调整凸轮；7—支承销；
8—调整凸轮轴；9—弹簧；10—调整凸轮锁销；11—制动蹄限位杆；12，14—油管接头；13—轮缸连接油管

当轿车的后轮制动器为领从蹄式、前轮制动器采用双领蹄式时，易于达到合理的前、后轮制动力的匹配，而且前、后制动器中多数零件具有同样的尺寸。由于双领蹄式制动器在汽车倒车时制动效能大大下降，且不便安装驻车制动器，故不用作后轮制动器。

若将左、右两侧车轮的双领蹄式制动器对调安装，便都成为在制动鼓正向旋转时两蹄均为从蹄的"双从蹄式"制动器。显然，双从蹄式制动器的前进制动效能低于双领蹄式和领从蹄式制动器。但其效能对摩擦因数变化的敏感程度较小，即具有良好的制动效能稳定性。

红旗 CA7560 型轿车的前、后轮制动器采用了双向双领蹄式制动器，结构如图 12 - 6 所示。制动底板 3 上所有的固定元件，如制动蹄、双向制动轮缸、复位弹簧等都是对称布置的。两制动蹄的两端都采用浮式支承，且支点的轴向位置也是浮动的。这样，制动蹄的两端既是支承点，也是张开力的作用点。支点、力点随制动鼓旋转方向的不同能相互转换，可使汽车前进或倒车均得到相同且较高的制动效能。

领蹄、双向双领蹄、双从蹄式制动器的固定元件布置都是中心对称的。如果间隙调整正确，则其制动所受两蹄施加的两个法向合力能互相平衡，不会对轮毂轴承造成附加径向载荷。因此，这三种制动器都属于平衡式制动器。

（3）单向和双向自增力式制动器

其结构原理及制动蹄的受力情况如图 12 - 7 所示。前、后两制动蹄的下端分别浮支在浮动的可调顶杆 6 的两端。在制动器上方装有支承销 4。不制动时，两蹄上端均借各自的复位弹簧拉靠在支承销 4 上。制动鼓正向旋转方向如图 12 - 7 中箭头所示。

当汽车前进制动时，制动轮缸 5 将促动力 F_{S1} 加于第一制动蹄 1，迫使其上端离开支承销，制动蹄绕顶杆左端支承点旋转，并压靠在制动鼓 3 上。

显然，此时第一制动蹄是领蹄，并且在促动力 F_{S1}、法向合力 F_{N1}、切向（摩擦）合力 F_{T1} 和

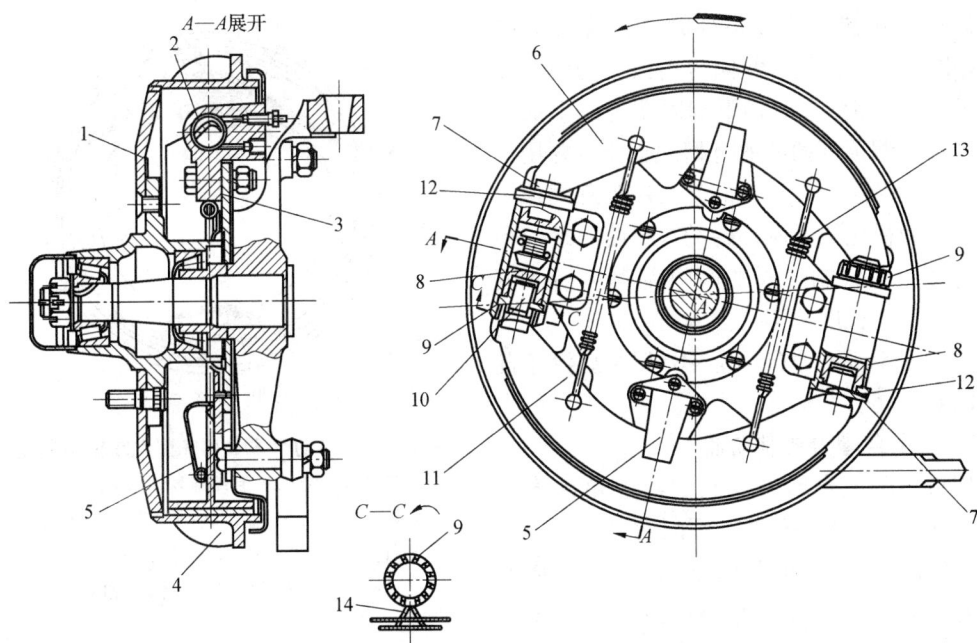

图 12 - 6　红旗 CA7560 型高级轿车前轮制动器结构

1—制动鼓；2—制动轮缸；3—制动底板；4—制动鼓散热肋片；5—制动蹄限位片；6—上制动蹄；7—支座；
8—轮缸活塞；9—调整螺母；10—可调支座；11—下制动蹄；12—防护套；13—复位弹簧；14—锁片

沿顶杆轴线方向的支反力 F_{S3} 的作用下处于平衡状态。由于可调顶杆 6 是浮动的，第一制动蹄将通过浮动可调顶杆 6 以与力 F_{S3} 大小相等、方向相反的促动力 F_{S2} 施加于第二制动蹄 2 的下端，而第二制动蹄的上端被推靠在支承 4 上，顶杆自然成为第二制动蹄的促动装置，故第二蹄也是领蹄。由于顶杆是完全浮动的，不受制动底板约束，作用在第一制动蹄上的促动力和摩擦力的作用和一般制动器的领蹄不同，不能完全被制动鼓的法向反力和固定于制动底板上的支承件反力的作用所抵消，而是通过顶杆传到第二制

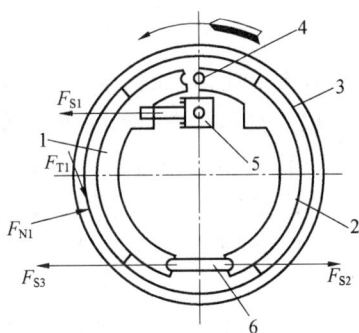

图 12 - 7　单向自增力式制动器结构及受力情况

1—第一制动蹄；2—第二制动蹄；3—制动鼓；
4—支承销；5—制动轮缸；6—可调顶杆

动蹄上，合成形成第二制动蹄促动力 F_{S2}，所以 F_{S2} 大于 F_{S1}。此外，F_{S2} 对第二蹄支承点的力臂也大于 F_{S1} 对第一制动蹄支承点的力臂。因此，第二制动蹄的制动力矩必然大于第一制动蹄的制动力矩。在制动鼓尺寸和摩擦因数相同的条件下，这种制动器的前进制动效能不仅高于领从蹄式制动器，而且也高于双领蹄式制动器。

倒车制动时，第一蹄上端压靠支承销不动。此时，第一蹄虽然仍是领蹄，且促动力 F_{S1} 仍与前进制动时的相等，但其力臂却大为减小，因而第一蹄此时的制动效能比一般领蹄的要低得多；第二蹄则因未受到促动力而不起制动作用。因此，整个制动器这时的制动效能甚至比

双从蹄式制动器的效能还低。第一制动蹄和第二制动蹄 6 的上端被各自的复位弹簧 2 拉拢，并以铆于腹板上端两侧的夹板 3 的内凹弧面支靠着支承销 4。两蹄下端以凹入的平面分别浮支在可调顶杆两端的直槽底面上，并用弹簧 8 拉紧。受法向力较大的第二制动蹄摩擦衬片的面积做得比第一制动蹄的大，使两蹄的单位压力相近。该制动器的间隙调整可借改变可调顶杆 7 的长度来实现。

图 12 - 8 所示为布切奇 SR113N 型汽车前轮制动器。

2. 双向自增力式制动器

如果将单向自增力式制动器的单活塞轮缸改为双活塞式制动轮缸，可向两蹄同时施加相等的促动力 F_s，即可实现在制动鼓正向和反向旋转时均能借蹄鼓摩擦起到双向自增力作用。

双向自增力式制动器（图 12 - 9）其结构采用双活塞式制动轮缸 4，可向两蹄同时施加相等的促动力 F_s。制动鼓正向（如图中箭头所示）旋转时，前制动蹄 1 为第一制动蹄，后制动蹄 3 为第二制动蹄。制动鼓反向旋转时则情况相反。由图可见，在制动时，第一制动蹄只受一个促动力 F_s，而第二制动蹄则有两个促动力 F_s 和 F_s'，且 $F_s > F_s'$。汽车前进制动的机会远多于倒车制动，且前进制动时制动器工作负荷也远大于倒车制动，故后制动蹄 3 的摩擦衬片面积做得较大。图 12 - 10 所示为北京 BJ1040 型汽车前轮制动器，属于双向自增力式制动器。

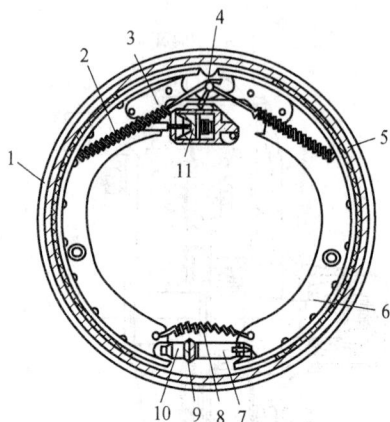

图 12 - 8　布切奇 SR113N 型汽车前轮制动器
1—第一制动蹄；2—制动蹄复位弹簧；3—夹板；
4—支承销；5—制动鼓；6—第二制动蹄；
7—可调顶杆体；8—拉紧弹簧；9—调整螺钉；
10—顶杆套；11—制动轮缸

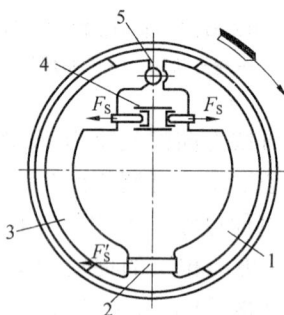

图 12 - 9　双向自增力式制动器示意图
1—前制动蹄；2—顶杆；3—后制动蹄；
4—制动轮缸；5—支承销

综上所述，各种结构形式的制动器都是围绕着提高制动效能、提高制动的平顺性和稳定性、简单和调修方便等方面来考虑的。单就制动效能而言，自动增力式车轮制动器的制动力矩最大，依次为双领蹄式、领从蹄式。但自增力式制动器的效能对摩擦因数的依赖性最大，因而其效能的稳定性最差。此外，在制动过程中，自增力式制动器制动力矩的增长在某些情况下显得过于急速。

双向自增力式制动器多用于轿车后轮，单向自增力式制动器只用于中、轻型汽车的前轮，因倒车制动时对前轮制动器效能的要求不高。

双领蹄式、双向双领蹄式和双从蹄式等具有两个轮缸的制动器，最宜布置双回路制动系统。

领从蹄式制动器发展较早，其效能及效能稳定性均居中游，且有结构较简单等优点，故目前仍相当广泛地用于各种汽车。

238

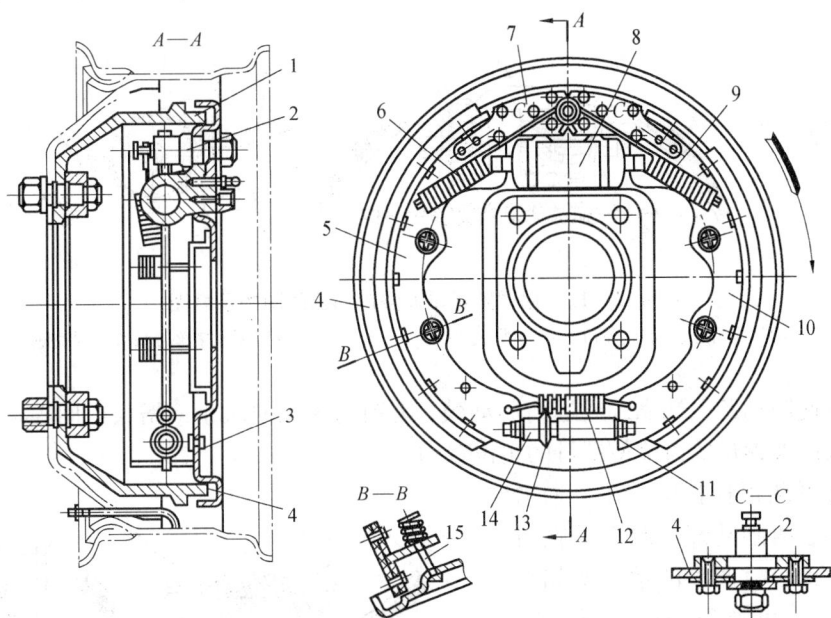

图 12 - 10　北京 BJ1040 型汽车前轮制动器

1—制动鼓；2—支承销；3—调整孔橡胶堵塞；4—制动底板；5—前制动蹄；6—前制动蹄复位弹簧；

7—夹板；8—制动轮缸；9—后制动蹄复位弹簧；10—后制动蹄；11—可调顶杆体；12—拉紧弹簧；

13—调整螺钉；14—可调顶杆套；15—制动蹄限位杆

3. 轮缸式制动器间隙的调整

制动器在不工作时，其摩擦片与制动鼓之间应保持合适的间隙，称制动间隙，其值由汽车制造厂规定，如鼓式制动器的制动间隙一般为 0.25 ~ 0.5 mm。制动间隙如果过小，就不易保证彻底解除制动，造成摩擦副的拖磨；过大又将使制动踏板行程太长，以致驾驶员操作不便，同时也会推迟制动器开始起作用的时刻。但是在制动器工作过程中，摩擦片的不断磨损必将导致制动器间隙逐渐增大。此情况严重时，即使将制动踏板踩到极限位置，也产生不了足够的制动力矩。因此，制动器都有检查、调整制动间隙的装置。制动间隙的调整有手动调整和自动调整两种。

（1）手动调整装置

① 凸轮调整式。在北京 BJ2020N 型汽车制动器中，当制动器间隙需要调整时，可按箭头所示方向转动调整凸轮 7（图 12 - 2）进行调整，这样沿摩擦衬片周向各处的间隙即减小。制动鼓磨损到一定程度时，需重新加工修整工作内圆面。在进行修理作业后重新装配制动器时，为保证蹄鼓的正确接触状态和间隙值，应当全面调整制动器间隙。全面调整除靠转动调整凸轮以外，还要转动制动蹄下端的支承销 11（图 12 - 2）。从图 12 - 2 的 C—C 剖面可以看出，支承制动蹄的支承销 11 的轴颈是偏心的。支承销的尾端伸出制动底板外，并铣切出矩形截面，以便用扳手夹持使之转动。将支承销按 D 向视图箭头方向转动，各处（特别是制动蹄下端处）的间隙即减小。

② 调整螺母式。图 12 - 11 所示为红旗 CA7560 型轿车的制动器间隙的调整示意图。用一字

旋具 5 拨动调整螺母 1 的齿槽 4,使螺母转动,带动螺杆的可调支座 3 向内或向外做轴向移动。

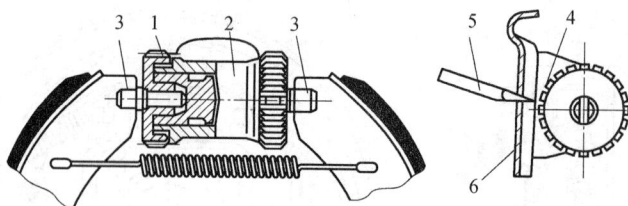

图 12 – 11　用调整螺母调整制动器间隙的示意图

1—调整螺母;2—制动轮缸;3—可调支座;4—齿槽;5——字旋具(螺丝刀);6—制动底板

因此可使制动蹄上端靠近或远离制动鼓,则制动间隙便减小或增大。间隙调整好以后,用锁片插入调整螺母的齿槽使螺母的角位置固定。

③调整可调顶杆长度。在自增力式制动器中,两制动蹄下端支承在可调顶杆上,其间隙调整的示意图如图12 – 12 所示。可调顶杆由顶杆体 3、调整螺钉 1 和顶杆套 2 组成。顶杆套一端具有带齿的凸缘套内制有螺纹,调整螺钉借螺纹旋入顶杆套内;顶杆套与顶杆体作动配合。当拨动顶杆套带齿的凸缘时,可使调整螺钉沿轴向

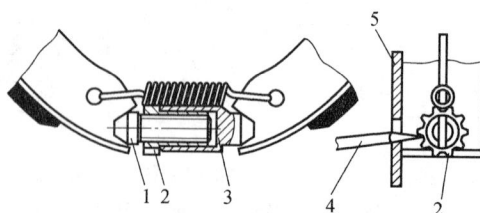

图 12 – 12　用改变顶杆长度来调整制动器间隙示意图

1—调整螺钉;2—顶杆套;3—顶杆体;
4——字旋具(螺丝刀);5—制动底板

移动,改变可调顶杆的总长度,从而调整了制动器间隙。图 12 – 8 所示的布切奇 SR113N 型汽车前轮制动器的制动器间隙手动调整装置,即属于这种结构形式。

(2)自动调整装置

自动调整按工作过程的不同可分为一次调准式和阶跃式两种。一次调准式自动调整装置不需要人们去精细调整,只需一次完全制动即可自动地调整到设定值,且在行车过程中可随时补偿过量间隙。正是由于可随时进行补偿,往往也会导致调整过量而使冷却状态下的间隙过小。因鼓式制动器的热变形导致的过量间隙远比盘式制动器大得多,故在采用一次调准式的自调装置时只得加大设定间隙量以留出足够的热膨胀量,这就加大了踏板行程损失。为了避免调整过头,许多制动器采用了阶跃式间隙自调装置。

图 12 – 13 所示为双向增力式制动器阶跃式制动间隙的自动调整。该装置钢索组件上端经钢索连接环 1 固定于制动蹄支承销上,由钢索操纵的调整杠杆 5 和用其中部的弯舌支承于制动蹄的腹板上,另一弯舌嵌入调整螺钉 7 的星形轮的齿间。倒车制动时,调整杠杆 5 的支点随制动蹄下移,而其下臂的弯舌则沿星形轮齿的齿廓上升。当过量间隙值累积到一定时,弯舌即嵌入星形轮的下一个齿间,并在解除制动过程中转动调整螺钉 7,从而恢复设定间隙。这类结构多设计成只在倒车制动时才起调整作用,以尽量避免制动时热膨胀的影响。

阶跃式自动调整装置必须在制动蹄与制动鼓间隙达到一定值后才起调整作用,而不允许随时微调以补偿随时产生的微小的过量间隙。这样的制动器在装车后要进行多次(可能达 20 次以上)制动动作,才能消除所积累的过量间隙。为此,上述调整螺钉 7 头部的星形轮可用

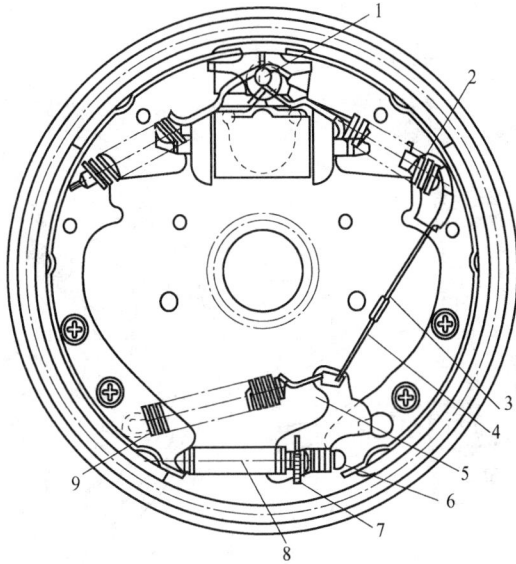

图 12 – 13　双向增力式制动器阶跃式制动间隙的自动调整

1—钢索连接环；2—钢索导向板；3—钢索；4—钢索钩；5—调整杠杆；

6—调整顶杆帽；7—调整螺钉；8—调整顶杆体；9—调整杠杆复位弹簧

于事先进行粗略的人工调整。

4．凸轮式鼓式制动器

在目前国产汽车和部分进口汽车的气压制动系统中，一般均采用凸轮促动的车轮制动器，而且大部分设计成领从蹄式。凸轮促动的双向自增力式制动器只宜用作中央制动器。

凸轮式制动器制动凸轮工作表面轮廓有偏心圆弧和 S 形渐开线两种。东风 EQ1090E 型汽车采用了偏心圆弧式凸轮张开式制动器（前轮），如图 12 – 14 所示。这种制动器除了用制动凸轮做张开装置外，其余部分结构与轮缸式制动器的领从蹄式制动器大体相同。可锻铸铁铸成的两制动蹄 2、2′的一端套在偏心支承销 9 上，支承销固定在制动底板 7 上。制动蹄的另一端靠复位弹簧 3 拉拢并使之紧靠在制动凸轮 4 上。凸轮与凸轮轴 4 制成一体，凸轮轴安装在制动底板 7 的制动凸轮轴支座 10 内，轴端有花键与制动调整臂 5 内的蜗轮相连。调整臂的另一端则和制动气室 6 的推杆连接叉相连，调整臂用来调整制动蹄、鼓间隙，同时它也用来传递制动气室产生的气压推力。在制动蹄的外圆弧面上铆有两块石棉摩擦衬片。不制动时，摩擦衬片和制动鼓 8 之间留有适当的间隙，使制动鼓能随车轮自由转动。

制动时，压缩空气进入制动气室 6，推动橡胶膜片及推杆叉，使制动调整臂绕制动凸轮轴转动，调整臂带动凸轮轴转动，凸轮便迫使两制动蹄张开并压紧在制动鼓上，产生制动作用。

放松制动时，制动气室中的压缩空气排出，膜片和凸轮轴在弹簧的作用下复位。同时，两制动蹄也在其复位弹簧的作用下复位，以其上端支承面靠紧凸轮的两侧，保持一定的蹄、鼓间隙。

这种由轴线固定的凸轮促动的领从蹄式制动器是一种等位移式制动器。如果制动器两蹄

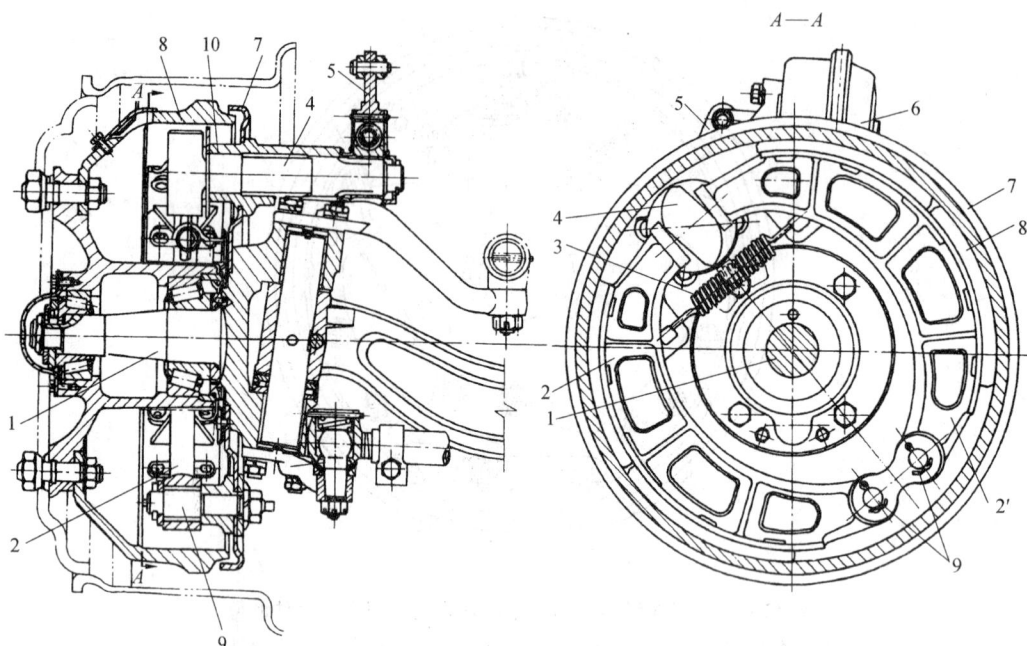

图 12－14　凸轮张开式车轮制动器

1—转向节；2、2′—制动蹄；3—复位弹簧；4—制动凸轮轴；5—制动调整臂；
6—制动气室；7—制动底板；8—制动鼓；9—支承销；10—制动凸轮轴支座

摩擦片的相应点与制动鼓间的间隙已调整到完全一致，则制动时两蹄对鼓的压紧程度以及所产生的制动力矩必然相等。但是，制动鼓对蹄的摩擦使得领蹄端部力图离开制动凸轮，同时又使从蹄端部更加靠紧制动凸轮。凸轮对从蹄的促动力大于对领蹄的促动力。因此，虽然领蹄有增势作用，从蹄有减势作用，但就等位移制动器而言，由于这一差别造成了制动效能高的领蹄的促动力小于制动效能低的从蹄的促动力，从而使得两蹄制动力矩相等。然而应当指出，等位移式制动器由于结构上不是中心对称，两蹄作用于制动鼓的微元法向力的等效合力虽然大小相等，但却不在一条直线上，不可能相互平衡，故这种制动器仍然是非平衡式的。

　　制动器间隙的调整，可以根据需要进行局部或全面的调整。局部调整只是利用制动调整臂来改变制动凸轮轴的原始角位置。制动调整臂的结构如图 12－15 所示。在调整臂体 8 和两侧的盖 9 所包围的空腔内装有调整蜗轮 2 和调整蜗杆 7。单线的调整蜗杆，借细花键套装在蜗杆轴 3 上，调整蜗轮以内花键与制动凸轮轴的外花键相接合。转动蜗杆，即可在制动调整臂与制动气室推杆相对位置不变的情况下，通过蜗轮使制动凸轮轴转过一定角度，从而改变制动凸轮的原始角位置。蜗杆轴与制动调整臂的相对位置是靠锁止套 4 和锁止螺钉 6 来固定的。将具有六角孔的锁止套按入制动调整臂体的孔中，即可转动调整蜗杆。蜗杆每转 1/6 周，放开锁止套，弹簧 5 即将锁止套推回与蜗杆六角头接合的左极限位置。这种锁止装置更为可靠。全面调整时，还应同时转动带偏心轴颈的支承销（图 12－14 中的 9）。东风EQ1090E 型汽车制动器间隙标准值，靠近支承销的一端为 0.25～0.40 mm，靠近制动凸轮的一端为 0.40～0.55 mm。

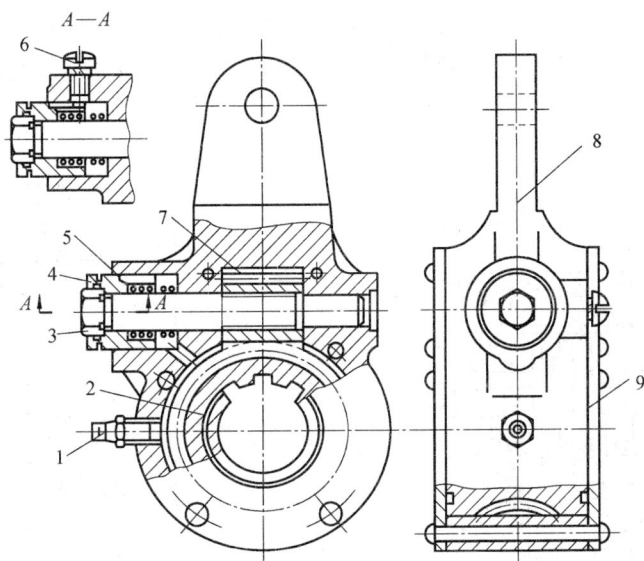

图 12 – 15　制动调整臂

1—油嘴；2—蜗轮；3—蜗杆轴；4—锁止套；5—弹簧；6—锁紧螺钉；7—蜗杆；8—调整臂体；9—盖

12.2.2　盘式制动器

盘式制动器由旋转元件(制动盘)和固定元件(制动钳)组成。制动盘是摩擦副中的旋转件，以金属圆盘的端面为工作面。制动钳由装在横跨制动盘两侧的钳形支架中的制动块和促动装置组成。制动块由工作面积不大的摩擦块和金属背板组成。按摩擦副中固定元件的结构分类，盘式制动器有钳式和全盘式两大类。全盘式制动器制动盘的全部工作面可同时与摩擦片接触。全盘式制动器主要用于重型汽车。钳盘式制动器又可分为固定钳盘式和浮钳盘式两种。钳盘式制动器由工作面积不大的摩擦块与其金属背板组成制动块；每个制动器中有2~4块，这些制动块及其促动装置都装在横跨制动盘两侧的夹钳形支架中，称为制动钳。钳盘式制动器散热能力强，热稳定性好，轿车和轻型货车广泛采用这种制动器。

1. 固定钳盘式制动器

固定钳盘式制动器的基本结构如图 12 – 16 所示。制动盘 9 固定在轮毂 10 上。制动钳 9 固定在车桥的转向节凸缘 1 上，既不能旋转也不能沿制动盘轴线方向移动。制动钳内装有两个制动轮缸活塞 3，分别压住制动盘两侧的制动块 4。当驾驶员踩下制动踏板使汽车制动时，制动轮缸的液压上升，活塞被微量顶出，使两侧的制动块同时夹紧制动盘产生制动。此时活塞上矩形橡胶密封圈的刃边在活塞摩擦力的作用下，产生弹性变形，如图 12 – 17(a)所示。其极限变形量应等于(制动器间隙为设定值时的)完全制动时所需的活塞冲程。

解除制动时，活塞在密封圈的弹力作用下复位，直至密封圈变形完全消失为止，此时摩擦片与制动盘之间的间隙即为设定间隙。制动器存在过量间隙，制动时活塞密封圈变形达到极限值后，轮缸活塞在液压作用下克服密封圈的摩擦力而继续移动，直到完全制动为止。但解除制动后，活塞密封圈将活塞拉回的距离为制动器的间隙恢复到设定值。由此可见，密封

243

圈能兼起活塞复位弹簧和一次调准式间隙自调装置的作用，使得 制动钳结构简单，造价低廉，故在轻、中型轿车上得到广泛应用，但这种结构对橡胶密封圈的弹性，耐热性，耐磨性及加工精度要求较高，而且所能保持制动器的间隙较小，在保证彻底解除制动方面还不够可靠。

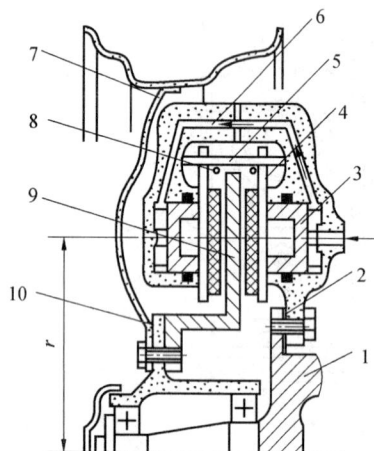

图 12 - 16　固定钳盘式车轮制动器原理图
1—转向节凸缘；2—调整垫片；3—活塞；4—制动块；
5—导向支承销；6—制动钳；7—车轮；8—复位弹簧；
9—制动盘；10—轮毂；r—制动盘摩擦半径

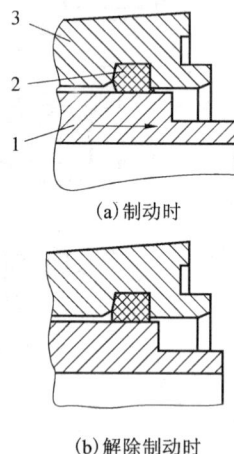

(a)制动时

(b)解除制动时

图 12 - 17　活塞密封圈的工作情况
1—活塞；2—矩形橡胶密封圈；3—轮缸活塞

固定钳盘式车轮制动器存在着以下缺点：

①液压缸较多，使制动钳结构复杂。

②液压缸分置于制动盘两侧，必须用跨越制动盘的钳内油道或外部油管来连通，这必然使得制动钳的尺寸过大，难以安装在现代化轿车的轮辋内。

③热负荷大时，液压缸(特别是外侧液压缸)和跨越制动盘的油管或油道中的制动液容易受热汽化。

④若要兼用于驻车制动，则必须加装一个机械促动的驻车制动钳。

这些缺点使得固定钳盘式制动器难以适应现代汽车的使用要求，故自 20 世纪 70 年代以来，大部分使用下述的浮动钳盘式车轮制动器。

2. 浮钳盘式制动器

图 12 - 18 所示是浮钳盘式制动器的工作原理示意图。它只在制动盘 4 的内侧设置液压缸，外侧的制动块附装在钳体 1 上。制动钳支架 3 固定在转向节上，制动钳体 1 与制动钳支架 3 可沿装在制动钳支架上的导向销 2 轴向滑动。制动时，活塞 8 在液压力 F_{p1} 作用下，将活动制动块 6(带摩擦块磨损报警装置)推向制动盘 4。与此同时，作用在制动钳体 1 上的反作用力 F_{p2} 推动制动钳体沿导向销 2 向右移动，使固定在制动钳体上的制动块 5 压靠到制动盘上。于是制动盘两侧的摩擦块在力 F_{p1} 和 F_{p2} 的作用下夹紧制动盘，使之在制动盘上产生与运动方向相反的制动力矩，促使汽车制动。

图 12 - 19 所示为红旗 CA7220 型轿车的前轮浮钳盘式制动器。制动钳由制动钳壳体 1

用紧固螺栓 2 与制动钳导向销 3 连接，导向销
插入制动钳支架的孔中作动配合，制动钳壳体
1 可沿制动导向销 3 作轴向相对移动（浮动），
因而称为浮动式盘式制动器。制动钳壳体的活
塞腔与活塞 12 组成制动轮缸，制动块 10 与 7
布置在活塞底部的制动盘 6 的两侧。制动盘 6
内侧的制动块 10 和外侧的制动块 7 用止动弹
簧（图中未示出）卡在制动钳支架 5 上，可以轴
向移动但不能上下窜动。制动盘有四个安装
孔，以四个螺栓与前轮鼓连接，制动盘随车轮
作旋转运动。当汽车进行制动时，制动液从制
动钳壳体 1 进油孔进入分泵活塞 12 的顶部，
活塞在制动液的压力作用下推向制动块 10，使
制动块压向制动盘，由于壳体的浮动运动，同

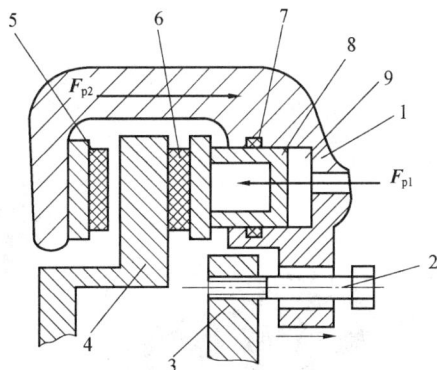

图 12 - 18　浮钳盘式制动器工作原理示意图

1—制动钳体；2—导向销；3—制动钳支架；
4—制动盘；5—固定制动块；6—活动制动块；
7—活塞密封圈；8—活塞；9—液压缸

时也消除了制动块 7 与制动盘的间隙，两制动块即紧紧地将制动盘夹住而实现了制动。

　　制动器在工作过程中随着摩擦副的逐渐磨损，制动间隙会逐渐增大，则活塞将相对于密
封圈滑移，从而实现间隙的自动调整。当内摩擦块磨损到允许使用的最小厚度时，摩擦块磨
损报警开关 16 便接通电路，对驾驶员发出报警信号。

　　与定钳式制动器相比，浮钳盘式制动器的单侧液压缸结构不需要跨越制动盘的油道，因
此不仅轴向和径向尺寸较小，有可能布置得更接近车轮轮毂，而且制动液受热汽化的机会
较少。

3．盘式制动器与鼓式制动器的比较

　　盘式制动器与鼓式制动器相比，有如下优点：

　　①一般无摩擦助势作用，因而制动器效能受摩擦因数的影响较小，即效能较稳定。

　　②在输出制动力矩相同的情况下，尺寸和质量一般较小。

　　③浸水后效能降低不大，而且只需经一两次制动即可恢复正常。

　　④制动盘厚度方向的热膨胀量小，不会像制动鼓热膨胀那样使制动器间隙明显增加而导
致制动踏板冲程过大。

　　⑤较容易实现间隙自动调整，其他维修作业也较简便。

　　盘式制动器的不足之处有：

　　①制动效能较低，故用于液压制动系统时所需制动促动管路压力较高，一般要用伺服
装置。

　　②兼用于驻车制动时，需要加装的驻车制动传动装置较鼓式制动器复杂，因而在后轮上
的应用受到限制。

　　目前，盘式制动器已广泛应用于轿车，但除了在一些高级轿车上用于全部车轮外，一般
只用作前轮制动器，而后轮采用鼓式制动器，以获得汽车在较高车速下制动的方向稳定性。

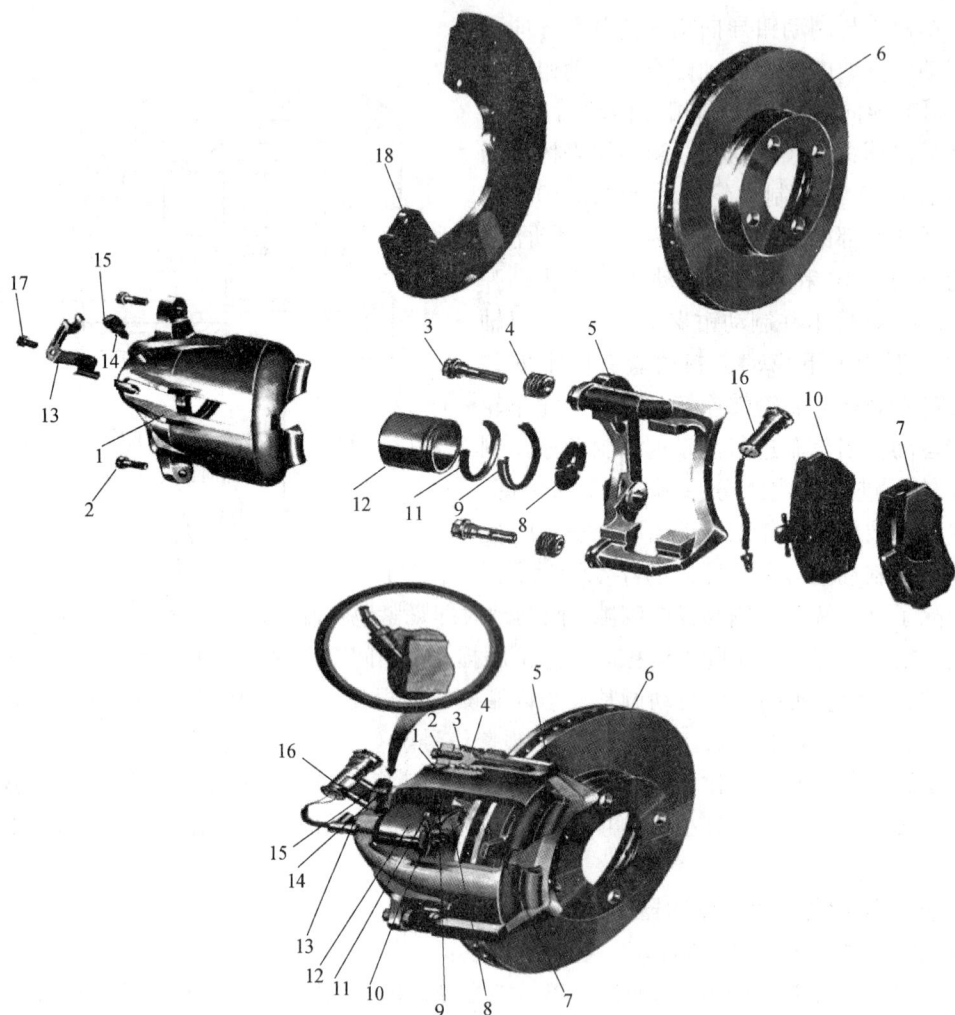

图 12 – 19　红旗 CA7220 型轿车的前轮浮钳盘式制动器
1—制动钳壳体；2—紧固螺栓；3—制动钳导向销；4—折叠防护套；5—制动钳支架；6—制动盘；7—外制动块；
8—消声片；9—防尘罩；10—内制动块(连接着摩擦块磨损报警装置)；11—橡胶密封圈；12—活塞；13—电线导向夹；
14—放气螺钉帽；15—放气螺钉；16—摩擦块磨损报警开关；17—紧固螺栓；18—挡尘盘

12.3　人力制动系

　　人力制动系统的制动能源仅仅是驾驶员的肌体。按其传动装置的结构形式，人力制动系统有机械式和液压式两种。机械式人力制动系统主要用于驻车制动，液压式人力制动系统主要用于行车制动系统。

12.3.1　机械式人力制动系统

　　机械式人力制动系统的控制装置和传动装置主要由杠杆、拉杆、轴和摇臂等机械零件组成。其制动器可以是与行车制动系统共用的车制动器(如红旗 CA7220 型，奥迪 100 型和桑塔纳等轿车以及黄河 JN1181C13 型货车等），也可以是专设的中央制动器（如红旗 CA7560 型，北京 BJ2020N 型，解放 CA1091 型，东风 EQ1090E 型等汽车）。

1. 中央制动器

用于中央制动的机械式驻车制动系统如图 12-20 所示。驻车操纵手柄 3 安装在驾驶室里。按下手柄 1 可使锁止棘爪 6 转动解除锁止。当向后拉动驻车操纵手柄时，驻车制动手柄绕着销轴 5 摆动，通过传动杆 7、拐臂 8、拉杆 15、摆臂 17 等一系列的传动杆件，使凸轮轴 14 转动。制动鼓 9 安装在传动轴上，随传动轴一起转动。制动底板 12 安装在变速器壳体上，它为固定件。在制动底板上安装制动蹄 10。制动蹄在制动蹄复位弹簧 13 的作用下，上端抵靠在凸轮轴上，下端抵靠在推杆总成 11 上。推杆总成与制动底板无直接联系，浮动地装在两个制动蹄之间。制动器的结构形式为自动增力式制动器。

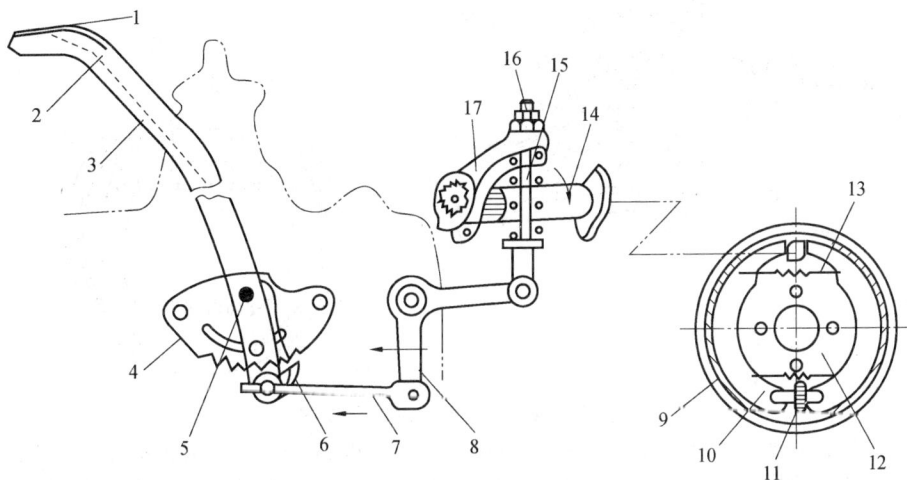

图 12-20　用于中央制动器的机械式驻车制动系统

1—手柄；2—棘爪拉杆；3—驻车操纵手柄；4—扇齿；5—销轴；6—锁止棘爪；
7—传动杆；8—拐臂；9—制动鼓；10—制动蹄；11—推杆总成；12—制动底板；
13—制动蹄复位弹簧；14—凸轮轴；15—拉杆；16—调整螺母；17—摆臂

当停车需要使用驻车制动时，拉起驻车操纵手柄 3，使制动蹄 10 张开，将制动鼓 9 抱死，即制动传动轴，使车轮无法转动，从而使汽车可靠地停车。在拉紧驻车制动手柄的同时，锁止棘爪锁止，防止驻车制动自行松动。

当需要行车时，首先向后拉动驻车操纵手柄，使锁止棘爪 6 与扇齿 4 的正压力消除；然后压下手柄，使棘爪解除锁止；向前推动驻车操纵手柄，使凸轮回转，制动蹄在复位弹簧的作用下复位，解除制动，此时汽车就可以起步行驶了。

制动器可通过调整推杆总成和调整螺母使其蹄、鼓很好地贴合。驻车操纵手柄的位置可以通过传动杆的有效长度进行调节。

驻车制动系统必须保证汽车可靠地停驻在原地，在任何情况下不致自动滑行。这一点只有用机械锁止方法才能实现，这便是驻车制动系统采用机械式传动装置的主要原因。

采用中央制动器的驻车制动系统不宜用于应急制动，因为其制动力矩是作用在传动轴上的，在汽车行驶中紧急制动时，极易造成传动轴和驱动桥严重超载荷，还可能因差速器壳被抱死而发生左、右两驱动轮反向旋转,致使汽车制动时跑偏甚至掉头。

2.鼓式复合驻车制动器

图 12 - 21 所示为上海桑塔纳 2000 型轿车鼓式复合驻车制动器。它是软轴传动的机械式驻车制动器,是后轮制动器兼驻车制动器(驻车制动器与行驶制动器合并布置)。驻车制动操纵部分安装在驾驶室里,驻车制动操纵杆 3 可以绕销轴 6 摆动。拉索 8 安装在驻车制动操纵杆 3 上,用调整螺母 4 可以调整拉索的长度,按下按钮 2 可以解除锁止。制动器为领从蹄式车轮制动器。驻车制动杠杆 13 上端用平头销铰接在后制动蹄 14 上,下端与拉索 8 连接。驻车制动推杆 12 的左端抵靠在前制动蹄 10 上,右端支承在驻车制动杠杆 13 上。

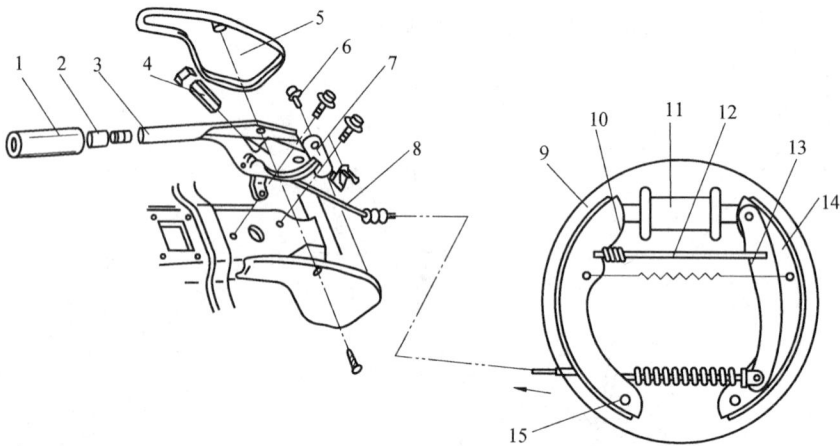

图 12 - 21 鼓式复合驻车制动器

1—手柄;2—按钮;3—驻车制动操纵杆;4—调整螺母;5—护罩;6—销轴;7—锁止棘轮;8—拉索;
9—制动鼓;10—前制动蹄;11—制动轮缸;12—驻车制动推杆;13—驻车制动杠杆;14—后制动蹄;15—支承销

驻车制动时,拉起驻车制动操纵杆 3,通过驻车制动操纵杆 3 拉动拉索 8。将驻车制动杠杆 13 的下端向前拉,使之绕上端支点(平头销)转动。在转动过程中,其中间支点推动制动推杆 12 左移,将前制动蹄 10 向左推向制动鼓;继而制动杠杆 13 的上端右移,通过平头销使后制动蹄 14 上端靠向制动鼓,直到两蹄都压靠在制动鼓上,从而实现了驻车制动。

当解除驻车制动时,按下按钮 2 解除锁止,向下扳动驻车制动操纵杆,驻车制动杠杆上的拉索拉力消失,制动蹄在复位弹簧的作用下复位,解除制动。

拉索的有效长度必须符合要求,如拉索过紧,使制动杠杆受到一定的拉力,会改变已调好的蹄、鼓之间的间隙,在不制动时,使蹄、鼓不能完全脱开,造成制动拖滞;如过松,驻车制动时,制动蹄张开量不够,达不到规定的驻车制动性能。拉索的有效长度可以通过调整螺母调节。一般要求拉动驻车操纵杆,响 4~6 下应达到规定的制动效果。

这种使用车轮制动器的驻车制动系统,也可用于应急制动。

3.盘式复合驻车制动器

盘式复合驻车制动器如图 12 - 22 所示,自调螺杆 9 制动钳体 1 深入轮缸活塞 14 内,左端制有螺旋角较大的螺纹,其上拧有自调螺母 12。自调螺杆 9 的中部有密封圈 4,保证轮缸的密封,右端伸出钳体 1,在膜片弹簧 8 的作用下,其斜面抵靠在驻车制动杠杆 7 的凸轮上。

自调螺母的凸缘左边部分被扭簧 13 紧箍着。扭簧的一端固定在活塞上,而另一端则自由地抵靠着自调螺母凸缘。扭簧对自调螺母的箍紧力随着螺母的旋入而增大,并随其旋出而减少。自调螺母的左端与轮缸活塞有一间隙,保证在驻车制动不工作时,制动盘与制动块有足够的间隙。自调螺母凸缘的右边装有推力轴承 11,由挡片 10 限位。

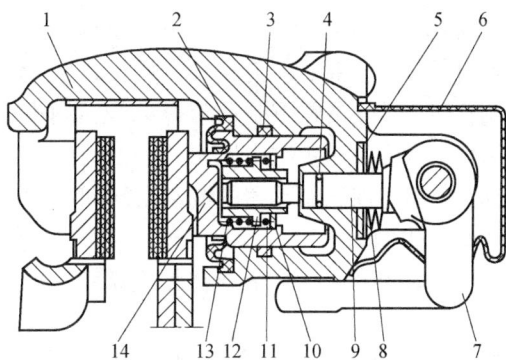

图 12－22　盘式复合驻车制动器

1—制动钳体；2—活塞护罩；3—活塞密封圈；

4—驻车制动杆密封圈；5—弹簧座；6—驻车制动杆护罩；

7—驻车制动杠杆；8—膜片弹簧；9—自调螺杆；

10—挡片；11—推力轴承；12—自调螺母；

13—扭簧；14—轮缸活塞

　　当停车需要驻车制动时,通过拉索使驻车制动杠杆 7 摆动,驻车制动杠杆的凸轮使驻车制动杆产生一个向左的推力,驻车制动杆带动自调螺母左移。当消除自调螺母与轮缸活塞之间的间隙后,推动轮缸活塞左移,活塞驱动制动块使制动块夹紧制动盘。同时,制动杠杆与制动钳体连接的销轴向右移动,带动钳体以及外侧制动块向右移动,从而产生驻车制动。

　　解除驻车制动时,在膜片弹簧 8 的作用下,自调螺杆右移而钳体左移,驻车制动杠杆复位。

12.3.2　液压式人力制动系统

　　液压式人力制动系统利用液压油,将制动踏板力转换为液压力,通过管路传至车轮制动器,再将液压力转变为机械推力。目前,采用双回路液压制动系统的几乎都是伺服制动系统或动力制动系统。但是,在某些微型或轻型汽车上,为使结构简单,在制动踏板力不超出驾驶员体力范围的情况下,也有一些车型采用双回路人力液压制动系统。

1. 液压式人力制动系统的组成

　　液压人力式制动系统的基本组成和回路如图 12－23 所示,主要由制动踏板 4、串联式双腔制动主缸 2、轮缸(未标出)和油管等组成。制动踏板 4 通常吊挂在驾驶室里,这种布置有利于驾驶室的密封,驾驶员通过制动踏板操纵制动系统工作。制动主缸固定在车架上,轮缸装在制动底板上,主缸与轮缸内均装有活塞,并用油管连通,连接油管多用钢管。因车轮是通过弹性悬架与车架联系的,而且有的还是转向轮,主缸与轮缸的相

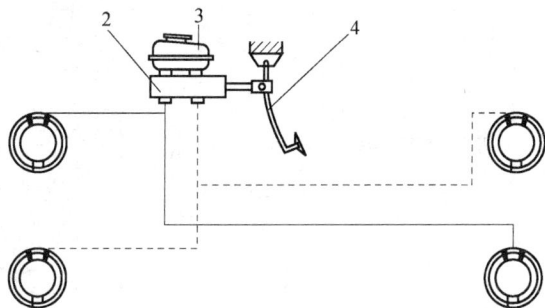

图 12－23　液压式人力制动系统示意图

1—盘式制动器(前轮)；2—串联式双腔制动主缸；3—储液室；

4—制动踏板；5—鼓式制动器(后轮,兼作驻车制动器)

对位置经常变化,所以有相对运动的区段则用高强度的橡胶软管连接。制动前,整个系统充

满了制动油液。

串联式双腔制动主缸 2 利用一个缸体，装入两个活塞，形成两个彼此独立的工作腔，分别与各自的管路连接：左前轮和右后轮，右前轮和左后轮。

制动时，驾驶员踩下制动踏板 4，先使串联式双腔制动主缸 2 的后腔活塞工作，再使前腔活塞工作，将油液从主缸中压出并经油管同时分别注入前、后各车轮轮缸内，使轮缸活塞向外移动，从而将前轮制动器的制动块压向制动盘，后轮制动器的制动蹄压靠到制动鼓上，从而使汽车产生制动。

放开制动踏板，轮缸活塞在复位弹簧的作用下复位，将制动油液压回制动主缸，制动作用即解除。

液压系统中若有空气侵入，将严重影响液压的升高，甚至使液压系统完全失效。因此，在结构上必须采取措施以防止空气侵入，并便于将已侵入的空气排出。

管路液压和制动器产生的制动力矩与踏板力呈线性关系。若轮胎与路面间的附着力足够，汽车所受到的制动力也与踏板力呈线性关系。这种特性称为制动踏板感，俗称"路感"。由此驾驶员可直接感觉到汽车的制动强度，以便及时进行必要的调节和控制。

自制动踏板到轮缸活塞的制动系统传动比等于踏板机构杠杆比乘以轮缸直径同主缸直径之比。传动比越大，则为获得同样大的制动力矩所需的踏板力越小，但踏板冲程却因此而变大，使得制动操作不便。因此，液压制动系统的传动比要合适，既要保证制动踏板力较小，同时踏板行程又不要太大。

2. 制动主缸

图 12-24 所示为液压式人力制动系统中所采用的串联双腔制动主缸。该主缸相当于两个单腔制动主缸串联在一起而构成。储液罐（图中未示出）中的油液经每一腔的空心螺栓 9（其内腔形成储液室）和各自的旁通孔 7、补偿孔 8 流入主缸前、后腔。在主缸前、后工作腔内产生的液压分别经各自的出油阀 5 和各自的管路传到前、后轮制动器的轮缸。

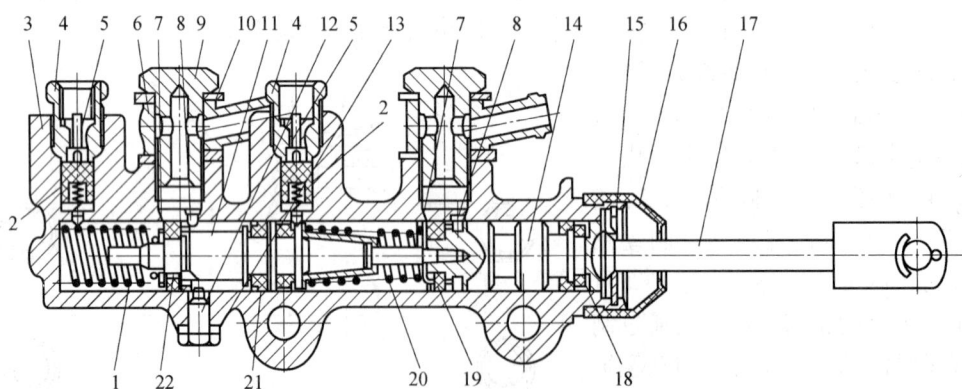

图 12-24 串联双腔制动主缸

1—前缸弹簧；2—回油阀；3—主缸缸体；4—出油阀座；5—出油阀；6—进油管接头；7—旁通孔；
8—补偿孔；9—空心螺栓；10—密封垫；11—前缸（第二）活塞；12—定位螺钉；13—密封垫；
14—后缸（第一）活塞；15—挡圈；16—护罩；17—推杆；18—后缸密封圈；19—后活塞皮碗；
20—后缸弹簧；21—前缸密封圈；22—前活塞皮碗

主缸不工作时,前、后两工作腔内的活塞头部与皮碗正好位于前、后腔内各自的旁通孔7 和补偿孔 8 之间。

当踩下制动踏板时,踏板传动机构通过推杆 17 推动后缸(第一)活塞 14 前移,到皮碗掩盖住旁通孔后,此腔液压升高。与此同时,在后腔液压和后缸弹簧 20 的作用下,推动前缸(第二)活塞 11 向前移动,前腔压力也随之升高。当继续踩下制动踏板时,前、后腔的液压继续升高,使前、后轮制动器制动。

当迅速放开制动踏板时,由于油液的黏性和管路阻力的影响,油液不能及时流回主缸并填充因活塞右移而让出的空间,因而在旁通孔 7 开启之前,压油腔中产生一定的真空度。此时进油腔液压高于压油腔,因而进油腔的油液便从前、后活塞皮碗 22 和 19 的边缘与缸壁间的间隙流入各自的压油腔以填补真空。与此同时,储液室中的油液经补偿孔 8 流入各自的进油腔。活塞完全复位后,旁通孔 7 已开放,由制动管路继续流回主缸,而显多余的油液便可经前、后缸的旁通孔流回储液室。液压系统中因密封不良而产生的制动液泄漏和因温度变化而引起的制动液膨胀或收缩,都可以通过补偿孔和旁通孔得到补偿。

若与前腔连接的制动管路损坏漏油时,则在踩下制动踏板时,只有后腔中能建立液压,前腔中无压力。此时在液压差作用下,前缸活塞 7 迅速前移直到活塞前端顶到主缸缸体上。此后,后缸工作腔中的液压方能升高到制动所需的值。

若与后腔连接的制动管路损坏漏油时,则在踩下制动踏板时,开始只是后缸(第一)活塞 14 前移,而不能推动前缸(第二)活塞 11,因为后缸工作腔中不能建立液压。但在后缸活塞直接顶触前缸活塞时,前缸活塞开始前移,使前缸工作腔建立必要的液压而制动。

由上述可知,双回路液压制动系统中任一回路失效时,主缸仍能工作,只是所需踏板冲程加大,同时将导致汽车的制动距离增长,制动效能降低。

3．制动轮缸

制动轮缸的作用是将主缸传来的液压力转变为机械推力。对不同结构车轮制动器,轮缸的数目和结构形式也不同,通常分为双活塞式和单活塞式两类。

(1)单活塞式制动轮缸

图 12 -25 所示为北京 BJ2020N 型汽车双领蹄式前制动器配用的单活塞制动轮缸,它借活塞端面凸台来保持进油间隙。为缩小轴向尺寸,液腔密封采用装在活塞导向面上的皮圈 4。放气阀 1 的中部有螺纹,右端有密封锥面,平时应旋紧压靠在阀座上。与密封锥面相连的圆柱面两侧有径向孔,与阀中心的轴向孔道相通。需要放气时,先取下橡胶护罩 2,再连踩几下制动踏板,对缸内空气加压;然后踩住踏板不放,将放气阀旋出少许,空气即排出。空气排尽后再将放气阀旋紧。

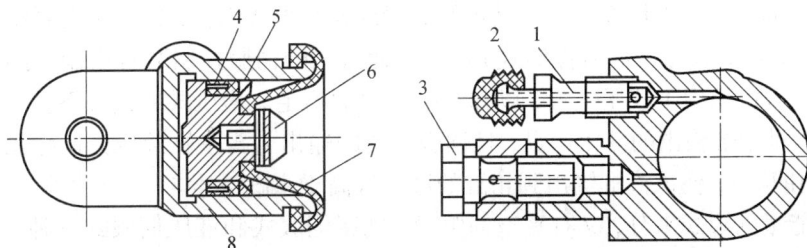

图 12 - 25　单活塞制动轮缸

1—放气阀;2—橡胶护罩;3—进油管接头;4—皮圈;5—缸体;6—调整螺钉(顶块);7—防护罩;8—活塞

（2）双活塞式制动轮缸

上海桑塔纳轿车采用的双活塞式制动轮缸结构如图12－26所示。缸体1用螺栓固定在制动底板上，缸内有两个活塞2及两个皮碗3。两个皮碗分别压靠在两活塞上，以保持两皮碗之间的进油孔畅通。活塞外端的凸台孔内压有顶块5，与制动蹄的上端抵紧。防尘罩6用以防止尘土和水分进入，以免活塞与缸体锈蚀而卡死。缸体上方装有放气阀用以排放轮缸中的空气。

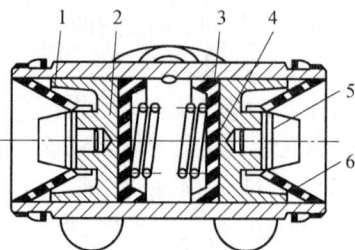

图12－26　双活塞式制动轮缸
1—缸体；2—活塞；3—皮碗；
4—弹簧；5—顶块；6—防护罩

4. 制动液

制动液的质量好坏对制动系统的工作可靠性有很大影响。为此，对制动液提出如下要求：

①低温下有良好的流动性。

②高温下不易汽化，否则将在管路中产生气阻现象，使制动失效。

③不会使与之经常接触的金属（铸铁，钢，铝或铜）件腐蚀，不会使橡胶件发生膨胀，变硬和损坏。

④吸水性差而溶水性良好，即能使渗入其中的水汽形成微粒而与之均匀混合，否则将在制动液中形成水泡而大大降低汽化温度。

⑤能对液压系统的运动件起到良好的润滑作用。

国内过去普遍使用的制动液是植物制动液。但近年来矿物制动液和合成制动液取代了植物制动液。矿物制动液在高温和低温下性能都很好，对金属也无腐蚀作用，但溶水性较差，且易使普通橡胶膨胀，因此活塞皮碗及制动软管等都必须用耐油橡胶制成。合成制动液的汽化温度已超过190℃，在－35℃的低温下流动性良好，适用于高速汽车制动器，特别是盘式制动器。此外，合成制动液对金属件（铝件除外）和橡胶件都无害，溶水性也很好。

12.4　伺服制动系统

在人力式制动系统的基础上加设一套动力伺服系统（助力），即兼用人体和发动机作为制动能源构成了所谓的伺服制动系统。在正常情况下，制动能量大部分由伺服系统供给，而在动力伺服系统失效时，可全靠驾驶员供给（即由伺服制动转变成人力制动）能量。

按伺服系的输出力作用部位和对其控制装置的操纵方式来分，伺服制动系统可分为助力式（直接操纵式）和增压式（间接操纵式）两类。助力式的伺服控制装置由制动踏板机构直接操纵，其输出力也作用于液压主缸，以弥补踏板力的不足。增压式的伺服系控制装置由制动踏板机构，通过主缸输出的液压操纵，且伺服系统的输出力与主缸液压共同作用于一个中间传动液缸（辅助缸），使该液缸输出到轮缸的液压远高于主缸液压。

按伺服能量的形式来分，又有真空伺服式、气压伺服式和液压伺服式三种，其伺服能量分别为真空能（负气压能）、气压能和液压能。

12.4.1　助力式伺服驱动系统

轿车大多采用真空助力伺服制动系统。如红旗 CA7220 型、捷达、奥迪、切诺基以及桑塔纳等都采用了真空助力伺服制动系统。

图 12 –27 所示为红旗 CA7220 型轿车所采用的真空助力伺服制动系统布置示意图。它采用的是对角线布置的双回路液压制动系统，即左前轮缸与右后轮缸为一液压回路，右前轮缸与左后轮缸为另一液压回路。串列双腔制动主缸 4 的前腔通往左前轮盘式制动器的轮缸 11，并经感载比例阀 9、左后轮鼓式制动器的左后轮缸 10、制动主缸 4 的后腔通往右前轮盘式制动器的右前轮缸 12，并经感载比例阀通向右后轮鼓式制动器的轮缸 13。由真空伺服气室 3、控制阀 2 组合成一个整体部件，称为真空助力器。制动主缸直接装在真空伺服气室前端，真空单向阀 8 直接装在伺服气室上。真空伺服气室工作时产生的推力，也同踏板力一样直接作用在制动主缸的活塞推杆上。

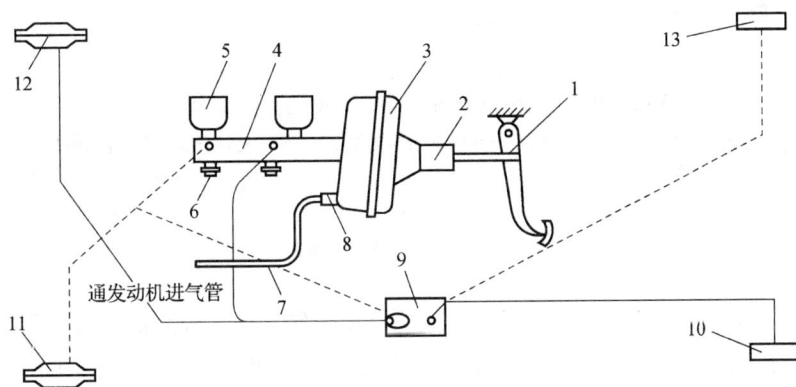

图 12 –27　红旗 CA7220 型轿车真空助力伺服制动系统布置示意图

1—制动踏板机构；2—控制阀；3—真空伺服气室；4—制动主缸；5—储液罐；6—制动信号灯液压开关；
7—真空供能管路；8—真空单向阀；9—感载比例阀；10—左后轮缸；11—左前轮缸；12—右前轮缸；13—右后轮缸

红旗 CA7220 型轿车的真空助力器结构如图 12 –28 所示，控制阀部分放大后如图 12 –28(b)和图 12 –28(c)所示。

真空伺服气室用导向螺栓 5 和螺栓 17 固定在车身前围板上，并借调整叉 13 与制动踏板机构连接。伺服气室前腔经真空单向阀通向发动机进气管。外界空气经过滤环 11 和毛毡过滤环 14 滤清后进入制动气室后腔。伺服气室膜片座 8 内有连通伺服气室前腔和控制阀腔的通道 A，以及连通伺服气室后腔和控制阀的通道 B。带有密封套的橡胶阀门 9 与在膜片座 8 上加工出来的阀座组成真空阀，又与控制阀柱塞 18 的大气阀座 10 组成大气阀。控制阀柱塞同控制阀推杆 12 借后者的球头铰接。真空助力器不工作时，弹簧 15、推杆 12、柱塞 18 被推到后极限位置(即真空阀开启)，阀门 9 则被弹簧 16 压紧在大气阀座 10 上(即大气阀关闭位置)。伺服气室前，后两腔经通道 A，控制阀腔和通道 B 互相连通，并与大气隔绝。在发动机开始工作，且真空单向阀被吸开后，伺服气室左、右两腔内都产生一定的真空度。

制动时，踩下制动踏板，踏板力推动控制阀推杆 12 和控制阀柱塞 18 向前移动，在消除柱塞与橡胶反作用盘 7 之间的间隙后，再继续推动制动主缸推杆 1，主缸内的制动液压油以

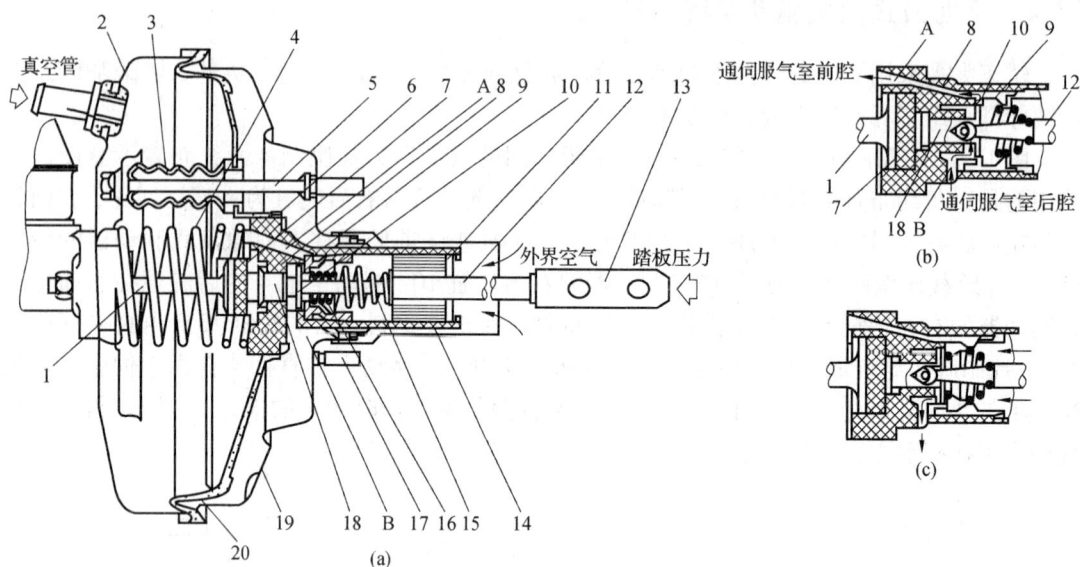

图 12−28　红旗 CA7220 型轿车真空助力器结构示意图

1—制动主缸推杆；2—伺服气室前壳体；3—导向螺栓密封套；4—膜片复位弹簧；5—导向螺栓；6—控制阀；
7—橡胶反作用盘；8—伺服气室膜片座；9—橡胶阀门；10—大气阀座；11—过滤环；12—控制阀推杆；
13—调整叉；14—毛毡过滤环；15—控制阀推杆弹簧；16—阀门弹簧；17—螺栓；18—控制阀柱塞；
19—伺服气室后壳体；20—伺服气室膜片；A，B—通道

一定压力流入制动轮缸。与此同时，在阀门弹簧 16 的作用下，橡胶阀门 9 也随之向前移动，直到压靠在伺服气室膜片座 8 的阀座上，从而使通道 A 与 B 隔绝。进而空气阀离开真空阀而开启，空气经过滤环 11、空气阀的开口和通道 B 充入伺服气室后腔。伺服气室因前、后腔的压差而产生推力，除一部分用来平衡膜片复位弹簧 4 的力以外，其余部分都作用在橡胶反作用盘 7 上。通过橡胶反作用盘 7 推动制动主缸推杆 1 向前移动，此时制动主缸推杆上的作用力（即踏板力）和伺服气室反作用盘推力的总和，使制动主缸输出压力成倍增高。这意味着驾驶员所施加的踏板力不仅要足以促动控制阀，使制动主缸产生一定液压，而且还要足以平衡与伺服气室作用力成正比的经反作用盘反馈过来的力。这样，驾驶员便可以通过所加踏板力的大小来感知伺服气室的作用力大小，即驾驶员有一定的踏板感。

解除制动时，控制阀推杆弹簧促使控制阀推杆弹簧 15 和空气阀向右移动，真空阀离开膜片座 8 上的阀座，真空阀开启。伺服气室前、后腔相通，均为真空状态。膜片座和膜片在膜片复位弹簧 4 作用下复位，制动主缸解除制动。

12.4.2　增压式伺服制动系统

1. 液压真空增压伺服制动系统

图 12−29 所示为装有真空增压器的双回路液压制动系统。它是在人力液压制动系统基础上，加装一套由发动机进气管 8（真空源）、真空单向阀 9、真空罐 10、控制阀 6、伺服气室 7 及辅助缸 4 等组成的真空增压系构成的。

由发动机进气管 8（真空源）、真空单向阀 9、真空罐 10 构成供能装置，控制阀 6 是控制

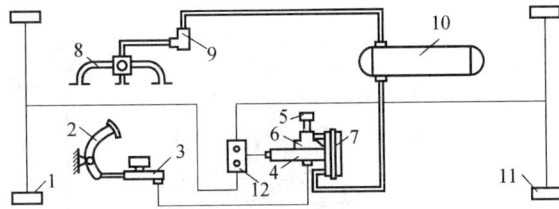

图 12 - 29　液压真空增压伺服制动系统示意图

1—前制动轮缸；2—制动踏板机构；3—制动主缸；4—辅助缸；5—进气滤清器；6—控制阀；
7—伺服气室；8—发动机进气管；9—真空单向阀；10—真空罐；11—后制动轮缸；12—安全缸

装置，伺服气室 7 和辅助缸 4 构成传动装置。伺服气室的作用是把进气管(或真空泵)产生的真空度与大气压力的压力差转变为机械推力；辅助缸的作用是将低压油变成高压油；控制阀的作用是控制伺服气室的正常工作。真空单向阀 9 的作用是：当进气管(或真空泵)的真空度高于真空筒的真空度时，单向阀开启，抽出真空罐及伺服气室内的空气；反之，单向阀关闭，可保持真空罐及伺服气室内的真空度。

当发动机工作时，在发动机进气管 8 中的真空度作用下，真空罐 10 中的空气经真空单向阀 9 被吸入发动机，因而真空罐中也产生并积累一定的真空度(最高可达 0.07 MPa)，作为制动伺服的能源。踩下制动踏板时，制动主缸的输出液压首先传入辅助缸 4，由此一面作为制动促动压力传入制动轮缸 1 和 11，一面又作为控制压力输入控制阀 6。控制阀在主缸液压控制下，使真空伺服气室的工作腔通真空罐或通大气，并保证伺服气室输出力和主缸液压，从而使制动踏板力和踏板冲程呈递增函数关系。真空伺服气室输出力与自主缸传来的液压作用力一同作用于辅助缸活塞，因而辅助缸输送至轮缸的压力高于主缸压力，起到增压作用。

图 12 - 30 所示为某种真空增压器的构造。它由辅助缸，控制阀和真空伺服气室等组成。辅助缸内腔被活塞 25 分隔成两部分，左腔经出油接头 28 通向前后制动轮缸；右腔经进油接头通向制动主缸。推杆 18 的前端嵌装着球阀门 24，其阀座在辅助缸活塞 25 上，推杆穿过尼龙制的密封圈座 19，并以两个橡胶双口密封圈 20 保证孔和轴表面的密封。推杆后端与伺服气室膜片 14 连接。伺服气室不工作时，活塞和推杆分别在弹簧 27 和 17 作用下处于右极限位置。球阀门 24 与阀座保持一定距离，从而保持辅助缸两腔连通。

控制阀是由真空阀 5 和空气阀 6 组成的阀门组件。大气阀座在控制阀体 10 上，真空阀座则在膜片座 4 上。膜片座下面与控制阀活塞 1 连接。不制动时，空气阀 6 关闭，真空阀 5 开启，如图 12 - 31(a)所示。控制阀上腔和下腔连通。这样，控制阀上腔和伺服气室右腔便具有与控制阀下腔和伺服气室左腔同等的真空度。

真空伺服气室被其中的膜片 14 分隔成左、右两腔。左腔 D 经前壳体加端面的真空管接头(图中已剖去)通向真空罐，且经由辅助缸体 26 中的孔道与控制阀下气室 C 相通；其右腔 A 则经焊接在后壳体圆柱面上的气管 8 通到控制阀上腔 B。

踩下制动踏板时[图 12 - 31(a)]，制动液自制动主缸输入辅助缸，由于此时球阀 24 仍是开启的，故制动液经过辅助缸活塞 25 上的孔进入各制动轮缸，轮缸液压等于主缸液压。与此同时，辅助缸的液压还作用在控制阀活塞 1 上，并推膜片座 4 使真空阀 5 的开度逐渐减小直至关闭，使上腔 A 和下腔 B 隔绝；再开启空气阀 6。于是，外界空气便经进气滤清器流入控

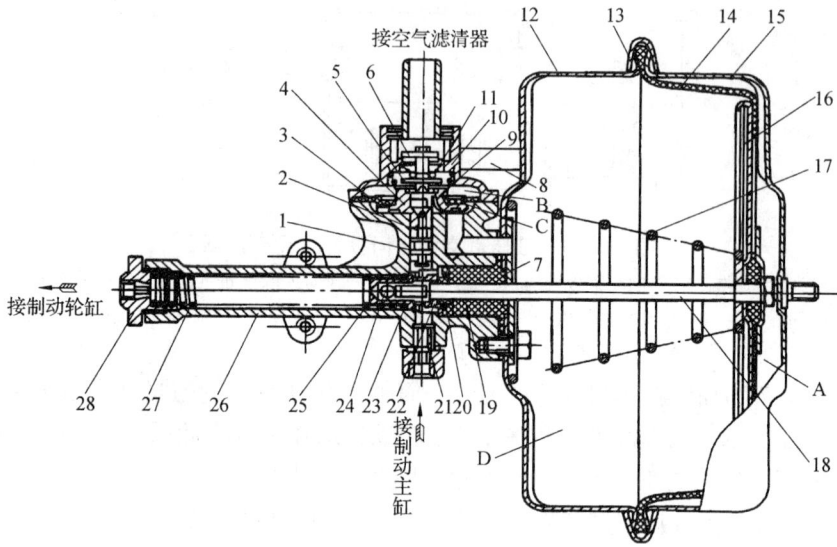

图 12－30　真空增压器(66－Ⅳ型)

1—控制阀活塞；2，23—皮圈；3—控制阀膜片；4—膜片座(带真空阀座)；5—真空阀；6—空气阀；7—连接块；
8—气管；9—控制阀膜片复位弹簧；10—控制阀体(带大气阀座)；11—阀门弹簧；12—伺服气室前壳体；13—卡箍；
14—伺服气室膜片；15—伺服气室后壳体；16—膜片托盘；17—伺服气室膜片复位弹簧；18—伺服气室推杆；
19—密封圈座；20—密封圈；21—辅助缸进油接头；22—活塞限位座；24—球阀门；25—辅助缸活塞；
26—辅助缸；27—辅助缸活塞复位弹簧；28—辅助缸出油接头

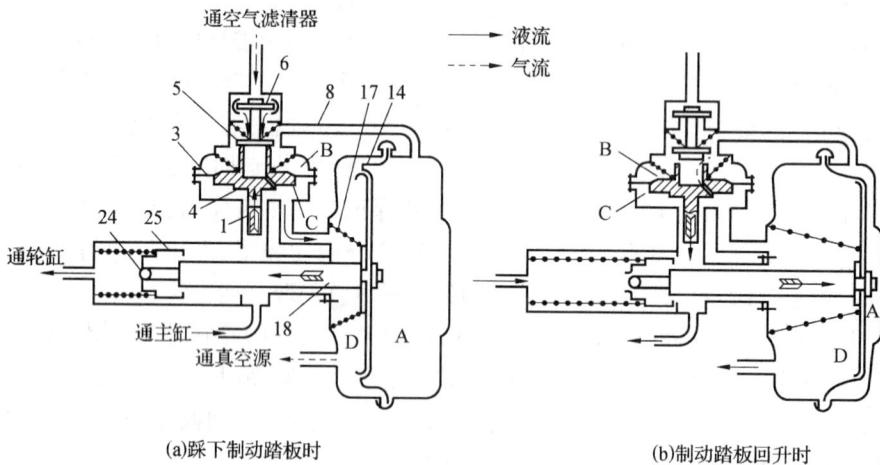

(a)踩下制动踏板时　　　　　　　　　　　　(b)制动踏板回升时

图 12－31　真空增压器工作示意图

(图注同图 12－30)

制阀上腔 A 和右腔 D，降低了真空度；而此时下腔 B 和左腔 C 中的真空度仍保持不变。在
D、C 两腔压力差的作用下，伺服气室膜片 14 带动推杆 18 左移，球阀 24 关闭，这样，制动主
缸与辅助缸左腔隔绝。此时，辅助缸活塞 7 上有两个作用力：一是主缸的液压力，二是推杆
的推力。辅助缸左腔和各轮缸的压力高于主缸压力，起到增压作用。

在 A、D 两腔真空度降低(压力升高)过程中,控制阀膜片 3 和阀门组渐渐下移。当 A、D 两腔的真空度下降到一定数值时,空气阀 6 关闭而使真空度保持恒定。这一稳定值的大小取决于制动主缸压力,而制动主缸压力又取决于踏板力和踏板冲程。

当松开制动踏板时,制动主缸液压力下降,控制阀平衡状态被破坏。控制阀活塞 1 及膜片座 4 下移,真空阀开启,A、D 两腔压力降低,D、C 两腔压差减小,增压作用降低,制动强度减弱。当制动踏板完全放松时,所有运动件在各自复位弹簧作用下复位[图 12 - 31(b)],A、B 和 C、D 四腔又都具有一定真空度,以备下次制动之用。

在真空管路无真空度或真空增压器失效的情况下,辅助缸中的球阀 24 将永远开启,保证制动主缸和各制动轮缸之间的油路畅通。这样,整个制动系统还可以同人力液压制动系统一样工作。当然,此时所需的踏板力比有真空伺服作用时要大得多。当发动机停止运转或其进气管中的真空度低于真空罐的真空度时,真空单向阀即行关闭,使真空罐中真空度不遭受损失。这样,真空罐便能在无真空能补充的情况下,起到若干次制动伺服作用。

2. 气压增压伺服制动系统

图 12 - 32 所示为日产 T80 型汽车气压增压伺服(间接操纵气压增压伺服)双回路制动系统示意图。其中由辅助缸 9、控制阀 10 和气压伺服气室 2 组成的部件称为气压增压器。必要时,控制阀也可作为一个独立部件单独安装。气压增压器之后的液压促动管路中,分别装设一个单腔安全缸 1,用以实现局部双回路。其中的控制阀和气压伺服气室的结构原理与前述的真空增压器大体相同,区别在于气压增压器所用的高压是压缩空气的压力而不是大气压力;低压是大气压力而不是真空度。

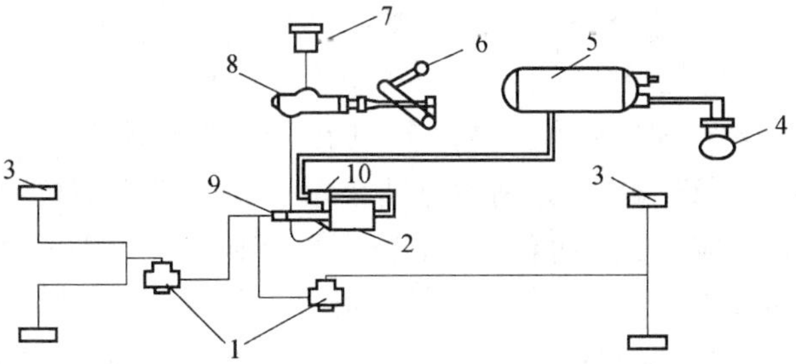

图 12 - 32　日产 T80 系列汽车气压增压伺服双回路制动系统示意图
1—单腔安全缸;2—气压伺服气室;3—制动轮;4—空压机;5—储气罐;
6—制动踏板;7—储液罐;8—制动主缸;9—辅助缸;10—控制阀任务

12.5　动力制动系统

在动力制动系统中,制动所使用的能量主要是由空气压缩机产生的气压能,或由液压泵形成的液压能。而空气压缩机或液压泵是由汽车发动机驱动的,所以,动力制动系统以汽车发动机为唯一的制动能源,可以认为制动能源是空气压缩机或液压泵,而驾驶员的肌体仅作为控制能源,而不是制动能源。

动力制动的类型有气压制动、气顶液制动和全液压动力制动三种。气压制动系统是发展最早的动力制动系统,供能装置和传动装置全部是气压式的。其控制装置大多数是由制动踏板机构和制动阀等气压控制元件组成,也有的在踏板机构和制动阀之间还串联有液压式操纵传动装置。气顶液制动系统的供能装置、控制装置与气压制动系统的相同,但其传动装置则包括气压式和液压式两部分。全液压动力制动系统中除制动踏板机构以外,其供能装置、控制装置和传动装置全部是液压式的。

12.5.1 气压制动系统

1. 气压制动回路

气压制动系统利用压缩空气作为动力源,并将压力转变为机械推力,使车轮产生制动。驾驶员通过控制踏板的行程,便可调整气体压力的大小,来获得不同的制动力,得到不同的制动强度。

气压制动系统的特点是踏板行程较短、操纵轻便、制动力较大、消耗发动机的动力、结构复杂、制动不如液压式柔和,一般用于中,重型汽车上。

图12-33为解放CA1091型汽车的双回路气压制动系统示意图。空气压缩机1由发动机通过V形带或齿轮驱动运转而产生压缩空气。压缩空气经单向阀3进入湿储气筒5。单向阀的作用是仅允许压缩空气进入湿储气筒,而不允许湿储气筒的压缩空气倒流回空气压缩机,这样可减少储气筒漏气,保持各储气筒的相对独立性,避免相互影响。进入湿储气筒的压缩空气由于骤然膨胀和冷却,油水从空气中分离出来,沉淀于湿储气筒的底部。在例行维护时,打开油水排出阀6,将油水放出,以免管路结冰或腐蚀橡胶件。在湿储气筒上还设有安全阀7,在调压器20发生故障,气压超过额定值时(解放CA1091汽车为0.85~0.9 MPa,下同),安全阀泄压,以保护系统安全。取气阀4的作用是当途中车轮等需要补充压缩空气时,可从此阀处取得压缩空气。事实上,使用车上发动机作为动力源产生压缩空气,远比使用电作为动力源产生压缩空气的成本要高得多,因此,一般情况下均不在此处取气。从湿储气筒出来的干燥空气分两路输出,分别通过两个单向阀8进入前桥储气筒和后桥储气筒。前、后桥储气筒室制成一体,中间加有隔板,彼此相互独立。由于前桥载荷小于后桥载荷,为了能够产生足够的摩擦力矩使车轮抱死,前桥制动气室的有效面积(90 cm^2)小于后桥制动气室的有效面积(113 cm^2),为了能有足够的气源,后桥储气筒容量(23 L)要大于前桥储气筒(17 L)的容量。在前、后桥储气筒下部设有油水排出阀,需要定期将油水放出。在前桥储气筒上设有气压过低报警开关12,当气压过低(小于0.45 MPa)不能保证有足够的制动压力时,气压过低报警开关触点闭合接通电路,仪表盘上的报警灯亮,同时蜂鸣器发出声响报警。此时应马上停车排除故障。双针空气压力表19装在驾驶室仪表盘上,分别指示前、后桥储气筒的气压,以便驾驶员随时掌握制动系统的工作情况。系统达到额定工作压力(0.8 MPa)后,如果气压继续上升,不但消耗发动机的有效功率,而且过高的制动气压可能造成制动气室膜片破裂、漏气等故障。因此,当系统压力达到额定值时,调压器20起作用,接通来自后桥储气筒通向空气压缩机卸荷阀2之间的通道,使卸荷阀工作,即将空气压缩机的进气阀打开,使其常开,使空气压缩机卸荷空转。

串联双腔式制动阀16分上、下两腔。上腔进气口接后轮储气筒,出气口接后轿制动气室13。下腔进气口接前桥储气筒,出气口接前桥制动气室18。前制动管路同时还接通挂车制动控制阀9,将由湿储气筒5通向挂车的通路切断。由于挂车采用放气制动,所以当湿储气筒

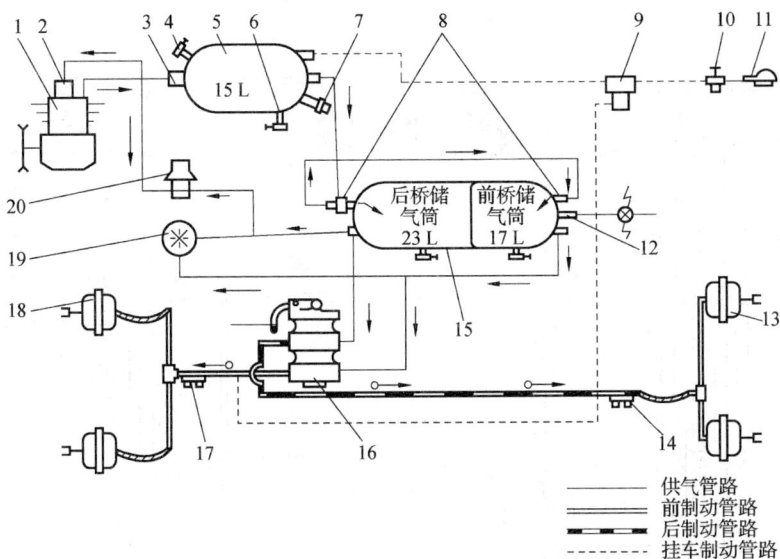

图 12－33　解放 CA1091 型汽车的双回路气压制动系统示意图

1—空气压缩机；2—卸荷阀；3—单向阀；4—取气阀；5—湿储气筒；6—油水排出阀；7—安全阀；
8—单向阀；9—挂车制动控制阀；10—分离开关；11—连接头；12—气压报警开关；13—后轮制动气室；
14，17—制动灯开关；15—储气筒；16—串联双腔式制动阀；18—前轮制动气室；19—双针空气压力表；20—调压器

通往挂车通路切断时，挂车也同时制动。

制动时，踩下制动踏板，串联式制动控制阀打开储气筒与制动气室之间的通道，从后桥储气筒来的压缩空气经过控制阀进入后桥制动气室，后桥车轮制动器开始制动；从前桥储气筒来的压缩空气通过控制阀进入前桥制动气室，前桥车轮制动器开始制动。同时，前制动管路的压缩空气还进入挂车制动控制阀，使挂车制动。当放松制动踏板时，串联双腔式制动阀 16 使制动气室通大气以解除制动。

解除制动时，放松制动踏板，串联式制动控制阀重新关闭了储气筒与制动气室之间的通道，同时开启了制动气室与大气的通道，制动气室的压缩空气通过制动控制阀泄入大气中，解除制动。在制动过程中，制动灯开关接通制动灯电路，制动灯亮，则警告后车前车已制动，且勿追尾。

图 12－34 为黄河 JN1181C13 型汽车制动系统示意图。双缸空气压缩机 2 产生的压缩空气输入滤气调压阀 13，在此清除水分和润滑油粒后，再通过防冻泵 11，双回路压力保护阀 14 向前桥储气筒 16 和后桥储气筒 6 充气。当供能管路压力（储气筒压力）超过 0.8 MPa 时，滤气调压阀中的调压阀即自动打开排放阀，将多余的压缩空气及其凝聚的油水排放出去。滤气调压阀中还设有供轮胎充气用的放气阀。在前、后桥充气管路中分别装有压力表传感器 18 和 9、气压过低报警灯开关 17 和 10，通过线路传给组合仪表。当气压过低报警灯亮时，说明充气管路中气过压低，此时应立即停车充气，待充气充到报警灯熄灭后方能继续行车。在环境温度低于 50℃ 时，可在向储气筒充气的同时使用防冻泵将储存于泵内的乙醇喷入压缩空气内，降低冷凝水的冰点，防止水分结冰堵塞管路。管路中的双回路压力保护阀 14 能够保证前、后两制动回路互相隔绝，当充气管路正常时，可同时向两管路储气筒充气，当其中一管

路损坏时，保护阀能保证向另一路未损坏的储气筒继续充气。

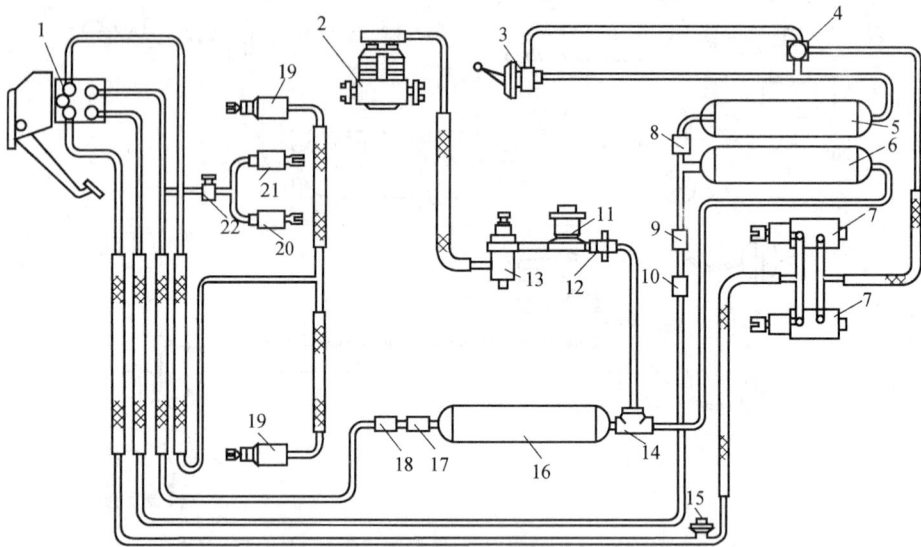

图 12 - 34　黄河 JN1181C13 型汽车制动系统示意图

1—并联双腔制动阀；2—空气压缩机；3—手控制动阀；4—继动快放阀；5—驻车 - 应急储气筒；6—后桥储气筒；
7—复合式后制动气室；8—单向阀；9—后充气管路压力表传感器；10—后充气管路气压过低报警灯开关；
11—防冻泵；12—检验接头；13—滤气调压阀；14—双回路压力保护阀；15—制动信号灯开关；16—前桥储气筒；
17—前充气管路气压过低报警灯开关；18—前充气管路压力表传感器；19—前制动气室；
20—喷油泵断油操纵汽缸；21—排气缓速操纵汽缸；22—排气缓速操纵阀

复合式后制动气室 7 由彼此独立的前、后两个气室组成。前部为行车制动气室，后部为驻车 - 应急制动气室。前者在充气升压时起行车制动作用，后者在排气降压时起驻车制动或应急制动作用，而在充气升压时则反而减弱以至解除制动。

驻车制动气压回路应独立于行车制动回路，所以单向阀 8 使空气只能由后桥储气筒 6 流向驻车 - 应急储气筒 5 而不能倒流。将手控制动阀 3 推到制动位置实施驻车或应急制动时，复合式后制动气室 7 后腔中的压缩空气从继动快放阀 4 中排出，实现驻车或应急制动。

黄河 JN1181C13 型汽车设有排气缓速辅助制动系统。位于发动机排气管中的排气节流阀由排气缓速操纵汽缸 21 促动。利用排气制动时，踩下排气缓速操纵阀 22，前桥储气筒 16 内的压缩空气分别进入排气缓速操纵汽缸 21 和喷油泵断油操纵汽缸 20。前者使排气节流阀门关闭，增加排气阻力，提高柴油机的制动效能，后者使喷油泵停止供油。

2. 供能装置

供能装置由空气压缩机、调压阀、储气筒或双管路保险阀及其他有关附件(安全阀、滤清器、油水分离器、空气干燥器和防冻器等)组成。

(1)空气压缩机

空气压缩机的作用是产生压缩空气。空气压缩机大多采用空气冷却活塞式。按其缸数，可分为单缸与双缸两种。东风 EQ1090E 型汽车空气压缩机为单缸风冷式，其结构如图 12 - 35 所示。它固定在发动机汽缸盖的一侧，由发动机通过风扇带轮和 V 形带驱动。支架上有三道滑槽,可通过调整螺栓移动空气压缩机的位置来调整传动带的松紧度。

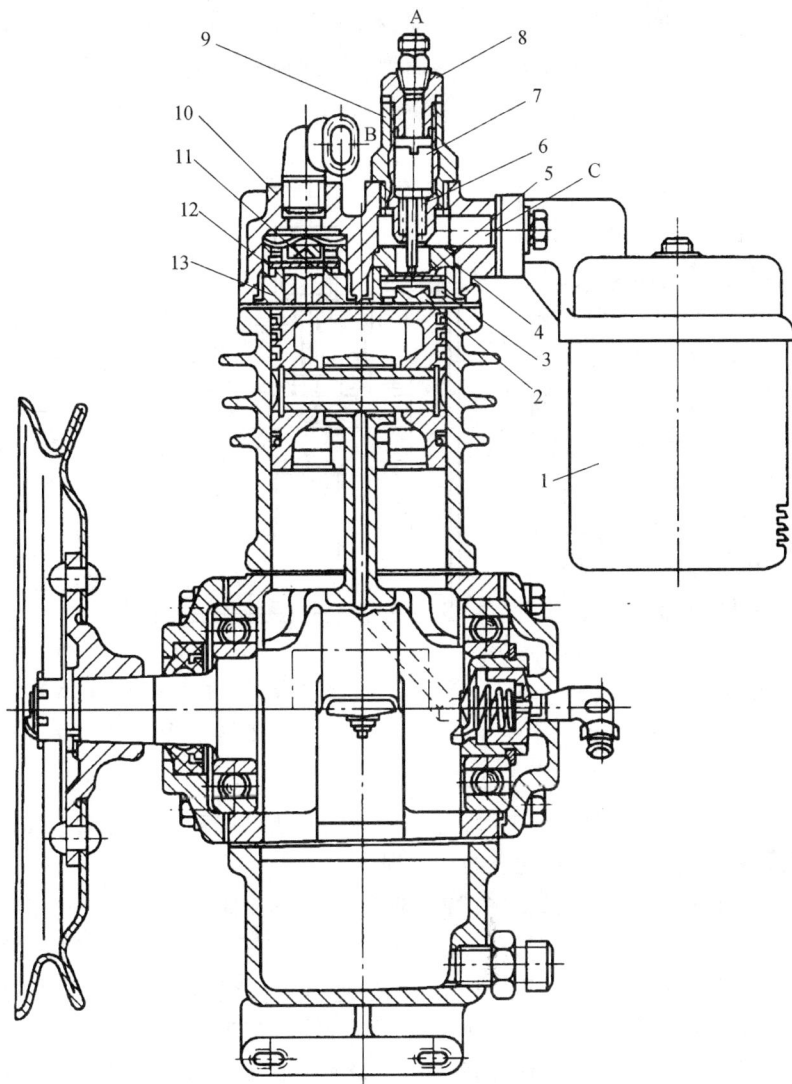

图 12 – 35 东风 EQ1090E 型汽车空气压缩机结构
1—进气滤清器;2—进气阀门导向座;3—进气阀弹簧;4—进气阀座;5—进气阀门;6—柱塞弹簧;
7—卸荷柱塞;8—定位塞;9—卸荷装置壳体;10—汽缸盖;11—排气阀门;12—排气阀门导向座;
13—气阀座;A—调压阀控制压力输入口;B—排气口;C—进气口

　　空气压缩机具有与发动机类似的曲柄连杆机构。铸铁制成的汽缸体下端用螺栓与**曲轴箱**连接,缸筒外铸有散热片。铝制汽缸盖 10 用螺栓紧固于汽缸体上端面,其间装有密封缸垫。缸盖上的进、排气室都装有一个方向相反的弹簧压紧于阀座的片状阀门,进气阀门 5 经进气口 C 与进气滤清器 1 相通,排气阀门 11 经排气口 B 与储气筒相通。在空气压缩机进气阀门 5 的上方设置有卸荷装置,它是由调压阀进行控制的,卸荷装置壳体 9 内镶嵌着套筒,其中装有卸荷柱塞 7 和柱塞弹簧 6。空气压缩机卸荷装置与调压阀连接示意图如图 12 – 36 所示。

发动机工作时，空气压缩机曲轴随之转动，带动活塞做上、下往复运动。当活塞下移时，在汽缸内真空度作用下，进气阀门 5 开启，外界空气经进气滤清器 1 自进气口 C 和进气阀门 5 被吸入汽缸。活塞上行时，汽缸内空气被压缩，压力升高，顶开排气阀门 11 经排气口 B 充入储气筒。卸荷柱塞上方的卸荷气室经调压阀通大气，卸荷柱塞被弹簧顶到上极限位置，其杆部与进气阀门之间保留一定间隙，卸荷装置不起作用。

当储气筒内的气压达到 0.7 ~ 0.744 MPa 时，调压器接通储气筒与卸荷阀之间的气路，如图 12 - 36 所示。压缩空气经过空气压缩机的 A 口进入卸荷阀的上腔，带动卸荷阀柱塞克服复位弹簧的作用下移，将空气压缩机进气阀门压下，使之保持在开启位置不动。这样，空气压缩机虽然在运转，但并不产生压缩空气，即空气压缩机卸荷空转。当储气筒的压力小于额定压力时，卸荷气室的压缩空气通过调压阀被排到大气中，卸荷阀柱塞在弹力的作用下上移，卸荷阀复位，空气压缩机又重新向储气筒供气。

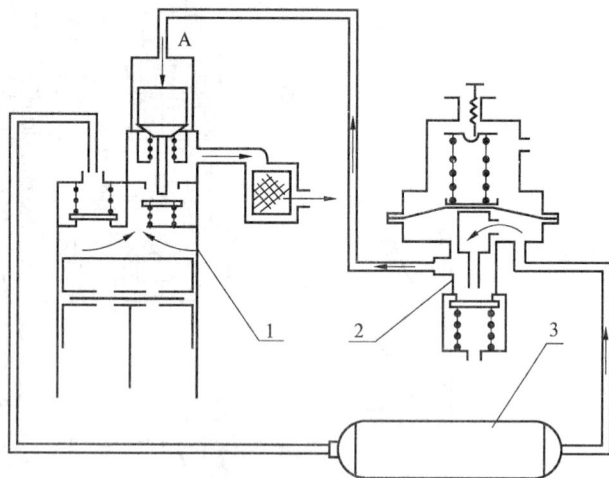

图 12 - 36　空气压缩机卸荷装置与调压阀连接示意图

1—空气压缩机；2—调压阀；3—储气筒

（2）调压阀

调压阀的作用是调节供气管路中压缩空气的压力，使之保持在规定的压力范围内；同时使空气压缩机能卸荷空转，减小发动机的功率损失。

东风 EQ1090E 型汽车的调压阀如图 12 - 37 所示。调压阀由膜片组、阀门组。调压弹簧及壳体等机件组成。管接头 9 接储气筒，管接头 7 接空气压缩机的卸荷装置。阀体 10 与阀盖 1 之间夹装有膜片组件 5。膜片组件中心用螺纹连接着与阀体中央孔作间隙配合的芯管 6，其上部有径向孔，与其轴向孔道相通。其预紧力由调整螺钉 2 调定的调压弹簧 4 将膜片连同芯管压推到下极限位置。芯管下端面（出气阀座）紧密压住阀门 8，并使之离开阀体上的排气阀座。也就是说，调压阀的排气阀开启，出气阀关闭。此时空气压缩机卸荷气室与储气筒隔绝，而经调压阀的排气口 A 与大气相通。

在空气压缩机向储气筒充气的过程中，若储气筒气压尚低，即作用在调压器膜片下腔的气体压力不足以克服调压弹簧的预紧力时，调压阀不起作用。

当湿储气筒内的气体压力升高至 0.63 ~ 0.83 MPa，作用在膜片上向上的气体压力足以克服调压弹簧的预紧力时，调压弹簧被压缩，膜片组将相应地上移，处于图 12 - 36 所示的位置，排气阀靠紧阀座，关闭了卸荷阀控制气室至大气的通路。芯管上移后，芯管的下端离开排气阀，排气阀上端面出现一个间隙，这样卸荷阀控制气室与湿储气筒之间的通路被接通。湿储气筒内的压缩空气便经图 12 - 36 所示通路进入卸荷阀控制气室，在气压作用下，卸荷阀下移，使汽缸与大气相通，空气压缩机不再产生压缩空气，而卸荷空转。

当储气筒气压下降到 0.63 MPa 以下时，调压弹簧的弹力大于气体压力，膜片组即在调

压弹簧的作用下相应下移。芯管首先与排
气阀门接触，关闭湿储气筒和卸荷阀控制
气室之间的通道，随后空心管与排气阀一
起下移，将排气阀顶离阀座，使卸荷阀控
制气室与大气通道开启，控制气室的压缩
空气被排入大气。卸荷阀上移，关闭了汽
缸与大气之间的通道，空气压缩机又开始
正常向储气筒供气。

调压弹簧弹力的大小直接影响系统的
压力。调压器弹簧的弹力可以通过转动调
节螺钉进行调节，旋入时压力上升，反之
压力下降。

（3）双管路保险阀

双管路或四管路保护阀的作用就是保
证并联的多储气筒，多管路充气系统中某
一管路损坏时，保持其他完好管路仍能继
续充气，维持一定的气压，使汽车能长时
间地低速安全行驶。

图 12 – 38 所示为双管路保护阀。阀
体 1 中部的孔和充气管路相通，两端孔分
别连接前后桥储气筒，两个完全相同的活

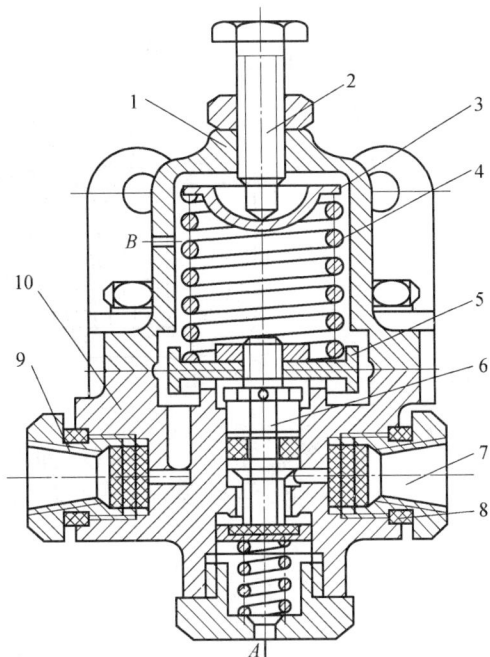

图 12 – 37　东风 EQ1090E 型汽车调压阀
1—阀盖；2—调整螺钉；3—弹簧座；4—调压弹簧；
5—膜片组件；6—芯管；7—接空气压缩机卸荷装置管接头；
8—阀门；9—通储气筒管接头；10—阀体；A—排气口

塞 4 装在阀体内，在活塞上安装了橡胶的出气阀。在弹簧 2 的作用下抵靠在阀座上，在限定
的范围内，能防止储气筒内的压缩空气倒流。在阀体的中部装有限位挡圈 6，限制两个活塞
向内移动的位置。在挡圈附近有一通大气的气道 C，使两活塞之间通大气，使活塞相对运动
时不受背面气压的影响。

其工作原理如图 12 – 39 所示，当通前、后桥的管路都完好时，如图 12 – 39（a）、（b）所
示，压缩空气由保护阀中部的进气口进入，经过气道分别进入了两活塞的外侧。当进气压力
小于 0.55 MPa 时，作用在活塞上的气体压力小于弹簧的弹力，两个活塞在弹力的作用下向
两侧运动，出气阀关闭通向前后储气筒的气路，此时，空气压缩机不向储气筒供气。当进气
压力大于 0.55 MPa 时，作用在活塞上的气体压力大于弹簧弹力，两个活塞在气体压力的作
用下相对运动，抵靠到限位挡圈 4 上，同时带动出气阀 1 离开阀座，打开空气压缩机与储气
筒之间的通道，压缩空气便经过气道，分别进入前桥储气筒和后桥储气筒，空气压缩机给储
气筒充气。

若有一回路突然漏气时（如后桥制动管路漏气），如图 12 – 39（c）所示，未损坏的管路以
及来自空气压缩机的压缩空气将不断流向损坏的管路，使两管路的气压不断下降，直至低于
阀门的闭合压力，当漏气量大于空气压缩机的气量，作用在活塞上的弹簧弹力大于气体压力
时，活塞在弹力的作用下向外侧移动，关闭通向两储气筒的气路。随着空气压缩机继续供
气，两活塞外侧的气体压力又在继续上升，左侧活塞由于通前桥储气筒管路完好，管路中有
一定的气压，因此活塞上受到向右的气体压力一部分来自空气压缩机作用在其环形面积上的

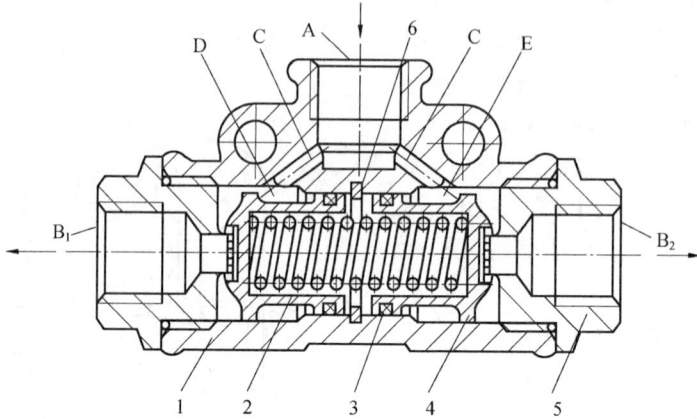

图 12 − 38 双管路保险阀

1—阀体；2—弹簧；3—密封圈；4—活塞；5—出气接头(阀座)；6—限位挡圈；

A—进气口；B_1、B_2—出气口；C—气道；D、E—阀腔

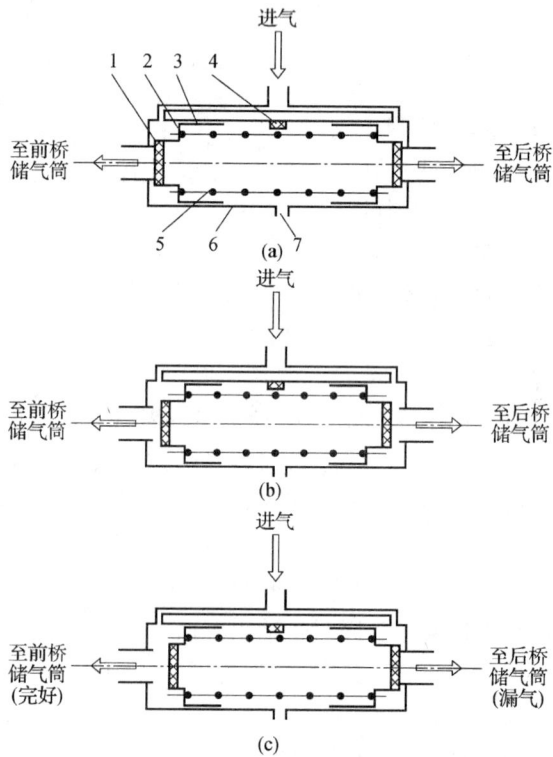

图 12.39 双管路保护阀工作原理示意图

1—进气滤清器；2—进气阀门导向座；3—进气阀弹簧；4—进气阀座；5—进气阀门；6—柱塞弹簧；7—卸荷柱塞；

8—定位塞；9—卸荷装置壳体；10—汽缸盖；11—排气阀门；12—排气阀门导向座；13—气阀座；14—调压阀；

A—控制压力输入口；B—排气口；C—进气口

气体压力，另一部分是来自管路中的气体压力，活塞上受到向左的力仍然是弹簧弹力，此时，由于活塞上受到向右的作用力，较开始供气时受到的向右的作用力多了管路中的气体压力，所以，供气压力大于 0.55 MPa 时，活塞即右移，开启空气压缩机与前桥储气筒之间的通道，空气压缩机向前桥储气筒供气。右侧活塞由于通后桥储气筒管路漏气，活塞上向左的作用力仍然是来自空气压缩机作用在活塞上环形受力面积上的气体压力，所以，右侧活塞左移开启通向后桥储气筒的气体压力仍然是 0.55 MPa。当供气压力小于 0.55 MPa 时，右侧活塞关闭通向后桥储气筒的气道。

（4）进气单向阀

进气单向阀装在湿储气筒和前、后储气筒压缩空气入口处，其作用是保证储气筒中的压缩空气不倒流，以保证每个储气筒的独立性，并减少漏气的可能性。图 12 – 40 所示为进气单向阀。A 口接空气压缩机（对前后桥储气筒来说是接湿储气筒），B 口接储气筒。阀 2 在弹簧 3 的弹力的作用下抵靠在阀座上。工作时，来自 A 口空气压缩机的气体压力作用在阀门上，给阀门一个向下的作用力，阀门下方来自弹簧的弹力与通储气筒的管路压力，给阀门一个向上的作用力，当向下的作用力大于向上的作用力时，阀门下移，A、B 口接通，压缩空气经过进气单向阀向储气筒供气。当空气压缩机卸荷或停转时，阀门在弹簧弹力和管路气压的作用下上移，关闭气道，防止储气筒压缩空气倒流漏气。

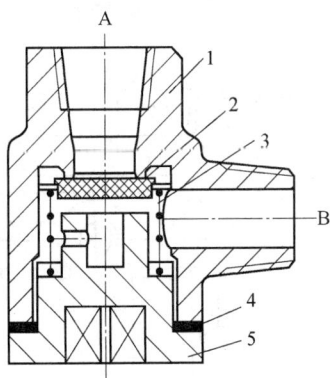

图 12 – 40　进气单向阀

1—阀体；2—阀门；3—弹簧；4—垫片；5—阀盖；

A—接空气压缩机；B—接储气筒

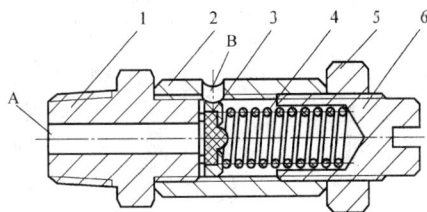

图 12 – 41　安全阀

1—阀座；2—外壳；3—阀门；

4—弹簧；5—锁紧螺母；6—调整螺钉；

A—接湿储气筒；B—通大气

（5）安全阀

安全阀如图 12 – 41 所示。安全阀装于湿储气筒后端盖上，当气压调节器或空气压缩机卸荷装置出现故障，储气筒内气压升高到 0.8 ~ 0.9 MPa 时，作用在阀门 3 上向右的气体压力超过安全阀弹簧 4 的弹力，此时阀门被推离阀座 1，A、B 通道被打开，使湿储气筒通过口 B 与大气相通，自动放气。当湿储气筒气压降低后，阀门又在弹簧弹力的作用下左移，阀被压到阀座上，使湿储气筒的压缩空气与大气隔离。旋转调整螺钉，改变弹簧的预紧力，即可改变安全阀起作用的气压。

3．控制装置

（1）制动阀

制动阀是气压行车制动系统中的主要控制装置，用以起随动作用并保证有足够强的踏板感，即在输入压力一定的情况下，使其输出压力与输入的控制信号——踏板行程和踏板力呈一定的递增函数关系。制动阀输出压力可以作为促动管路压力直接输入到作为传动装置的制动气室，但必要时也可作为控制信号输入另一控制装置(如继动阀)。

解放 CA1091 型汽车的气压制动系统所用的串列双腔活塞式制动阀的构造如图 12－42 所示。整个制动阀以其上盖用螺栓固定于车架上。操纵摇臂 18 的中部借销轴支于上盖的两片肋板上，其下端通过拉杆等与制动踏板机构相连。下阀体 13 上有通储气筒的进气口 A_1、A_2 和分别通向前、后轮制动气室的出气口 B_1、B_2。

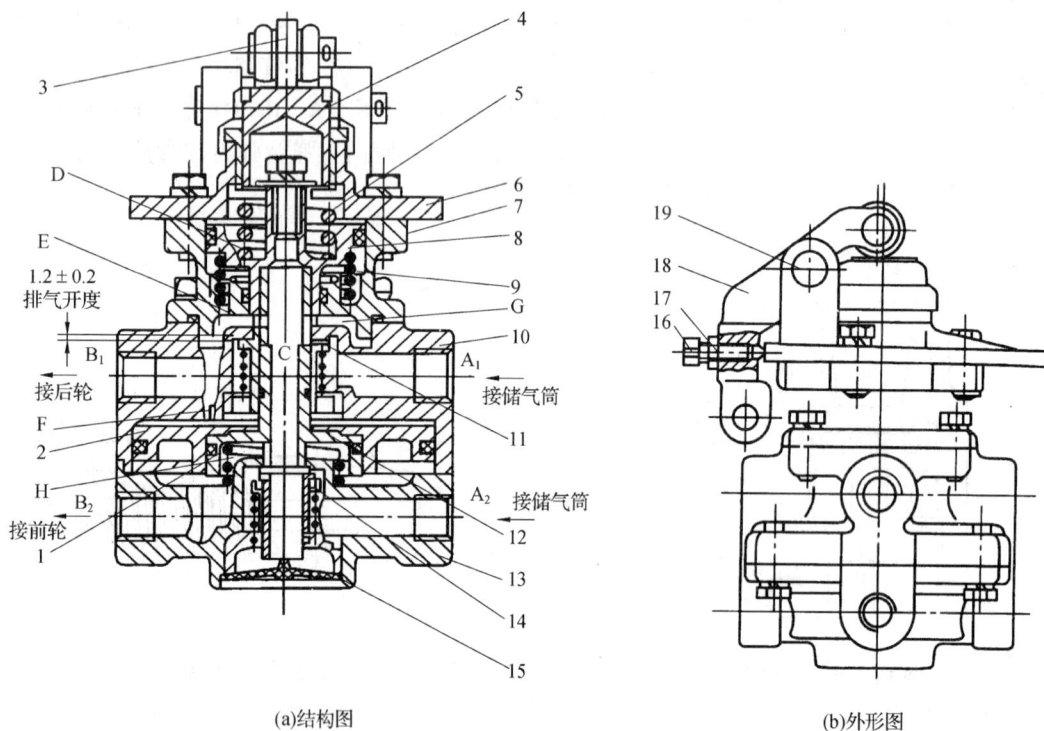

(a)结构图　　　　　　　　　　　　　(b)外形图

图 12－42　解放 CA1091 型汽车串列双腔活塞式制动阀构造

1—下腔小活塞复位弹簧；2—下腔大活塞；3—滚轮；4—推杆；5—平衡弹簧；6—上盖；7—上阀体；8—上腔活塞；
9—上腔活塞复位弹簧；10—中阀体；11—上腔阀门；12—下腔小活塞总成；13—下阀体；14—下腔阀门；
15—防尘片；16—调整螺钉；17—锁紧螺母；18—操纵摇臂；19—销轴；A_1、A_2—进气口；B_1、B_2—出气口；
C—排气口；D—上腔排气孔；E、F—通气孔；G—上腔气孔；H—下腔气腔

踩下制动踏板，可使操纵摇臂绕着安装在上盖的销轴转动。操纵摇臂的上端连接着滚轮 3，滚轮可以绕着销轴转动，变操纵摇臂与推杆 4 之间的滑动摩擦为滚动摩擦。推杆可以在上盖中央的孔中上下移动，推杆的下端压在平衡弹簧 5 的座上。平衡弹簧座中间的孔较大，可以在上腔活塞 8 的芯管上部上下移动，其中上极限位置通过垫圈限位，垫圈通过螺钉固定在上活塞上。平衡弹簧 5 上端支承在平衡弹簧座上、下端压在上腔活塞 8 上，平衡弹簧有一定

的预紧力。上腔活塞总成是一个带芯管的活塞，它在上阀体中央的孔中可以上下移动。上腔活塞在上腔活塞回复位弹簧 9 的作用下上移，抵靠在上盖下端面上。在中阀体上有连接后桥储气筒的接口 A_1 和连接后桥制动气室的接口 B_1，分别与后桥储气筒和后桥制动气室连接。上腔阀门 11 是一个管状阀，阀门上端带有凸缘，在凸缘上涂有橡胶密封层，保证上腔活塞芯管与上腔阀门接触时密封。在上腔阀门下端的环形槽上装有 O 形密封圈，防止向下漏气。上腔阀门复位弹簧 9 上端通过弹簧座支承在上腔阀门上，使上腔阀门抵靠到阀座上，切断了 A_1 与 B_1 之间的通道。在阀体下腔里装有大小两个活塞，大活塞 2 为环形活塞，其内孔中有凸缘，小活塞总成 12 装在大活塞中部的孔中，小活塞总成是一个带芯管的活塞，芯管的上部插到上活塞总成的芯管里，芯管上有一个径向孔 G，在不制动时与 B_1 相通，芯管下端插到下阀体 13 中央的孔中。下腔活塞复位弹簧 1 上端支承在小活塞上，下端支承在下阀体上。不制动时，在下活塞复位弹簧的作用下，小活塞与大活塞在弹力的作用下上移，使大小活塞抵靠在中阀体上，小活塞可以相对于大活塞单独下移。下腔阀体有连接前桥储气筒的接头 A_2 和连接前桥制动气室的接头 B_2。下腔阀门装在下阀体上，下腔阀门与上腔阀门相似，也是一个带有凸缘的管状阀，下腔阀门弹簧上端通过弹簧座支承在下腔阀门的凸缘上，下端支承在下弹簧座上，弹簧座通过卡环固定在下阀体上。不制动时，在弹簧的作用下，下腔阀门抵靠在阀座上，切断了 A_2 与 B_2 之间的通道。

在中阀体上有一个孔 F，通过它可以使大小活塞下腔与 B_1 连通。上阀体上有一个孔 E，通过它可以使上活塞与 B_1 连通。在不制动时，上活塞芯管与上腔阀门之间的间隙为 1.2 ± 0.2 mm，此间隙的大小直接影响制动踏板自由行程和制动性能，间隙大，踏板自由行程大；间隙过小，会造成无法解除制动，使制动拖滞。此间隙的大小可通过拉臂上的调整螺钉 16 进行调整。小活塞芯管与下腔阀门之间的间隙为 1.7 mm，此间隙无需调整，由零件的加工尺寸来保证。由于通后桥制动气室的排气间隙小于通前桥制动气室的排气间隙，所以保证了先向后桥制动气室充气，后向前桥制动气室充气。由于制动控制阀距后桥制动气室较前桥制动气室远，需要充气时间长，且后桥制动气室容积大，因此，前后桥还是同时产生制动。

①制动作用时的工作情况参见图 12-43。踩下制动踏板，通过拉杆拉动拉臂绕销轴转动，滚轮将给推杆产生一个向下的推力。在推力的作用下，推杆压着平衡弹簧座下移，平衡弹簧将推力传给上活塞，上活塞克服复位弹簧的弹力，连同芯管一起下移，首先消除了排气间隙。芯管与上腔阀门接触，关闭了后桥制动气室与大气之间的通道，此时对应的制动踏板的行程称为踏板的自由冲程。随着芯管的继续下移，上腔阀门离开阀座下移，打开了 A_1 与 B_1 之间的通道。此时，后桥储气筒的压缩空气通过制动控制阀中的 A_1-B_1 通道，经过管路进入后桥制动气室，后桥车轮制动器开始产生制动。

在压缩空气进入 B_1 腔后，通过中阀体上的小孔 F 进入大活塞与小活塞的上腔。在气压的作用下，大小活塞克服复位弹簧的弹力迅速下移。小活塞芯管下移首先消除了排气间隙，芯管与下阀门接触，关闭了前桥制动气室与大气之间的通道。随着芯管的继续下移，下腔阀门离开阀座下移，打开了 A_2、B_2 之间的通道，此时，前桥储气筒的压缩空气通过制动控制阀中的 J、E 之间通道，经过管路进入前桥制动气室，前桥车轮开始产生制动。

制动的强度与踏板行程有关。如果踏板行程小，进入制动气室的气压小，制动力小；踏板行程大，进入制动气室的气压大，制动力大；如果制动踏板踩到底，制动控制阀输出最大气压，制动气室气压与储气筒气压相等，制动力最大。

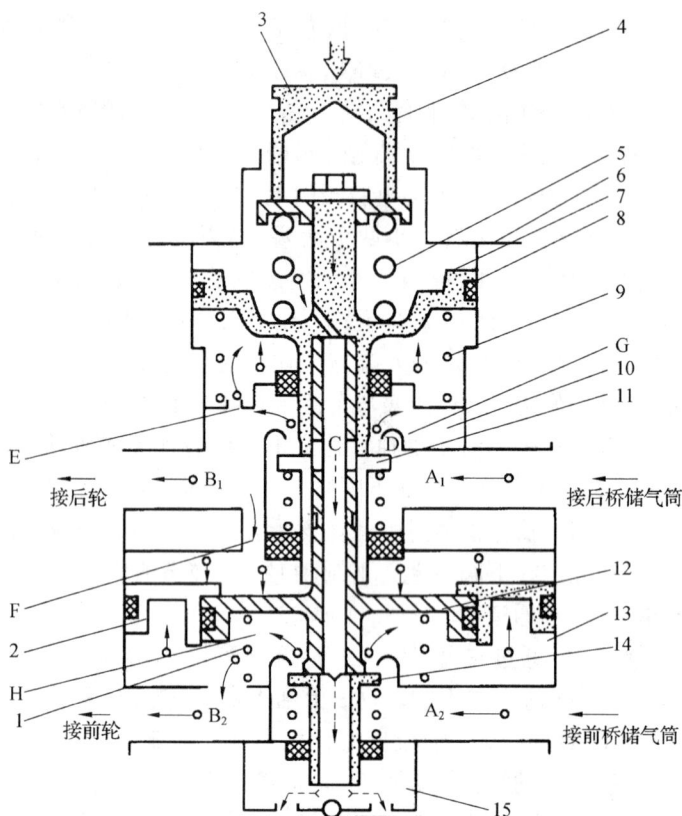

图 12-43　双腔串联活塞式制动控制阀制动状态工作情况

1—下腔小活塞复位弹簧；2—下腔大活塞；3—滚轮；4—推杆；5—平衡弹簧；6—上盖；7—上阀体；8—上腔活塞；
9—上腔活塞复位弹簧；10—中阀体；11—上腔阀门；12—下腔小活塞；13—下阀体；14—下腔阀门；15—防尘片；
A_1，A_2—进气口；B_1，B_2—出气口；C—排气口；D—上腔排气孔；E，F—通气孔；G—上腔气孔；H—下腔气孔

　　进入 B_1 腔室的压缩空气也经过小孔 E 进入上活塞的下腔，上活塞下腔的气体压力也在不断上升。

　　②维持制动时。在制动过程中，如果踩住制动踏板不动而维持制动时，通过推杆传到上活塞向下的踏板力不再增加，即此时上活塞受到向下的力不变。由于从孔 E 进入上活塞下腔的压缩空气不断增加，当作用在上活塞上向上的气体压力与上活塞复位弹簧的弹力之和大于通过平衡弹簧传来的踏板力时，上活塞开始上移，与此同时上腔阀门也随同芯管一起上移。当上腔阀门上移到与阀座接触，关闭后桥储气筒气路时，上活塞下腔的气压不再上升，作用在上活塞上向上的气体压力与向下的踏板力相等，活塞保持这一位置不动。此时出现了进气（上腔阀门与阀座间）、排气（上活塞芯管下端与上腔阀门间）都关闭的状态，后桥制动气室的气体压力达到平衡，维持一定的制动力。

　　在后桥维持制动的同时，从 F 孔进入大小活塞上腔的气体压力稳定，而大小活塞下腔来自前桥储气筒的气体压力不断上升。当来自前桥储气筒向上的气体压力与小活塞复位弹簧的弹力大于来自 F 孔的气体压力时，大小活塞连同下腔阀门一起上移；当下腔阀门上移到与阀座接触，关闭前桥储气筒的气路时，作用在大小活塞上向上的作用力不再增大，大小活塞上

受到的轴向力暂时平衡,大小活塞保持这一位置不动,此时出现了进气(下腔阀门与阀座间)、排气(小活塞芯管与下腔阀门间)通道都关闭状态,前桥制动气室的气体压力达到平衡,维持一定的制动力。

此平衡是暂时的,如果需要增加制动力,则继续向下踩制动踏板一定行程后保持不动,作用在上活塞上向下的踏板力大于向上的气体压力与弹簧弹力,平衡被破坏,上阀门下移,进气通道重新开启,后桥储气筒供给更多的压缩空气到后桥制动气室,上活塞下腔的气压也随之增大,平衡弹簧又被压缩,直到上活塞下方总的轴向力与活塞上方向下的踏板力达到新的平衡时,上活塞芯管上移到使上阀门再次关闭,又出现了进、排气道都处于关闭状态。此时,后桥制动气室的气压比以前高,后桥制动力也增加。对前桥制动来说,由于 B_1 腔气压升高,则通过孔 F 传到大、小活塞上的气压也增加,大小活塞上的平衡也被破坏,下腔阀门下移,前桥储气筒给前桥制动气室增加气压。当作用在大、小活塞上的轴向力平衡时,下阀门关闭,出现了进、排气道都处于关闭的状态,此时,前桥制动气室的气压比以前高,前桥制动力也增加。

若需减少制动力维持制动时,向上抬起制动踏板一定行程后保持不动,踏板力通过平衡弹簧传到上活塞上,向下的力即减小,相对的作用在上活塞上,并使其向上的气体压力增大,活塞随即上移,带动芯管上移。由于上阀门已经抵靠在阀座上保持不动,仍然关闭后桥储气筒的进气通道;随着芯管上移,排气间隙出现,后桥制动气室中的部分压缩空气经排气间隙、小活塞芯管径向孔 C 排入大气。随着压缩空气的排出,上活塞下腔的气压下降,作用在活塞上向上的气体压力减小,平衡弹簧即伸张,重新迫使上活塞芯管下移,直到消除排气间隙,上活塞芯管又抵靠到上腔阀门上,关闭排气道,又出现了进、排气道都处于关闭状态,此时,后桥制动气室将较以前低的气压保持不变。

在进入后制动气室的压力减小的同时,通过孔 F 进入大,小活塞上腔的气体压力也在减小,相对的作用在大,小活塞上向上的气体压力,大于向下的气体压力,小活塞连同芯管上移,排气间隙出现,前桥制动气室和管路中的部分压缩空气经排气间隙,下阀门中心孔排入大气。随着压缩空气的排出,大、小活塞下腔的气压下降,作用在大、小活塞上向上的气体压力减小,迫使大、小活塞下移,芯管下移,直到消除排气间隙,小活塞芯管又抵靠到下腔阀门上,关闭排气道,出现了进、排气道都处于关闭状态,此时,前桥制动气室将较以前低的气压保持不变。

③当某一管路漏气时,假若前桥制动管路漏气时,控制后桥制动气室工作的上活塞仍按上述的方式工作,后桥制动气室通压缩空气产生制动,后桥制动管路正常工作,不受影响。

当后桥制动管路漏气时,由于 B_1 腔无气压,所以大、小活塞不能在气体压力的作用下下移。此时是上活塞在踏板力的作用下下移,通过上活塞上的芯管,直接压着小活塞上的芯管下移,小活塞与大活塞单向分离而下移,消除排气间隙 E,继而推开下阀门打开前桥储气筒的通道。使压缩空气经过 $A_2 - B_2$ 通过管路,进入前桥制动气室,前桥产生制动。此时,由于推动小活塞下移的冲程增大,故制动踏板的自由冲程加大。

④解除制动时,抬起制动踏板,解除制动。此时作用在推杆上向下的踏板力消失,上活塞在复位弹簧的作用下上移,上活塞芯管连同上腔阀门一起上移。当上腔阀门上升到抵靠到阀座上时,上腔阀门不再上移,关闭后桥储气筒出气通道。随后芯管继续上移,排气间隙 H 出现,后桥制动气室的压缩空气通过管路、B_1 腔、排气间隙、小活塞芯管径向孔 C 排入大气,

后桥解除制动。

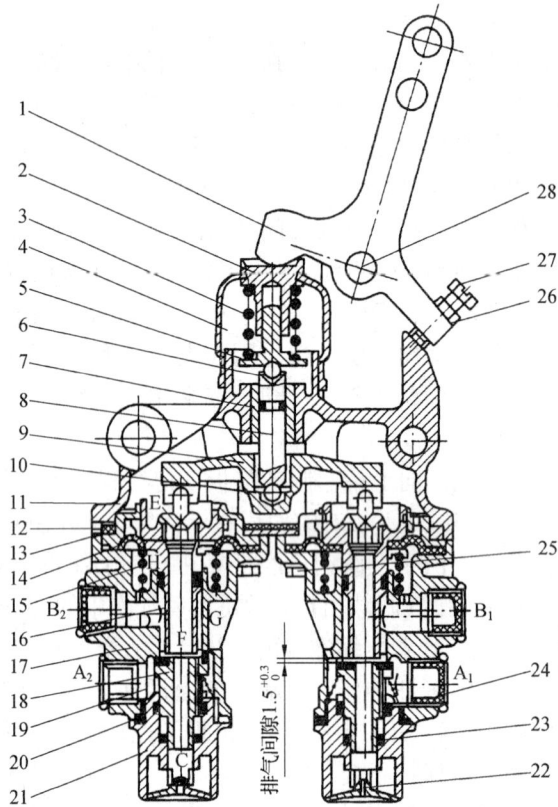

图 12 – 44 东风 EQ1090E 型汽车并列双腔膜片式制动阀

1—拉臂；2—平衡弹簧上座；3—平衡弹簧；4—防尘罩；5—平衡弹簧下座；6—钢球；7, 12, 23, 24—密封圈；
8—推杆；9—平衡臂；10—钢球；11—上体；13—钢垫；14—膜片；15—膜片复位弹簧；16—芯管；17—下体；
18—阀门；19—阀门复位弹簧；20—密封垫；22—阀门导向座；22—防尘堵片；25—防尘堵塞(运输及储存用)；
26—锁紧螺母；27—调整螺钉；28—拉臂轴；A_1—进气口(通前制动储气筒)；A_2—进气口(通后制动储气筒)；
B_1—出气口(通前制动气室及挂车空气管)；B_2—出气口(通后制动气室)；C—下部排气口；D—节流孔；
E—上部排气口；F—排气阀座；G—进气阀座；H—平衡气室

随着 B_1 腔压缩空气的排出，大、小活塞上腔的气体压力消失，大、小活塞在复位弹簧弹力的作用下上移，小活塞芯管连同下腔阀门一起上移。当下腔阀门上升到抵靠到阀座上时，下腔阀门不再上移，关闭前桥储气筒出气通道。随后芯管继续上移，排气间隙出现，前桥制动气室的压缩空气通过管路、B_2 腔、排气间隙、下腔阀门中心孔排入大气，前桥解除制动。

图 12 – 44 所示为东风 EQ1091E 型汽车的并列双腔膜片式制动阀。当驾驶员踩下制动踏板时，通过拉杆使拉臂 1 绕拉臂轴 28 转动。拉臂的一端压下平衡弹簧上座 2，并经平衡弹簧3、平衡弹簧下座 5、钢球 6、推杆 8、钢球 10 使平衡臂 9 下移。平衡臂的两端推动两腔内的膜片下凹，并经芯管 16，首先将排气阀座 F 关闭，继而打开进气阀座 G。此时储气筒中的压缩空气经进气阀座 G 充入制动气室，推动制动气室膜片使制动凸轮转动以实现车轮制动。由前、后制动储气筒来的压缩空气经进气口 A_1、A_2 和出气口 B_1、B_2 充入前、后制动气室的同

时，还经节流孔 D 进入膜片的下腔，推动两腔的芯管 16 上移，促使平衡臂 9 等零件向上压缩平衡弹簧 3，此时阀门 18 将进气阀座 G 和排气阀座 F 同时关闭，制动阀处于平衡状态，压缩空气保留在制动气室中。当驾驶员感到制动强度不足时，可继续踩下制动踏板到某一位置，制动气室进气量增多，气压升高。当气压升高到一定值时，进、排气阀座又同时关闭，此时制动阀又处于新的平衡状态。当放松制动踏板时，拉臂 1 回行，平衡弹簧伸张，压力减小，则膜片 14 在复位弹簧 15 的作用下上凸，并带动芯管 16 等零件上移，排气阀座 F 被打开，制动气室及制动管路内的压缩空气经芯管 16 内孔道上部的排气口 E 及阀门 18 内孔道及下部排气口 C 排出。当踏板放松到某一位置不动时，在平衡弹簧 3 的作用下，阀门 18 又将进气阀座 G 和排气阀座 F 同时关闭，制动阀又处于新的平衡状态。图 12 – 45 所示为并列双腔膜片式制动阀制动状态时的工作情况。

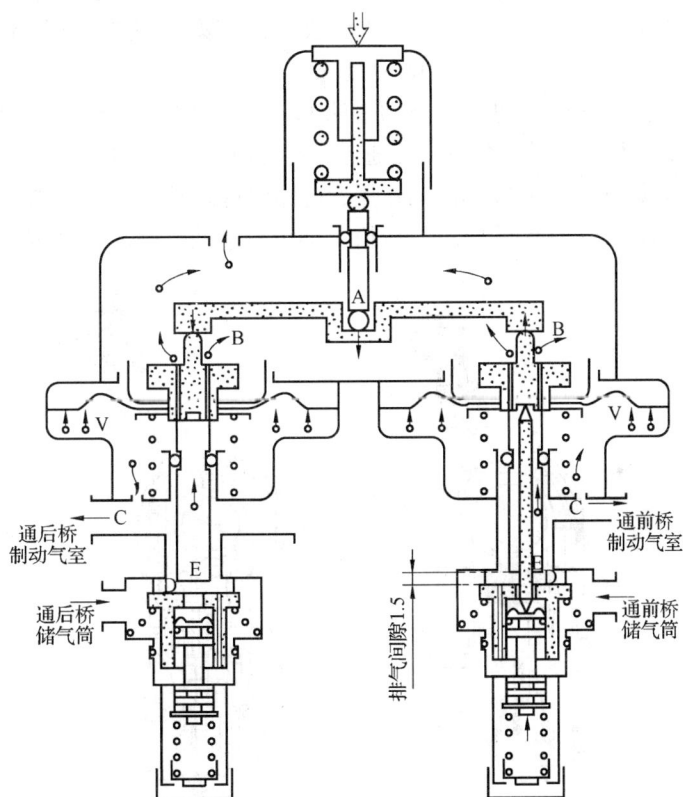

图 12 – 45　并列双腔膜片式制动阀制动状态时的工作情况
A—拉臂限位块；B—排气口；C—节流孔；D—进气阀门；E—排气阀口；V—平衡气室

当制动踏板完全放松时，制动作用完全解除。由此可知，制动阀之所以能起到随动作用，保证制动的渐进性，主要是因为推杆与芯管之间是依靠平衡弹簧来传力的，而平衡弹簧的工作长度和作用力则随自制动阀到制动气室的促动管路压力的变化而变化。

只要自踏板传到推杆的力大于平衡弹簧的预紧力，不论踏板停留在哪个工作位置，制动阀都能自动达到并保持以进气阀和排气阀二者都关闭为特征的平衡状态。现有的各种动力制动系统和伺服制动系统中的控制阀等随动装置的基本工作原理与此相同。

(2)手控制动阀

手控制动阀可用以控制汽车的驻车制动和第二制动(或应急制动),以及挂车的驻车制动。因为对驻车制动没有渐进控制的要求(过去对应急制动也没有这个要求),所以用以控制驻车制动的手控制动阀实际上只是一个气开关。图12-46所示为东风EQ1108G6D型汽车的手控制动阀结构及工作原理。

①行驶状态行驶时,推动手柄17,带动凸轮16转动到行驶位置,上活塞15下降,压下平衡弹簧13,推动下活塞14下移,关闭排气阀门,推开进气阀门,b腔内的压缩空气进入a腔。此时a腔内的压缩空气分两路:一路经出气口7进入弹簧制动气室解除弹簧制动;一路经出气口4进入挂车控制阀,解除挂车制动。此时汽车处于完全解除制动状态。

②驻车制动状态时,推动手柄17向驻车制动位置,在12°～55°,手柄17的转角与输出口气压成反比,由于有平衡弹簧作用并具有操作随动性,可进行紧急制动。当手柄17达到驻车制动位置时,上活塞15上升,平衡弹簧13卸载,下活塞14随之上移,进气门关闭,排气门敞开,a腔内气压排出,汽车处于全制动状态。

③检查状态。进行检查时,进一步推动手柄17至检查位置,凸轮16侧边的凸台1压下压块2,推动挺杆3下移,关闭5腔与b腔通道,同时顶开进气阀门6,使c腔的气压进入5腔,通过挂车制动阀解除挂车的驻车制动作用,这样就可以检查汽车是否能在只有牵引车的驻车制动作用下,满足停车坡度的要求。放松手柄可自动回到驻车制动位置上。

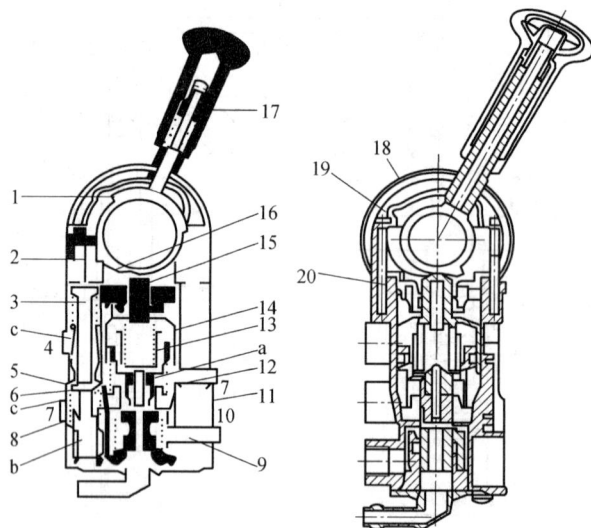

图12-46 东风EQ1108G6D型汽车手控制动阀结构及工作原理图
1—凸台;2—压块;3—上推动挺杆;4—出气口(接挂车控制阀);5—内腔;6—进气阀门;
7—出气口(接弹簧制动气室);8—附加阀;9—阀门复位弹簧;10—进气口;11—阀体;
12—活塞复位弹簧;13—平衡弹簧;14—下活塞;15—上活塞;16—凸轮;17—手柄;
18—罩子;19—手控阀;20—螺杆;a,b—气腔

东风EQ1108G6D驻车制动器通过连接法兰(驻车制动底板支座)安装在变速器壳后端,制动鼓通过凸缘与变速器输出轴连接。机械式操纵机构装在变速器后端。制动时只要将操纵杆向后拉即可。解除驻车制动时,用拇指按下驻车制动按钮,先向后稍微拉动操纵杆,再向

前推动放下操纵杆即可。

（3）快放阀与继动阀

储气筒和制动气室一般是只通过制动阀（含手控制动阀，下同）用管路连接的。这样，储气筒向制动气室充气以及制动气室内压缩空气排入大气，都必须迂回流经制动阀。在储气筒、制动气室都与制动阀相距较远的情况下，这种迂回充气和排气将导致制动和解除制动的滞后时间过长，不利于汽车的及时制动和制动过后的及时加速。

①快放阀。在制动阀到制动气室的管路上靠近制动气室处，设置如图 12 - 47 所示的快放阀，可以保证解除制动时制动气室迅速排气。快放阀的进气口 A 通制动阀，两出气口 B 可分别通向左、右两侧制动气室。制动时，由制动阀输送过来的压缩空气自进气口 A 流入，将阀门 4 推离进气阀座，进而使之压靠阀盖内端的排气阀座，然后自出气口 B 流向制动气室。此时，快放阀的作用有如一个三通管接头。解除制动时，进气口 A 经制动阀通大气，阀门在弹簧 3 的作用下复位（即关闭进气阀），制动气室内的压缩空气即就近经孔口 C 排入大气，而无需迂回流经制动阀。

②继动阀（加速阀）。继动阀的作用是使压缩空气不流经制动阀而直接充入制动气室，以缩短供气路线，减少制动滞后时间。图 12 - 48 所示为一般膜片式继动阀。在一般情况下，进气口 A 直接通储气筒，出气口 B 通向制动气室，孔口 C 则与制动阀的出气口相通。当孔口 C 处于大气压力下时，芯管 5 在自身重力作用下压靠阀门 3，同时阀门也在弹簧 4 的作用下压靠阀体 1 上的阀座。这意味着继动阀的进气阀和排气阀都关闭。踩下制动踏板时，制动阀的输出气压作为继动阀的控制压力自孔口 C 输入。膜片 2 在此控制压力作用下连同芯管向下移动，将进气阀推开。于是压缩空气便由储气筒直接通过进气口 A 和出气口 B 充入制动气室，而无需流经制动阀。这就大大缩短了制动气室的充气管路，加速了气室充气过程。所以，过去多将用在这种场合下的继动阀称为加速阀。

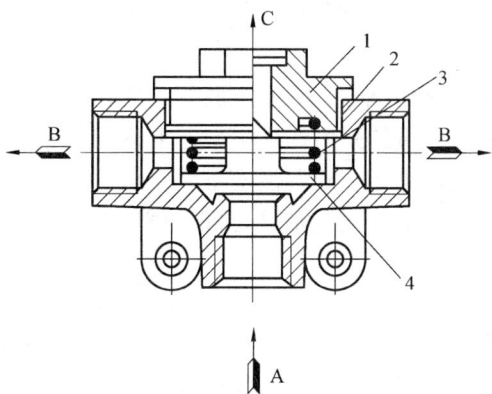

图 12 - 47　快放阀
1—阀盖；2—阀体；3—弹簧；4—阀门；
A—进气口；B—出气口；C—排气口

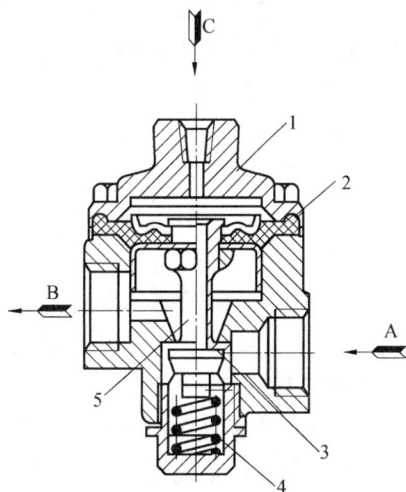

图 12 - 48　一般膜片式继动阀（加速阀）
1—阀体；2—膜片；3—阀门；4—弹簧；5—芯管；
A—进气口；B—出气口；C—控制气压输入口

孔口 C 处的控制压力撤除后,膜片在下方气压作用下向上拱曲,使排气阀开启。于是制动气室中的压缩空气便经芯管 5 和孔口 C 流向制动阀,并经制动阀排气口排入大气。继动阀具有平衡膜片和平衡气室,所以只要输入的控制压力是渐进变化的,则继动阀对本身输出压力的控制也是渐进的。

图 12-49 是采用活塞式平衡结构的继动阀,在不制动时芯管总成在复位弹簧 9 的作用下抵靠在阀座上,关闭后桥储气筒通道。其工作原理如图 12-50 所示。制动时,从制动控制阀来的压缩空气经 C 口进入活塞上腔,在气体压力的作用下活塞下移,活塞与上阀门接触,首先关闭了 A-D 之间的通道,即制动气室与大气之间的通道。随着活塞继续下移,通过芯管带动下腔阀门下移,打开了 B-A 之间的通道,即后桥储气筒与后桥制动气室之间的通道,后桥制动气室通压缩空气,后桥车轮制动器开始产生制动 [图 19-50(a)]。

当踩住制动踏板不动维持制动时,制动控制阀维持制动,活塞受到向下的气体压力不再变化,而作用在活塞下腔的气体压力不断上升。当向上的气体压力大于向下的气体压力时,活塞上移,下腔阀门随同芯管一起上移。当下腔阀门上移到与阀座接触,关闭储气筒的进气通道时,活塞下方的气体压力也不再上升,活塞停止不动,此时出现了进、排气通道均关闭的平衡状态,制动气室的气压保持不变。如果向下踩制动踏板,上述平衡被破坏,制动气室又进压缩空气,压力升高,制动力增大;反之,制动力减小,与制动控制阀与制动控制阀同步输出随动气压[图 12-50(b)]。

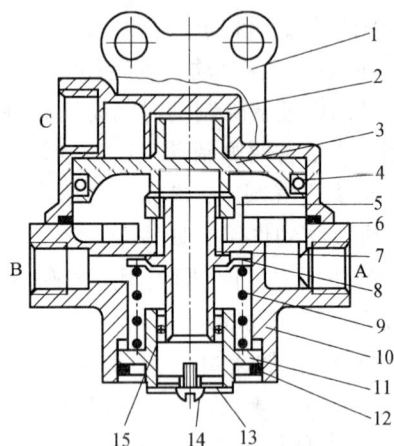

图 12-49　活塞式继动阀
1—支架;2—阀盖;3—活塞;
4,15—O形密封圈;5—排气阀总成;6—密封圈;
7—阀芯总成;8—弹簧座;9—复位弹簧;
10—阀体;11—导向座;12—挡圈;
13—防尘膜片;14—螺钉;A—接后桥制动气室;
B—接后桥储气筒;C—接制动控制阀

解除制动时,活塞上腔的压缩空气通过制动控制阀通大气,活塞上腔制动气压减小,活塞下腔制动气压大于上腔气压,活塞上移,芯管也在弹簧的弹力作用下一起上移。当下阀门与阀座接触时,关闭后桥储气筒与后桥制动气室之间的通道,随着活塞继续上移,活塞与上阀门间出现间隙,后桥制动气室的压缩空气通过 A 口、上阀门与活塞之间的间隙、D 口排到大气,制动气室气压等于大气压,解除制动[图 12-50(c)]。

4. 制动气室

就气压制动系统而言,制动气室是执行装置,其作用是将输入的气压能转换成机械能而输出。但从整个制动系统看来,制动气室还是属于传动装置,其输出的机械能还要传到制动凸轮之类的促动装置,使制动器产生制动力矩。

制动气室有膜片式和活塞式两种。膜片式制动气室结构简单,但膜片的冲程较短,寿命短,制动器间隙稍有变大,即需及时调整。活塞式制动气室无上述问题,多用于重型车辆。

图 12-51 所示是东风 EQ1090E 型汽车的膜片式制动气室。夹布层橡胶膜片 2 的周缘用卡箍 8 夹紧在壳体 4 和盖 3 的凸缘之间。盖与膜片之间为工作腔,借橡胶软管与由制动阀接

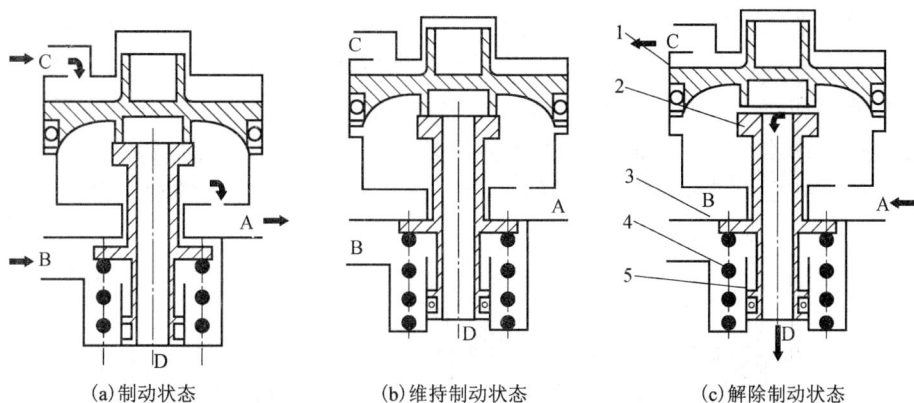

(a)制动状态　　　　　　(b)维持制动状态　　　　　　(c)解除制动状态

图 12 - 50　活塞式继动阀工作原理示意图

1—活塞；2—上阀门；3—下阀门；4—复位弹簧；5—芯管；

A—接后桥制动气室；B—接后桥储气筒；C—接制动控制阀；D—通大气

出的钢管连通，膜片右方则通大气。弹簧 5 通过焊接在推杆 6 上的支承盘 1 将膜片推到图示的左极限位置。推杆的外端借连接叉 7 与制动器的制动调整臂相连。踩下制动踏板时，压缩空气自制动阀充入制动气室工作腔，使膜片向右拱，将推杆推出，使制动调整臂和制动凸轮转动而实现制动。放开制动踏板，工作腔则经由制动阀的排气口连通大气。膜片与推杆都在弹簧 5 的作用下复位而解除制动。

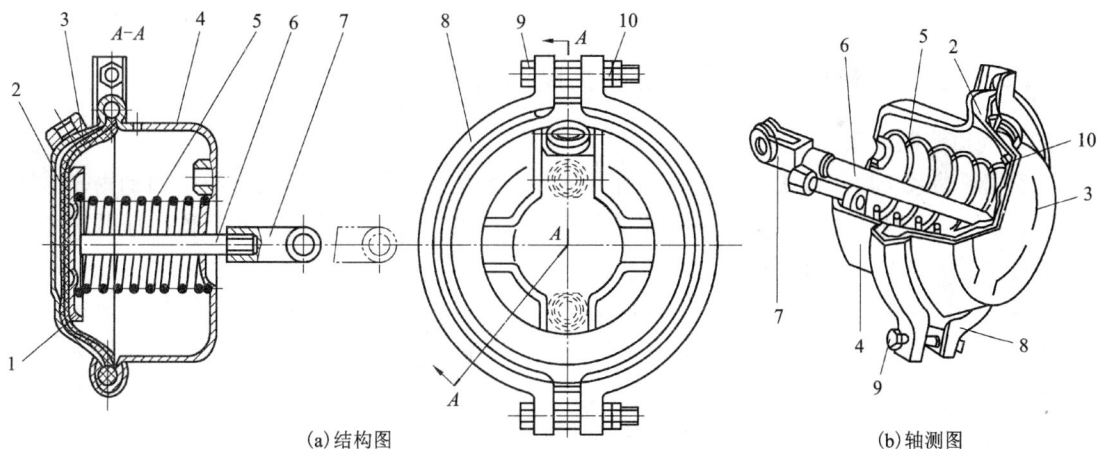

(a)结构图　　　　　　　　　　　　　　　　　　　(b)轴测图

图 12 - 51　东风 EQ1090E 型汽车膜片式制动气室

1—支承盘；2—橡胶膜片；3—盖；4—壳体；5—弹簧；6—推杆；7—连接叉；8—卡箍；9—螺栓；10—螺母

该类制动气室受膜片变形的限制，推杆的最大冲程较小，一般不大于 50 mm。大于该值时，需及时调小制动蹄、鼓间隙。

有的汽车采用串联双气室双膜片式制动气室，一膜片用于正常制动，另一备用膜片用于非正常应急制动。

活塞式制动气室如图 12 - 52 所示。冲压的壳体 1 和盖 8 用螺栓连接成一个整体，通过气室固定板支承在车桥上。活塞总成由活塞体 3、耐油橡胶皮碗 2、弹簧座 5 及导向套筒 13

等组成。它将制动气室分成左、右两个气室，左腔室接制动控制阀，右腔室通大气。由于推杆在轴向移动的同时还有摆动，故它与活塞接触处做成球头。

其工作原理和膜片式相同。活塞式制动气室的特点是活塞冲程长，推力不变，使用中不需频繁地调整制动器间隙，寿命也较长；缺点是外壳若碰撞变形时，活塞易被卡住。因此，有的制动气室的外壳采用铸铁制成，内外圆进行机械加工，可获得较大的刚度和可靠性。

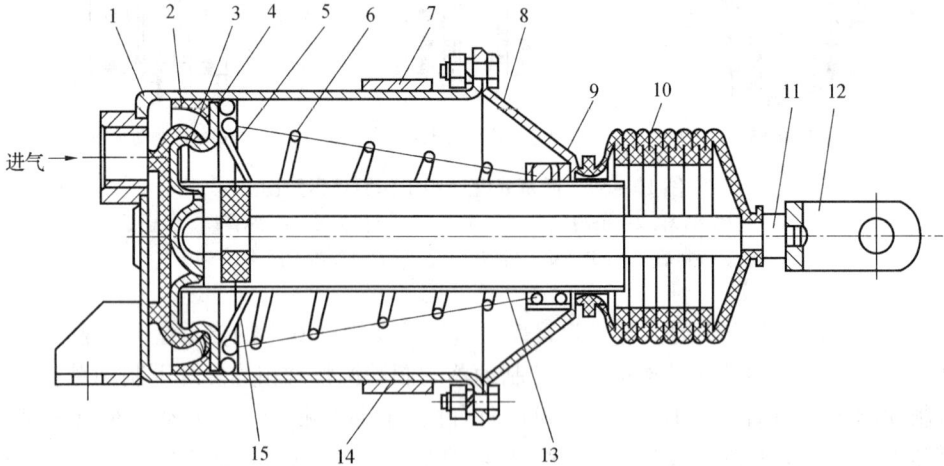

图 12－52　活塞式制动气室

1—壳体；2—橡胶皮碗；3—活塞体；4—密封圈；5—弹簧座；6—弹簧；7—气室固定卡箍；8—盖；
9—毡垫；10—防护罩；11—推杆；12—连接叉；13—导向套筒；14—气室固定板；15—密封垫

12.5.2　气顶液制动系统与全液压动力制动系统

1. 气顶液制动系统

气压制动系统属于动力制动系统，容易满足踏板力小、踏板冲程短而产生制动力却较大的要求。气压系统的工作压力比液压系统的大得多，其部件的尺寸和质量都比液压系的相应部件大。液压轮缸可以装在制动器内直接作为制动蹄促动装置，但尺寸很大的制动气室却只能装在制动器外，通过制动臂和制动凸轮轴等一系列零件来促动制动蹄，这些零件及其支承座都很笨重，而且属于非簧上质量，不利于汽车行驶平顺性。其他气压部件，如空气压缩机和储气筒等也都比相应的液压泵和储能器等液压部件更大更重。因此，气压制动系统只宜用于中型以上，特别是重型的货车和客车。

气压制动系统的工作滞后时间较长，为此有些重型汽车采用了如图12－53所示的气顶液式动力制动系统。

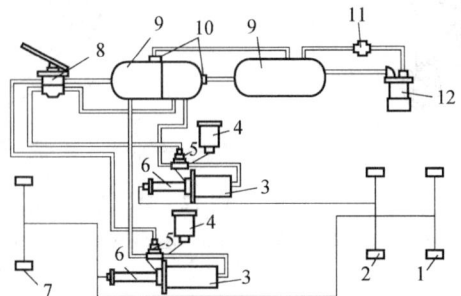

图 12－53　气顶液式动力制动系统示意图

1、2、7—制动轮缸；3—动力气室；4—储液罐；
5—气压继动阀；6—液压主缸；8—串列双腔气动阀；
9—储气罐；10—单向阀；11—气调压阀；12—空气压缩机

在图 12 - 53 所示的双回路制动系统中，供能装置和控制装置都是气压式的。传动装置则是气压、液压组合式的。气压能通过互相串联的制动气室和液压主缸转换为液压能。这样，气压系可以布置得尽量紧凑些，以缩短管路长度和滞后时间。用液压轮缸作为制动器促动装置减少了非簧上质量。使用气顶液制动系统的汽车来牵引挂车时，挂车可用气压制动，也可用液压制动。气压和液压系兼备的汽车的各个车桥的制动器分别采用液压促动和气压促动。

2. 全液压动力制动系统

全液压动力制动系统是以储能器储存的液压能或限制液流循环而产生液压作用的动力制动装置。其制动系统的液压系统，同动力转向液压系一样，也有常压式（闭式）和常流式（开式）两种，二者的制动能源都是汽车发动机驱动的液压泵。但目前汽车用的全液压动力制动系统多用常压式，因为其中设有储能器积蓄液压能，以备在发动机或液压泵停止运转，或是泵油管路损坏的情况下，仍能进行若干次完全制动。

图 12 - 54 所示为一种较简单的全液压双回路动力制动回路。若与图 12 - 53 所示的气压制动系统比较，不难发现，二者的各组成元件在功能上都相当。液压泵 3 相当于空气压缩机；储能器 5 和 9 相当于储气罐；液压制动阀 10 相当于气压制动阀；盘式制动器 1 和 11 中的液压缸（轮缸）相当于制动气室。不过，气压制动系统的传能介质是空气，除了有必要消除排气噪声的情况以外，一般都不设回气管路。液压系统的传能介质是特制的制动液，解除制动时由轮缸经液压制动阀排出的低压油液必须通过回油管路加以回收。

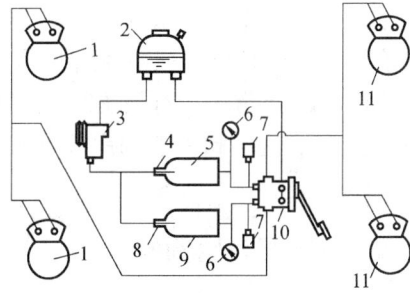

图 12 - 54　全液压动力制动回路示意图

1—前轮制动器（盘式）；2—储液罐；3—液压泵；
4、8—单向阀；5—后轮制动储能器；6—压力表；
7—低压报警灯开关；9—前轮制动储能器；
10—并列双腔液压制动阀；11—后轮制动器（盘式）

12.6　制动力调节装置

12.6.1　概述

1. 前后轮同步滑移的条件

汽车制动过程中，最好是前后轮同时抱死滑移，如果前后车轮的制动力之比 (F_{B1}/F_{B2}) 等于前后车轮对路面的垂直载荷 (G_1/G_2) 之比，就能满足同步滑移的条件，即

$$\frac{F_{B1}}{F_{B2}} = \frac{G_1}{G_2}$$

2. 理想的前后轮制动力分配特性

汽车在制动过程中，前后轮的垂直载荷是变化的，如果要满足同步滑移的条件，要求制动器制动力（也即促动管路压力）也要随载荷而变化，这种变化关系做出的曲线称为理想的前后轮制动力分配特性曲线，如图 12 - 55 所示。当汽车载荷变化时，曲线位置也会发生相应的变化。

大多数汽车前、后促动管路的压力是相等的，因而其前后轮制动力之比为定值，这种设计显然不能满足理想的制动要求。从提高汽车制动时的安全性考虑，应尽量避免制动时后轮先抱死滑移，并尽可能充分地利用附着条件，产生尽可能大的制动力。这就促使现代汽车越来越多地采用各种制动力调节装置，使前后促动管路压力的实际分配特性曲线在不同程度上接近于相应的理想分配特性曲线，并位于理想分配特性曲线的下方。

制动力调节装置主要有限压阀、比例阀、感载阀和惯性阀等，这些阀一般都串联在后轮制动器的促动管路中。

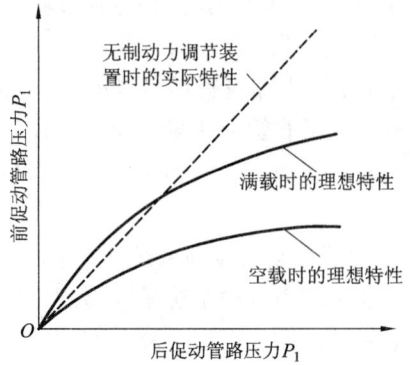

图 12－55　前后轮制动力分配特性曲线

12.6.2　限压阀与比例阀

限压阀的作用是当前后促动管路压力 P_1 和 P_2 由零同步增长到一定位后，即自动将 P_2 限定在该值（P_s）不变。图 12－56 所示为限压阀结构及其特性曲线。

比例阀的作用是当前、后促动管路压力 P_1 与 P_2 同步增长到一定值 P_s 后，即自动对 P_2 的增长加以节制，亦即使 P_2 的增量小于 P_1 的增量。图 12－57 所示为比例阀结构及其特性曲线。

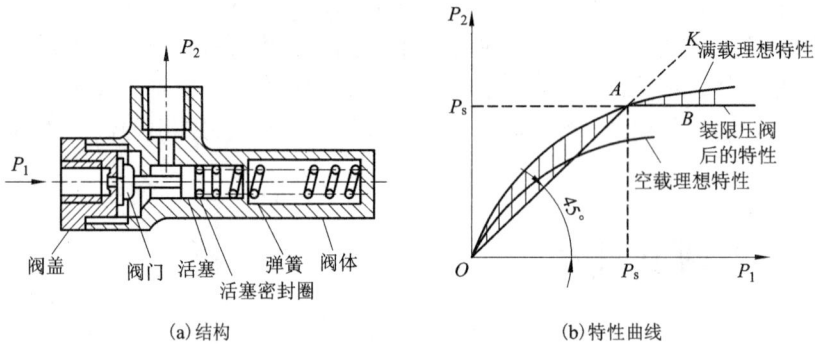

图 12－56　限压阀结构及其特性曲线

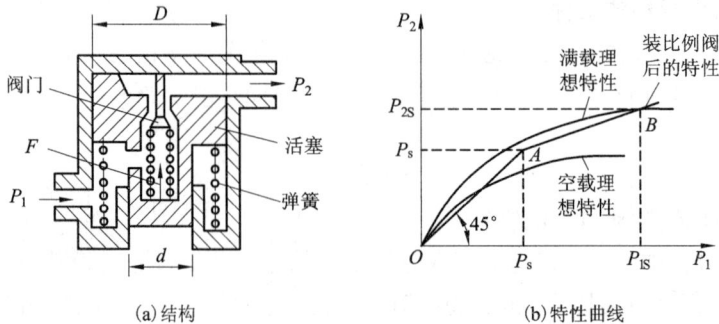

图 12－57　比例阀结构及其特性曲线

12.6.3　感载阀

感载阀的特点是特性曲线随整车载荷的变化而变化。感载阀有感载比例阀(图 12 - 58)和感载限压阀(图 12 - 59)两种。

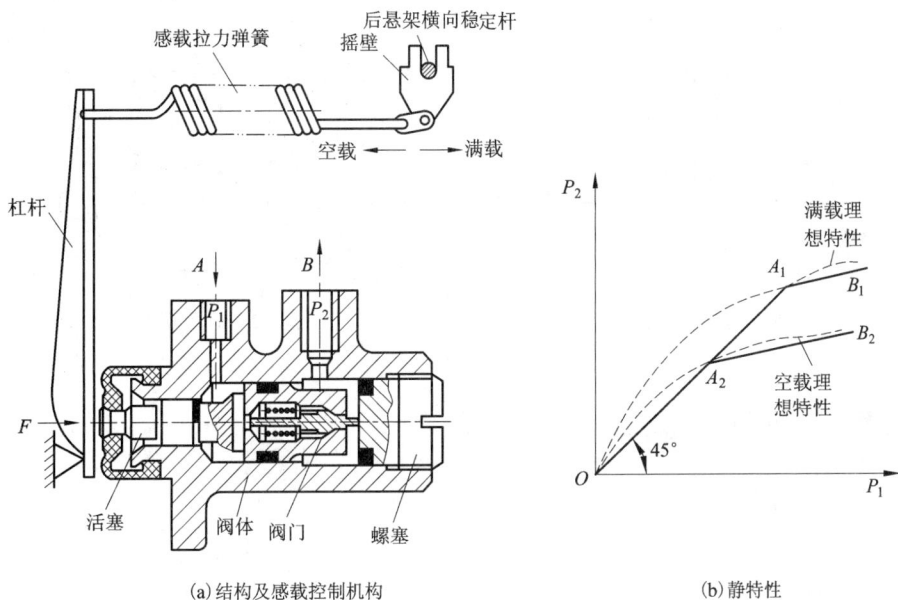

(a)结构及感载控制机构　　　　　　(b)静特性

图 12 - 58　液压感载比例阀及其感载控制机构

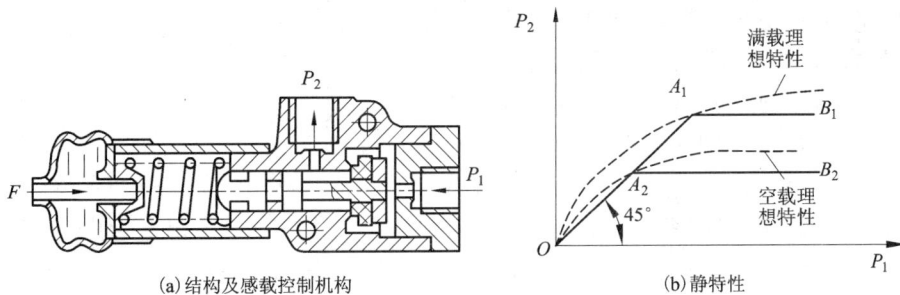

(a)结构及感载控制机构　　　　　　(b)静特性

图 12 - 59　感载限压阀

12.6.4　惯性阀

惯性阀(也称 G 阀)是一种用于液压系统的制动力自动调节装置。其特性曲线形状与感载阀相似,但其调节作用起始点的控制压力值 P_s 取决于汽车制动时作用在汽车重心上的惯性力,即 P_s 不仅与汽车总质量(或实际装载质量)有关,还与汽车制动减速度有关。惯性阀有惯性限压阀(图 12 - 60)和惯性比例阀(图 12 - 61)两种。

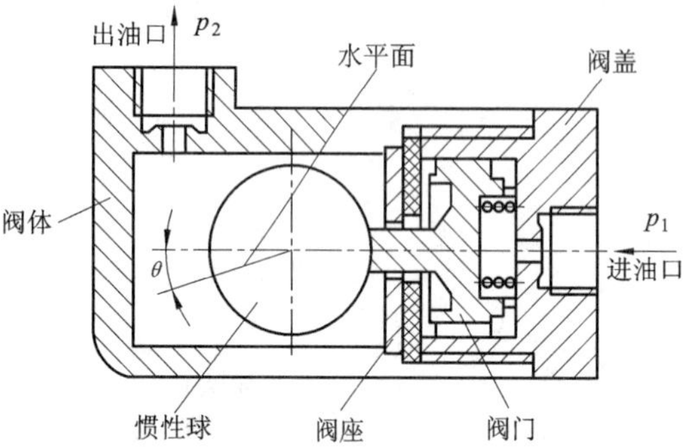

图 12 – 60　惯性限压阀

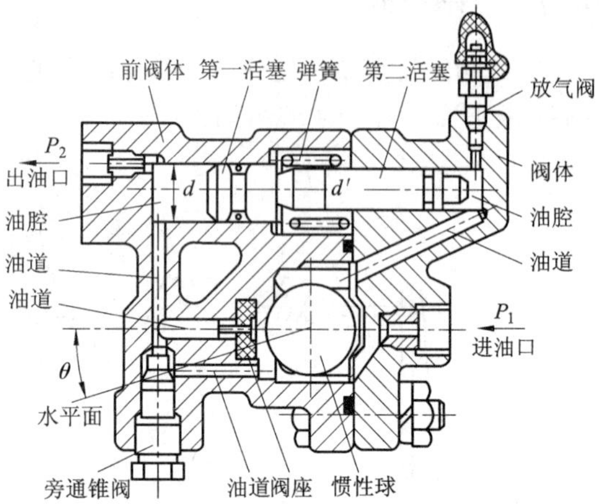

图 12 – 61　惯性比例阀

12.7　ABS 防抱死制动系统

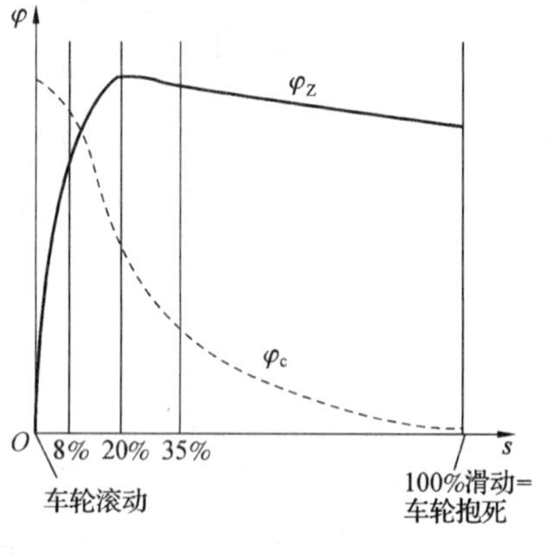

当车轮抱死滑移时，车轮与路面间的侧向附着力将完全消失。如果是前轮(转向轮)制动到抱死滑移而后轮还在滚动，汽车将失去转向能力。如果是后轮制动到抱死滑移而前轮还在滚动，即使受到不大的侧向干扰力，汽车也将产生侧滑(或甩尾)现象。这些都极易造成严重交通事故。因此，汽车在制动时不希望车轮制动到抱死滑移，而是希望车轮制动到边滚边滑的滑转状态。汽车车轮的滑移率在 15% ~ 20% 时，轮胎与路面间有最大的纵向附着系数 φ_Z，而侧向附着系数也较大，如图 12 – 62 所示。所以为了充分发挥轮胎与路面间的这种潜在附着能力，目前多数中高级轿车、大客车和重型货车上装备了防抱死制动系统(antilock braKing system，ABS)。

图 12 – 62　$\varphi_Z - s$ 曲线

φ_Z—路面纵向附着系数；φ_c—路面侧向附着系数

汽车 ABS 系统的主要功用是汽车在进行紧急制动和在易滑的路面上进行常规制动时，迅速而又精确地检测出各车轮的滑移量，通过电子控制器的分析、运算和控制，适时并恰当地调节制动器的液压或气压，减小车轮的滑移率，确保制动时汽车方向稳定性，制动可靠性和行驶安全性。

1. ABS 的基本组成

汽车制动系统随车型的不同而不同，ABS 系统也一样，因此 ABS 的类型较多，但通常主要是由车轮转速 传感器，电子控制单元(ECU)和制动压力调节装置等组成。在不同的 ABS 系统中，ECU 的内部结构和控制逻辑可能不尽相同，制动压力调节装置的结构形式和工作原理也往往不同。图 12 – 63 所示为一种较为典型的汽车 ABS 系统组成的原理图。在图 12 – 63

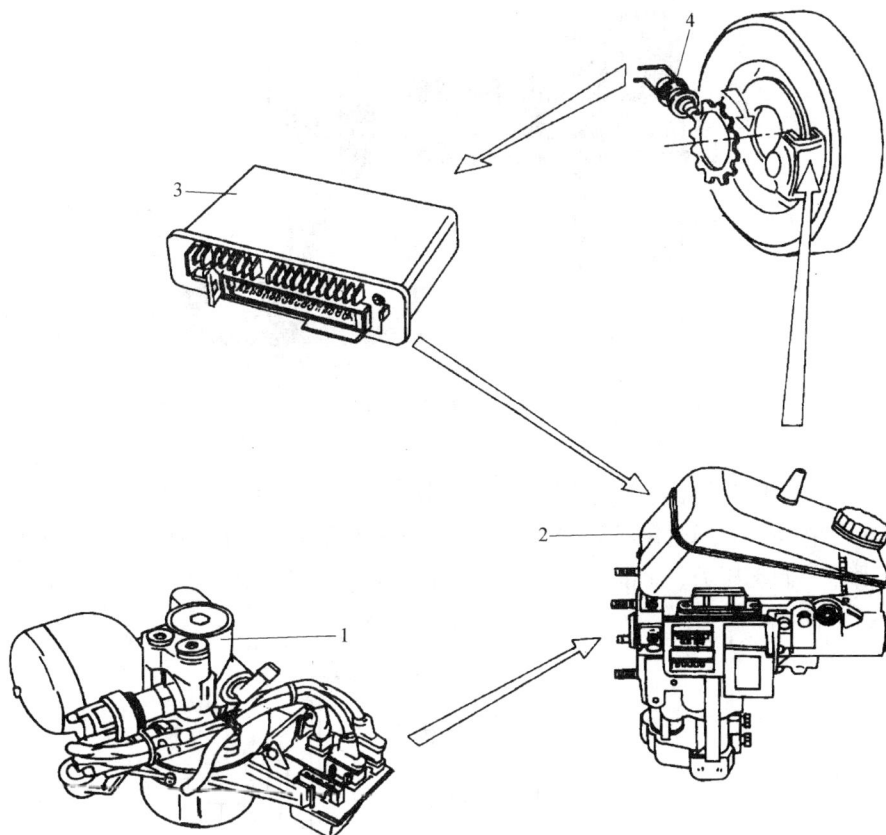

图 12 - 63　汽车 ABS 系统的基本组成
1—制动压力调节装置；2—制动器总成；3—ECU；4—车轮转速传感器压力调节回路

所示的 ABS 系统中，在汽车的每个车轮上各安装了一个车轮转速传感器，将各个车轮的转速信号输入给 ECU，ECU 根据各车轮转速传感器输入的信号对各个车轮的运动状况进行分析判断，并形成相应的控制指令，发送给制动压力调节装置。制动压力调节装置主要由调压电磁阀总成、电动泵总成和储液器等组成，通过制动管路与制动主缸和各制动轮缸相连。制动压力调节装置受 ECU 的控制，对各制动轮缸的制动压力进行调节。

在正常工作时，所有 ABS 系统和传统的助力制动系统相似。在强力制动时，ABS 根据车轮的转速调节通向每个车轮液压力。

2. ABS 的分类

ABS 根据其对制动压力的控制方式可分为机械式和电子式。目前，大多数的 ABS 都是电子控制式。目前流行的 ABS 有以下几种分类方法。

(1)根据制动压力调节装置的布置分类

将制动压力调节装置和制动主缸组成总成的 ABS 称为整体式 ABS，如图 12 - 64 所示。它主要由制动总缸、制动助力器(液压助力)、压力调节装置、电动泵总成及压力调节回路等组成。电动泵总成为回路提供高压，同时也用于主动助力。

具有独立的制动压力调节装置和独立的制动主缸的 ABS 类型称为分置式，如图 12 - 65

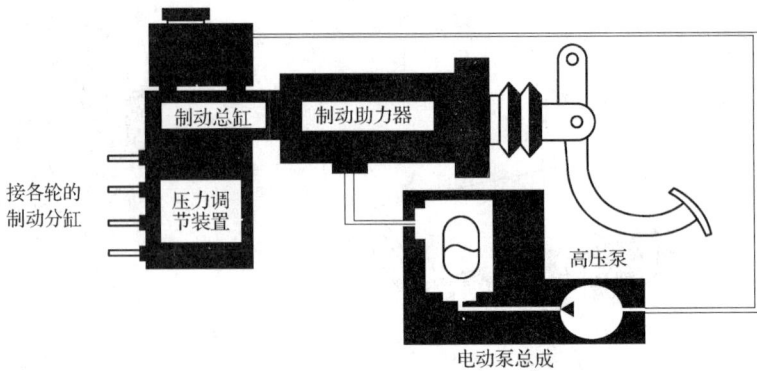

图 12-64　整体式 ABS 的组成

所示。它主要由带助力器(真空或液压助力)的制动总泵及分置的压力调节单元等组成。制动总缸产生的制动压力通过制动管路分配给各个车轮的制动器,压力调节装置独立地调节各个车轮制动器的制动压力,而不受制动踏板上作用力大小的影响。

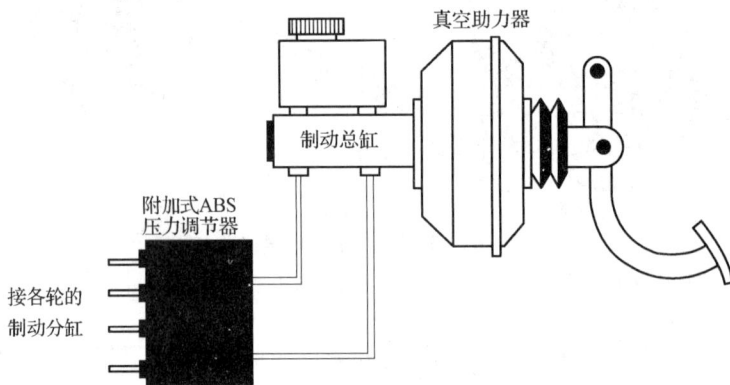

图 12-65　分置式 ABS 的组成

(2)根据管路的布置方式分类

根据 ABS 制动管路布置方式的不同进行分类,可分成单通道、双通道、三通道或四通道的两轮系和四轮系。

①两轮 ABS 系统。该系统仅对后轮提供防抱死制动性能,对前轮不提供防抱死制动性能。两轮 ABS 系统常见于轻型货车,如图 12-66 所示。

两轮 ABS 系统可以是单通道或双通道系统。在单通道系统中,同时调节左、右两侧的后车轮的制动器,控制滑移。单通道系依靠放在中央的 ABS 转速传感器的输入信号。该转速传感器通常位于差速器齿圈上、变速箱上或分动箱上。双通道两轮 ABS 系统相互独立地调节每个后轮的液压力。在每个车轮上都装有转速传感器,根据转速传感器传来的速度信号来控制压力调节。

②对角分路式系统。该系统用两个转速传感器调整所有四个车轮提供的转速。一个传感

器输入控制右前轮，另一个传感器输入控制左前轮。对应后轮的制动压力同时由其位于对角线上的前轮控制着。例如，右后轮与左前轮接受同一传输指令，左后轮与右前轮接受同一指令。这种系统比两轮系统要好，因为它可提供制动时的转向控制。

③前/后轮分路式系统。前/后轮分路式系统如图 12 – 67 所示，这种系统具有三通道回路。对每个前轮有单独的液压回路，对后轮有一条液压回路。

④全轮（四轮）系统。全轮系统是最有效的 ABS 系统，如图 12 – 68 所示，它

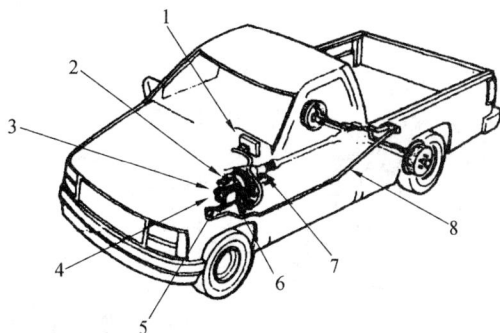

图 12 – 66　两轮 ABS 系统

1—制动警告灯；2—储液器；3—制动主缸；
4—控制阀；5—组合阀；6—ECU；
7—车轮转速传感器（变速箱上）；8—后制动通道

是四路系统，每个车轮都有转速传感器监控。ABS 电子控制单元以连续的信息保证每个车轮接受正确的制动力来保持防抱死控制和转向控制。

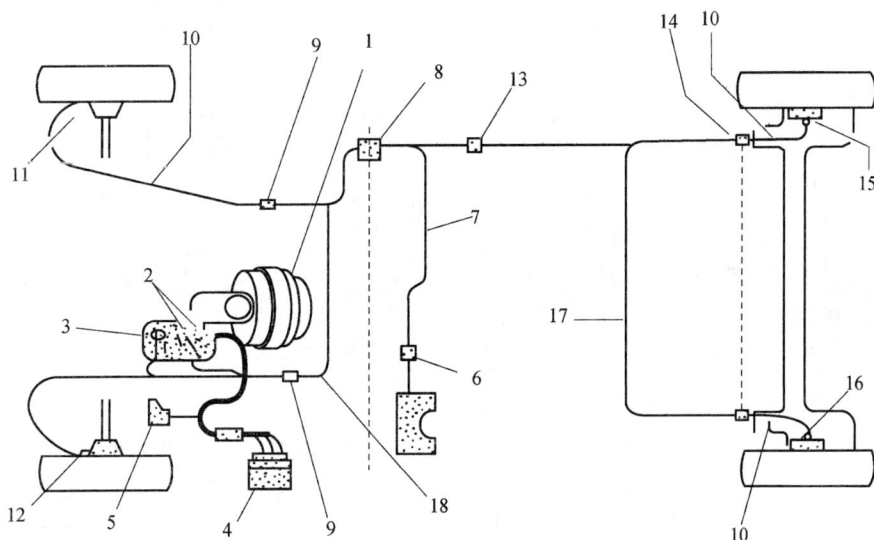

图 12 – 67　前/后轮分路式 ABS 系统

1—制动主缸；2—调压电磁阀；3—ABS 液压调节器总成；4—电子制动控制模块；5—ABS 继电器（左侧继电器盒内）；
6—灯驱动模块；7—仪表板接头；8—前照灯至仪表板接头；9—前照灯至前轮转速传感器；10—ABS 跨接线束；
11—右前轮转速传感器；12—左前轮转速传感器；13—至仪表板接头插座；14—后插座穿通接头；
15—右后轮转速传感器；16—左后轮转速传感器；17—配线壳体；18—前照灯导线

3. ABS 的工作过程

以红旗 CA7220 型轿车的制动防抱死制动系统（图 12 – 69）来介绍其工作过程。该 ABS 为四个轮速传感器四通道式布置形式，它将液压调节器和电控单元组合在一起，形成一个总成。其工作原理是四个轮速传感器分别将各车轮的信号传给电子控制器，经电子控制器运算

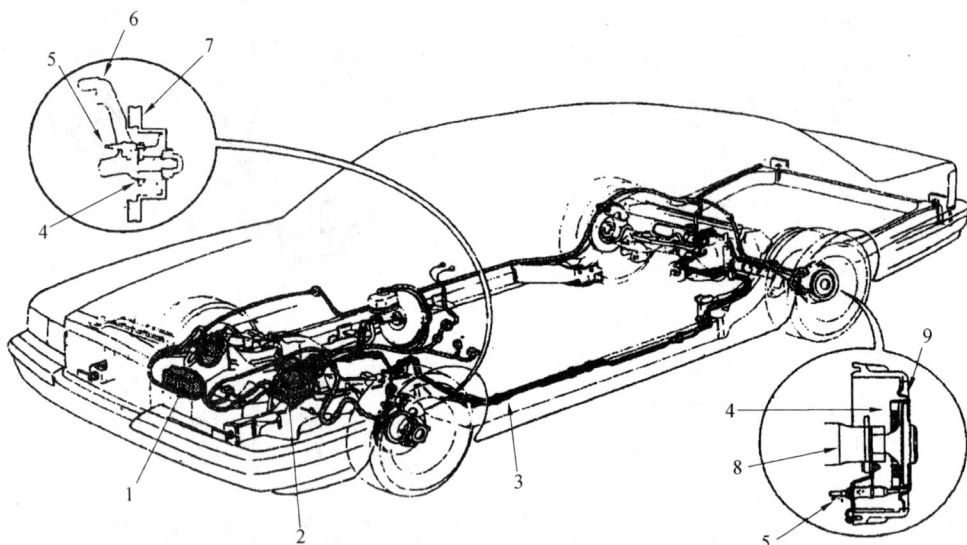

图 12 –68　全轮(四轮)ABS 系统

1—用于 ABS/ETC 的扩展模块；2—液压控制装置；3—制动管；4—防抱死传感器感应环；
5—防抱死传感器，6　前转向节；7—制动盘；8—后轴；9—后制动鼓

得出各车轮的滑移率，并根据滑移率控制各轮缸油压。当滑移率在 8% ~ 35% 时，车辆的纵向附着力和侧向附着力都较高(图 12 –62)。将这一附着区域内的汽车制动的有关参数预先输入 ABS 的控制系统，电子控制器可随机地根据实际制动工况进行判断，给执行机构发出动作指令，使车轮的滑移率控制在这一最佳工作区范围内。

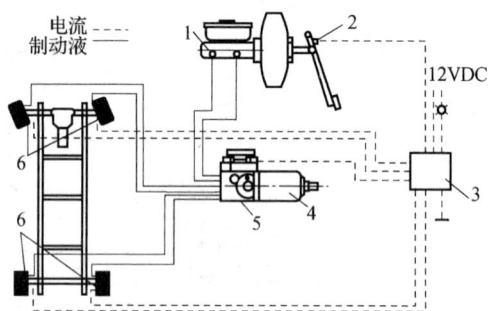

图 12 –69　红旗 CA7220 型轿车防抱死制动系统

1—制动主缸；2—制动灯开关；3—电子控制装置(ECU)；
4—电动机；5—液压控制装置；6—轮速传感器

其工作过程如下：

①常规制动过程(图 12 –70)。ABS 未进入工作状态，电磁阀不通电，柱塞处于图示的最下方，主缸与轮缸的油路相通，主缸可随时控制制动油压的增减。

②轮缸减压过程(图 12 –71)。轮速传感器检测到车轮有抱死信号，感应交流电压增大，电磁阀通入较大电流。柱塞移至图示的最上方，主缸与轮缸的通路被截断。轮缸和储液器接通，轮缸压力下降。与此同时，驱动电动机启动，带动液压泵工作，把流回储液器的制动液加压后送入主缸，为下一制动过程做好准备。

③轮缸保压过程(图 12 –72)。轮缸减压过程中，轮速传感器产生的电压信号较弱，电磁阀通入较小电流，柱塞降至图 12 –72 所示位置，所有油路被截断，保持轮缸压力。

④轮缸增压过程(图 12 –73)。在保压过程中，车轮转速趋于零，感应交流电压也趋于零，电磁阀断电，柱塞下降到初始位置，主缸与轮缸油路再次相通，主缸的高压制动液重新

进入轮缸，使轮缸油压回升，车轮又趋于接近抱死状态。上述过程压力调节是脉冲式的，其频率为 4 ~ 10 次/s。

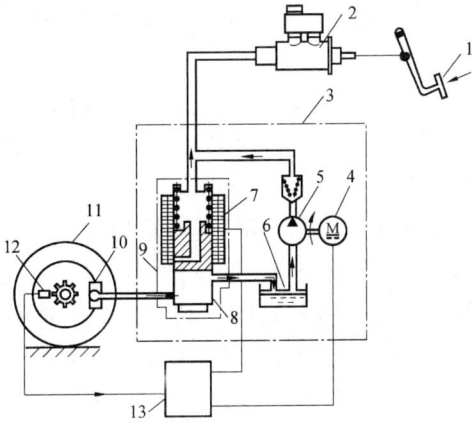

图 12 - 70　常规制动过程(ABS 不工作)

1—踏板；2—主缸；3—液压部件；
4—电动机；5—液压泵；6—储液器；7—线圈；
8—柱塞；9—电磁阀；10—轮缸；11—车轮；
12—轮速传感器；13—电子控制器

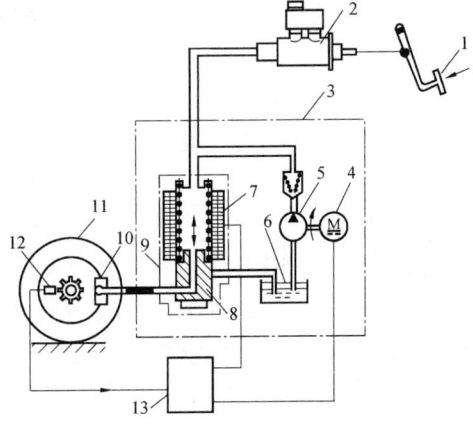

图 12 - 71　轮缸减压过程(ABS 工作)

(图注同图 12 - 70)

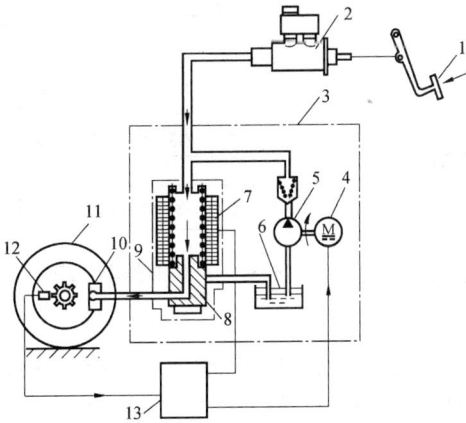

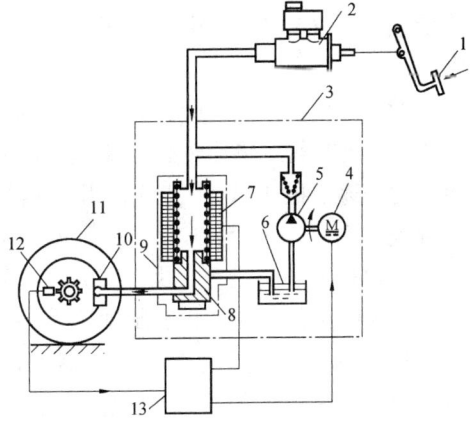

图 12 - 72　轮缸保压过程(ABS 工作)

(图注同图 12 - 70)

图 12 - 73　轮缸增压过程(ABS 工作)

(图注同图 12 - 70)

12.8　驱动防滑控制系统

随着对汽车性能要求的提高，不仅要求在制动过程中防止车轮抱死，而且还要求防止在驱动过程中(起步、加速)，特别是在非对称路面域转弯时驱动轮滑转，以提高汽车在驱动过程中的方向稳定性，转向控制能力和加速性能。

汽车行驶时的车轮滑动，实际指两种情况，一种是汽车在制动时车轮抱死而产生的车轮滑移情况；另一种是车身不动，车轮转动或者是汽车的速度低于转动车轮的轮缘速度，称为滑转。ABS 控制前一种情况，对于后一种情况，则是通过汽车驱动防滑控制系统（acceleration slip regulation，ASR）实现对汽车的制动控制。

驱动车轮的滑转会造成车轮与地面附着力的下降，纵向附着力的下降使驱动车轮产生的牵引力减少，由此导致汽车起步、加速以及在平滑路面的行驶性能下降。ASR 就是当车轮出现滑转时，通过对滑转侧的车轮施加制动力或者控制发动机的输出转矩以抑制车轮的滑转，从而避免汽车牵引力与行驶稳定性的下降。因此，这种汽车驱动防滑控制系统又被称为汽车牵引力控制系统，记为 TCS（traction control system）或 TRAC（traction control）。

ASR 是在汽车 ABS 系统的基础上发展起来的。实质上，它是 ABS 基本思想在驱动领域的延伸和扩展。ASR 技术能够根据汽车行驶状态，运用数学算法和控制逻辑使汽车驱动轮在恶劣路面或复杂输入条件下充分利用地面的附着性能，以获得最大的驱动力。由于 ASR 能够提高汽车的牵引性、操纵性、稳定性和舒适性，减少轮胎磨损和事故风险，增加行驶安全性和驾驶轻便性，使得汽车在附着状况不好的路面上能顺利起步和行驶，并安全制动。ASR 可独立设立，但大多数与 ABS 组合在一起，用 ABS/ASR 表示，统称为防滑控制系统。目前，一些高档轿车一般都装有防滑控制系统。

12.8.1 ASR 的基本组成及工作原理

1. ASR 的基本组成

ASR 的基本组成如图 12-74 所示，由传感器、电子控制模块（ECU）、执行器和驱动车轮制动器组成。

电子控制模块（ECU）是 ASR 的控制单元，具有运算功能，根据前后轮速传感器传递的信号以及发动机和自动变速器的 ECU 中节气门开度信号来判断汽车的行驶条件，分析判断后，对副节气门执行器、ASR 制动执行器发出指令，执行器完成对发动机供油系统或点火时刻的控制，或对制动压力进行调整。

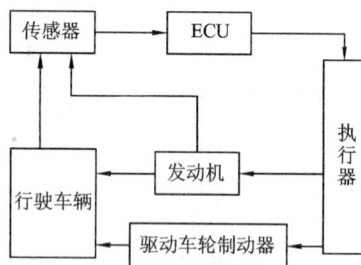

图 12-74 ASR 的基本组成

ASR 的执行器主要是 ASR 执行器和副节气门执行器。一般轮速传感器与 ABS 共用，主要完成对车轮速度的检测，并将轮速信号传送给 ABS 与 ASR 的 ECU。主、副节气门开度传感器用于检测节气门的开启角度，并将这些信号传送给发动机与自动变速箱的 ECU。

ASR 的执行器主要是 ASR 执行器和副节气门执行器。前者根据 ABS 和 ASR 电子控制单元传来的信号，为 ABS 执行器提供液压。后者则根据 ASR 的 ECU 传送来的信号，控制副节气门的开启角。

2. ASR 的工作过程

汽车驱动时，必须满足下式的驱动条件和附着条件，方能正常行驶，即

$$F_{阻力} \leqslant F \leqslant F_{\varphi}$$

式中：$F_{阻力}$ 为汽车行驶阻力，N；F 为汽车驱动力，N；F_{φ} 为汽路面附着力，N。

汽车驱动力可通过下式计算，即

$$F = Mi_1 i_2 \eta / r$$

式中：M 为发动机输出转矩，N·m；i_1 为变速箱传动比；i_2 为主减速器传动比；η 为传动系统效率；r 为车轮半径，m。

驱动条件 $F_W \leqslant F$ 是由发动机的输出转矩来保证的，附着条件 $F \leqslant F_\varphi$ 在汽车未装用 ASR 前是由驾驶员控制加速踏板或制动踏板来保证的，对驾驶员的驾驶技术要求较高。装用 ASR 后，可以通过电子控制来保证附着条件的实现，使汽车在驱动加速行驶时车轮不滑转，提高了附着力系数利用率，这就是 ASR 的基本功能。

在汽车制动时，应避免滑移率为 100%，这一点可以通过 ABS 保证，而汽车在启动、加速时，应当防止滑转率为 100% 情况的出现，这要通过 ASR 系实现。

图 12 - 75 是在驱动情况下驱动轮驱动力与其滑转率的关系图。当驱动轮滑转率从 0 开始增加时，纵向驱动力 F_x 也随之增大，当滑转率达到 S_T 时，纵向驱动力达到最大值 F_{xmax}。如果滑转率再继续增加，纵向驱动力反而随之下降，当滑转率达到 100% 时，即车轮发生纯滑转时，其驱动力要远远小于 F_{xmax}。所以从牵引性上考虑，驱动轮的滑转率最好控制在 S_T 的领域内；图中 F_y 为汽车侧向力，从图中看出，汽车侧向力 F_y 随纵向滑转率的增大而急剧减小。当滑转率为 100% 时，不仅纵向驱动力减小，侧向驱动力更是大幅度减小，此时一旦车轮遇到小的扰动，就会向行驶的侧向滑动。因此考

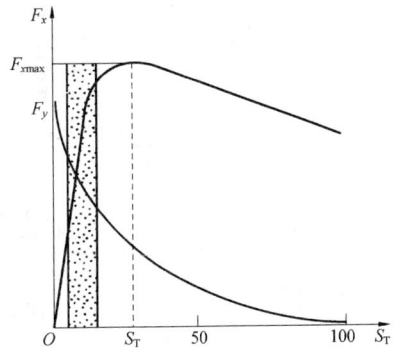

图 12 - 75　表示纵向和侧向
驱动力与滑转率的关系

虑到保证侧向驱动力，维持汽车的方向稳定性，一般认为驱动轮的最佳滑转率应取略小于 S_T 的范围，可取 8%～15%。

综上所述，ASR 的基本功能可以总结为：

①改善附着性能，提高牵引力的最佳控制效率，提高运输效率。

②改善汽车的操纵稳定性，保证行驶安全。

为了保证实现附着条件 $F \leqslant F_\varphi$，ASR 采用以汽车运动状态对 F 进行修正错误的方法工作，即在行驶中，若 $F \leqslant F_\varphi$ 时，ASR 处于等待工作的状态，一旦 $F \leqslant F_\varphi$ 遭到破坏，出现 $F > F_\varphi$ 时，ASR 立即工作，对 F 进行修正。

附着力 F_φ 是由运行条件（如道路条件，载荷及车速和轮胎型号等）所决定的变量，不能由驾驶员控制，ASR 也不能改变其大小。ASR 只能在 $F > F_\varphi$ 时，减小 F。减小 F 的途径有两条：一是减小发动机的驱动力矩；二是利用制动系统损耗掉一部分驱动力矩，这与 ABS 通过减少制动压力从而减小制动器制动力矩相类似。

图 12 - 76 所示为一个典型的 ASR 的示意图。这是一种发动机节气门开度调节与驱动轮制动力矩控制综合应用的 ASR。该系统是在 ABS 的基础上发展起来的，与 ABS 共用轮速传感器、液压驱动元件等，并扩展了 ECU 功能，增设了 ASR 制动执行器、节气门执行器、ASR 工作指示灯以及 ASR 诊断系等。

对于单轴驱动汽车，启动后，当车轮速度高于 10 km/h 时，ASR 便开始监测驱动轮的驱动特性，各轮速传感器将采集到的信号传给 ECU，经 ECU 处理后，得到各驱动轮的速度和加速度值。当车速小于门限速度（一般取为 40～50 km/h）时，再进一步识别驱动轮的滑转率。

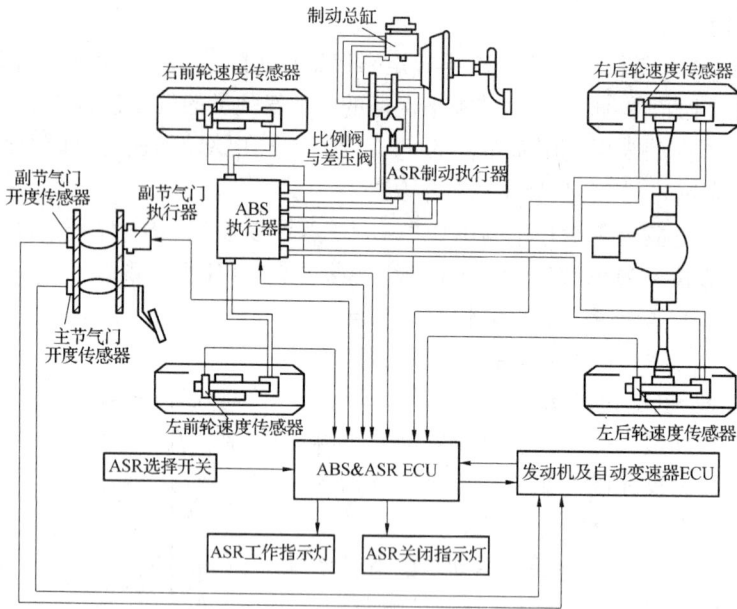

图 12-76 典型 ASR 示意图

如果发现某一驱动轮发生过度滑转，ECU 就指令 ASR 制动滑转轮，并根据滑转轮的滑转情况改变制动力，直至滑转率达到要求的范围。如果另一驱动轮也发生滑转，当其滑转率刚好超过门限值后，ECU 便指令节气门执行器减小节气门开度，降低发动机输出转矩。若车速大于门限值，如果驱动轮发生滑转，ECU 便指令节气门执行器减小节气门开度，从而使汽车驱动轮始终处于最佳的滑转范围内。

如果 ASR 的某个部件发生故障。ASR 诊断系统将通过仪表盘上的指示灯指示，提醒驾驶员注意。

ASR 除具备以上基本功能以外，还有另外两种功能：一种功能是 ASR 只有在车轮发生滑转时才工作，在其余的所有时间内，ASR 只是处于准备工作状态，不干预常规驾驶。另一种功能是，如果 ASR 出现故障，则自动切断所有相关信号，发动机和制动系统恢复到没有装备 ASR 的模式下工作，并在仪表盘上通过 ASR 指示灯提醒驾驶员 ASR 出现了故障。

3．ABS 和 ASR 的比较

ABS 和 ASR 这两项汽车防滑控制技术作为汽车主动安全性控制系统的核心内容对保障汽车在极限驾驶工况下的安全性能起到了显著的作用。

ABS 在汽车制动时调节控制制动压力，以获得尽可能高的减速度，使制动器制动力接近但不超过轮胎与路面间的最大附着力，使车轮滑移率保持在 15% ~ 25%，从而提高制动减速度并缩短制动距离。它能有效地提高制动时汽车的方向操纵性和行驶稳定性。

ASR 在汽车驱动加速时发挥效用，以获得尽可能高的加速度，使驱动轮的驱动力不超过轮胎与路面间的附着力，以防止车轮滑转，从而改善汽车的操纵稳定性及加速性能，提高汽车的行驶平顺性。与 ABS 不同的是，ASR 在整个汽车行驶过程中均起作用。

ABS 及 ASR 均以改善汽车行驶稳定性为前提，以控制车轮运动状态为目标。ABS 是不使车轮转动角速度为零,防止车轮抱死滑移,一般在车速很低(小于 8 km/h)时不起作用。ASR 不使车轮中心平移速度即车速为零,防止车轮滑转,一般在车速很高时(大于 80 km/h)时不起作用。ABS 与 ASR 均是以车轮的运动学参数或动力学参数为控制参数的,因此两者可以密切配合。ABS 的发展已历经了漫长的时期,而 ASR 继 ABS 之后迅速发展的原因就在于此。当代先进的 ABS 均配有 ASR 功能,这就是常见的 ABS/ASR。

12.8.2　ASR 的控制原理

保持驱动轮始终处于最佳滑转率范围的驱动防滑控制方式有发动机输出转矩控制,驱动轮制动力矩控制,差速器锁止控制,离合器或变速器控制。这些控制方式均可以使驱动轮上的驱动力矩得到调整。

1. 发动机输出转矩控制

通过控制发动机输出转矩,就可以达到控制传递到驱动轮上力矩的目的,从而实现对驱动轮滑转率的调节。发动机输出转矩控制手段主要有供油量调节、点火参数调整和节气门开度调节。

汽油机输出转矩的微量调节可以通过改变点火参数调节来实现,所谓点火参数的改变主要是指减小点火提前角。如果驱动轮滑转仍然持续增长,则也可以采用阻断点火脉冲电流,以暂时中断点火,当然此时要同步停止供油,以避免排放超标。点火参数调节是一种比较迅速的驱动防滑控制方式,反应时间为 30～100 ms。供油量调节则是指减少供油或暂停供油。即当发现驱动轮发生过度滑转时,电子调节装置将自动减少供油量,甚至中断供油,来减小发动机的输出转矩,供油量调节是电控汽油机中比较容易实现的驱动防滑控制方式。但是点火参数调节和供油量的调节都会导致汽油机的不正常工作,影响发动机和传动系统的使用寿命,而且容易造成汽油机的排放恶化。

节气门开度调节是指在原节气门通道的基础上,串联一个副节气门,通过传动机构控制其开度,从而使其有效节气门开度获得调节,实际就是控制进入汽油机汽缸的空气量。一般在汽车的节气门踏板上安装 ASR 传感器,将驾驶员操纵节气门踏板的情况变为电信号,ASR 控制器再将其转换成伺服电动机的控制电压,同时把一系列预编程序与来自转速、温度等的传感器信号一并输入控制器,监测执行器对节气门的控制。来自 ASR 电子控制单元的指令具有优先权。这种控制方式工作比较平稳,易于与其他控制方式配合使用,但响应时间略长,实际应用中大多和其他控制方式配合使用。

对柴油机而言,发动机输出转矩的调节一般只采用控制燃油喷射量的方法。这一方法在柴油机上也比较容易实现,其实现形式与汽油机的节气门开度调节控制方式一致。

发动机输出转矩控制是最早应用的驱动防滑控制方式。它在附着力系数较小的冰雪路面上或在高速下,驱动轮发生过度滑转时,该控制方式十分有效。图 12 - 77 是通过发动机输出转矩调节的带有 ABS 的 ASR 结构图。

2. 发动机输出转矩和驱动轮制动力矩调节控制

驱动轮制动力矩调节就是利用制动器对发生滑转的驱动轮施加制动力矩,直接对滑转的车轮起制动作用,使车轮转速降至最佳的滑转率范围内,反应时间短,是防止滑转最迅速的一种控制方式。但是考虑到舒适性,制动力不能太大,因此这种控制方式可作为只用发动机调节输出转矩控制方式的补充,应用中一般与发动机输出转矩调节配合使用,即在干预制动

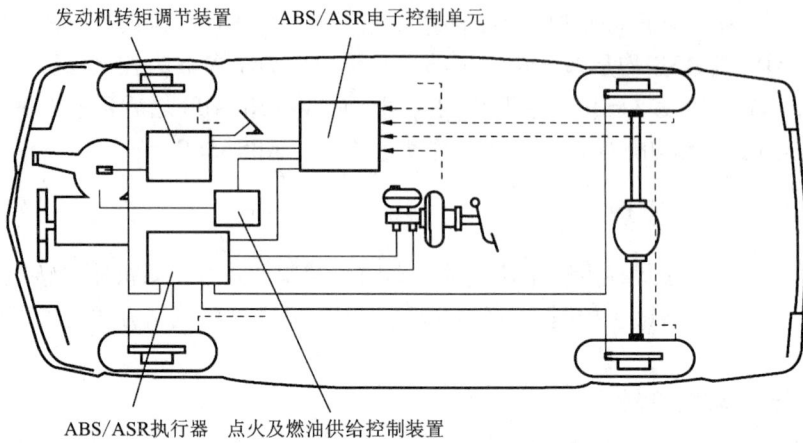

图 12-77 发动机输出转矩调节带有 ABS 的 ASR 结构图

后，紧接着调节发动机输出转矩，以避免可能出现的制动力矩和发动机输出转矩之间无意义平衡引起的功率消耗，并获得最好的操纵性、稳定性以及最短的反应时间。图 12-78 为带有发动机输出转矩调节的驱动轮制动力控制的 ASR 结构图。

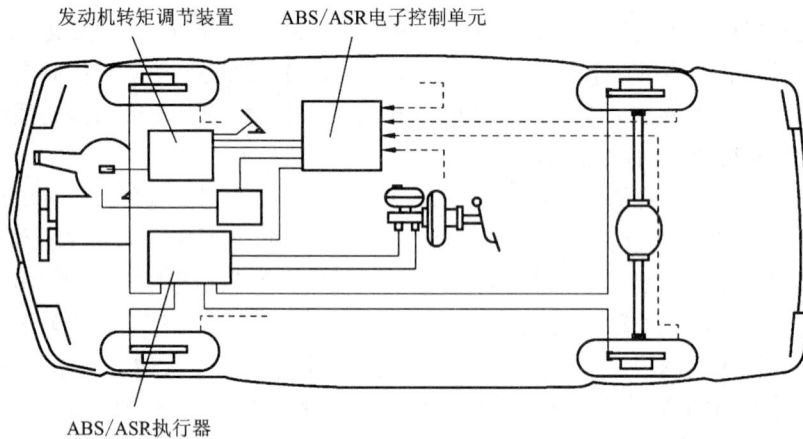

图 12-78 驱动轮制动力控制的 ASR 结构图

制动力矩调节的实质是控制差速作用，所以该控制方式对路面两侧附着力系数差别较大，只有一个车轮滑转时效果较好。图 12-79 中左、右两驱动轮行驶在分离附着系数的路面上，右驱动轮处于高附着系数路面，F_H 表示对应的驱动力；左驱动轮处于低附着系数路面，F_L 表示对应的驱动力。此时汽车的驱动力只取决于低附着系数路面上的驱动力，为了阻止在低附着力系数路面行驶的驱动轮滑转，可对其加上一制动力 F_B，这样可获得最大驱动力。正是这种驱动轮转速不同，由制动控制在两个半轴所产生的差速作用，改善了汽车行驶的操纵性和稳定性。

发动机转矩按最大驱动力 $F_{max} = F_H + F_L = 2F_L + F_B^*$ 进行调节。式中 $F_B^* = F_B \times$ 制动盘有

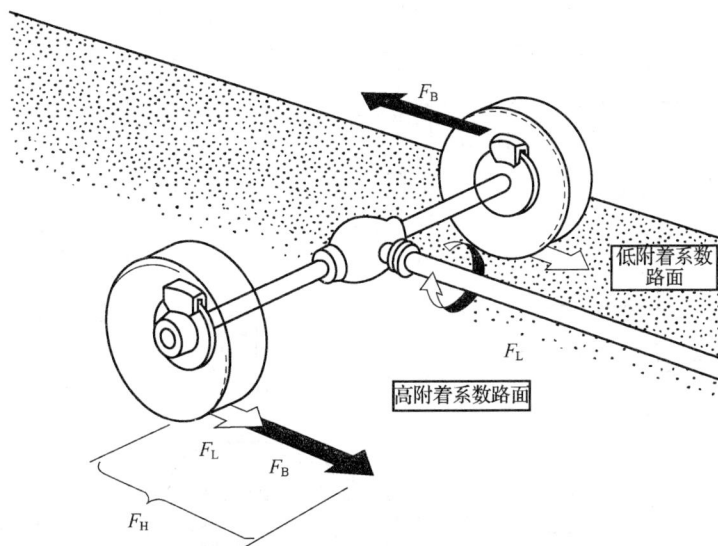

图 12 – 79　施加制动力产生的差速锁止作用

效半径/驱动轮有效半径。

这种方法只适用于汽车低速行驶(小于 48 km/h)时使用,以避免制动摩擦片过热。

3. 差速器锁止和发动机输出转矩控制

这是一种由电子控制的可锁止差速器。在差速器向车轮输出的离合片上加压可以实现锁止功能。这种锁止方式可以使锁止程度由 0 ~ 100% (锁止比)逐渐变化,即从无锁止状态变化到完全锁止状态。

与普通的开式差速器在任何时刻都向左、右轮输出相同力矩所不同的是,差速器锁止控制则是根据控制指令(锁止比)和路面情况的不同,对左、右驱动轮的输入力矩不同。这一控制方式如图 12 – 80 所示。当路面两侧附着系数差别较大,低附着力系数一侧驱动轮发生滑转时,ECU 驱动锁止阀一定程度地锁止差速器,使高附着系数一侧驱动轮的驱动力得以充分发挥。控制压力来自于蓄压器的高压油液,压力值的大小由 ECU 控制电磁阀来调节,并由压力传感器和驱动轮轮速传感器反馈给电子控制单元实行反馈式控制。

电子控制的差速锁可以把驱动轮的差速滑转控制在某一范围内,使非滑转轮具有更大的驱动力,从而获得更好的加速性能。当汽车起步、转弯时,调节差速器的锁止程度,使驱动力充分发挥,对提高车速及行驶稳定性有良好的作用。但是,仅有差速锁时,虽然可以获得良好的驱动性能,但操纵稳定性变差。为此一般将发动机输出转矩控制与差速锁相结合,使得行驶稳定性与操纵稳定性均获得提高。但该方法成本较高,目前主要用在高档轿车上。

4. 离合器或变速器控制

离合器控制是指当驱动轮发生过渡滑转时,减弱离合器的接合程度,使离合器主、从动盘出现部分滑转,从而达到减小输出到半轴的发动机输出转矩的目的。变速器控制是指通过改变传动比来改变传递到驱动轮的驱动力矩,以减小驱动轮的滑转程度。由于离合器和变速器控制反应比较慢,而且,离合器控制的反应慢,变速器控制的变化又过于突然,所以一般不作为单独的控制方式，而且由于压力和磨损等问题，使其应用也受到一定的限制。

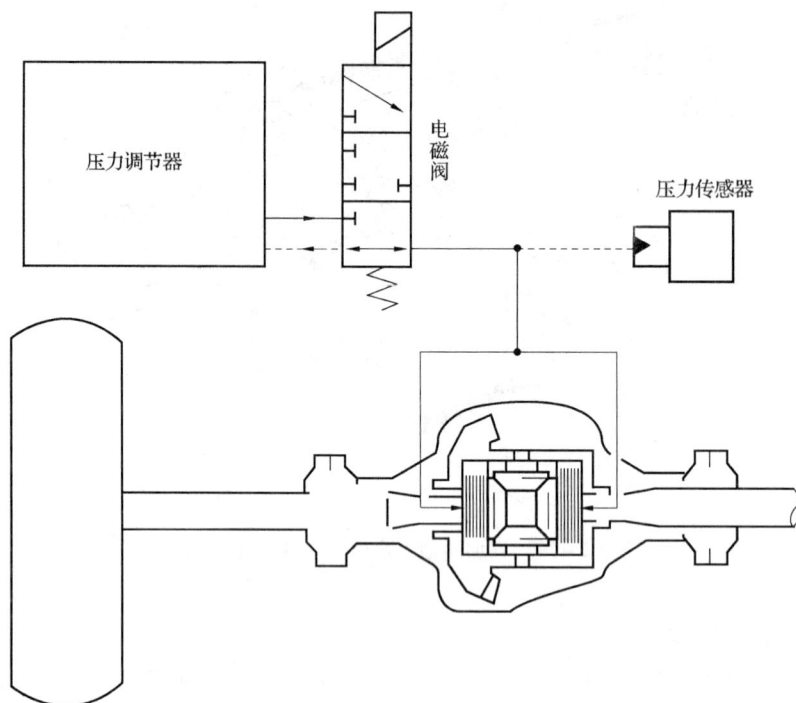

图 12-80 差速器锁止控制

通过对装备 ASR 几种控制系的汽车进行测试发现，在低附着系数路面，由于发动机功率较大，未装备 ASR 的汽车在很短的时间内就开始滑转，并处于不稳定状态，驱动力也很小；而装备 ASR 的汽车，发动机转矩通过节气门开度的控制很快减小，使车轮工作在稳定的峰值附着系数附近范围内，既保证了操纵的稳定性，又有较大的驱动力，因此起步较快。但是在有些情况下，仅依靠发动机输出转矩控制也是不恰当的。例如在前面所述，如果汽车左、右驱动轮所处的路面附着系数不同，即所谓的分离附着系数路面，一个驱动轮滑动，另一个并不一定滑转，减小发动机输出转矩也不一定能很好地解决问题，反而因为驱动力的减少，使汽车的加速性能下降。对此可以采用差速锁或采用制动力矩调节方式。

采用差速锁控制方式时，它可以充分利用地面附着系数。不带差速锁时，车轮的驱动力由两驱动轮最小的驱动力决定；而带差速锁时，两驱动轮则由各自的地面附着系数决定。一些试验对比已经表明，带差速锁比不带差速锁具有稍好的加速性能，这是由于路面的不均匀性，带差速锁可以得到更大的驱动力。对 ASR 来说，在均匀低附着系数路面上，带与不带差速锁没有很大的区别，差速锁起作用时，会使操纵性能变得略差，而转弯时，又会对操纵稳定性造成损坏。所以单独采用差速锁控制方式只能在一定条件下改善车轮的操纵稳定性，还不能算是真正的 ASR。

采用制动力矩调节控制方式也可以解决分离附着系数路面的问题，此时的控制方式类似于差速锁。当驱动车轮单边滑转时，通过差速制动阀与制动压力调节器的动作，对滑转的车轮施加制动力，将车轮的滑转率控制在目标范围内。而在均匀的低附着系数路面，仅依靠发动机输出转矩调节就可以解决驱动轮的滑转问题,仅有制动力矩调节同样也可以解决这一问题,而且也比较经济,同时制动控制的反应也快。但是,制动力矩调节不能长期使用,否则会使制动器的寿命降低,而将发动机输出转矩与制动力矩调节结合起来,就既可以得到快速的控制,同时还可以得到最佳的加速度,所以这种控制方式是一种综合控制。由于具有这些优点,故许多汽车均是采用发动机输出转矩与制动力矩调节混合控制系统。

复习题

一、填空题

1. 制动器的领蹄具有_____作用,从蹄具有_____作用。

2. 所有国产汽车和部分国外汽车的气压制动系中,都采用_____。

3. 凸轮式制动器的间隙是通过_____来进行局部调整的。

4. 人力制动系按其中传动装置的结构形式的不同分为_____和_____两种。

5. 目前,国内所用的制动液大部分是_____,也有少量的_____和_____。

6. 动力制动系包括_____、_____和_____三种。

7. 伺服制动系是在_____的基础上加设一套_____而形成的,即兼用_____和_____作为制动能源的制动系。

8. 汽车制动时,前、后轮同步滑移的条件是_____。

9. ABS 制动防抱死装置是由_____、_____及_____等三部分构成的。

10. 车轮制动器由_____、_____、_____和_____等四部分构成。

11. 真空增压器由_____、_____和_____三部分组成。

二、简答题

1. 什么是制动力?并分析制动力是如何产生的?

2. 什么是汽车制动系?制动系又是如何分类的?

3. 什么是摩擦制动器?它是如何分类的?各自的结构特点如何?

4. 轮缸式制动器有哪几种形式?

5. 什么是领从蹄式制动器?简述其结构及工作原理,并指出哪蹄是领蹄?哪蹄是从蹄?

6. 什么是非平衡式制动器?试分析领从蹄式制动器是否为非平衡式制动器?

7. 什么是制动助势蹄和减势蹄?装有此两种蹄的制动器是何种制动器?

8. 什么是制动器间隙?其大小对制动性能有何影响?怎样检查和调整?

9. 什么是双领蹄式制动器?其结构特点如何?

10. 为什么中央制动器不宜用于应急制动?

11. 在制动力调节装置中限压阀和比例阀的作用是什么?它们各用于何种车型?为什么?

12. 汽车为什么要安装防抱死制动装置?

第13章 汽车车身

【学习目标】

了解：汽车各种安全防护装置；空调的内部结构；货箱分类。

熟悉：三点式安全带的基本结构、工作原理及正确使用；安全气囊的作用、分类、基本组成及工作原理。

掌握：掌握车身壳体的分类，车门的结构；掌握空调系统分类。

【主要内容】

汽车车身是供驾驶员操作以及容纳乘客和货物的场所。它主要作用是为成员提供安全、舒适的乘坐环境，隔绝振动和噪声，不受外界恶劣气候的影响。车身作为车辆的重要组成部分，对整车的安全性、动力性、经济性、舒适性及操控性有着重要的影响，同时，汽车的个性化也是通过车身设计表现出来。汽车车身按照车身壳体承载情况的不同可分为非承载式车身、半承载式车身和承载式车身三种。本章主要介绍车身主要部件车身壳体、车门、车窗、座椅空调装置及安全保护装置(保险杠、安全带、安全气囊等)，货车及专用车辆还有货箱及专用设备。

13.1 车身壳体、车门及其附件

13.1.1 车身壳体

1. 车身壳体的分类

车身壳体是一切车身部件的安装基础，通常指纵、横梁和立柱等主要承力元件以及与它们连接的板件共同组成的刚性空间结构。客车车身多数具有明显的骨架，而轿车车身和货车驾驶室则没有明显的骨架。捷达轿车的车身壳体如图13-1所示，通常还包括在其上敷设的隔声、隔热、防振、防腐、密封等材料及涂层。

车身壳体按照受力情况可分为非承载式、半承载式和承载式(或称全承载式)三种。

承载式轿车车身如图13-2所示，为无独立车架的整体车身结构形式。取消车架，车身就作为发动机和底盘各总成的安装基础，车身负载通过悬架装置传给车轮。它承受轿车的各种载荷，使车身材料得以合理利用，大大减轻了汽车自身质量。由于没有车架，故可降低底板和整车高度。抗扭曲强度大，制造成本低。其缺点是传动系统与悬架的振动产生的噪声传递到车厢内，使乘坐舒适性较差，且车身损坏后不易修复。这种车身适用于大多数中级、普通级、微型轿车的车身。如桑塔纳2000、奥迪、捷达等。

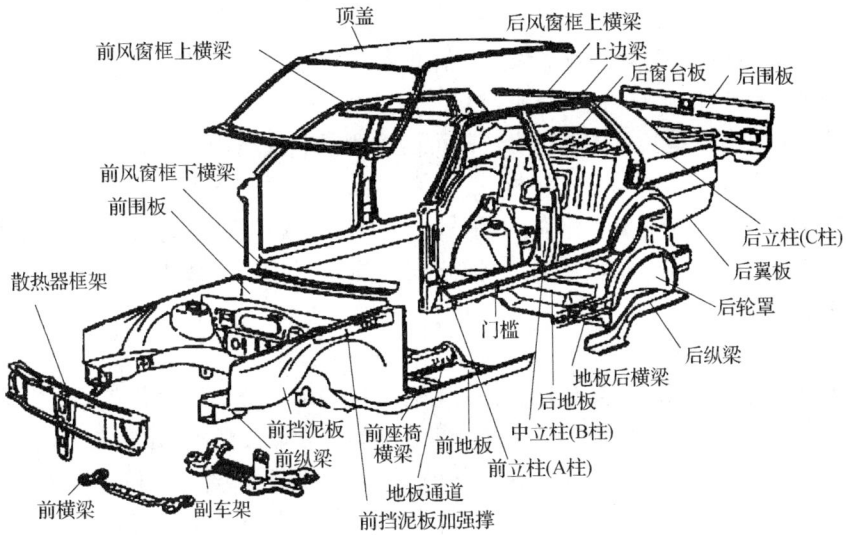

图 13 - 1　捷达轿车的车身壳体

非承载式车身如图 13 - 3 所示，结构特点是通过橡胶软垫或弹簧与车架作柔体连接。非承载式车身有独立完整的车架，绝大部分载荷由车架承担。车身只承受本身重力及轿车行驶时所引起的惯性力和空气阻力。

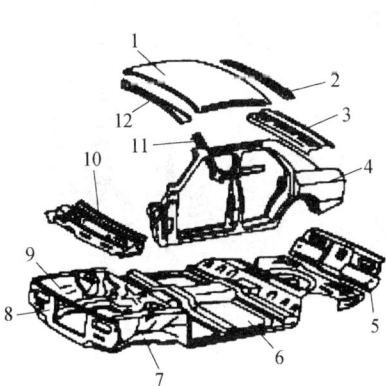

图 13 - 2　承载式轿车车身

1—顶盖；2—后窗框上横梁；3—后围上盖板；
4—侧门框总成；5—后围板；6—底板总成；
7—前纵梁；8—散热器固定板；9—前挡泥板；
10—前围上盖板；11—加强撑；12—前风窗上横梁

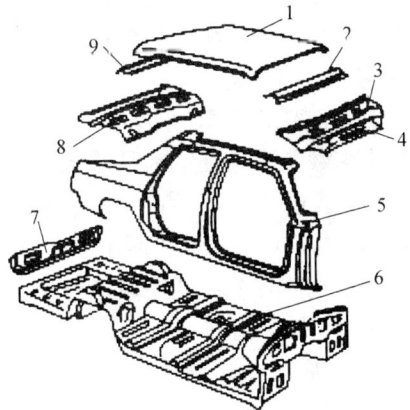

图 13 - 3　非承载式轿车车身

1—顶盖；2—前风窗框上横梁；3—前围上板；
4—前围内盖板；5—侧门框总成；6—底板总成；
7—后围板；8—后围上盖板；9—后窗框上横梁

车架的基本形式为梯形，能获得良好的刚性和驾驶室的有效空间。车身与车架能分开制造，工艺简单。其间装有防振元件，乘坐舒适，多用于高级轿车，中级轿车也有采用。其缺点是整车高度高、车身质量重。

半承载式车身用螺栓连接，铆接或焊接等方式与车架作刚性连接。在这种情况下，车架仍是安装汽车各个总成和承受各种载荷的基体，而车身在一定程度上有助于加固车架并分担车架的载荷。

大多数中级、普通级、微型轿车和部分客车车身常采用承载式车身结构，以充分利用车身壳体构件的承载作用，减小整车质量。

货车驾驶室只占汽车长度的小部分，不可能采用承载式结构。没有完整的封闭构架的开式车(敞篷车)，也很难采用承载式结构。

少数高级轿车如果为了提高汽车的舒适性，减轻发动机及底盘各总成工作时传来的振动及汽车行驶时由路面通过车轮和悬架传来的冲击，则可采用非承载式车身结构。

2. 车身壳体的结构

(1)轿车车身壳体结构

为了省去笨重的车架而使汽车轻量化，绝大多数轿车车身采用承载式结构。其特点是车身没有明显骨架，车身是由外部覆盖件和内部板件等焊合而成的空间结构。

现代轿车承载式车身壳体前部都有副车架。在副车架上安装发动机、传动系统、前悬架和前轮，组合成便于装配和维修的整体。副车架与承载式车身壳体前部底面用弹性橡胶垫连接，以隔离振动和冲击，提高车身的舒适性。

非承载式轿车车身与承载式轿车车身在结构上有较多相同之处，主要区别是：后者较坚固而前者较薄弱，板厚较小而且承力构件的断面尺寸也较小。此外，后者前部有较粗大的前纵梁、挡泥板等焊接成的刚性构架，而前者没有。

(2)货车驾驶室壳体的结构

绝大多数货车驾驶室都是非承载式结构，通过3点或4点弹性悬置与车架连接，如图13-4所示。

驾驶室壳体各个零件按顺序分组点焊连接，最后由底板总成和后围总成、前围总成和顶盖等拼装焊合。

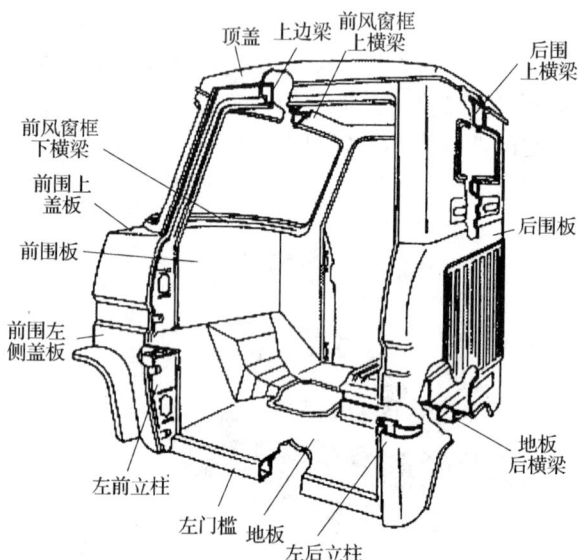

图13-4 解放 CA1092 型货车驾驶室壳体

13.1.1 车门及其附件

1. 车门

车门是车身上的一个独立总成，一般用铰链安装在车身上，通常由车门本体、附件和内外装饰件组成。车门应具备保证乘员上下车的方便性、行车的安全性、良好的侧面视野、密封性及低噪声等方面的性能。

车门按开启方式的不同，可分为顺开式、逆开式、水平滑移式、、折叠式、上掀式、外摆式等类型，如图13-5所示。

顺开式车门即使在汽车行驶时仍可凭借气流的压力关上，比较安全，而且便于驾驶员在

图 13 – 5　车门构造

倒车时向后观察，故被广泛应用。逆开式车门在汽车行驶时若关闭不严就可能被迎面气流冲开，因而使用较少，一般只是为了改善上下车方便性及适于迎宾礼仪需要的情况下采用。水平移动式车门的优点是车身侧壁与障碍物距离较小的情况下仍能全部开启。上掀式车门广泛用作轿车及轻型客车的后门，也应用于低矮的汽车。折叠式车门则广泛应用于大、中型客车上。

车门本体的骨架部分包括内板、外板、窗框和加强板等。

2．车门玻璃升降器

现代轿车广泛采用圆柱面的车门升降玻璃，通常采用齿轮齿扇交叉臂式和钢丝绳式两种玻璃升降器，如图 13 –6 所示。

3．车窗

车窗的基本功能是保证视野和采光，同时与整车形体协调。汽车上的车窗有前、后风窗、三角通风窗、侧窗以及有的轿车有遮阳顶窗。

（1）风窗

汽车的前、后风窗如图 13 –7 所示，通常采用有利于视野而又美观的曲面玻璃，轿车的前后风窗又称前后风挡玻璃。

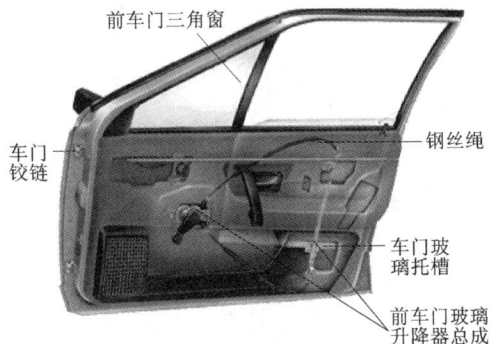

图 13 –6　桑塔纳轿车前车门
（钢丝绳式玻璃升降器）

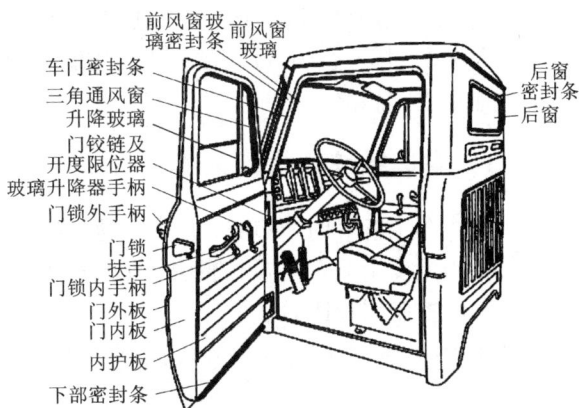

图 13 –7　解放 CA1092 型货车
驾驶室的车门及车窗

（2）三角通风窗

为便于自然通风，某些汽车在车门上设有三角通风窗如图 13 – 6 所示，三角通风窗可绕垂直轴旋转，窗的前部向车内转动而后部向车外转动，使空气在其附近形成涡流并绕车窗循环流动。

（3）客车的侧窗

客车的侧窗可设计成上下开启式或水平移动式。侧窗玻璃采用茶色或带有隔热层，可使室内保温并有安闲宁静的舒适感。具有完善的冷气、暖气、通风及空调设备的高级客车常常将侧窗设计成不可开启式，以提高车身的密封性。

（4）轿车的遮阳顶窗

遮阳顶窗（也称天窗）及其他车窗开启时可使汽车室内与外界连通，接近敞篷车的性能，以便乘员在风和日丽的季节里充分享受明媚的阳光和

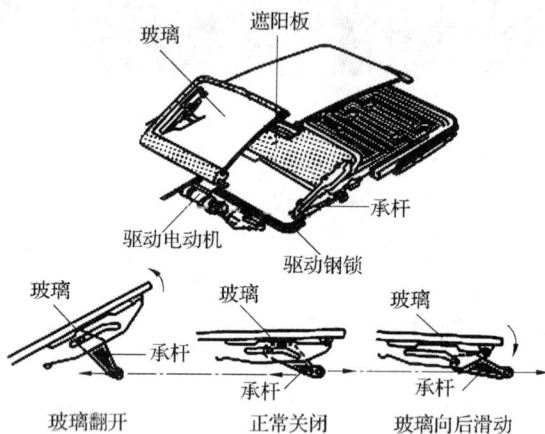

图 13 – 8　遮阳顶窗的结构

新鲜的空气，如图 13 – 8 所示。遮阳顶窗不但可以增加室内的光照度，而且也是一种较有效的自然通风装置。根据不同的需要，可把遮阳顶窗部分或全部关闭，这样就形成了功能优异的全天候式车身结构。

13.2　空调

汽车空调系统如图 13 – 9 所示，汽车空调是汽车空气调节器的简称，是实现汽车对车内空气进行制冷或加热、洗涤或过滤、加湿或除湿、循环流动或不循环流动处理过程的装置。不断满足乘员对舒适性和健康的要求，降低驾驶员的疲劳强度，提高行车安全。空调装置已成为汽车标准装备之一。

13.2.1　空调系统的功能

现代汽车空调有四种功能，其中任何一种功能都是为了使乘客感到舒适。

①车内温度调节。空调器能控制车厢内的气温，既能加热空气，也能冷却空气，以便把车厢内温度控制到舒适的水平。

②车内湿度调节。空调器能够排出空气中的湿气。干燥空气吸收人体汗液，造成更舒适的环境。

③车内流速调节。空气流速和方向对人体舒适性影响很大，这是因为流动的空气可以促建人体散热。空气流速的大小应根据乘员的特点来调节，一般应在 0.2 m/s 以下，并且低速变动为佳，由空调出风口调节。

④车内清洁度调节。空调器可过滤空气，排除空气中的灰尘和花粉。不断净化车内空气，并补充新鲜空气。

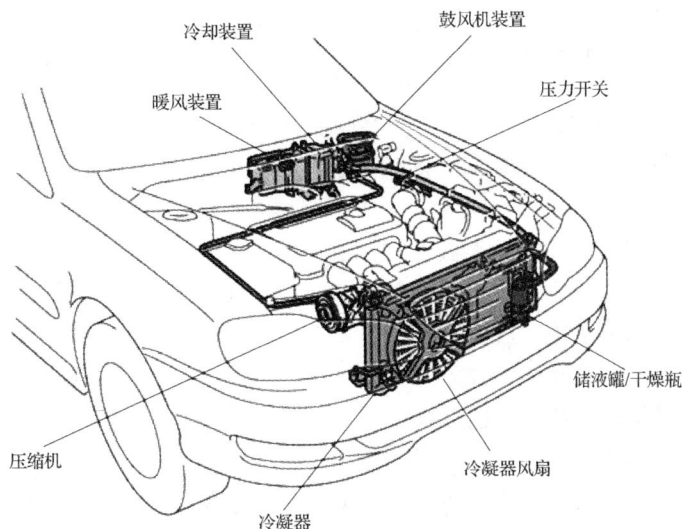

图 13－9 汽车空调系统

13.2.2 空调系统的组成

现代空调系统由制冷系统、供暖系统、通风和空气净化装置以及控制系统组成。

①制冷系统：利用制冷剂蒸气压缩原理对空气进行冷却和除湿。

②供暖系统：通常利用发动机热水加热装置对车内空气进行加热。

③通风装置：利用自然风或强制通风方式将车外新鲜空气引入车内。

④空气净化装置：利用灰尘滤清器、电子集尘器以及负离子发生器等过滤和净化车内空气。

⑤控制系统：利用电气元件、真空机构和操纵机构对车内空气的温度、风量、流向进行控制，同时对制冷、供暖系统内的温度、压力进行控制和安全保护。

13.2.3 空调系统的类型

空调系统的类型可按以下几种方式来进行分类。

①按驱动方式分为：独立式(专用一台发动机驱动压缩机，制冷量大，工作稳定，但成本高，体积及质量大，多用于大、中型客车)和非独立式(空调压缩机由汽车发动机驱动，制冷性能受发动机工作影响较大，稳定性差，多用于小型客车和轿车)。

②按空调性能分为：单一功能型(将制冷、供暖、通风系统各自安装，单独操作，互不干涉，多用于大型客车和载货汽车上)和冷暖一体式(制冷、供暖、通风共用鼓风机和风道，在同一控制板上进行控制，工作时可分为冷暖风分别工作的组合式和冷暖风可同时工作的混合调温式。轿车多用混合调温式)。

③按控制方式分为：手动调节(拨动控制板上的功能键对温度、风速、风向进行控制)，电控气动调节(利用真空控制机构，当选好空调功能键时，就能在预定温度内自动控制温度和风量)、全自动调节(利用计算比较电路，通过传感器信号及预调信号控制调节机构工作，自动调节温度和风量)及计算机控制的全自动调节(以计算机为控制中心，实现对车内空气环

境进行全方位，多功能的最佳控制和调节）。

13.2.4　空调系统常见问题

汽车空调在使用一段时间后，经常会闻到一股类似霉变、烟尘的气味，制冷或制热时，从风口吹出来的空气不清新，人在车里待时间长了，就会感觉鼻腔、气管不适。这些都是汽车空调的异味造成的。

①空调系统运转时，空气中的水汽在空调的冷凝蒸发器表面形成冷凝水，其中一部分水在空调关闭后会留在蒸发器和空调管路中。这些水分和空气中的微生物及污染物相结合，在潮湿、温暖和黑暗的空调系统中成为阴霉菌、曲霉菌、青霉菌、LP 杆菌和螨虫滋生的温床。

②驾乘者在车内吸烟产生的烟碱。

③车内橡胶、塑料及皮革发出的气味。

④外界空气中的烟雾、灰尘及废气进入车内。

这些异味不但会造成呼吸困难，免疫力下降，而且会使人产生烦躁感，降低人的判断力和记忆力，严重时会导致交通事故。从空调管路里吹出来的细菌、霉菌和病毒时刻威胁着驾乘者的身体健康，所以，汽车空调系统的清洗和维护非常重要。

13.3　座椅及安全防护装置

13.3.1　座椅

如图 13 - 10 所示，座椅是车身内部的重要装置，座椅的作用是支撑人，使驾驶操作方便和乘坐舒适。座椅一般由骨架、座垫、靠背和调节机构等部分组成。

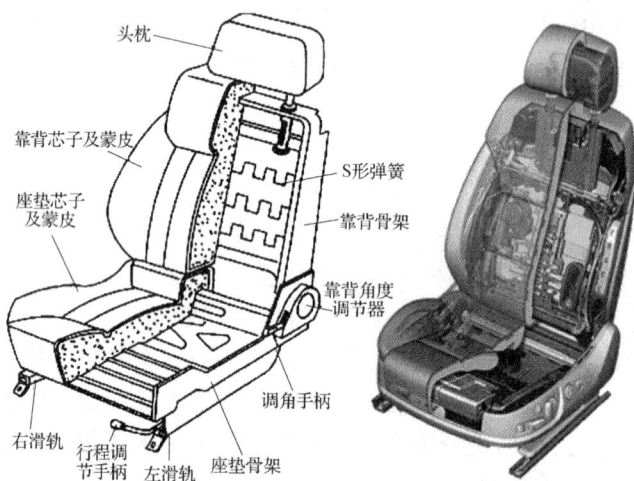

图 13 - 10　座椅

现在乘用车的座椅头枕多是可调节式，调节头枕可以使得头枕与乘员颈背形状更加贴合，贴合越好安全性越高。一些高级轿车的前排头枕都可以电动四向调节。经济型车的座椅头枕一般手动调节或者固定的,手动调节多数只有上下方向调节。从保护乘员的安全这一点出发,头枕应当选择可调节的,以适应不同身高的需要。

13.3.2　安全防护装置

1. 车外防护装置

(1)车身壳体结构防护措施

车身壳体的正确结构应该是使乘客舱具有较大刚度,以便在碰撞时尽量减小变形;同时使车身的头部、尾部等其他离乘员较远的部位的刚度相对较小,在碰撞时得以产生较大变形而吸收撞击能量。

(2)保险杠及护条

汽车的最前端和最后端都有保险杠,许多轿车车身左右两侧还设有纵贯前后的护条。保险杠和护条的安装高度应符合法规,以便汽车相撞时两车的保险杠或护条能首先接触。保险杠的防护结构应包括,减轻行人受伤的软表层,主要由弹性较大的泡沫塑料制成;能吸收汽车一部分撞击能量的装置(如金属构架、塑料或半硬质橡胶的缓冲结构、液压或气压装置等)。

车身侧面的护条与行人接触的可能性较小,一般由半硬质塑料或橡胶制成。

(3)汽车其他外部构件

除了保险杠外,经常撞伤行人的构件主要有前翼板、前大灯、发动机罩、车轮、风窗玻璃等。这些构件不应尖锐、坚硬,最好是平整、光滑而富有弹性。某些轿车包括保险杠在内的整个正面均用大块聚铵酯泡沫塑料制成,并将发动机罩顶面用软材料包垫,以提高安全性。

2. 车内防护装置

安全带和气囊(SRS)是避免乘员身体与其前面的构件相撞的两种常用的防护装置。

(1)安全带

安全带是最有效的防护装置,可以大幅度地降低碰撞事故的伤亡。最常用的三点式安全带及头枕如图 13-11 所示,带子由结实的合成纤维织成,包括斜跨前胸的肩带和绕过人体胯部的腰带两部分。在座椅外侧和内侧的底板上各有一个固定点,第三个固定点位于座椅外侧支柱上方。

在正常情况下,安全带对人体上部并不起约束作用。但在紧急情况下,收卷器会将带子卡住,从而对乘员产生有效的约束。

(2)气囊系统

气囊系统通常称为辅助约束系统(SRS),如图 13-12 所示,可与安全带一起给前排乘员提供有效的保护。对于未佩戴安全带的乘员,气囊系统的防护作用是有限的;而对于佩戴安全带的乘员,气囊系统可以有效地减轻头部的受伤。近年来,有些汽车为了提高其安全性,还设置了侧面气囊系统。

(3)头枕

头枕是在汽车后部受撞时,限制人的头部向后运动的安全装置,它可避免颈椎受伤。

(4)安全玻璃

目前在汽车上广泛应用的安全玻璃有钢化玻璃和夹层玻璃两种,钢化玻璃受冲击损坏时,整块玻璃出现网状裂纹,脱落后分成许多无锐边的碎片。夹层玻璃受冲击损坏时,内、外层玻璃碎片仍黏附在中间层上。中间层韧性较好,在承受撞击时拱起从而吸收一部分冲击能量,起缓冲作用。大量事故调查表明,夹层玻璃的安全性优于钢化玻璃。

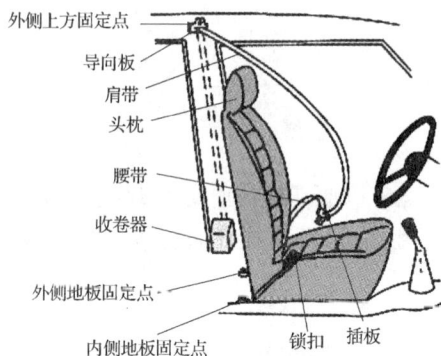

图 13 - 11　三点式安全带及头枕

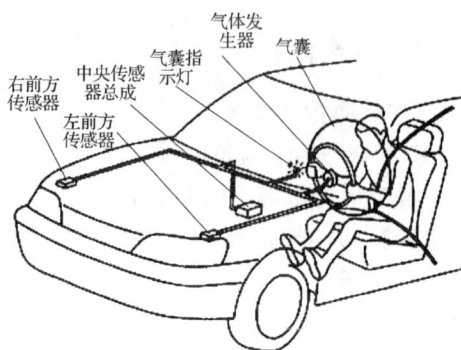

图 13 - 12　气囊系统

（5）门锁与门铰链

在现代汽车上,门锁和门铰链应有足够的强度,能同时承受纵、横两个方向的撞击载荷而不致使车门开启,避免了乘员被甩出车外而受重伤或死亡的危险。此外,在事故结束后,门锁应不失效而使车门仍能被打开。目前,在汽车上已广泛应用可同时承受纵、横向载荷的转子卡板式门锁,不能承受纵向载荷的舌簧式、钩簧式、齿轮转子式等门锁均应淘汰。

（6）室内其他构件

汽车车身内部一切可能受人体撞击的构件都应避免采用尖角,凸棱或小圆弧过渡的形状,而且室内广泛采用软材料包垫。车身室内软化不仅为了满足舒适性的要求,更重要的还是为了满足安全防护性能的要求。

13.4　货箱

汽车货箱用于容纳货物。根据其用途不同,货箱结构也有较大的不同。通常分为栏板式货箱、自卸式货箱、厢式货箱、罐式货箱、平台式货箱、蓬式货等。

13.4.1　栏板式货箱

1. 三面开(高地板)式货箱

普通栏板式货箱如图 13 - 13 所示,一般由 1 块底板和 4 块高度为 300 ~ 500 mm 的栏板组成,栏板包括前板、后板及左、右边板。

某些轻型货车和大多数皮卡采用低底板式货箱,如图 13 - 14 所示,其底板离地高度较小,左、右后轮罩凸入底板内并与左、右边板连接,仅后板可打开,以供运载小件零散货物。这种货箱两侧造型与前部驾驶室的形状和线条连贯,外形美观。

3. 万能式货箱

万能式货箱也称高栏板式货箱,其特点是四周栏板的高度比普通货箱高,可运载各种货物和人员,农用或军用货车常采用这种结构。

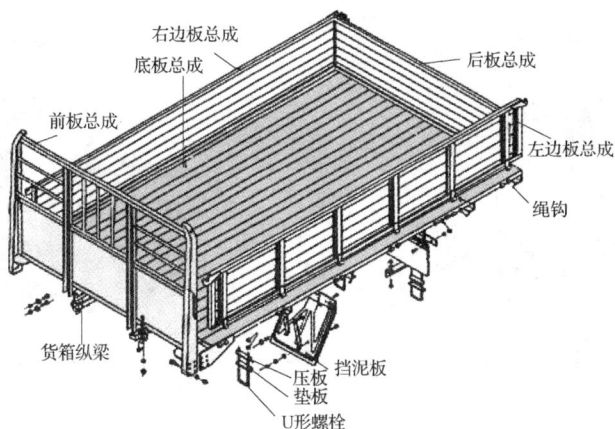

图 13 - 13　解放 CA1092 型货车的拦板式

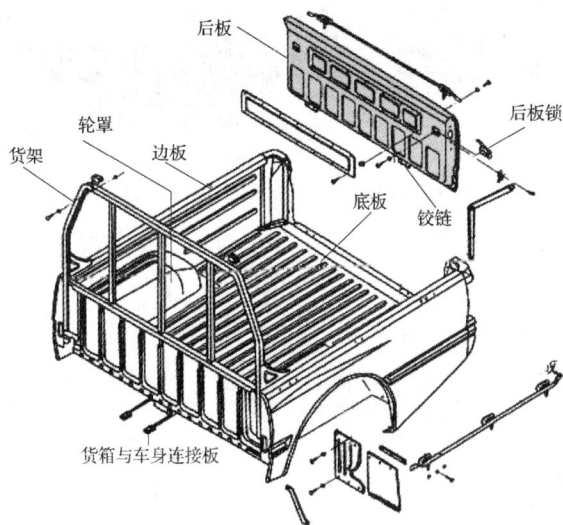

图 13 - 14　一面开(低底板)式货箱

13.4.2　专用货箱

专用货箱主要有闭式货箱(图 13 - 15)、倾卸式货箱(图 13 - 16)、自卸式散装水泥容罐车(图 13 - 17)等形式。集装箱运输是一种先进的运输方法,便于铁路、公路、水路和航空联运以及国际联运。集装箱可以连同其内部的货物从一种运输工具迅速转移到另一种运输工具上,而不需要将货物重新装卸,故具有保证货物完好、减少装卸工作量和加速货物周转从而降低运输成本等优点。集装箱还有敞顶式,平板式、无侧壁式、容罐式、冷藏保温式等类型,以适应运输各类货物的需要。

图 13-15　闭式货箱货车

图 13-16　自卸式散装水泥容罐车一

图 13-17　自卸式散装水泥容罐车二

复习题

一、选择题

1. 汽车空调检测合格出风口温度范围应为(　　)℃。

A. 0~4

B. 4~10

C. 10~15

D. 15~20

2. 膨胀阀的功能是(　　)。

A. 将高压制冷剂气体节流减压

B. 将高压制冷剂液体节流减压

C. 将低压制冷剂气体节流减压

D. 将低压制冷剂液体节流减压

3. 在制冷系统中，制冷剂 R12(　　)被压缩机吸入，压缩成高压、高温蒸气，然后再经排气管进入冷凝器。

A. 液体通过吸气管

B. 液体通过排气管

C. 气体通过吸气管

D. 气体通过排气管

4. 下述(　　)不是提供输入信号给自动空调控制系统的传感器。

A. 阳光传感器

B. 车外温度传感器

C. 氧传感器

D. 车内温度传感器

5. 下述(　　)状况时，自动空调电脑控制压缩机电磁离合器工作。

A. 节气门全开

B. 车外温传感器显示温度低于设定值

C. 发动机高速运转　　　　　　　　D. 车内温度高于设定值

二、名词解释题

1. 汽车的主动安全性

三、问答题

1. 汽车车身的尺寸主要受哪三种因素的限制?

2. 整体式车身的特点有哪些?

第 14 章　汽车附属装置

【学习目标】

了解：对仪表板指示灯进行认识，对汽车内饰的装置进行学习。

熟悉：汽车附属装置的种类、操作方法。

掌握：掌握汽车车速里程表、发动机转速表、油压表、水温表的功能、结构和工作原理；掌握电动车窗的功能、汽车防盗和中央门锁的作用。

【主要内容】

汽车的附属设备主要包括仪表、照明及信号装置、风窗刮水及清洁装置、防盗装置等。同样，这些附属设备都是维持汽车正常行驶不可或缺的部分。

14.1　汽车仪表及照明装置

为了使驾驶员能够掌握汽车及各系统的工作情况，在汽车驾驶室内的仪表板上装有各种指示仪表，指示灯及各种报警信号装置。

汽车上常用的仪表有车速里程表、发动机转速表、机油压力表、燃油表、冷却液温度(水温)表等，它们通常与各种信号灯一起安装在仪表板上，称为组合仪表，如图 14-1 所示。

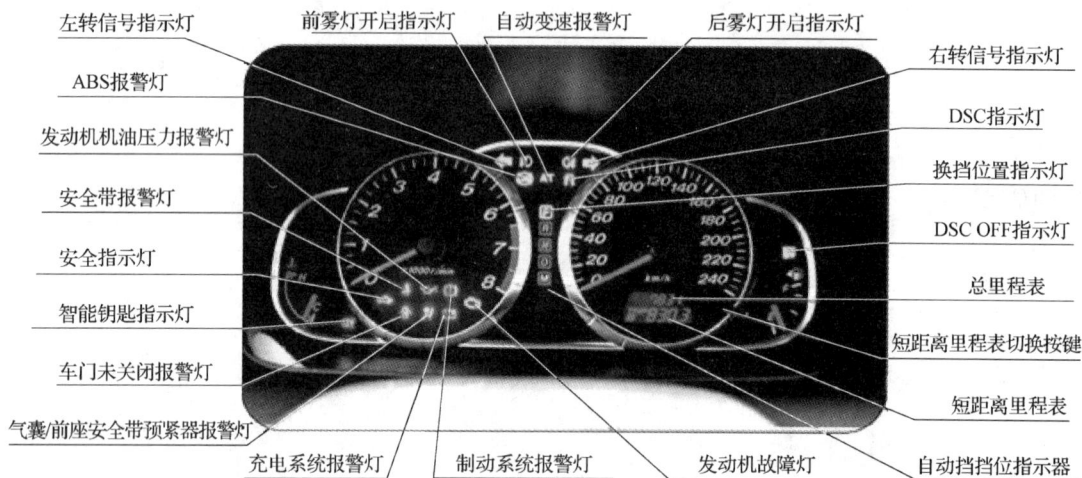

图 14-1　马自达 6 轿车的组合仪表

14.1.1　车速里程表及车速报警装置

1. 磁感应式车速里程表

车速里程表由车速表和里程表两部分组成。车速表用来指示汽车瞬时行驶速度,里程表可记录汽车行驶总里程和短程里程。磁感应式车速里程表如图 14-2 所示,车速表和里程表通常安装在同一个壳体中,并由同一根轴驱动,或使用同一个传感器。

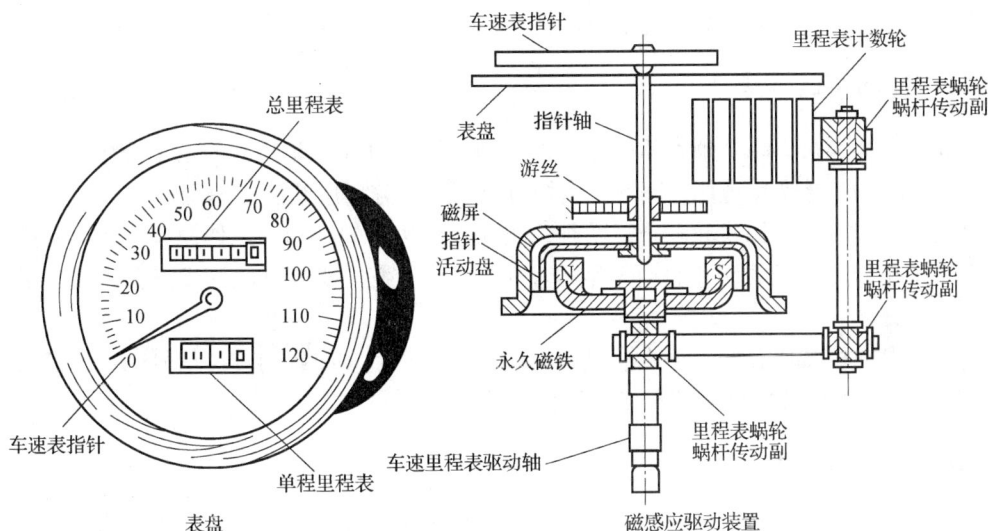

图 14-2　磁感应式车速里程表

2. 电子式车速里程表

电子式车速里程表由车速里程表传感器、信号处理电路、车速表和里程表组成,如图 14-3 所示。

车速里程表传感器安装在组合仪表内,由变速器经软轴驱动,汽车行驶时它产生正比于汽车行驶速度的信号。它是由一对或几对触点的舌簧开关和转子组成。

信号处理电路由单稳态触发电路、恒流电路、64 分频电路、功率放大电路以及电源稳压等电子电路组成。汽车开始运行时,它将车速传感器输入的脉冲信号整形和处理后转变为电流信号,并加以放大,

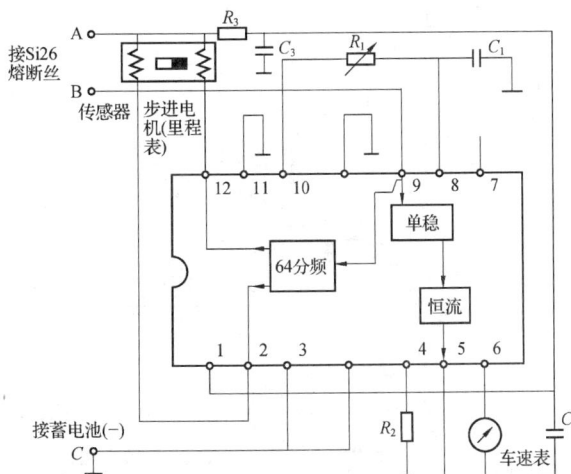

图 14-3　电子式车速里程表电路示意图

A—接 12 V 直流电源正极;B—接车速里程表传感器;C—搭铁

以驱动车速表指示车速;同时它还将脉冲信号经分频和功率放大,转变为一定频率的脉冲信号,以驱动里程表步进电机的轴转动,记录汽车的行驶里程。

车速表以一个磁电式电流表作为指示表。汽车以不同的车速运行时,信号处理电路将车速传感器输入的脉冲信号转变为与车速成比例的电流信号,使电流表的指针偏转,指示出相应的车速。

里程表由步进式电动机、六位十进制计数器及内传动齿轮等组成。汽车运行时车速传感器输出的脉冲信号,经信号处理电路分频和功率放大,转变为一定频率的脉冲信号,作用于步进电动机的电磁线圈。步进电机将这一脉冲信号转变为角位移信号,使电动机轴转动,驱动里程表十进制计数器的六个计数轮依次转动,记录汽车行驶的总里程和单程行驶里程。当需要消除短程里程时,只需按一次复位杆,短里程表就会归零。

14.1.2 发动机转速表

发动机转速表可以直观地指示发动机的转速,是发动机工况信息的指示装置,便于驾驶员选择发动机的最佳速度范围,把握好换挡时机以及充分利用经济车速等。

发动机转速表有机械式和电子式两种。机械式转速表的结构和工作原理与上述磁感应式车速表基本相同。电子式转速表由于结构简单、指示准确、安装方便等优点在现代车辆中应用广泛。

电子式发动机转速表应用于汽油机和柴油机两种类型。前者的转速信号来自于点火系统的脉冲电压,后者的转速信号来自于曲轴传感器。

14.1.3 机油压力表

在发动机工作时,机油压力表指示发动机润滑系统主油道中机油压力的大小。它由油压指示表和油压传感器组成。机油压力指示表安装在仪表板上,机油压力传感器安装在发动机主油道或机油粗滤器上,两者通过导线相连。常用机油压力表有双金属式油压表和双金属式油压传感器、电磁式油压表和电阻式油压传感器等不同形式,双金属式机油压力表应用较为广泛,如图14-4所示。

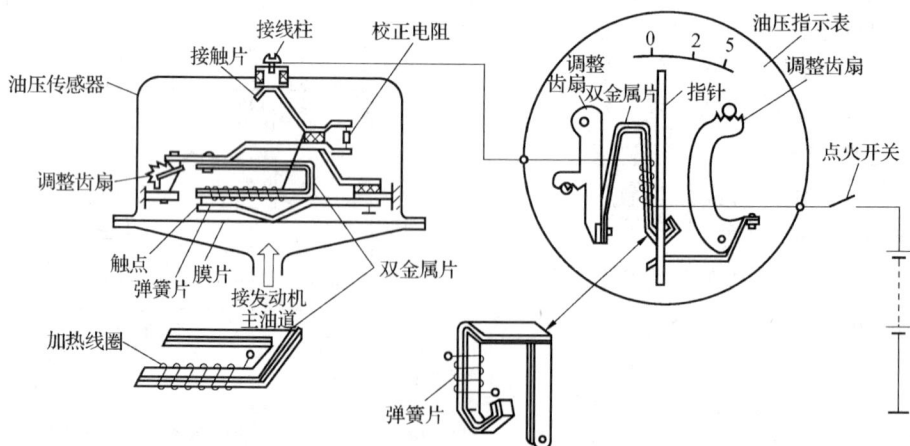

图14-4 双金属片式机油压力表

14.1.4　燃油表及燃油低油面报警装置

燃油表用来指示汽车燃油箱内的存油量。它由燃油指示表、油面高度传感器及电源稳压器等组成。常用的燃油指示表有电热式、电磁式、电子集成式等不同形式。

1. 电热式燃油表

如图 14-5 所示，电热式燃油表的油面高度传感器为可变电阻式，由可变电阻器和与可变电阻器滑动臂相连的浮子组成，安装在燃油箱内。浮在油面上的浮子，在随油面高度的变化而改变自身位置的同时，带着可变电阻的滑动臂连同触点在电阻器上滑动，改变串联在燃油表电路中的电阻值。

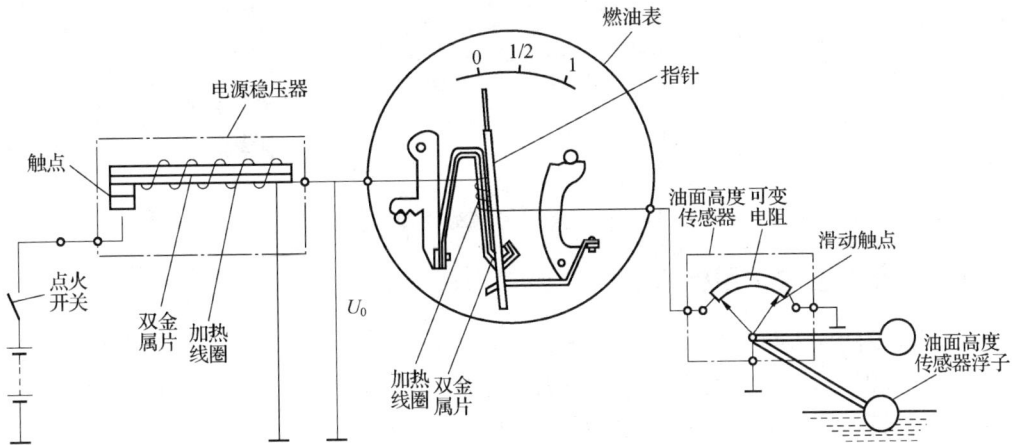

图 14-5　电热式燃油表示意图

2. 电磁式燃油表

电磁式燃油表如图 14-6 所示，其内装有左、右两个线圈，转子与指针相连，并位于两个线圈之间，油面传感器也采用可变电阻式传感器。接通点火开关，电源的电流经左线圈后分为两条支路，一路经右线圈后搭铁，另一路经油面传感器的可变电阻搭铁。两个线圈中均有电流通过，并在两个线圈的周围产生磁场，转子连同指针在两个线圈磁场的作用下偏转，处于合成磁场的方向，指针指向燃油表的

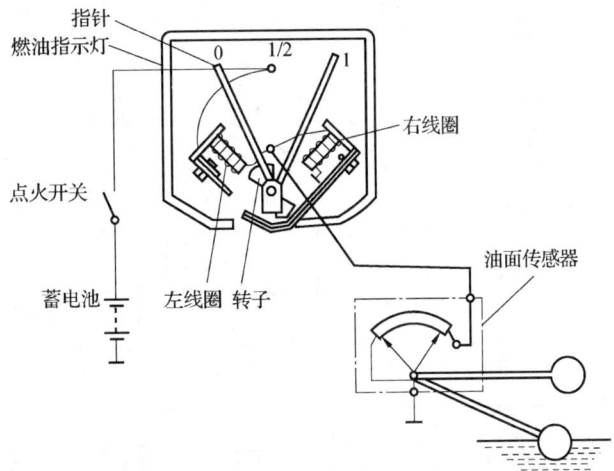

图 14-6　电磁式燃油表示意图

某一刻度。油箱中油面高时，油面传感器的电阻大，流过左线圈的电流小，产生的磁场弱，在合成磁场的作用下指针指向油面高的刻度。

14.1.5 水温表

水温表用来指示发动机冷却水套中冷却液的温度。它由安装在仪表板上的水温指示表，安装在发动机汽缸盖上的水温传感器以及与燃油表共用的电源稳压器等组成。常用的水温表有电热式、电磁式和电子式三种形式，其中电热式水温表应用较多，其原理示意图如图14-7所示。

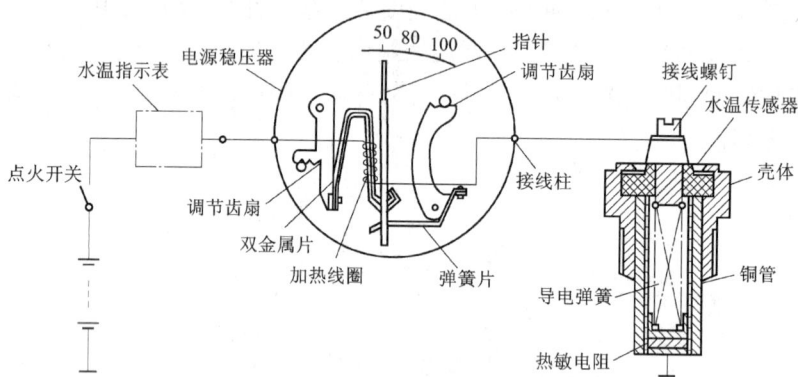

图 14-7　电热式水温表原理示意图

14.1.6 仪表板上的常用标识

汽车驾驶室的仪表板上装有指示汽车、发动机运行工况的各种仪表，报警灯，指示灯，各种控制开关和按钮。为了便于驾驶员识别和控制，在各指示灯，开关的相应位置标有形象的符号。各种符号的含义如图14-8所示。

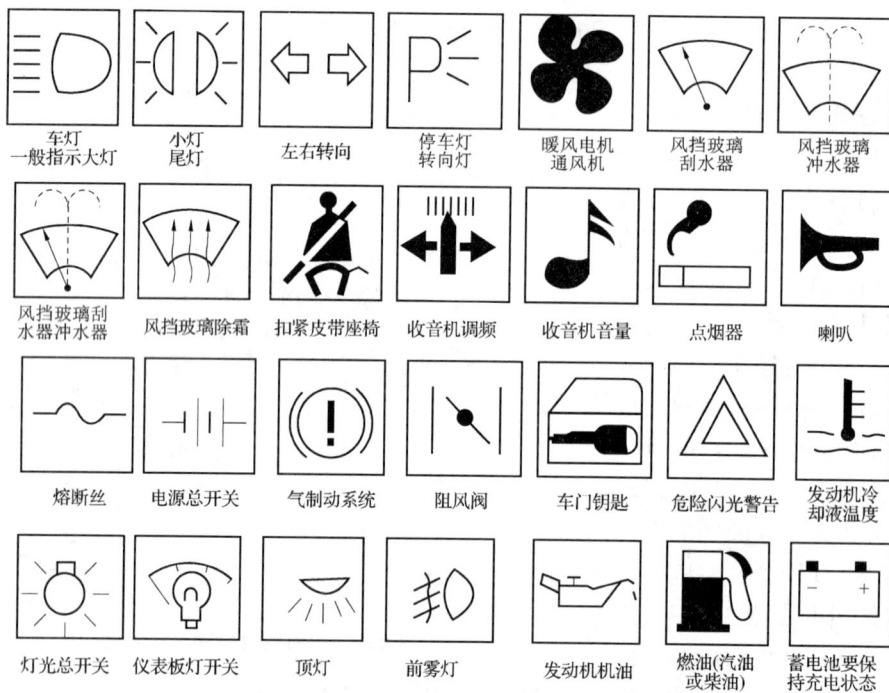

图 14-8　汽车仪表板上常用标识及其含义

14.2　风窗附属装置

14.2.1　电动车窗

电动车窗主要由车窗玻璃升降器(又称换向器)、电动机和控制电路等组成。车窗玻璃升降器主要有蜗轮蜗杆式、齿轮齿扇式和齿轮齿条式等类型。

桑塔纳 2000 型轿车所用的电动车窗玻璃升降器,机械部分主要由蜗轮、蜗杆、绕线轮、钢索、导轨和滑动支架等组成。当电动车窗玻璃升降器中直流永磁电动机电路接通后,转轴输出转矩,经蜗轮蜗杆减速后,再由缓冲联轴器传递到转丝筒,带动转丝筒旋转,使钢丝绳拉动安装在玻璃支架上的滑动支架在导轨中上下运动,达到车窗玻璃升降的目的。

14.2.2　风窗玻璃清洁装置

为了保证在各种使用条件下,驾驶室的风窗玻璃表面干净、清洁,汽车上都装有风窗玻璃洗涤器和风窗玻璃刮水器,有些汽车还装有风窗玻璃除霜装置。

1.风窗玻璃洗涤器

风窗玻璃洗涤器的功用是将清洁的水或洗涤液喷射到风窗玻璃上,在刮水器的作用下,清除风窗玻璃上的尘土和污物,使驾驶员有良好的视野。它主要由洗涤器电动机、洗涤器水泵、储液罐、喷嘴、水管等组成。

2.风窗玻璃清洁装置

轿车风窗刮水器和洗涤器的工作都由刮水器洗涤器组合开关控制,组合开关有五个挡位,分别是刮水器高速工作,刮水器低速工作,点动工作,间歇刮水和清洗玻璃。

刮水器电动机上装有一个由凸轮驱动的一掷两位停机自动复位开关,用来保证在刮水器停止工作后,刮水器的刮片停在风窗玻璃下沿的合适位置。

3.风窗玻璃除霜装置

在较冷的季节、有雨、雪、雾的天气,挡风玻璃上可能会结霜。另外由于车厢内外温差较大,车厢内的水蒸气也易凝结在挡风玻璃上而结霜,从而严重影响驾驶员的视线。因此,汽车上应安装风窗玻璃除霜装置。前、侧挡风玻璃上的霜层通常是在汽车空调系统的风道中,加设除霜器风门,利用空调系统中产生的暖气(或流动的空气),达到清除结霜的目的。对后挡风玻璃的除霜,常采用除霜热线。除霜热线是把数条电热线(镍铬丝)均匀地粘在后窗玻璃内部,各线两端相接形成并联电路,当两端加上电压后,各电热线即会升温而加热玻璃,从而达到防止或清除结霜的目的。

14.3　汽车防盗装置及中控门锁

14.3.1　中央控制电动门锁

中央控制电动门锁的功能:

①中央控制。驾驶员可通过门锁开关同时打开各个车门,也可单独打开某个车门,当驾驶员车门锁住时,其他三个车门也同时锁住。

②速度控制。当行车速度达到一定值时，各个车门能自行锁定，防止乘员误操作车内门把手而导致车门打开。

③单独控制。驾驶员车门以外的三个车门设置有单独的弹簧锁开关，可以独立地控制一个车门的打开和锁住。中央控制电动门锁主要由门锁开关，门锁控制电路和门锁执行机构三部分组成。

1．门锁开关

门锁开关是指中央门锁开关，对中央控制电动门锁系统集中控制，开、关全部或单个车门。常用的电子遥控式门锁开关的联络信号可以是声、光、电或磁中任何一种，这种门锁开关由电子指令发射器和指令接收器组成。

2．门锁执行机构

门锁执行机构是在门锁控制电路的控制及驱动下，执行门锁锁定和开启任务。

①电磁式门锁执行机构。电磁式门锁执行机构的优点是结构简单、内部摩擦力小、动作敏捷、操作方便；缺点是耗电量大、铁芯质量大且衔铁移动时有冲击声。

②电动机式门锁执行机构。电动机式门锁执行机构由微型可逆直流电动机，齿轮齿条传动机构等组成。当电动机通电正转时，带动齿条连杆左移锁门；当电动机通电反转时，带动齿条连杆右移开锁。电动机式门锁执行机构的优点是体积小、耗电少、动作迅速；不足之处是当门锁已经锁定或开启时，应即时切断电源，避免电动机长时间带电而烧坏。

3．门锁控制器

无论是电磁式门锁执行机构，还是电动机式门锁执行机构，都是通过改变执行机构通电电流方向来控制锁扣连杆左、右移动，实现门锁的锁定或开启，因而门锁控制器应具有控制执行机构通电电流方向的功能。同时，由于门锁执行机构长期带电要消耗较大的电能，为了缩短工作时间，门锁控制器应具有定时功能，即当锁扣连杆移动到位，门锁已锁定或开启时，应控制执行机构的通电电流自动中断。

14.3.2 汽车防盗装置

为了防止驾驶员离开汽车后汽车被盗，汽车上都装有安全防盗装置。常用的防盗装置由以下几部分组成：转向锁、燃油切断装置、蓄电池接线柱断路装置、点火系统关断装置、电子报警器、外用机械防盗锁以及电子控制防盗系统等。

1．转向锁

转向锁安装在转向柱上，由点火开关控制。当驾驶员从点火开关上拔下钥匙时转向柱即被锁死，盗车者即使不用钥匙启动发动机以后，也不能驾驶汽车。

2．电子报警器

电子报警器通过电路控制喇叭鸣叫报警，可以更有效地防止他人私自进入车内，拆卸零件，启动发动机甚至盗走车辆。

3．电子控制防盗系统

凌志 LS400 轿车防盗系统(图 14-9)与门锁采用一个微机控制单元(ECU)，其传感器包括门控开关、门锁开关、行李舱门钥匙启动开关、钥匙未锁警告开关、钥匙操纵开关和门锁电机位置开关等。其执行器包括防盗喇叭、汽车喇叭继电器、前灯控制继电器、启动电机继电器、尾灯控制继电器、门锁电机和防盗指示灯等。

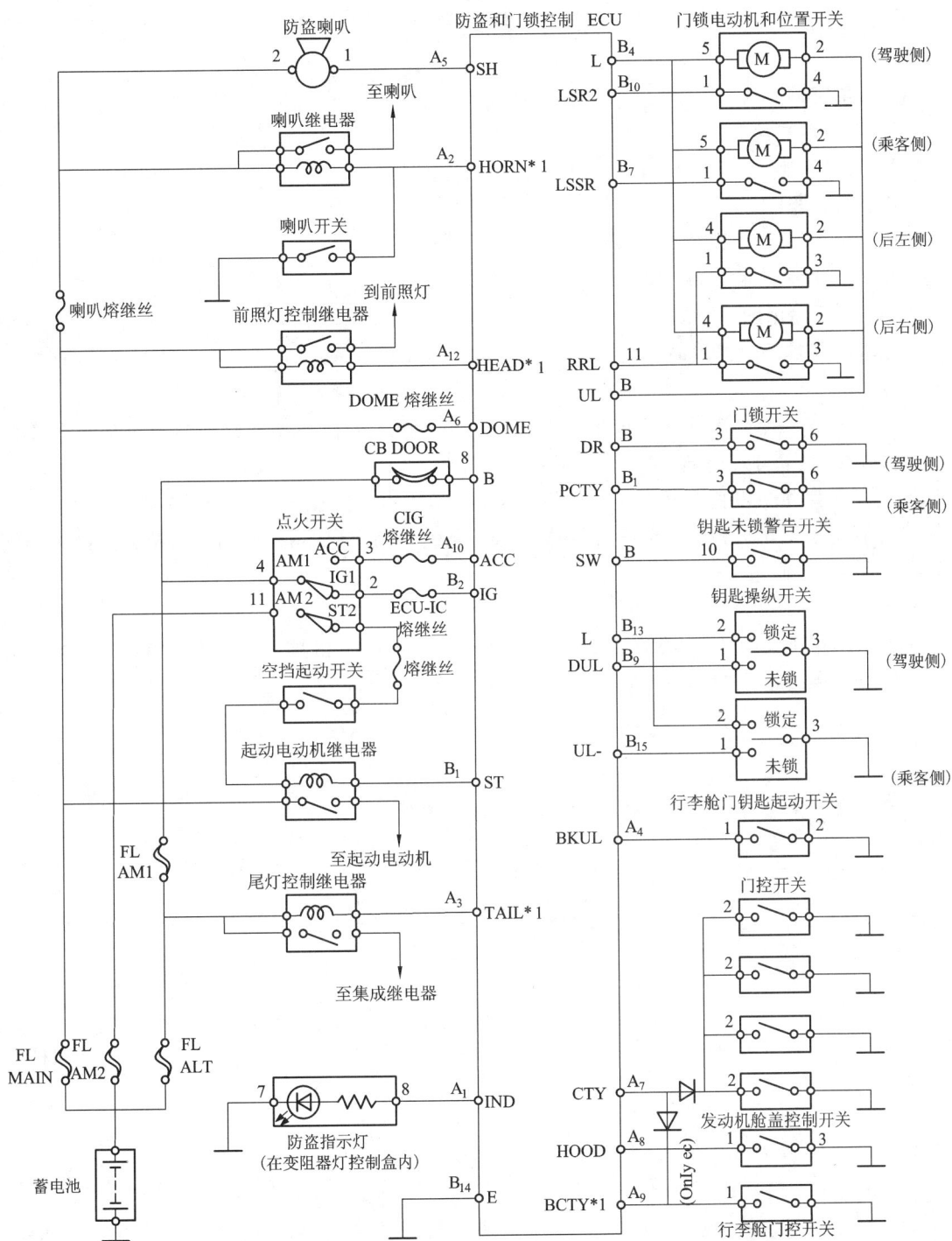

图 14-9　凌志 LS400 轿车防盗系统

复习题

一、填空题

1. 汽油车发动机转速表的转速信号一般取自＿＿＿＿＿＿的脉冲信号。

2. 实际车速为 40 km/h 时,汽车车速表应指示在＿＿＿＿＿＿ km/h 之间。

二、简答题

1. 简述风窗刮水器的工作原理。

2. 转向灯闪烁过快的原因有哪些?

三、实际运用题

玻璃升降机与中控锁的拆装。

拆:

1. 首先用一个十字螺丝刀把车门内饰板拆掉,把玻璃往下降直到能看见玻璃和升降机之间的螺栓为止,拆下玻璃。

2. 用十字螺丝刀把升降机与车门的螺栓拧下,取出升降机。

3. 再把固定车门锁的3个螺钉拆掉,并将里面固定门锁的两个纵向拉杆从固定接头处取下,最后取出车门锁。

装:

首先把升降机装上,然后装锁,再把两个纵向拉杆固定回接头处,然后装玻璃,装内饰板。收拾工具,完成实训。

参 考 文 献

[1] 汽车工程手册编委会. 汽车工程手册[M]. 北京：人民交通出版社，2001.

[2] 王林超. 现代轿车构造与维修[M]. 北京：国防工业出版社，2002.

[3] 吴际璋，王林超. 当代汽车电控系统结构原理与检修[M]. 北京：人民交通出版社，2009.

[4] 陈家瑞. 汽车构造（下册）[M]. 北京：机械工业出版社，2009.

[5] 冯晋祥. 汽车构造[M]. 北京：人民交通出版社，2007.

[6] 奕琪文. 汽车电控柴油机结构原里与维修[M]. 北京：机械工业出版社，2006.

[7] 刘惟信. 汽车设计[M]. 北京：清华大学出版社，2001.

[8] 王望予. 汽车设计[M]. 北京：机械工业出版社，2004.

[9] 沈沉. 汽车构造（底盘部分）[M]. 北京：人民邮电出版社，2009.

[10] 臧杰，闫岩. 汽车构造（第2版）（下册）[M]. 北京：机械工业出版社，2012.

[11] 史文库，姚为民. 汽车构造第6版（下册）[M]. 北京：机械工业出版社，2013.

[12] 崔心存. 现代汽车新技术[M]. 北京：人民交通出版社，2001.

[13] 王林超. 汽车构造（下册）[M]. 北京：中国水利水电出版社，2010.

[14] [日]荒井宏著，汽车电子系统[M]. 张键译. 北京：科学技术出版社，2008.

[15] 蔡兴旺. 汽车构造与原理（下册 底盘，车身）[M]. 北京：机械工业出版社，2014.

[16] 刘仁鑫，蔡兴旺. 汽车构造与原理（中册 底盘，车身）[M]. 北京：机械工业出版社，2014.

[17] 李春明，焦传君. 汽车构造与原理（第3版）[M]. 北京：北京理工大学出版社，2013.

[18] 屠卫星. 汽车底盘构造与维修[M]. 北京：人民交通出版社，2003.

[19] 关文达. 汽车构造[M]. 北京：机械工业出版社，2004.

[20] 郭新华. 汽车构造[M]. 北京：高等教育出版社，2004.

[21] 范池彬. 汽车构造[M]. 安徽：安徽科学技术出版社，2001.

图书在版编目(CIP)数据

汽车构造.下/徐立友,程广伟主编.
—长沙:中南大学出版社,2016.11
ISBN 978 - 7 - 5487 - 2413 - 1

Ⅰ.汽...Ⅱ.①徐...②程...Ⅲ.汽车－构造
Ⅳ.U463

中国版本图书馆 CIP 数据核字(2016)第 182909 号

汽车构造(下)
QICHE GOUZAO(XIA)

主编　徐立友　程广伟

□责任编辑　韩　雪
□责任印制　易红卫
□出版发行　中南大学出版社
　　　　　　社址:长沙市麓山南路　　　邮编:410083
　　　　　　发行科电话:0731-88876770　传真:0731-88710482
□印　　装　长沙德三印刷有限公司

□开　　本　787×1092　1/16　□印张 20.5　□字数 518 千字
□版　　次　2016 年 11 月第 1 版　□印次　2016 年 11 月第 1 次印刷
□书　　号　ISBN 978 - 7 - 5487 - 2413 - 1
□定　　价　48.00 元